당신이 속는 이유

NOBODY'S FOOL
by Daniel Simons and Christopher Chabris

당신이 속는 이유

1판 1쇄 인쇄 2024. 4. 23.
1판 1쇄 발행 2024. 4. 30.

지은이 대니얼 사이먼스 · 크리스토퍼 차브리스
옮긴이 이영래

발행인 박강휘
편집 심성미 디자인 유향주 마케팅 백선미 홍보 이한솔 · 강원모
발행처 김영사
등록 1979년 5월 17일(제406-2003-036호)
주소 경기도 파주시 문발로 197(문발동) 우편번호 10881
전화 마케팅부 031)955-3100, 편집부 031)955-3200 | 팩스 031)955-3111

값은 뒤표지에 있습니다.
ISBN 978-89-349-5777-5 03180

홈페이지 www.gimmyoung.com 블로그 blog.naver.com/gybook
인스타그램 instagram.com/gimmyoung 이메일 bestbook@gimmyoung.com

좋은 독자가 좋은 책을 만듭니다.
김영사는 독자 여러분의 의견에 항상 귀 기울이고 있습니다.

당신이 속는 이유

똑똑한 사람을 매혹하는
더 똑똑한 거짓말에 대하여

대니얼 사이먼스
크리스토퍼 차브리스
이영래 옮김

김영사

사기가 판을 치는 시대, 속임수에 말려들지 않는 법

| 추천의 글 |

최고의 과학서다. 매력적인 사회과학 연구와 설득력 있는 이야기를 즐기는 이들, 혹은 더 이상은 속아 넘어가고 싶지 않은 이들의 필독서!

세스 스티븐스 다비도위츠
《모두 거짓말을 한다Everybody Lies》 저자

이 책은 구입가보다 훨씬 큰 가치를 지니고 있다. 전 세계의 사기꾼들이 깜짝 놀랄 만큼 비슷한 계략으로 피해자를 옭아매고 있다는 것을 대단히 상세하게 보여준다. 거짓 약속을 하는 사람들을 좌절시키는 방법에 대한 매력적인 마스터 클래스.

필립 E. 테틀록
《슈퍼 예측Superforecasting》 저자

엔론, 테라노스, FTX와 같은 사기꾼들이 그렇게 오랫동안 그렇게 많은 사람들을 속일 수 있었는지 궁금한가? 대담한 사기꾼들로부터 자신을 보호하고 싶은가? 저자들은 사기꾼, 거짓말쟁이, (선동적·도발적 의견을 온라인에 올리는) 트롤팜troll farm이 어떻게 인간의 인지적 약점을 공략하는지를 친절히 안내한다.

개리 마커스
《기타 제로Guitar Zero》《클루지Kluge》 저자

그 어느 때보다 많은 정보를 이용할 수 있는 시대, '가짜 뉴스'라는 주장조차 가짜 뉴스일 수 있는 시대, 저자들은 잘못된 정보에 감염되지 않도록 자신에게 예방 접종을 하고, 그 정보를 다른 사람에게 퍼뜨리지 않게 막을 수 있는 방법을 제시한다.

데이비드 맥레이니
《그들의 생각을 바꾸는 방법How Minds Change》 저자

방대한 사기 수법은 무서우면서도 재미있게 읽을 수 있는 이야기들이다. 다행히도 저자들은 사기술의 속성을 파헤치고 우리가 왜 거듭 사기에 당하는지, 어떻게 피할 수 있는지 대단히 상세하게 알려준다. 이 책은 당신의 뇌를 위한 예방 접종과도 같다.

데이비드 엡스타인
《늦깎이 천재들의 비밀Range》 저자

차례

Ⅱ 후크

"후크는 사탕과 같다, 하지만 몸에 좋거나 포만감을 주지는 않는다"

서문

누구나 가끔은 속는다

"누구나 가끔은 속는다."

미 국방부 장관과 해병대 대장을 지낸 제임스 매티스는 엘리자베스 홈즈와 그녀의 회사 테라노스의 신뢰성을 보증하고 테라노스 이사회에서 일하고 기자들을 비롯한 사람들 앞에서 홈즈의 인품을 극찬하기도 한 이유를 이렇게 설명했다.[1]

테라노스는 혁신적인 소형 의료검사기를 개발했다고 주장했다. 손가락을 찔러 나오는 피 몇 방울로 수십 가지에서 많게는 수백 가지 검사를 할 수 있다는 기기였다. 보통은 그렇게 많은 검사를 하려면 팔에서 뽑아낸 혈액량이 혈액튜브 정도는 채울 수 있을 만큼은 많아야 한다.

이 장비가 전장戰場에서 유용할 것이란 이야기를 들은 매티스는 아프가니스탄 주둔군에게 이 기술을 테스트해보라고 명령했다. 그러나 테스트는 진행되지 않았고, 소비자 대상으로 서비스를 시작했을 때 테라노스가 주로 사용한 것은 자사의 버그 많은 소형 기기도 새 기계도 아닌 다른 회사의 대형 장비였다. 결국 테라노스는 무너졌고 홈즈는 투자자들을 속인 혐의로 재판을 거쳐 11년 3개월의 징역형을 선고받았다.[2]

속았다고 인정하는 것은 쉬운 일이 아니다. 아무리 뛰어난 사람도 속을 수 있다는 매티스의 말도 맞는다. 하지만 문제는 거기에서 끝나지 않는다. 세상에는 우리를 속이려는 사람들이 가득하다.

월스트리트의 폰지 사기〔신규 투자자들의 자금으로 기존 투자자들에게 이익을 지불하고 남은 돈으로 새로운 투자자들을 유치하는 사기—이하 대괄호로 묶은 내용은 옮긴이의 설명이다〕에서 나이지리아 이메일〔나이지리아 왕자를 사칭하며 비자금을 외국으로 옮기는 용도로 계좌를 빌려주면 수수료를 주겠다는 사기 이메일〕까지, 몰래 컴퓨터를 이용하는 체스 사기꾼에서 은밀한 신호 시스템을 사용하는 브리지 게임 사기꾼까지, 순진한 방청객을 희생자로 삼는 심령술사에서 동료의 눈을 속이는 결과를 내놓는 과학 사기꾼까지, 예술품 위조범에서 기만적인 마케터까지, 함정은 넘쳐난다.

그리고 이 모든 성공적인 속임수에는 한 가지 공통점이 있다. 바로 사람의 마음이 움직이는 방식을 활용한다는 것이다.

〈새터데이 나이트 라이브〉의 한 코너 '한스와 프란츠'에서는 "듣는 건 지금, 믿는 건 나중"이라는 말이 늘 나온다. 이 슬로건의 아이러니는 우리가 나중까지 기다리지 않고 믿어버린다는 데 있다.

인간에게는 '진실 편향truth bias'이 있다. 보고 들은 것을 진실이라고 가정해버리는 경향이다. 진실이 아니라는 명확한 증거가 나올 때까지 말이다. 우리는 듣는 즉시 바로 믿어버리며, 나중에야, 그것도 가끔씩만, 확인한다. 진실 편향은 특성이지 버그가 아니다. 대개의 경우, 대부분의 사람은 진실을 말한다(적어도 의도적으로 거짓말을 하지는 않는다). 따라서 진실에 치우치는 편향은 논리적이고 타당하다. 사람들이 일반적으로 진실을 말한다는 가정을 공유하지 않는다면 우리는 공동체 안에서 함께 살 수도, 행동을 조직화할 수도, 간단한 대화조차 나눌 수도 없을 것이다.

하지만 진실 편향은 또한 누군가 우리를 속이려 들 때 결정적인 역할을 한다. 진실 편향은 거의 모든 속임수의 전제 조건이다. 진실 편향이 합리적인 의사 결정을 방해하는 상황을, 우리는 쉽게 '믿고credulity' '순진하며naivete' '잘 속는다gullibility'는 등의 단어로 표현한다.[3]

2000년대에 프랑스계 이스라엘인 사기꾼 길버트 치클리를 통해 유명해진 '사장 사기president scam'라는 대담한 사기 수법이 있다. 중간급 관리자가 사장(혹은 CEO)이라고 주장하는 사람의 전화를 받는다. 그 사람은 이야기를 꾸며내고 이에 관리자는 그럴듯한 목적지로 기업 자금을 이체한다. 그 돈은 사기꾼에게 바로 전달된다. 이 수법의 성공 여부는 오로지 이야기를 믿고자 하는 관리자의 의지에 달려 있다. 애초에 전화한 상대방이 사장이라는 사실을 받아들이지 않는다면 속을 수가 없다. 하지만 진실 편향에 빠져

있는 당신이 확인해야겠다는 생각을 하기도 전에, 말이 빠른 사기꾼은 당신을 함정에 빠뜨리고 만다.[4]

우리는 난제를 안고 있다. 다른 사람을 믿어야 하지만 지나치게 신뢰하면 곤경에 처하는 것이다. 요즘 같은 시대에는 특히 더 그렇다. 주의를 기울여야 할 것이 그 어느 때보다 많고 우리에게 잘못된 정보를 제공하려는 의도적인 시도가 계속 늘어나다 보니, 신뢰를 기본값으로 삼으면 예전보다 훨씬 더 위험해질 수 있다.

그렇다면 모든 사람과 모든 것을 냉소적으로 보고, 철저하게 의심하는 것 외에 우리가 할 수 있는 일은 무엇일까? 다행히 우리는 많은 일을 할 수 있다.

간단한 사기 수법을 알고 나면, 자신은 절대 속지 않을 것이라고, 지적이지 못하고 많이 배우지 못하고 귀가 얇은 사람이나 희생자가 될 것이라고 가정하기 쉽다. 하지만 아무리 잘나고 똑똑한 사람이라도 속을 수 있다.

이 책에서는 진실 편향, 즉 지나치게 많이 받아들이고 너무 적게 확인하려는 우리의 성향을 사람들이 어떻게 악용하는지 밝히고, 방어력을 강화하기 위해 취할 수 있는 구체적인 조치를 제안한다. 이 책은 모든 사기나 사기꾼에 대한 개요서도, 속임수의 역사나 경제학이나 사회학 논문도 아니다. 또한 사기꾼과 피해자의 동기, 유인, 감정적 기질을 파헤치지도 않는다. 그 대신 우리는 사기를 당하는 사람의 인지심리, 즉 우리 모두를 취약하게 만드는 사고와 추론의 패턴에 대해 설명한다.[5]

우리가 이 책을 쓴 데에는 몇 가지 이유가 있다. 우리는 사람들이 알아차리는 것과 놓치는 것, 기억하는 것과 잊는 것, 결정을 내리는 방법에 대해서 연구하는 인지심리학자다. 전작《보이지 않는 고릴라The Invisible Gorilla》에서 마음이 작동하는 방법에 대한 잘못된 직관이 어떤 결과를 만들어내는지를 이야기했다. 우리는 교수로서, 과제를 할 때나 시험을 칠 때 부정을 저지르는 학생들을 직접 경험했다. 연구자로서는 학계 내에 사기나 부정행위 관행을 접해왔다. 친구나 동료가 엮이기도 했다. 우리도 인간이기 때문에 수없이 많이 속아봤다. 그리고 우리는 심리학자이기 때문에 어떻게 그런 일이 일어났는지를 곰곰이 생각해봤다.[6]

이 주제에 몰두하면서 우리는 사기가 얼마나 광범위하게 퍼져있는지 알게 되었다. 금액대와 피해자를 달리하는 각종 사기가 판을 치고 있다. 하지만 이 책은 범죄로만 국한하지는 않는다. 기업들은 기만적인 기법을 더 많이 채택해서 합법적 상술과 불법적 상술의 경계를 흐리고 있다. 2000년대에는 일부 헤지펀드와 뮤추얼펀드가 내부 정보 수집과 거래를 용인하거나 장려했으며, 때로는 증거를 남기지 않고 내부 정보를 교환할 수 있게 설계된 시스템과 코드를 사용해서, 경영진이 불법 활동을 몰랐다고 주장할 수 있게 해두었다.

많은 온라인 판매업체가 아마존과 옐프 등등의 사이트에서 자사 제품이나 비즈니스에 대한 평점을 일상적으로 조작한다. 온라인 게임의 봇과 치트bot and cheat〔상대방보다 우위를 점할 수 있게 메커니즘을 조작하는 도구)부터 대학 과정의 미리 작성된 논문과 시험 답안까지, 부정행위를 돕는 도구를 판매하는 수백만 달러, 수십억 달러 규모의 기업들이 존재한다. 또한 전 세계의 정치 캠페인이 가짜 뉴스와 음모론을 퍼뜨리고 있다. 그 주장이 사실인지 거짓인지는 신경조차 쓰지 않고 말이다.[7]

이 책을 쓰는 동안 우리는 온갖 종류의 수백 가지 속임수 사례들을 연구했고, 인지심리학에 대한 이해를 바탕으로, 반복적으로 나타나는 특징과 새로운 패턴을 파악했다. 그 과정에서 우리는 속임수에 덜 휘말리는 전략을 생각했다. 가장 중요한 첫 단계, 즉 진실 편향에 대응하는 단계이자, 이 책 전체에 걸쳐 우리가 제안하는 구체적 단계들의 핵심은 **"덜 받아들이고, 더 확인하라"**라는 간단한 것이다. 중요한 것은 더 확인해야 할 때가 언제인지 깨닫고 어떻게 확인하는지 이해하는 것이다. 여기, 그것이 어떻게 작동하는지 보여주는 명확한 사례를 하나 제시하겠다.

새빨간 거짓말은 어떻게 퍼지는가?

"당신을 곤란하게 하는 것은 트윗이 아닌 리트윗이다. 사람들은 그럴듯한 정보를 보기만 할 뿐 조사는 하지 않는다." 가짜 뉴스와 정치 역정보逆情報(고의적으로 유포되는 잘못된 정보)가 난무하는 소셜 미디어 세계에서 참으로 훌륭한 조언이다(누가 이 말을 했는지가 아이러니하긴 하지만). 어떤 정치적 역정보든, 그것을 듣고 친구에게 퍼뜨리고 또 그 친구가 다른 친구에게 퍼뜨리지 않는 한, 널리 퍼질 수가 없다. 따라서 역정보가 나에게 도달했을 때, 차단하는 것이 중요하다.[8]

도널드 트럼프가 2017년 대통령에 취임하고 가장 먼저 한 일들 중 하나는 고故 안토닌 스칼리아 대법관의 후임을 지명하는 것이었다. 트럼프는 콜로라도 출신의 연방순회항소법원 판사로 공화당 법조계에서 오랫동안 지지를 받아온 닐 고서치를 지명했다. 며칠 후, 한 친구가 페이스북에 폭탄 같은 뉴스를 공유했다.

"방금 들어온 소식! 대법관 여덟 명 전원이 연대해 트럼프의 대법관 지명을 반대했다고." 이 기사에 따르면 "그 판사들은, 트럼프 대통령이 닐 고서치를 선택한 것이 완벽한 실책이라는 데 동의"하고 있으며 "존 로버츠 대법원장은 고서치의 '접근 방식'이 곧 '국법'이 되는 문제(고서치의 법철학이 법적 판단에 중대한 영향을 미치고 향후 사건들의 길잡이가 될 판례로 남을 것이라는 우려)를 다룬 대법원 서한을 작성했다"고 한다.[9]

이 게시물을 처음 봤을 때 우리는 큰 충격을 받았다. 현직 판사들이 대법관 후보자를 공개적으로 비난하는 것은 전례가 없었다. 더구나 대법관 여덟 명이 한목소리로 후보자를 몰아세웠다니! 게시자는, 우리가 아는 한, 선의를 가진 똑똑한 사람이다. 우리에겐 그 판사들의 결정을 불신할 이유가 없었다. 하지만 우리는 '좋아요'나 '공유' 버튼을 누르기 전에 사실을 확인해보기로 마음먹었다.

바이파르티잔 리포트BipartisanReport.com에 처음 등장한 이 닐 고서치 관련 기사는 현재 '가짜 뉴스'라고 불리는 정보의 전형적 예였다. 사실 로버츠와 다른 판사들은 고서치가 지명된 후에 이에 대해 공개적으로 언급한 적이 없다. 하지만 그런 식의 여느 소문과 마찬가지로, 이 기사는 완전히 날조된 것은 아니었다. 그즈음 하급 법원의 판결을 뒤집은 대법원의 의견에서 몇 구절을 인용한 것이다. 하급 법원은 9년 전 고서치의 의견 중 하나를 인용해 판결한 바 있었다. 대법원은 하급 법원의 판결을 종종 번복하기도 한다. 그렇다고 해서 하급 법원 판사의 판결을 비난하는 게 아니다. 번복은 의견이나 해석의 차이에 기인할 때가 많고 기껏해야 오류를 바로잡는 것에 그친다.

우리는 대법원이 이 게시물에서 주장하는 일을 하지 않았으리란 것을 알면서도, 일단 잠깐은 그 주장을 진실로 받아들였고('세상에!') 그 후 의심을 키웠다('정말일까?'). 그런 뒤에야 그것이 옳은지 확인했다('그럴 리가!').

이 주장을 확인하는 방법은 정말 간단했다. 이 정도로 파급력이 크다면 팩트체크Factcheck.org나 스놉스Snopes.com과 같은 사이트들이 조사 결과를 게시하며(실제로 그렇게 했다), 사실이라면 진보 성향과 보수 성향을 막론하고 대형 언론 매체가 그 소식을 다룰 것이다(〈뉴욕 타임스〉 〈월스트리트 저널〉은 이런 소식을 보도하지 않았다). 당파성이 아무리 강한 변호사라고 해도, 대법원이 그런 가짜 뉴스 내용처럼 돌아가는 데가 아니라고 조언해줄 것이다.

유명한 해석에 따르면, 진실 편향은 진화가 우리 정신 설계에 별난 점을 남겼기 때문에 존재한다고 한다. 우리는 들어오는 모든 정보에 자동으로 '진실'이라는 꼬리표를 붙인다. 그것을 '거짓'이란 꼬리표로 바꾸는 데에는 수고로운 추가 단계가 필요하다. 산만한 상태에서 혹은 생각해볼 시간이 없는 상태에서 페이스북 게시글을 본다면, 우리는 그 추가 단계를 생략하고 잘못된 믿음을 유지한다, 다른 사람에게 옮길 때까지 오래도록.[10]

불확실하면 불편하다

법체계 밖에서는, 사람들에게 오로지 진실만을 말한다는 것을 맹세해달라고 요구하지 않는다. 그런 요구를 하는 것은 분명히 반사회적인 일이다. 하지만 자신에게 중요한 정보가 의심의 여지 없는 진실인지, 그렇지 않으면 입증할 때까지 판단을 보류해야 하는지 자문하는 일에는 아무런 문제가 없다. 이렇게 자문해야만 거짓에 근거해 행동하는 불상사를 방지할 수 있다. 불확실성을 유지하는 의도적인 선택으로 진실 편향을 억누를 수 있다.

진실 편향에 대한 과학적 실험은 거짓말 탐지 게임의 형태를 취하곤 한다. 참가자들은 배우가 진실이나 거짓인 이야기를 하는 동영상을 본 뒤 어떤 이야기를 믿을지 결정한다. 인지심리학자 크리스 스트리트와 대니얼 리처드슨의 전형적인 실험에서, 참가자들은 여러 사람들이 자신의 여행 이야기를 들려주는 18개의 동영상을 시청했다. 동영상의 절반은 진실이고 절반은 거짓이었다.

실험 결과는 진실 편향을 보여주었다. 진실과 거짓이라는 두 가지 선택지 중에서 참가자들은 동영상의 65퍼센트가 진실이라고 판단했다. 하지만 진실인지 거짓인지 확실하지 않다는 세 번째 선택지가 주어지자 참가자들은 동영상의 46퍼센트만이 진실이라고 생각했다.[11]

불확실성을 유지하는 것이 불편하게 느껴지고 자연스럽지 않을 수도 있다. 하지만 기회가 있을 때마다 키워야 하는 습관이다. 들리는 모든 것을 불신할 필요는 없지만 잠시 신뢰를 미루고 불확실성을 남겨두면서 스스로에게 **"정말일까?"**라고 자문해야 한다. 때로는 온라인상에서 본 것이 진실인지 고려해보라고 상기시키는 것만으로도 거짓의 흐름을 끊어 내는 데 도움이 될 수 있다.

심리학자 고든 페니쿡이 이끄는 연구진은 최근 편파적 '뉴스' 사이트 두 곳의 기사 링크를 트윗한 5천 개 이상의 트위터 계정에 다이렉트 메시지를 보냈다. 하나의 헤드라인을 제시하고 수신자에게 그것이 얼마나 정확한지 평가하도록 요청했다. 수신자가 온라인 기사가 거짓일 수 있다는 가능성에 주의를 기울이도록 만든 것이다. 다이렉트 메시지를 받은 다음 날, 이 계정들은 팩트 체커들이 신뢰할 수 없다고 여기는 사이트의 기사를 다른 날보다 적게 트윗했다.[12]

불확실성 유지는 여러 가지 형태를 취할 수 있다. 1980년대 록 밴드 반 헤일런은 투어 공연 계획에 희한한 사항을 포함시켰다. 공연장마다 큰 그릇에 담긴 M&M 초콜릿을 구비하되, 거기에는 갈색 초콜릿이 없어야 한다는 것이었다. 공연할 때마다 리드 싱어인 데이비드 리 로스가 무대 뒤로 가서 그릇 속에 갈색 M&M이 없는지 직접 확인했다. 그런 간단한 지시 사항도 따르지 못하는 공연 기획자라면 장비, 배선, 무대 장치, 조명, 불꽃 등을 안전하게 설치했다고 믿을 수 없다는 것이 그의 논리였다. 공연 기획자가 M&M 테스트를 통과하지 못하면 밴드는 더 세심하게 무대를 점검했다. 로스는 이렇게 말했다. "우리는 공연 준비 전체를 확인합니다. 분명 기술적인 결함을 찾게 되죠."

반 헤일런의 지시 사항은 과학자들이 양성 대조군이라고 부르는 것이다. 모든 것이 정상적으로 작동하는지 확인하는 추가 실험을 말한다. M&M 테스트는 무대 스태프들이 충분히 성실하며 세부적인 데까지 주의를 기울이는지를 확인하는 도구다. 물론 이 테스트가 만사형통은 아니다. 갈색 M&M는 모두 골라냈지만 다른 곳에서 심각한 실수를 저지를 수도 있다. 하지만 밴드 멤버들이 무대의 모든 세부를 직접 꼼꼼하게 점검할 수 없는 상황이라면, 현지 스태프가 모든 면에서 완벽하리라고 생각하기보다는 이런 테스트를 하는 게 낫다.

M&M 테스트처럼 간단한 확인법이 완벽하다고는 할 수 없다. 하지만 맹목적인 수용은 훨씬 끔찍한 대안이다. 이 책은 일상에 이런 간단한 확인법을 적용해 속임수의 가능성과 추가 조사의 필

요성을 의식하도록 도움을 줄 것이다.

누군가가 제대로 일을 해놓았다고 가정하기 전에 무작위 검사를 하는 것은 길을 건너기 전에 양쪽을 모두 살피거나 '정말일까?'라고 묻는 것과 같다. 진실 편향에 대응하는 데 유용한 단계다. 한때는 진실로 수용했던 것이 거짓이거나 오해의 소지가 있는 것으로 밝혀졌던 경우를 주목하면, 언제 불확실성을 유지하는 게 유용한지 배울 수 있다.

속임수에 대한 면역력을 영원히 유지할 수 있는 방법은 없다. 하지만 모든 새로운 기술이 그렇듯이, 연습을 통해 우리의 속임수 레이더를 조금씩 정비해나간다면 위험을 의식할 수 있을 것이다.

공감과 호감을 불러일으키는 사기꾼

불확실성을 유지하려고 노력한다면 지나치게 많은 것을 수용할 위험은 낮출 수 있다. 하지만 오히려 진실 편향이라는 불에 기름과 같은 촉진제 역할을 하는 요소들이 있다. 특히, 메신저의 특성(혹은 우리가 메신저의 특성을 인식하는 방식)은 메시지에 엄청난 설득력을 부여한다. 고서치의 기사를 처음 게시한 가짜 중도 성향의 바이파르티잔 리포트처럼 출처가 객관적이고 공정한 것처럼 보일 때라면 우리는 쉽게 속아 넘어간다.

권위자는 유리한 고지에 있다. 수신자가 출처를 인정하고 존중

한다는 전제하에, 수신자는 권위자가 제시하는 것은 모두 사실이거나 따를 만한 가치가 있다고 받아들이는 것이다. 흔한 '콜센터 사기'들이, 당신더러 국세청 같은 세무 당국, 이민국, 기타 정부 기관에 지불해야 할 돈이 있고 통화 중에 그 돈을 지불하지 않으면 집행 기관에서 당신을 체포하러 올 것이라고 말하는 이유도 여기에 있다.[13]

출처가 진실 편향을 증폭시키는 힘은 화자가 공감을 불러일으킬 때 더 강력해진다. 그 때문에 우리를 속이려는 사람들은 자신과 자신의 이야기가 우리의 감정, 욕망, 정체성에 호소하도록 애를 쓴다.

회고록 작가 빈저민 윌코미르스키는 어린 시절 아우슈비츠에서 살아남은 설득력 있는 이야기를 내놓았고, 〈가디언〉으로부터 '홀로코스트에 관한 위대한 작품'이라는 찬사를 받았다. 하지만 이후 그가 제2차 세계대전 중에 스위스에서 살았고 심지어 유대인도 아니라는 사실이 밝혀졌다. 이와 비슷하게, 벨 깁슨이라는 23세 호주 여성은 뇌암에서 완치됐다고 주장하면서 자연치유 사업을 시작했다. 적절한 식이로 암을 치료하기는커녕 애초에 암에 걸린 적도 없었지만, 대단히 많은 사람들이 그녀의 이야기를 받아들인 덕분에 그녀는 스마트폰 앱과 책 판매로 100만 달러 이상의 수익을 올렸다. 엄청난 공감과 호감을 불러일으키는 인물들도 거짓말쟁이일 수 있다.[14]

확신에 차서 하는 이야기는 특히 조심해야 한다. 사기꾼의 자신감이, 확인 없이 받아들이는 우리의 경향을 가속할 수 있기 때문이다. 버니 메이도프는 폰지 사기를 통해 투자자들로부터 수백억 달러를 가로챘다. 사기극이 한창 진행되던 15년 이상 동안 의심스러운 활동에 대한 제보를 받은 당국과 언론인들은 그를 여러 차례 조사했다. 한 사후 분석에 따르면, 메이도프는 미국 증권거래위원회SEC 조사관에게 자신의 성공적인 투자에 대해 "트레이딩룸에 앉아 있으면 시장을 느낄 수 있고 언제 매수하고 언제 매도해야 할지 정확히 알 수 있다"고 설명한 적도 있다고 한다.

실제로 메이도프는 언제나 적절한 가격에 매수하고 적절한 가격에 매도했다. 왜인지 모르겠지만 SEC는 이런 답변을 그대로 받아들였다. SEC가 메이도프의 터무니없는 주장을 수용한 데에는 그가 말을 할 때 보인 자신만만한 태도가 큰 몫을 했다. 금융 저널리스트인 마이클 오크란트가 메이도프에게 그의 사업에 대한 의혹이 커지는 문제에 질문을 던지자 그는 깜짝 놀랄 만큼 기꺼운 태도로 대답을 해주었다. 오크란트는 이후 "(메이도프는) 죄책감이나 수치심, 후회의 기색이 전혀 없었다"라고 회상했다.

메이도프는 사기극이 밝혀지기 불과 1년 전 공개 석상에서 더없이 차분한 태도로 이렇게 말하기도 했다. "지금의 규제 환경에서는 규칙을 어기는 것이 사실상 불가능합니다. 범법 행위가 발각되지 않는 것은 불가능하죠, 오랫동안 이어지는 것은 말할 것도 없습니다." 다른 조건이 동일하다면, 진술에 자신감이 넘칠수록 상대방에게 신뢰감을 줄 가능성은 높아진다. 역설적으로, 화자가 확신에 차 보일수록, 즉 그 주장이 정확하고 자명하게 느껴질수록 더 조사해야 할 필요는 커지는 것이다.[15]

일상적인 속임수

반 헤일런의 공연 무대를 설계하는 데 복잡한 조작이 필요한 것처럼, 〈오션스 일레븐Ocean's Eleven〉과 같은 영화나 〈종이의 집Money Heist〉 같은 드라마에서 등장하는 사기극은 범죄를 지휘하는 사람이 은밀한 장소에서 음모를 조율하고, 모든 요소요소가 자로 잰 것처럼 정확하게 딱 맞아떨어져야 비로소 성공할 수 있다. 하지만 실제에서라면 메이도프의 가짜 헤지펀드처럼 복잡하고 정교하며 오랫동안 지속되는 사기는 매우 드물다.

우리가 접하는 대부분의 속임수는 간단하고 기회주의적이다. 능수능란한 농간이라기보다는 오해를 불러일으키는 헤드라인에 가깝다. 그리고 뻔히 보이는 상태에서 번연히 이루어지는 경우가 많다. FBI 조사를 통해 붙여진 코드명 '바시티블루스 작전Operation Varsity Blues'으로 유명한 전미 규모의 대학 입학 스캔들이 그 좋은 예다. 릭 싱어라는 이름의 입시 컨설턴트는 수년에 걸쳐 부유한 클라이언트와 유명인의 자녀들을 원래대로라면 그들이 입학 허가를 받기 힘들 만한 유명 대학교에 합격시켰다. 그는 대학교 대표팀 코치나 감독에게 뇌물을 주어 그들이 영향력을 이용해 클라이언트의 입학을 허가하도록 하는 한편, 포토숍을 이용해 학생 사진을 조정, 수영, 라크로스 선수 사진으로 바꾼 뒤 가짜 학생에게 돈을 쥐여 주고 응시자를 대신해 입학시험을 보게 하는 방법으로 응시자의 자격을 조작했다.

숨겨진 카메라도, 무대 장치도, 스파이의 비밀 연락처도, 컴퓨터 해킹도 없는 이런 간단한 사기는 수년 동안 발각되지 않고 수십 명의 피해자를 양산했다. 속아넘어간 대학은 물론이고 싱어가 입학시킨 학생들 때문에 좋은 학교에 들어갈 기회를 잃은 학생들까지 말이다.[16]

배후의 음모 같은 것이 전혀 필요 없는 속임수도 많다. 과학계에서 가장 악명 높은 사기꾼인 네덜란드의 사회심리학 교수 디데릭 스타펠은 데이터 세트 자체를 가짜로 만들어내 아무것도 모르는 학생과 동료에게 넘겼다. 학생과 동료는 자신들과 스타펠이 공동으로 발전시킨 가설을 지지하는 결과를 '발견'했다. 스타펠은 이후 혼자 데이터를 조작했다고 자백했다(공식 조사에서 사실로 확인됐다).

과학자들을 대상으로 하는 과학자의 사기는 의사를 비롯한 사람들이 진단할 때 참고하는 의학 문헌을 오염시킨다. 암이나 코로나 감염으로부터 목숨을 구할 약을 임상 실험할 때처럼 위험도가 높은 경우라면 과학 사기는 심각한 문제가 된다.[17]

비윤리적인 저널리스트는 대단히 간단한 형태의 속임수를 사용한다. 멋진 이야기를 떠올린 뒤(저널리즘의 정상적인 단계) 정보

수집, 출처 확인, 인터뷰, 사실 확인 등의 단계를 건너뛰고 이 모든 것을 한 것마냥 기사를 작성하는 것이다. 글을 쓰는 일에 숙련된 사람이라면 가짜 이야기는 더 쉽게 만들 수 있는 데다 가짜 이야기는 진짜 이야기보다 더 흥미롭고 설득력이 있다. 작가는 각각의 등장인물에 특성을 부여하고 줄거리를 짜고 갈등을 첨가하고 모순을 제거해서, 실제보다 더 명쾌하고 기억에 남는 픽션을 만들 수 있다.[18] 비윤리적인 작가들은 진짜 이야기를 전달할 때도 좀 더 매력적이고 설득력 있게 읽히게끔, 거친 부분을 다듬곤 한다.

저명한 과학 저술가 조나 레러는 역사적 사건의 사실 관계를 바꾸고 인용구를 날조했다. 마술사 텔러가 경력 초반의 고생을 언급하며 "예술품처럼 꾸민 작은 극장에서 행복하게 공연을 하면서 인생을 보낼 것이라고 생각했다"라고 말했지만, 레러는 텔러의 이런 걱정을 실존적 위기로 과장해 자신이 출간한 책 《이매진Imagine》에서 "나는 마술사가 되겠다는 꿈을 포기하기 직전이었다. 집으로 돌아가 고등학교 라틴어 교사가 될 준비를 했다"라고 적었다.

레러는 또한 선구적인 사회심리학자 레온 페스팅거가 외계인이 특정한 날짜와 시간에 도착할 것이라고 종말론을 주장하는 1950년대의 사이비 종교 집단에 잠입한 과정을 묘사하면서, "시곗바늘이 0시 1분을 가리켰는데도 외계인이 나타나지 않자, 광신자들은 걱정하기 시작했다. 몇몇은 울기 시작했다. 외계인은 그들을 실망시켰다"라고 적었다. 하지만 페스팅거가 실제로 관찰한 것은 완전히 달랐다. 오히려 더 놀라웠다. "가시적인 반응을 기대한 사람도 있을 것이다. 하지만 자정이 지나도 아무 일도 일어나지 않았다. 방 안에 있는 사람들은 눈에 띄는 반응을 보이지 않았다. 아무런 말도 없었고, 아무런 소리도 없었다. 사람들은 얼어붙은 것처럼 표정 없이 앉아 있었다." 페스팅거가 언급한 혼란과 불확실성의 징후를 레러는 불안과 고통으로 묘사했다.[19]

이런 유형의 속임수는 주머니나 은행 계좌를 털어가는 사기처럼 극적이지는 않다. 하지만 이런 유형의 사소한 속임수가 일상화되면, 즉 지어낸 인용문, 왜곡된 역사, 허구의 과학적 결과에 수백만 명의 사람들이 노출되면, 논픽션에 대한 사회 전체의 신뢰가 약해지고 이는 합리적인 결론에 도달하는 우리의 능력에 부정적인 영향을 미칠 것이다.[20]

돈을 가로채는 사기도 그 핵심은 놀랄 만큼 진부할 수 있다. FTX는 비트코인과 같은 암호화폐를 거래하는 인기 있는 플랫폼이었다. 유수의 벤처 캐피털리스트들의 지원과 유명인들의 지지, 〔광고료가 가장 비싼〕 슈퍼볼 기간 광고로 사용자를 끌어들였다. 거래 약정서에는 "디지털 자산의 명의는 항상 고객 본인에게 있다"라고 적혀 있었다. 하지만 2022년 11월 FTX가 파산하자, 고객 예치금을 자매회사인 알라메다리서치에 송금해 트레이딩과 투자금으로 써왔다는 사실이 드러났다. FTX는 약속을 하고는 딴짓을 한 것이다.[21]

이런 사례들은 우리가 멈춰서 확인해야 하는 때가 언제인지, 확인해야 하는 것이 무엇인지 명확하지 않다는 것을 보여준다. 모두를 불신하면서는 사회에서 제대로 살아갈 수 없으며, 모든 세부 사항을 직접 조사할 수도 없다. 문제는 균형을 찾는 것이다. 삶을 적절히 영위할 정도로 타인을 믿고 신뢰하면서, 동시에 속을 가능성이 있는 때, 즉 확인함으로써 얻는 이득이 큰 때를 알아차릴 수 있을 만큼은 자신의 판단을 유예해야 한다.

습관과 후크

속임수는 진실처럼 느껴져야 성공한다. 이 책에서 우리는 모든 성공적인 속임수가 우리에게 도움이 되는 사고와 추론의 특징을 활용한다고 주장하려 한다. 우리를 속이려는 사람들이 인지심리학에 대한 지식을 가지고 계획을 짜는 것은 아닐 것이다. 하지만 그들이 구사하는 수법과 그들이 따르는 각본이 효과를 보는 것은 우리의 약점을 정면으로 겨냥하고 있기 때문이다. 이런 경향을 이해하는 것은 속임수를 알아차리고 피하는 기술을 개발하는 일의 핵심이다.

우리의 이야기는 네 가지 핵심적 인지 **습관**을 다루는 장들로 시작된다. 이들 습관은 우리 모두에게 있고 우리가 사고하고 추론하는 방법의 결정적인 특징이며 또 우리를 속이려는 사람들의 무기이기도 하다. 이 습관들에는 관심 있는 정보에만(눈앞의 정보인 경우가 많다) **집중**focus하고 주의를 분산시키는 정보나 관련 없는 정보는 무시하는 능력이 포함된다. 경험을 통해 우리는 무슨 일이 일어날지, 들어올 정보가 어떤 형태일지 기대하고 기대한 바대로 자동적으로 **예측**prediction한다. 이 예측은 대개의 경우 정확하다. 사고하고 추론하는 우리의 능력은 우리 자신, 타인, 주변의 세상에 대해 우리가 세운 기본 전제에 좌우된다. 이런 전제가 충분히 확고하면 의문을 거의 제기하지 않고, 심지어 의심스럽다고 깨닫지도 못하는 사이에 거기에 **전념**commitment한다. 그리고 어떤 과제든 계속 실행하는 동안 **효율**efficiency은 높아진다. 즉 의사 결정을 하는 데 드는 시간과 노력을 엄청나게 절감해주는 루틴, 경험 법칙, 지름길을 개발하는 것이다.

우리는 이런 습관들이 속임수가 뿌리내릴 수 있는 비옥한 토양을 만든다는 것을 상세히 보여줄 것이다.

이후의 장들에서는 네 가지 후크hook(갈고리, 낚싯바늘, 함정이란 뜻으로 사람을 끌어당기는 요소)를 탐색한다. 우리가 일상에서 접하는 정보 중에, 매력적이지만 우리를 함정으로 몰아넣을 수 있는 정보의 특징을 알아보는 것이다. 흥미진진한 영화 예고편이나 매력적인 엘리베이터 피치elevator pitch(엘리베이터를 타고 이동하는 정도의 매우 짧은 시간 동안 제품, 서비스, 계획 등에 대해 요약해 설명하는 말하기 방식), 귓전에 맴도는 멜로디처럼, 후크는 우리의 관심을 낚아채고, 우리가 확인 없이 어떤 주장을 받아들이는 쪽으로 기울게 만든다.

후크는 본래 좋거나 나쁘다고 구분할 수 있는 것이 아니며, 우리의 주의를 끄는 것들은 적어도 어느 정도는 관심을 받을 만한 자격이 있다. 하지만 속고 있을 때라면 거의 언제나 하나 이상의 후크가 우리를 잘못된 방향으로 이끌고 있다.

우리가 접한 정보가 이미 알고 있거나 믿고 있는 것과 일치하거나 비슷한 경우, 우리는 그런 **친숙함**familiarity을 진실의 신호로 여긴다. 우리는 그 정보의 **일관성**consistency을 진실성의 증거로 삼는다. 우리는 예측이나 증거의 뛰어난 **정밀성**precision을 아이디어의 정확성이나 진실성과 연결한다. 우리는 작은 원인이 우리 삶이나 전체 사회에 큰 영향을 미치는 **효능**potency의 이야기에 끌린다.

습관과 후크 때문에 다른 사람이 우리를 속이는 것이 가능해진다(타인뿐 아니라 자신도 속일 수 있다). 대부분의 사기, 특히 오래 지속되는 복잡한 사기는 여러 습관과 후크를 이용하며 어느 정도는 피해자의 자기기만에도 의존한다. 실제로 많은 사기가 성공에 이르는 것은 속을 가능성이 가장 높은 사람들이 자신을 사기꾼과 동일시해서 사기꾼의 작업을 한결 더 쉽게 만들어주기 때문이다(이 책의 결론에서 다시 논의할 것이다).

장마다 우리는 사기가 어떻게 우리의 인지 습관을 이용하고 마땅히 거쳐야 하는 확인을 건너뛰어 그대로 받아들이게 만드는지 보여주는 범죄와 사기(유명한 것도 있고, 알려지지 않은 것도 있고, 우리가 직접 경험한 것도 있다)를 다룰 것이다. 이런 사기 중에는 재미있는 것도 있고 가슴 아픈 것도 있다. 피해자가 없는 것이 있는가 하면 우리 모두에게 피해를 준 것도 있다. 부정직에 대한 허위 연구, 자신의 몰락은 내다보지 못한 심령술사, '나이지리아 왕자' 사기를 돕게 된 미국인 등 아이러니한 사례도 있다.[22]

우리는 책 전체에 걸쳐 인지심리학 및 사회과학 분야의 고전 및 최신 연구를 참고해 우리 모두가 적어도 한 번쯤은 속는 이유를 알려준다. 인지 습관과 후크 이면의 과학을 설명하고, 이런 습관이 평소에는 어떻게 우리에게 유용한지, 어떻게 악용될 수 있는지 보여준다.

각 장에는 우리가 더 경계해야 할 때를 알아차릴 수 있는 조언을 요약한 격언과, 너무 늦기 전에 속임수를 탐지하는 데 도움이 되는 구체적인 질문이 담겨 있다. 인지 습관과 후크에 대해 배우고 속임수가 어떻게 작동하는지 다양한 사례를 살펴봄으로써 당신이 맹목적 수용은 줄이고, 더 많이 확인하며, 속지 않기를 희망한다.

N O B O D Y'S

I

F O O L

"우리의 습관들은 속임수가 뿌리내릴 수 있는
비옥한 토양을 만든다"

1

관심 있는 것에만 '집중'할 때

놓치고 있는 것은 없을까?

우리는 바로 앞에 있는 정보를 이용해서 결정을 내리고 관련 없거나 주의를 흩뜨리는 정보는 무시하곤 한다. 그런 집중의 습관은 우리가 놓친 정보의 중요성이나 놓친 정보가 있다는 사실 자체를 등한시하는 경향이 있다는 것을 의미한다. '가능성 그리드'라고 알려진 도구는 우리가 고려하지 않는 정보로 인해 호도당할 수 있는 때를 알아차리는 데 도움을 줄 수 있다.

존 에드워드는 근래의 심령술사들 중 가장 유명한 사람이다. 2000년대 중반 높은 인기를 얻은 그는 WE TV에서 〈존 에드워드 크로스 컨트리〉라는 프로그램을 진행했다. 이 프로그램은 에드워드의 경고로 시작된다. "영매의 능력으로 슬픔을 치료할 수는 없습니다. 긴장을 풀어주고 치유하고 도움을 주고, 그 과정을 이해하는 사람에게는 극히 큰 권능을 부여하지만, 슬픔을 **덜기** 위해 심령술을 찾는다면 목적을 이루지 못할 것입니다. 그 점을 분명히 못 박아두고 싶습니다."[1]

에드워드는 짧은 머리에 다부진 체구의 남성이다. 이 프로그램에서 그는 검은색 가죽 재킷과 청바지를 입는다. 이렇게 시작을 알린 후에 에드워드는 마이크를 잡고 작은 무대에 올라 마법을 걸기 시작한다. "이제 시작해볼까요. 이 부근에서 젊은 남성의 에너지가 느껴집니다.” 그가 무대 오른쪽에서 바로 앞쪽의 사람들을 보며 이야기한다. “아들, 조카, 손자라는 느낌이 드는군요. 암과 관련되어 있는 것 같습니다.” 카메라는 뒤에서 에드워드와 그의 앞에 있는 방청객을 보여준다. “느낌이 오나요? 로버트, 로비, 롭이 있습니까? R이 있습니까?” 어두운 머리카락에 회색 스웨터를 입고 중간 열에 있던 여성이 손을 번쩍 든다. 그녀는 친척 몇몇과 방청 중이었다. 에드워드는 그녀에게 마이크를 주라고 스태프에게 말한다.

“로버트가 누굽니까?” 그가 묻는다.

“저희 아버지예요.” 그녀가 말한다.

“돌아가셨나요?”

“예.”

“그렇군요. 암이였나요?”

“아니오.”

“뼈에 문제가 있는 분은요?”

“두 분 있어요. 우리 할아버지가 뼈에 문제가 있었어요.” 그녀가 말했다. 다음으로 옆에 있는 남성을 가리키며 덧붙였다. “이 사람의 어머니도요.”

“누군가 뼈에 문제가 생겼군요.” 에드워드가 주장한다. 그는 마이크를 잡은 손으로 가리키며 그 여성에게 직접 말한다.

“그의 어머니가 그래요.” 그녀가 반복한다. “골암이에요.” 남성이 마이크 없이 말한다. 그에게도 마이크가 전달된다.

"이분 어머니가 골암에 걸렸나요?" 에드워드가 묻는다.

"예." 여성이 대답한다.

남성의 어머니가 골암으로 사망했음을 확인한 후, 에드워드는 연결되었다고 밝힌다. "그분은 돌아가실 때가 공휴일이나 기념할 만한 날, 그러니까 국가에서 기념할 만한 날이나 그쯤이었다는 느낌을 저에게 전하고 계십니다."

"저희 아버지예요." 여성은 보스턴 억양을 살짝 섞어 우물거리며 이야기한다.

"성조기가 보여요. 성조기가 보이는 걸 보니 아마 7월 4일이나 재향군인의 날…."

"9월 11일이요." 그녀가 말을 가로막았다.

"그 9월 11일에 돌아가셨나요?"

"예, 아버지는 소방관이었어요."

"아버님이 로버트잖아요. 그 이야기는 이미 했죠."

"예."

"가족 중 막내인가요?"

"저는 장녀인데요."

"그렇군요. 아버지는 당신이 막내인 것처럼 느끼게 하시네요. 저에겐 그렇게 느껴져요." 여성은 고개를 끄덕인다. 곧 울 것 같은 모습이다. "아버지는 제게… 할머니가 생존해 계신가요?"

"예."

"아버지는 할머니께 감사드려야 한다고 말씀하시네요. 아버지가 큰일을 해냈다는 것을 할머니가 아시게 해야 합니다. 할머니를 따뜻하게 안아드려야 합니다. 아주 아주 따뜻하게요."

여성은 이제 뺨에 흘러내리는 눈물을 닦고 있다. "알겠어요."

"제가 늘 말하지만 어머니로서 자식을 잃는 것보다 더 큰 상실은 없습니다. 그 감정을 망각해서는 안 됩니다. 아시겠죠?" 방청객이 고개를 끄덕인다. 여성은 아직도 티슈를 손에 들고 있다.

감동적인 프로그램이다. 에드워드는 책, 여러 방송사의 프로그램, 라스베이거스의 공연, 전국 투어 공연, 유명인사의 개인 상담 등으로 그만의 제국을 세울 수 있었다. 심지어 킴 카다시안도 에드워드가 바쁜 일정을 쪼개서 몇 분이나마 인터뷰 시간을 내어준 것에 열광했다. 그녀는 이 심령술사의 도움으로 고인이 된 아버지와 접촉했고, 그로부터 며칠 후 두 번째 남편과 헤어진 것으로 유명하다(결혼 72일 만에).

하지만 에드워드는 그런 명성 덕분에 대중의 조롱이라는 대가를 치르기도 했다. 애니메이션 〈사우스 파크South Park〉는 '우주 최강의 얼간이'라는 제목의 에피소드 전체를 에드워드를 조롱하고 심령의 힘에 대한 그의 주장이 틀렸음을 드러내는 데 할애했다. 대부분의 사람들은 에드워드가 망자와 교감할 수 있다는 것을 믿지 않지만 심령술을 믿는 사람도 수백만 명에 이른다.[2]

우리가 500단어로 묘사한 이 대화가 TV에서는 2분도 걸리지 않았다. 이 글을 읽을 때는 말하는 내용에 대해서뿐 아니라 말하지 않는 것에 대해서도 비판적으로 생각하고 에드워드의 능력에 대한 대안적인 설명을 찾을 수 있는 시간이 있다. 심령술에 회의적인 사람은 이미 이런 식으로 생각하고 있었을 것이다. 하지만 바로 눈앞에 카리스마 있는 사람의 무대가 펼쳐져 있는 데다 잔뜩 기대에 부푼 방청객은 믿음에 저항하기 어려운 상태에 놓인다.

속임수를 알아챌 수 있는 능력을 연마하기 위해, 이런 '쉬운' 사례에부터 시작해볼까 한다. 그럼 에드워드의 공연을 좀 더 자세히 살펴보자.

첫째, 방청객 대부분은 에드워드의 능력을 믿고 싶어 한다. 더 이상 만날 수 없는 아끼는 사람과 실제로 소통할 수 있을지 모른다는 희망을 그가 주기 때문이다. 이런 기대에 개별 방청객과 정서적 유대감을 형성하는 그의 능력이 결합하면 에드워드가 하는 일을 논리적으로 설명하기가 어려워진다.

둘째, 많은 '심령술' 공연자들이 그렇듯이 에드워드도 일부 관객에 대한 정보를 사전에 수집하거나 방청석에 바람잡이 몇 명을 심어놓았을 가능성이 높다. 그는 이렇게 심어놓은 사람들을 이용해 공연의 '명중률'을 보장할 수 있다.

셋째, 에드워드는 마술사들이 콜드 리딩cold-reading(상대에 대한 사전 정보 없이 상대의 생각을 파악하는 기법)을 보여줄 때 사용하는 기법, 특히 빠른 말장난의 대가다. 그는 잘못된 단서와 잘못된 진술을 재빨리 버림으로써 자신의 진술과 판단을 권위 있고 정확해 보이도록 만든다. 방청객이 그의 실수에 대해 차분히 생각할 시간을 거의 주지 않고 그들이 추측한 능력과 일치하는 사례와 정보만을

기억하게 하는 것이다.[3]

에드워드는 방청객이 여러 가지 방식으로 해석할 수 있는 모호한 서술로 콜드 리딩에 양념을 친다. 이후 방청객이 내놓은 해석을 마치 자신이 내내 의도했던 것처럼 취급한다. 그는 "돌아가실 때가 공휴일이나 기념할 만한 날, 그러니까 국가에서 기념할 만한 날이나 그쯤이었다"라고 말한 뒤 "9월 11일"이라는 대답이 자신의 진술과 일치하는 것처럼 얘기한다. 공휴일도 기념일도 아닌데 말이다. 그러나 9월 11일이라고 대답한 방청객에는 그의 콜드 리딩이 일관적인 것처럼 느껴진다. 더구나 '공휴일 근처'나 '기념할 만한 날'이 달력에는 차고 넘친다. 가족이 사망한 날이 언제든 그런 특정한 날과 시기상 가까울 수밖에 없다. 하지만 그 순간 사람들은 가족 사망 시점만 생각하고, 에드워드가 그날을 다른 기념일 등과 어떻게 연결했는지는 생각지 않는다.

제한적인 것에 집중하고 있을 때라면 놀랄 만큼 쉽게 속아 넘어갈 수 있다. 예를 들어, 소셜 미디어에 회사에 대한 글을 올리는 데 많은 시간을 할애하는 CEO는 투자자들이 자신의 주장과 모순될 수 있는 다른 출처에 주의를 기울이지 못하게 한다.

우리는 강연이나 강의를 할 때 이 아이디어를 입증해 보인다. 우리가 즐겨 사용하는 것은 마술사 해리 하딘의 고전적인 카드 속임수를 훨씬 단순하게 만든 버전이다. 이것이 마음을 읽거나 보디랭귀지를 읽는 능력의 예라고 소개하지만, 그건 변명에 불과하다. 먼저 카드 여섯 장을 띄운 슬라이드를 보여준다.

이후 우리는 카드 슬라이드를 등지고서는 자원자에게 레이저 포인터로 카드 중 하나를 선택하라고 요청한다. 그다음 빈 화면을 띄워놓고 청중에게 자원자가 선택한 카드에 집중하라고 말한다. 지금 당장 당신도 해볼 수 있다. 카드를 택해 거기에 집중해보라. 우리는 돌아서서 청중의 얼굴을 본 뒤 자원자의 눈을 자세히 들여다보는 시늉을 한 후 "이제 당신의 카드를 제거하겠습니다"라고 말한다. 다음 슬라이드를 켜면 당신의 카드는 사라지고 없다.

놀랍지 않은가? 하지만 카드를 잘못 없앨 수가 없다는 이야기를 듣고 나면 전혀 놀라운 일이 아니다. 사실 우리는 당신이 어떤 카드를 골랐는지 모른다.[4] 이 속임수는 에드워드가 이용한 것과 동일한 상상의 실패에 의존한다. 청중은 선택한 카드에만 집중하고 다른 카드에 대해서는 전혀 생각하지 않는다. 선택하지 않은 카드를 무시한 사람들은 우리가 선택 카드만이 아니라 원래 카드를 모두 바꾸었다는 것을 깨닫지 못한다. 그들에게는 놓친 증거가 아닌 계속 마음에 두고 있는 증거만이 남는다.

에드워드가 성공한 것은 방청객이 9·11테러 때 목숨을 잃은 소방관 아버지, 로버트에게 집중했기 때문이다. 당신이 어떤 카드를 선택하든 그 카드를 우리가 맞힐 수 있는 것처럼 에드워드 역시 다른 공휴일, 다른 이름 또는 다른 관계를 쉽게 끼워 맞출 수 있다. 하지만 방청객은 그 점을 고려하지 않는다. 에드워드는 방청객이 대안을 상상하거나 그의 추측이 들어맞는 것이 단순한 우연이라고 생각하기 어려운 상황이라는 점을 이용한다.

누군가가 '뼈의 문제'로 죽었다면 그것이 암 때문일 확률은 얼마쯤일까? 매우 높을 것이다. 그밖에 치명적인 뼈의 문제로 떠오르는 것이 있는가? 그런데도 그가 '암'이라고 말하면 통찰력이 있는 것처럼 보인다. 그 프로그램의 방청객 중에 '로버트, 로비, 롭' 혹은 'R'로 시작되는 이름의, 고인이 된 친척이 있을 확률은 얼마나 될까? 대부분 가까운 친지 중 죽은 사람이 있을 것이다.

결국 그 프로그램의의 주목적은 망자와의 교감이고, 방청객은 자원자이지 않은가. 또 로버트는 상당히 흔한 이름이고 다양한 변형이 가능한 이름이다. 하지만 그는 'R'로 시작되는 모든 이름을 (로버트의 변형인 밥, 바비 등도 포함할 수 있을 것이다) 대상으로 했다. 그가 선택지를 빠르게 제시하기 때문에 방청객은 정답이 얼마나 많은지까지 고려할 시간이 없다. 그들은 누군가가 실제로 언급한 이름에만 집중한다. 참일 수 있는 수백 가지의 방법을 제시하는 것은 마음을 읽는 능력이 있는 것처럼 보이게 하는 좋은 방법이다.

사람들은 드물어 보이는 사건의 가능성을 추론하는 데 서툴다. 회의 중에 동료 한 명의 생일과 당신과 생일이 같다는 사실을 알게 되었다고 상상해보라. 놀라운 우연이 아닌가! 그러나 사실은 그리 놀라운 일이 아니다. 회의에 참석한 사람이 23명이라면 그중 한 쌍이 생일을 공유할 확률은 50퍼센트가 넘는다. 사람의 생일은 365일 중 하루다. 하지만 회의실에 23명의 동료가 있으므로 두 사람으로 이루어진 쌍은 253개가 있을 수 있다(23×22÷2).

이런 수치를 감안하면 그 쌍 중의 하나가 생일이 같다는 것은 그렇게 놀라운 일이 아니다. 50명으로 이루어진 그룹이라면 생일이 같은 쌍을 찾을 확률은 95퍼센트가 넘는다. 하지만 에드워드 프로그램의 방청객과 'R'로 시작하는 이름의 경우에서와 같이, 우리는 생일이 같은 한 쌍을 찾으면 그 쌍에 집중하고 생일이 같지 않은 다른 잠재적 쌍에 대해서는 전부 잊어버린다.

에드워드처럼 거짓 연극으로 사람들에게 그들이 사랑하는 사람들 역시 그들을 사랑하고 있다고 확신시키는 것은 비교적 무해한 일이다. 하지만 심령술사의 주장이 사람을 함정에 빠뜨리거나 사람에게 피해를 주는 때가 있다. 비판가들이 심령술사를 '슬픔을 먹이로 삼는 뱀파이어'라고 부르는 것도 그 때문이다.

2013년 초, 여성 세 명이 클리블랜드의 한 폐가에 10년 가까이 감금되어 있다가 탈출했다. 한 여성의 어머니인 루와나 밀러는 딸이 실종된 직후인 2004년, 유명 심령술사 실비아 브라운과 〈몬텔 윌리엄스 쇼〉에 출연했다. 브라운은 밀러에게 딸 아만다가 죽었고 '물속'에 있는 아만다를 봤다고 말했다. 브라운은 엄청난 충격을 받은 밀러에게 딸을 '하늘'에서 만날 것이라고 말했다. 딸이 죽었다고 믿은 밀러는 2년 후 사망했다.[5]

브라운이나 에드워드 같은 심령술사들은 자신이 맞힌 것들을 내세우고 맞히지 못한 것들에 대해서는 거의 언급하지 않는다. 맞히지 못한 것을 언급하는 경우는 목적이 있을 때다.

전문 마술사이자 멘탈리즘 역사의 전문가이기도 한 심리학자 매트 톰킨스는 우리에게 일부 심령술사들이 공연 중에 의도적으로 많은 실패 중 하나에 주목하게 만든다는 이야기를 들려주었다. 한 번의 실패를 강조하고 그 실패로 좌절했다는 것을 보여줌으로써 자신의 정직성과 공연의 진실성에 대한 서사를 만드는 것이다. 방청객은 "틀린 게 한 번뿐이라니 대단해!"라며 부정확한 하나의 진술만을 기억하고 심령술사가 언급하지 않은 수많은 실패는 잊고 마는 것이다.

집중은 우리를 어떻게 미혹하는가?

존 에드워드 쇼의 방청객 대부분은 심령술을 믿는 사람들이다. 심령술에 대해 회의하거나 부정하는 이들이 아니다. 그러나 즉각적으로 문제를 제기하지 못하는 환경에서는 누구든 〈존 에드워드 크로스 컨트리〉 녹화에 참여한 존 에드워드의 팬처럼 쉽게 속아 넘어가기 마련이다. 가지고 있는 정보에만 집중할 때는 누구나 필요 이상으로 믿는 경향이 있기 때문이다.

많은 사람들이 학교 문학 시간에 배우는 '불신의 자발적 유예 willing suspension of disbelief'라는 문구는 허구인 작품을 이해하고 감상하기 위해 비판적 사고나 의심을 유예하고, 추측에 근거해서 (평소라면 받아들이지 않았을) 전제를 받아들이는 것을 말한다. 서사와 연출이 설득력 있다면, 우리는 해커가 어째서 맥북으로 외계 우주선의 컴퓨터에 접속할 수 있는지, 동물의 DNA를 바꾸면 왜 그 종 전체가 멸종하는지 더 이상 의문을 갖지 않는다.

다큐멘터리를 볼 때는 자발적인 불신 유예가 없다. 유예할 필요가 없다고 여기기 때문이다. 우리는 다큐멘터리를 조작이 아닌 기록이라고 생각한다. 일상생활에서도 마찬가지다. 우리는 불신을 유예할 필요가 없기 때문에 불신을 유예하지 않는다. 우리의 기본 상태는 신뢰다. 우리는 들은 것을 받아들이며, 불신하려 들지 않는다. 확인하는 경우는, 있더라도 매우 드물다. 하지만 일상의 경험에서 우리가 유예하려고 노력해야 하는 것은 불신이 아니라 신뢰의 확실성이다.

많은 기업, 어떤 경우에는 업계 전체가 이런 경향을 이용한다. 의도적으로 이용하지 않을 때도 있다. 그들은 엄격하게 통제된 조건에서 수행된 '데모'를 공개해 자신들의 새로운 기술이나 제품이 실제보다 더 뛰어난 성능을 가진 것처럼 보이게 한다. 이런 데모가 효과가 있는 것처럼 보이면(거의 항상 그렇다) 사람들은 그것을 설득력 있는 진실의 신호로 받아들인다.

자기 눈으로 본 것에 의문을 제기하기는 어렵다. 진실 편향 덕분에 우리는 우리가 보고 있는 것이 적어도 현실에 가까운 근사치라고 믿으며, 상대방이 의도적으로 호도한 것에 내 자신이 걸려들었다고는 생각지 않는다.

일례로 (한때 구글의 소유였던) 로봇공학업체 보스턴 다이내믹스Boston Dynamics는 휴머노이드 로봇이 파쿠르parcours(안전장치 없이 주변 지형이나 건물, 사물을 이용해 한 지점에서 다른 지점으로 이동하는 곡예 활동)을 하는 등 놀라운 묘기를 보여주는 영상을 정기적으로 공개한다. 하지만 로봇이 한 번도 본 적 없는 물체로 이루어진 한 번도 본 적 없는 장애물 코스를 통과할 수 있는지 알 수 있는 영상은 없다. 인상적인 데모 영상을 보고 있는 상태에서라면, 그 영상에서 직접적인 증거를 얻을 수 없더라도 영상에서와 비슷한 환경에서도 로봇이 성능이 발휘될 거라고 가정하는 경향이 있다.[6]

대단히 제한적 상황에서 지능을 가진 것처럼 작업을 수행할 수 있는 컴퓨터 시스템을 개발하면서 다른 광범위한 환경에서도 그와 마찬가지로 잘 작동할 것이라고 주장하거나 암시하는 관행은 적어도 50년 전으로까지 거슬러 올라간다. 개발자에게 속이려는 의도가 없는 때도 있다. 기술을 개선해서 더 많은 상황에서도 작동할 수 있다고 난도를 과도하게 낙관적으로 해석한 경우다. 수십 년 동안 컴퓨터 비전과 로봇공학 전문가들은 로봇이 규칙적인 기하학적 입체(정육면체, 피라미드, 원기둥 등)가 포함된 장면을 이해할 수 있다면 힘든 작업은 끝난 것이고, 그 후에는 간단한 단계만 거치면 그 능력을 자연 상태에서도 발휘할 거라고 가정했다.

그러나 실험약이 동물 대상의 실험실 실험에서는 좋은 성과를 내지만 사람을 대상으로 하는 임상 실험에서 실패하는 것처럼, 인공지능 시스템은 최적화된 작은 세상에서는 작동할 수 있어도 실제 세계로 범위를 넓혔을 때는 부족한 역량을 거듭 드러냈다. 디지털 이미지의 픽셀 하나만 변경해도 사물 인식 시스템이 배를 자동차로, 사슴을 비행기로 분류하는 경우도 있었다. 데모에 집착하는 사람들은 복잡한 실제 세계에서도 신뢰할 만한 견실한 성능을 발휘하려면 엄선된 데모 환경에서 훌륭히 작동하는 접근법과는 완전히 다른 접근법이 필요하다는 사실을 좀처럼 인정하지 않는다.[7]

제한된 짧은 경험에서 얻은 것을 더 큰 범위의 현실을 대표하는 것으로 받아들이는 우리의 이런 경향을 사기꾼들은 이용한다. 테라노스는 투자 유치 자리에서 '눌 프로토콜null protocol'이라는 특수 데모 모드를 탑재한 소형 의료검사기를 사용했다. 방문한 귀빈의 혈액 샘플을 채취해 카트리지에 넣고 검사기에 삽입한 후, 테라노스 담당자가 검사기가 정상적으로 작동하는 것처럼 화면을 터치한다. 이 장비는 소음을 내지만 실제로는 어떤 의학적인 분석도 수행하지 않는 상태다. 이후 샘플을 기존 실험실로 몰래 빼돌려

분석했고, 분석이 진행되는 동안 목표물(투자자)은 점심 식사를 하거나 회사를 둘러봤다(물론 실제로 혈액을 분석하고 있는 실험실은 건너뛰었다). 전체 절차를 사전에 논의하고 리허설도 거쳤다. 테라노스 경영진은 심령술사처럼, 방문객의 주의를 조작해 실제로 일어나지 않은 일을 봤다고 생각하게 만들었다.

역사가 긴 자동차 제조업체인 폭스바겐도 비슷한 일을 했다. 폭스바겐은 테스트 중에만 배기가스를 최소화하도록 자동차를 프로그래밍해서 배출량 심사 기준을 통과했다. 이 기만적인 관행 때문에 정부는 이 회사에 약 400억 달러의 벌금을 부과했다.[8]

돌아오지 못한 비행기

심령술이나 기업 프레젠테이션과 달리, 대개의 사람들은 굳이 잘못된 것에 주의를 집중하게 조작할 필요조차 없다. 우리는 타고나기를, 우리 앞에 없는 것에 조바심치기보다는 우리 앞에 있는 것에 집중한다. 소셜 미디어에서 시간을 보내다 보면 기체 전체가 점들으로 뒤덮인 비행기 그림을 본 적이 있을지도 모르겠다. "이 이미지를 안다면 너는 나만큼 똑똑한 거야"라는 신호를 보내는 과시용으로 게시되는 그림이지만, 적절하게 사용한다면 기본적 추론 오류를 나타내는 아이콘이 된다. 그 뒤에 있는 이야기를 안다면 속임수에 넘어가지 않는 데 도움이 될 것이다.[9]

1943년 10월 14일은 제2차 세계대전 중 연합군의 독일 공장 공습이 가장 성공적인 날이었다. 미 공군은 나치가 전쟁 물자를 생산하지 못하게 슈바인푸르트에 있는 볼 베어링 공장을 타격했다. '검은 목요일Black Thursday'로 알려진 이 공습은 목표를 달성했지만 막대한 대가를 치렀다. 영국에서 이륙한 폭격기 B-17 291대 중 77대가 파괴되었고 손상 없이 귀환한 폭격기는 33대에 불과했다. 작전에 참여한 2,900명의 장병 중 600명 이상이 죽거나 포로로 잡혔다. B-17은 미국이 유럽에서 벌어진 전투에 가장 많이 사용한 폭격기다. B-17은 다른 어떤 폭격기보다 많은 폭탄을 투하했지만 손실 또한 엄청났다. 다행히도, 손상된 채 귀환한 폭격기는 공군이 생존율을 높이기 위한 연구에 사용할 수 있는 풍부한 데이터를 제공했다.

대공포를 막으려고 비행기 전체를 보강하는 것은 불가능한 일이었다. 비행기 무게가 늘어나면 항속 거리와 수송 가능한 폭탄의 양이 크게 줄어든다. 하지만 비행기의 일부라면 보강할 수 있다. 손상 부위가 무작위적이라면 이런 방법 역시 소용없을 것이다. 그러나 손상 부위에서 규칙을 발견할 수 있고 다른 부품보다 영향을 많이 받는 부품이 있다면 그 취약한 부위를 수리해 비행기를 보강할 수 있을 것이고 이는 전쟁을 더 빨리 끝내는 데에도 보탬이 될 것이다.

미군은 이 문제를 해결하는 데 도움을 받고자 컬럼비아대학교 통계연구그룹에서 일하던 루마니아 태생 통계학자, 아브라함 발드를 선임했다. 그의 연구는 영향력이 엄청나다. 그가 개발한 통계 기법 중 일부가 아직까지 심리학, 경제학 등 분야에서 일반적으로 사용되고 있을 정도다. 당시 '생존 분석survival analysis' 분야를 전문으로 하던 그는 B-17 손상에 대한 체계적인 연구를 진행했다. 손상이 완전히 무작위적이라면 비행기의 일부가 손상될 확률은 손상 부위의 크기에 따라 증가해야 한다. 크게 손상된 부위는 작게 손상된 부위보다 타격을 더 많이 받았을 테니까. 발드는 손상 패턴을 발견했다. 이는 미군에게 고무적인 일이었다. B-17 특정 부위는 타격받을 가능성이 더 높았다. 우연이라고 여길 수 없게, 크기에 비례하지 않고, 확실히 더 많은 타격을 받은 것이다.

당신이 B-17의 안전을 책임지고 있다고 가정해보자. 발드의 연구 결과를 어떻게 이용하겠는가? 당연히 손상을 많이 입은 표면에 완충재를 댈 것이다. B-17가 자주 타격을 받는 부위에 강판을 덧대는 식이다. 당신이 그런 결론에 이르렀다면, 흔히 도달할 수 있는 결론이지만, 재앙이 될지도 모를 선택을 하는 셈이다. 왜일까? 놓친 증거를 생각하기만 하면 된다.

발드의 분석은 손상을 입고 귀환한 폭격기를 기반으로 했다. 귀환한 폭격기에서 손상 가능성이 가장 높은 부위는 사실 폭격기에 치명적일 가능성이 가장 낮은 곳이다. 당신은 **돌아오지 못한** 폭격기에 일어난 일을 놓치고 있다. 폭격기의 특정 부위가 생존을 결정할 정도로 중요하다면, 그 부위에 손상을 입은 채로 과연 돌아올 수 있었을까? 타격을 받아도 생존에 치명적이지 않아야만 돌아올 수 있을 것이다. 다른 부위에 정말 심각한 손상을 입은 폭격기는 아예 돌아오지 못했다.

물론 발드는 이 점을 알고 있었다. B-17에 대한 그의 분석은 지금은 생존자 편향이라고 알려진 개념의 토대를 마련하는 데 도움이 됐다. 우리는 생존해 있는 사례에 더 주의를 쏟고 그렇지 않은 사례는 무시하는 경향이 있다. 이런 편향은 성공과 실패에 대한 체계적인 오해로 이어진다. 이런 오해는 특히 비즈니스에 대한 글에 널리 퍼져 있지만 다른 많은 중대한 의사 결정에도 부정적인 영향을 미친다.

이제 당신은 데이브 루빈의 팟캐스트에 나온 코로나 바이러스 백신 접종에 관한 다음 진술에서 논리적 결함을 확인할 수 있을 것이다. "나는 백신 접종을 후회하는 많은 사람들을 알고 있습니다. 그러나 백신을 맞지 않은 것을 후회하는 사람은 알지 못합니다."[10]

누군가 자신이 **갖고 있는** 정보에서 이끌어낸 결론을 말한다면, 총알 자국이 있는 비행기 밈을 떠올려라. 그렇게 해야만 그들이 놓친 정보에 대해 의문을 가질 수 있다. 존재하는 것은 존재하지 않는 것을 대표하기 어렵기 때문이다. (백신 접종을 하지 않은 사람은 생존 확률이 낮았을 것이고 그들이 후회를 표했는지 우리는 알지 못하며, 살아서 돌아온 비행기만 분석해서는 추락해서 돌아오지 못한 비행기에 대해 아무것도 알 수 없다.)

허시파피는 누가 신어도 여전히 잘 팔릴까?

누구나 성공을 원한다. 성공한 사람의 습관과 전략을 모방하는 것은 직관적으로 보면 좋은 아이디어 같다. 하지만 성공 이야기에만 집중한다면 진짜 성공 요인이 무엇인지 오해할 수도 있다.

비즈니스 서적을 쓰는 전통적인 기법은 오랫동안 좋은 성과를 낸 기업들의 데이터베이스를 찾은 뒤, 그런 기업들이 공통으로 갖고 있는 특징을 확인하고 설명하는 것이다. 실제로 많은 경영대학원이 성공한 기업, 리더, 결정의 사례 연구 위주로 교과 과정을 구성한다. 하지만 이런 관행은 귀환한 비행기만을 연구하는 것과 비슷하다.

특히 유명한 예는 말콤 글래드웰의 베스트셀러《티핑 포인트The Tipping Point》의 서두에 나오는 이야기다. 글래드웰은 허시파피 브랜드 캐주얼화의 판매가 내내 부진하다가 1994년부터, 맨해튼에서 영향력이 막강한 하위문화 그룹이 허시파피를 신기 시작해 갑자기 유행을 탔다고 말한다. 1993년과 1995년 사이에 연간 판매량이 3만 켤레에서 43만 켤레로 급증했다. 이 사례는 기업이 유명 '인플루언서'를 활용해 브랜드를 홍보할 수 있다는 것을 보여주기 위해 채택된 것이다. 일부 소비자가 다른 소비자보다 영향력이 크다는 것은 타당해 보인다. 하지만 그렇다고 일부 소비자에게 제품을 제공하고 그들이 기업 대신 대중에게 광고하는 것만으로 성공적인 마케팅이 된다는 결론에 이르는 것일까?[11]

사실 이 허시파피 브랜드 이야기는 힙스터들이 유행을 이끌었다거나 인플루언서를 고용하는 것이 성공 전략이라는 설득력 있는 증거가 되지 못한다. 성공의 기반을 판단하려면 한 가지 좋아 보이는 가능성만이 아닌 모든 기반이 되는 요소들을 고려해야 한다. 더 나은 제품, 높은 매출, 높은 수익률을 가진 회사라면 새로운 마케팅 아이디어 역시 시도했을 가능성이 높을 것이다. (구글이 직원을 얼마나 극진하게 대우하는지, 아마존이 회의를 어떻게 진행하는지, 핀란드 교사들이 수업을 어떻게 계획하는지, 미국 네이비실이 어떻게 작전을 하는지와 같은 일화들이 뛰어난 성과를 올리는 사람, 기업, 조직이 되는데 필요한 것이 무엇인지 거의 말해주지 못하는 이유다.)

힙스터 마케팅이 성공을 이끌었다는 것을 보여주려면, 의약계의 임상 실험을 비즈니스 버전으로 옮겨와야 한다. 비슷한 기업들을 모아서 힙스터 전략을 채택할 기업과 그렇게 하지 않을 기업을 무작위로 나누고 전체 그룹 간의 성공률을 비교해야 하는 것이다. 당연히 기업들은 거기에 협조하지 않을 것이다. 그러나 증거를 모으기가 어렵다는 사실이 증거를 이미 갖고 있다고 자신을 속여야 한다는 의미는 아니다.

기업이 제품을 출시하는 것은 투자자가 주식을 고르는 것과 같다고 생각할 수 있다. 성공하는 것이 있고 실패하는 것이 있다. 우리는 보통 '원 히트 원더one-hit wonder'(단 하나의 히트곡만을 내고 사라진 가수)가 우연이나 운의 덕분이라고 본다. 하지만 지속적인 성공이라고 해서 기술만의 결과인 것은 아니다.

모든 투자가 성공으로 이어질 확률이 (평균적인 주식 투자 성공률을 크게 웃도는) 50퍼센트라고 가정해보자. 아무것도 모르고 주식을 선택하는 1,024명에서 시작한다면 첫 번째 투자에서는 평균적으로 그 절반(512명)이 성공을 거둘 것이다. 두 번째 투자에서는 그 절반(256명)이 성공할 것이다. 세 번째는 또 그 절반, 이런 식으로 열 번째 투자가 끝나면 열 번의 투자 모두에 성공한 사람은 단 한 명일 것이다. 순전히 운으로 말이다. 이 사람에 대해서만 알고 다른 1,023명에 대한 정보가 없다면, 우리는 뛰어난 투자자를 발견했다는 그릇된 결론을 내릴 수도 있다.

명확히 해둘 것이 있다. 우리는 피터 린치, 레이 달리오, 짐 사이먼스 같은 투자자들이 오로지 운 때문에 성공했다고 말하는 것이 아니다. 성공 사례들에 대해 생각할 때, 그 사례 대부분이 이런 식의 이야기라는 점을 명심해야 한다는 뜻이다.[12]

성공의 진짜 이유를 입증하려면 솜씨 좋은 서사 이상의 것이 필요하다. 우리는 귀환하지 못한 비행기, 선택받지 않은 카드, 심령술사가 끼워 맞췄을 다른 결과들까지 생각해야 한다. 주의를 기울이지 않은 정보, 팔리지 않은 신발, 성공하지 못한 기업에도 집중해야 한다.

유니콘이 유니콘인 이유

문제는 좋은 이야기에 끌리는 (그리고 거기에 설득당하는) 것이 우리의 본능이라는 데 있다. 마케팅 대가나 투자 천재의 이야기가 담긴 책이 날개 돋친 듯 팔린다. 하지만 좋은 이야기에 빠져들었을 때 우리는 거기에 누락되어 있는 것을 생각지 못한다. 조지 리프치츠와 던컨 와츠가 주축이 된 심리학·사회학·컴퓨터과학 연구팀은 2021년 발표한 연구에서 이 점을 지적했다. 그들은 비즈니스 미디어에서 공통적인 서사를 하나 선택했다. 대학 중퇴자들이 만든 스타트업이 '유니콘'(상장되지 않은 기업 가치 10억 달러 이상의 기업)이 될 가능성이 이례적으로 높다는 이야기였다.[13]

빌 게이츠, 스티브 잡스, 마크 저커버그의 성공 사례는 유명하다. 하지만 그들의 사례는 규칙이 아닌 예외다. 크리스와 그의 공동연구자 조너선 와이 그리고 그들의 동료들은 2015년 253명의 유니콘 창업자와 CEO 대부분이 대학 졸업자이며 석사 학위자도 많다는 것을 발견했다. 대조적으로, 미국 성인 중 대학 졸업장이 있는 사람들은 절반에도 미치지 못한다.[14]

리프치츠의 연구에서, 참가자 모두에게 대학 졸업자가 창업한 스타트업과 대학 중퇴자가 창업한 스타트업 중 어느 쪽이 유니콘 반열에 오를 가능성이 높은지에 대해 의견이 분분하다는 이야기를 들려준다. 그리고 그들에게 대학 졸업생과 중퇴자 중 유니콘 기업을 세울 가능성이 높은 쪽에 내기를 걸라고 요청한다. 내기를 하기 전에, 참가자들에게 창업자가 대학 졸업자인 다섯 개의 실제 유니콘 명단이나 대학 중퇴자가 창업한 다섯 개의 실제 유니콘 명단을 보여주거나 혹은 아무것도 보여주지 않는다. 추가로, 한 종류의 창업자 명단을 연구진이 제시했음을 이해하고 있는지 참가자들에게 확인한다.

성공한 중퇴자의 목록을 보았던 참가자들 중 유니콘 기업을 만들 이들로 중퇴자를 선택한 이들은 68퍼센트에 달했지만, 성공한 졸업자의 목록을 보았던 참가자들 중 중퇴자를 선택한 이들은 13퍼센트에 불과했다. 그들의 선택은 선택 전에 보았던 목록, 즉 선별된 소수의 일화에 큰 영향을 받은 것이다. **보지 못한** 정보의 관련성을 고려했다면 그들은 다른 선택을 했을 것이다. 또한 거의 모든 참가자가 자신이 선택하지 않은 창업자가 실패할 가능성이 높은 이유를 설명하기보다는 선택한 창업자가 성공할 가능성이 높은 이유를 설명하면서 자신의 선택을 정당화했다. 정당화는 어느 쪽이든 유효하지만 긍정적인 사례에 대해서 생각할 때는 찬성하는 이유를 생각하는 것이 더 쉽다.

이 연구에는 전형적인 의미의 속임수가 없다. 연구자들은 진짜 창업자들에 대한 진짜 일화를 제시했다. 하지만 이들 일화는 기업 창업자들을 대표한다고도, 전형적인 이야기라고도 할 수 없다. 마찬가지로, 진짜 사례를 잘 선별하기만 한다면 노골적인 거짓말이나 가짜 뉴스를 포함시키지 않고도, 즉 '사실 확인' 부분에서 기만을 시도하는 전형적인 방법이 아니더라도 허위 정보 캠페인을 성

공시킬 수 있다.[15]

가능성 그리드가 알려주는 것

이제 우리가 돌아온 폭격기들에 대한 정보만 이용해 결정을 내리고 돌아오지 않은 폭격기들에 대해서는 거의 생각조차 하지 않는 경향이 있다는 것이 분명해졌다. 그렇다고 해서, 보이는 것을 파고드는 일이 어리석거나 비합리적인 짓이란 의미는 아니다. 집중할 수 있는 능력은 대단히 효율적이며 그 덕분에 우리는 의미 있는 패턴을 추출하고, 추론을 하고, 그런 식으로 주의를 기울이는 집중적인 정보 처리가 아니라면 해결할 수 없을 문제들을 해결한다.

집중력이 없다면 우리는 축구 경기의 움직임을 따라갈 수도 없을 것이다. 그저 흐릿한 선수들의 몸과 그들 사이에서 돌아다니는 작은 구체만 볼 것이다. 하지만 이러한 집중력이 이로울 때는 우리가 집중하는 대상이 전 범위를 대표할 때뿐이다. 돌아온 폭격기가 돌아오지 못한 폭격기와 완전히 같아야만 하는 것이다. 축구 경기를 볼 때 공을 가지고 있는 편에만 집중한다면 그 팀의 전략은 파악하겠지만 수비하는 쪽이 거기에 대응해서 무엇을 하는지(혹은 하지 않는지)에 대해서는 거의 알 수 없을 것이다.

사기꾼, 상인, 마케터가 우리로 하여금 좋지 않은 선택을 하게 만드는 가장 고전적이고 가장 쉬운 방법이 이런 집중력의 불리한 측면에서 탄생한다. 그들은 중요한 정보를 굳이 숨길 필요가 없다. 그런 정보를 누락하고 우리가 그에 대해 생각하지 않으리란 것을 믿고 있기만 하면 된다.

문제가 있는 이런 정신적 습관에 대응하기 위해서는 **"놓친 것이 무엇일까?"**라는 질문을 던져야 한다. 중요한 결정을 하기 전에 그런 생각을 함으로써, 들은 이야기의 진위를 평가하기 위해 정말로 필요한 정보가 무엇인지 자문해야 한다는 점을 떠올리는 것이다. **가능성 그리드**the Possibility Grid라고 알려진 간단한 도구는 빠진 중요한 정보가 정확히 무엇인지 판단하는 데 도움을 준다.

2행 2열의 격자를 생각해보라. 심령술사가 예언한 사건은 1행, 예언하지 않은 사건은 2행에 넣는다. 1열은 실제로 일어난 사건을, 2열에는 일어나지 않은 사건을 표시한다. 따라서 1행 1열에는 심령술사가 예언을 했고 실제로 일어난 사건이 들어간다. 가능성 그리드상 이 칸에 있는 내용이 심령술사를 유명하게 만든다. 여기에는 성공한 이야기만 있고 실패는 전혀 없다.

심령술사가 예언한 사건 실제로 일어난 사건	심령술사가 예언한 사건 아예 일어나지 않은 사건
심령술사가 예언하지 않은 사건 실제로 일어난 사건	심령술사가 예언하지 않은 사건 아예 일어나지 않은 사건

1행 2열은 심령술사가 맞히지 못한 사건이다. 실비아 브라운은 실종된 아이가 물속에서 죽은 채 발견될 것이라고 예언했지만 실제로는 그렇지 않았다.

2행 1열은 심령술사가 예언하지 않았지만 실제로 일어난 사건이다. 실비아 브라운은 실종된 소녀가 살아서 발견될 것이라고는 (또한 브라운 자신이 증권 사기로 유죄선고를 받을 것이라고) 아예 예언하지조차 않았다. 심령술사들이 예언해야 마땅하지만 그렇게 하지 못한 것이다. 이 칸의 사건을 생각하기란 정말 어렵다. 우리는 사람들이 하지 않은 일보다는 한 일에 더 주의를 기울이기 때문이다. 리처드 선더스가 이끄는 연구팀은 20년이 넘는 기간 동안 전 세계에서 일어난 중대한 사건 수백 건을 찾았다. 그중에서 유명한 심령술사가 예언한 사건은 단 하나도 없었다. 여기에는 우주왕복선 컬럼비아호 폭발, 2만 명 이상의 사망자가 발생한 2004년의 인도양 쓰나미, 노트르담 성당을 전소시킨 화재, 코로나 팬데믹의 시작이 포함된다.[16]

마지막으로 2행 2열에는 (우리가 앞서 낸 책이 퓰리처상을 받는 것과 같은) 심령술사가 예언하지 않았고 일어나지도 않은 일이 들어간다. 가능성 그리드 전체를 보면, 1행 1열의 성공 이야기를 다른 세 개의 칸과 함께 볼 수 있어서 1행 1열에 속한 소수의 사건이나 일화에서 그렇게 깊은 인상을 받지 않는다.

마케팅 성과를 분석할 때라면, 그리드의 1행에는 회사가 어떤 마케팅 전략을 시도한 제품, 2행은 시도하지 않은 제품이 들어간다. 1열에는 성공한 제품이, 2열에는 실패한 제품이 들어간다. 따라서 허시파피에 관한 생생하고 설득력 있는 이야기를 듣는 것은 인플루언서의 구매가 매출 증가로 이어진 1행 1열의 사례만을 듣는 것이다.

마케팅 전략을 시도한 제품 판매에 성공한 제품	마케팅 전략을 시도한 제품 판매에 실패한 제품
마케팅 전략을 시도하지 않은 제품 판매에 성공한 제품	마케팅 전략을 시도하지 않은 제품 판매에 실패한 제품

우리는 잠시 멈춰서, 힙스터 마케팅을 시도했지만 판매에 실패한 기업들(1행 2열), 인플루언서 마케팅을 시도하지 않았지만 판매에 성공한 기업들(2행 1열), 마케팅을 시도하지 않고 판매에도 실패한 기업들(2행 2열)에 대해서 생각해봐야 한다. 1행 1열에 비해 다른 칸에 얼마나 많은 기업이 있는지 조사하거나 추정해본다면, 아니 상상해보기만 해도 힙스터 마케팅이 성공과 연결된다는 증거가 정말 있는지 판단할 수 있다.

"놓친 것이 무엇일까?"라는 질문을 던지는 것은 총알 자국이 있는 폭격기의 그림을 생각하면서 우리가 그 작전을 같이 시작한 모든 사람이 아닌 생존자만을 보고 있는 것은 아닌지 상기하는 것과 같다. 다른 세 가지 가능성을 떠올리고 우리 눈앞에 없는 정보를 고려한다면, 우리가 가진 것이 증거가 아닌 우연뿐이라는 것이 명확해지는 경우가 많다.

가능성 그리드가 도움이 되는 일상적인 사례를 하나 들어보겠다. 마케팅은 본질적으로 성공 이야기에 초점을 맞춘다. 평판이 좋은 금융업체라면 과거의 실적이 미래의 성공을 보장하지 않는다는 것을 모두 인정한다. 그런데도 그들은 새로운 고객을 끌어들이는 방법으로 과거의 성공을 내세운다.

우리 두 사람은 소셜 미디어 피드에서 중년의 백인 남성이 어울리지도 않는 핑크색 셔츠를 입고 나와 "지금부터 5년 후, 당신은 이 주식을 샀더라면 좋았을 텐데 하고 후회할 것입니다"라고 말하는 광고를 몇 년 동안이나 봐왔다. 광고에는 작은 글자로 "그는 1997년 아마존을, 2011년에는 테슬라를 추천했습니다. 그는 바로 지금 사야 할 최신 추천 종목을 알려드립니다"라고 적혀 있다.

마케팅에서 전형적으로 등장하는 터무니없는 말(광고가 뜰 때마다 그가 정말 '바로 지금' 사야 할 최신 종목을 추천해준다는 말인가?)은 차치하더라도, 이 광고 문구는 이 남성이 미래를 알고 있다는 것을 암시한다. 그가 사상 최고의 성장률을 기록한 두 회사를 맞혔다고 해서 세 번째도 맞힌다는 보장이 있을까?[17]

그의 말을 그대로 믿고 아마존과 테슬라를 몇 년 전에 사지 않은 것을 후회하는 우리 자신에게 솔직해지자면, 이 두 회사의 주식은 핑크셔츠 씨의 가능성 그리드 1행 1열에 들어갈 것이다. 그가 상승을 예측했고 실제로 상승했으니 말이다. 하지만 대부분의 사람들에게 이 두 회사의 주식은 2행 1열, 즉 우리가 선택하지 않았지만 상승한 주식에 속할 것이다. 향후에 주식을 선택할 때 핑크셔츠 씨의 말을 믿어야 할지 더 정확하게 따져보려면 다른 칸의 그리드를 주의 깊게 살펴야 한다.

핑크셔츠 씨가 추천한 회사 실제로 주가가 오른 회사	핑크셔츠 씨가 추천한 회사 주가가 오르지 않은 회사
핑크셔츠 씨가 추천하지 않은 회사 실제로 주가가 오른 회사	핑크셔츠 씨가 추천하지 않은 회사 주가가 오르지 않은 회사

전문 투자자나 주식을 추천하는 사람이라면 14년 동안 오로지 하나의 주식만 추천하고 살아남을 수는 없다. 핑크셔츠 씨는 분명 다른 주식도 골랐을 것이다. 하지만 우리는 그 주식들이 올랐는지 내렸는지 알 길이 없다. 그 목록에는 징가Zynga, 마이스페이스MySpace, ('반려동물은 운전을 못하니까!'라는 슬로건을 내세운) 펫츠닷컴Pets.com과 같은 회사가 있다. 이런 주식은 1행 2열에 속한다. 그가 선택했지만 폭탄이 된 것들이다. 우리가 그런 주식을 선택하지 않았다고 후회할 리는 없다! 게다가 우리는 그가 구글, 페이스북, 마스터카드와 같이 크게 오른 주식들을 선택하지 못했다는 것도 알고 있다. 만약 선택했다면 아마존이나 테슬라처럼 자랑했을 테니까.

1990년대 말 이래 많은 기업들의 가치가 크게 상승했다. 따라서 2행 1열에는 상당히 많은 주식이 자리할 것이다. 마지막으로 2행 2열에는 다른 모든 주식들, 그가 선택하지 않았고 오르지 않은 주식들이 들어간다.[18]

각 칸에 정확히 얼마나 많은 주식이 들어 있는지는 문제가 되지 않는다. 그저 전체 그리드에 들어갈 수 있는 내용에 대해서 생각하는 것만으로도 14년 동안 두 개의 좋은 주식을 고른 핑크셔츠 씨에게 지금 주목할 가치가 없다는 것을 알 수 있다.

가능성 그리드는 놓치고 있는 것에 주의를 기울이게 만드는 보편적인 무기다. 이 논리를 익히고 나면 여태 이것 없이 어떻게 살아왔는지 의아할 정도로 적용할 곳이 많다는 것을 알아차릴 것이다. 초점을 넓히는 데 도움을 될 만한 사례를 더 소개하겠다.

- 오프라 윈프리의 〈매거진 O〉는 레이 크록이 변호사의 조언을 듣지 않고 직감에 따라 270만 달러(1961년 달러 기준)를 대출해 동업자의 지분을 사들인 사례를 '위대한 직감의 순간'으로 꼽았다. 맥도날드가 세계 최대의 레스토랑 체인이 되기 수십 년 전의 일이었다. 변호사의 조언을 따라서 성공한 사업가나 변호사의 조언을 무시해서 실패한 사업가에 대한 언급은 없다.[19]
- 2016년 뉴욕시 곳곳에 폭발물을 설치한 아마드 칸 라하미에 대한 뉴스 보도는 그가 이전 12년 동안 미국과 파키스탄 및 다른 이슬람 국가를 수차례 오갔다고 언급한다. 하지만 뉴스는 비슷한 경로로 그만큼 자주 여행을 했지만 테러리스트가 아닌 수백만 명의 사람이나 정기적으로 이슬람 국가를 오가지 않은 테러리스트(혹은 테러 혐의자)는 언급하지 않았다.[20]
- 코로나 백신을 맞은 직후 사망한 사람을 찾는다면 많은 사례를

찾을 수 있을 것이다. 하지만 그렇게 한다면 사망하지 않은 수억 명의 사람, 또 같은 날짜에 사망했지만 최근에 백신을 접종하지 않은 사람을 놓칠 것이다.

- '현현顯現/manifesting'이라고도 하는 '끌어당김의 법칙'은 생각하는 대로 이루어진다고 주장한다. 친구를 생각하면 그 사람이 당신에게 전화를 한다. 그건 당신이 그들을 생각했기 때문이다. 청구서를 생각하면 청구서를 받고, 돈을 생각하면 돈이 생긴다. 좋지 못한 관계에 대해 깊이 생각하면 절대 좋은 관계를 맺지 못하지만 이상적인 파트너를 그리면 그런 사람이 당신 인생으로 들어온다. 누군가를 떠올렸지만 그 사람이 나에게 전화하지 않은, 흔하지만 인상적이지 않은 순간, 생각지도 않은 사람이 갑자기 나에게 전화를 한 순간은 우리 마음에 남지 않는다. 누군가를 **생각하지 않고** 그들이 **전화하지 않는** 순간은 말할 것도 없다. 이런 순간들을 모두 다 합친다면 우리 삶의 거의 모든 순간이 될 것이다.[21]

우리를 속이려는 사람들은 1행 1열 칸에 있는 것들만 끝없이 이야기하고 다른 것들은 빠뜨린다. 물론 1행 1열에 속하는 몇 안 되는 사례가 우연하게 일어난 사례가 아닌 이유가 있다면, 그 이유에서 결론을 이끌어내는 것은 전적으로 타당하다. 누군가 총을 맞은 후 숨진 사람들의 사례를 나열했다면, 그들이 총알 때문에 죽었다고 추론하는 것은 논리적이다. 우리는 총이 사람을 죽인다는 것을 알고 있기 때문이다.

속임수를 쓰는 사람들이 비밀스러운, 복잡한, 실험해볼 수 없는 인과 메커니즘에 호소하는 때가 많은 것도 이런 이유에서다. 누군가 성공의 이유까지 제시하면, 그것이 만들어낸 것일지라도, 그들이 우리에게 말해주지 않은 것까지 생각하기란 더 힘들어진다.

끌어당김의 법칙을 주창하는 사람들은 그 힘이 양자물리학이라는 미스터리(우리 대부분에게는 미스터리일 수밖에 없다)에서 기인한다고 말한다. 존 에드워드는 자신이 전문 영매professional medium라고 주장한다. 마치 '영매의 능력mediumship'에 대한 '전문성profession'이 입증할 수 있는 원리와 보증할 수 있는 메커니즘의 이해를 수반하기라도 한다는 듯이 말이다. 마케터들은 신경과학을 언급할 때(소비자들이 아이폰을 문자 그대로 사랑하는 것은 아이폰을 보면 '사랑과 관련된 두뇌 영역이 활성화'되기 때문이라고 말하는 식이다) 제품과 특정한 연관이 거의 없는 인과 메커니즘을 들먹인다.[22]

마케팅에서 집중을 악용하는 가장 지독한 최근 사례들은 인공지능에 기반을 둔 제품을 만들어내는 스타트업에서 많이 나온다.

2018년 니콜라는 자사의 자율주행 트럭이 고속도로를 달리는 영상을 공개했다. 2016년 시제품을 공개하는 자리에서 니콜라의 창업자이자 CEO인 트레버 밀턴은 "이 차는 놀라울 정도로 완벽하게 기능합니다"라고 말했다. 2020년 이 회사는 시제품에 연료전지와 모터가 없었고, 영상은 트럭을 경사가 심하지 않은 도로에서 굴린 후 땅이 평평하게 보이도록 카메라를 기울여 만든 것임을 인정했다. 그들은 트럭이 '움직이고 있다'라고 자막으로 보여주었을 뿐이며 스스로 추진하고 조향하고 있다고는 주장하지 않았다고 항변했다. 하지만 데모 영상의 목적은 투자자와 사업 파트너에게 니콜라가 파인우드 더비pinewood derby(나무로 자동차 모양을 만들어 비탈로 된 트랙에서 달리게 하면서 경쟁하는 놀이)에서 쓰는 나무 자동차 수준의 트럭을 만들 수 있다고 알리는 것이 아니었다.[23]

추론만으로는 가능성 그리드의 다른 칸에 있는 내용을 판단할 수 없는 경우도 있다. 더구나 그런 상황에서 더 많은 정보를 찾는 것은 불편한 일일 때가 많다. 존 에드워드의 프로그램 촬영 중에, 방청석에서 일어나 실패한 예언을 없는지 묻거나 그가 하고 있다고 주장하는 일에 대해 다른 방향으로 설명할 수 있다고 외치는 것을 상상할 수 있을까?

〈사우스 파크〉는 바로 그런 상상이 실제로 일어나는 모습을 보여준다. 그 만화가 그렇게 재미있는 이유 중 하나는 좀처럼 일어나지 않는 일을 보여주기 때문이다. 그렇게 해야 마땅한 상황이 많음에도 불구하고 말이다.

테라노스의 중역에게 "바로 그 장비가 당신들이 말한 분석을 실제로 하고 있는 것인가요?"라고 물었던 사람이 없었던 것도 그런 사회적 거리낌 때문일 것이다. 투자자와 사업 파트너는 예의를 차리느라 커튼 뒤에 뭐가 있는지 묻지 않은 대가로 수십억 달러를 잃어야 했다. 질문을 했다고 제대로 된 답을 들을 수 있는 것은 아니다. 하지만 부정직한 답도 사실을 보여준다. 설사 답을 얻지 못하더라도 더 많은 정보를 추구하는 자체만으로 이익이 따른다. 답을 찾기 어렵거나 답을 하기 불가능하다는 사실 자체가 정보이기 때문이다.

이제 유명 심령술사, 자율주행 트럭, 사기 생명공학과 같은 차분한 사업에서 경영 컨설팅이라는 아주 신나는 업계로 넘어가 보자. 중견 소매 체인이 우수 직원의 이탈을 막기 위해 컨설턴트를 고용할 참이다. CEO가 래리 테일러라는 컨설턴트에게 조언을 구한다고 가정해보자. 테일러는 〈포춘〉 500대 기업 중 10여 곳의 경영진으로부터 받은 긍정적인 평가 목록을 갖고 있다. 이제 우리는 테일러의 목록이 가능성 그리드의 1행 1열만을 알려준다는 것을 알고 있다. 그럼 그가 컨설팅계의 존 에드워드가 아니라는 것을 확신하기 위해 필요한 정보는 무엇일까?

우리는 그의 성공 이야기만이 아닌 그의 성공률을 알아야 한다. 테일러와 상담한 기업들 중에 직원들의 이탈률은 얼마나 감소했나? 효과는 어느 정도 지속되었나? 테일러를 고용하지 않은 비슷한 기업들의 우수 직원 근속율 변화는 어땠나? 그의 성과가 다른 컨설턴트의 성과와 비교해 어떤지도 알아야 한다.

이런 종류의 결정을 내릴 때는 사리에 맞고 예의를 갖추는 범위 내에서 실제로 성과를 평가하는 데 필요한 정보를 모으기 위해 가능한 모든 일을 해야 한다. 모든 유형의 설득이 그렇듯이 영업에는 어떤 정보를 제시하고 어떤 정보를 없애야 하는지 통제하는 일이 포함된다.

우리는 상대가 보여주는 증거가 아닌, 얻을 수 있는 가장 좋은 증거를 가지고 결정을 내리기 위해 노력해야 한다. 우리의 경험에 따르면 기업의 의사 결정은 대단히 피상적으로 내려진다. 따라서 놓치고 있는 것이 무엇인지 의문을 가지고 왜 그것이 중요한지 설명하는 작은 수고로움만으로도 상당한 이득을 볼 수 있다.[24]

부재 자체가 증거일 때

가능성 그리드의 2행 2열은 많은 식견을 제공할 수 있지만 거기에 무엇이 들어가야 하는지 결정하는 것조차 쉽지가 않다. 우리의 행동이 어떤 나쁜 결과를 방지했을 경우, 우리는 그것을 거의 기억하지 못한다. 다음의 예를 생각해보자.

- 우리는 약에 부작용이 있거나 약이 증상을 바로 해소하지 못한다고 불평을 한다. 하지만 약을 복용하지 않았다면 더 아플 수도 있었을 거라는 가능성에 대해서는 생각지 않는다.
- 재앙 수준의 홍수를 막는 성공적인 예방책은 드러나지 않고, 홍수를 막는 데 실패한 제방은 공분을 산다.
- 다리가 무너지면 비난을 하지만 수십 년 동안 수리의 필요성을 서류로 입증해온 엔지니어들을 지지하지는 않는다. 다른 다리들을 안전하게 지킨 엔지니어들은 말할 것도 없다.

• 정부는 건강상의 심각한 위기에 대응하는 데 큰 역할을 할 수 있지만, 애초에 그런 위기가 발생하지 않도록 책임지는 부서들은 만성적으로 예산 부족에 시달린다.[25]

가능성 그리드라는 개념을 가장 효과적으로 이용하는 방법은 '실패 이력서résumé of failure'를 쓰는 것이다. 기존 이력서나 수주 영업에서 드러나는 1행 1열에 해당하는 성공뿐 아니라 성공하지 못한 것까지 추적해야 한다. 우리들은 지원했으나 얻지 못한 일자리, 얼마 지나지 않아 포기한 기업 리브랜딩 작업, 매출에 변화를 일으키지 못한 마케팅 캠페인, 실패로 돌아간 작업 멘트 등을 잊는 경향이 있다. 기억에 남는 것이 거의 없기 때문이다.

실패 이력서는 간신히 나쁜 결과를 모면하긴 했으나 적절한 선택이 아니었던 일, 성공해 마땅했지만 운이 나빴던 일, 심지어는 실행을 고려했으나 지나쳤던 일까지도 추적한다. 좀 더 현실적인 이런 이력서를 통해서, 과거에는 잊거나 무시했지만 성공에 중요한 것이 무엇인지 평가하고자 할 때 꼭 생각해야 할 행동과 사건을 떠올릴 수 있다.[26]

베세머 벤처파트너스Bessemer Venture Partners라는 벤처캐피털사는 실패 이력서라는 개념을 진지하게 받아들여, 자신들이 눈여겨보지 않았지만 엄청난 성공을 거둔 애플, 이베이, 에어비앤비와 같은 기업을 나열한 '안티 포트폴리오'를 발표하고 있다. 베세머의 연혁은 100년에 가깝다. 이 목록은 지금의 파트너들은 직접 경험하지 못한 (1960년대에 인텔, 1970년대에 페덱스에 투자하지 못한 이유와 같은) 과거의 결정들을 기억하도록 한다. 이것은 완벽한 가능성 그리드는 아니지만, 기념하고 기억하는 큰 성공만 있는 것이 아니라 끔찍한 투자 실수도 있었음을 인정한다. 지금은 많은 신생 기업들이 베세머를 본받고 있다. 우리 역시 자신의 투자를 이와 마찬가지로 겸손한 태도로 확인하고자 노력한다.

크리스는 1986년 마이크로소프트의 첫 상장 당시 아버지에게 그 주식을 구입하지 말하고 조언했던 것을 잊지 못한다. ('MS-DOS는 형편없고 윈도우 1.0은 쓰레기'라는 것이 이유였다. 그 생각은 아직 변함없지만, 지금의 그는 그 생각이 투자 여부를 결정하는 건전한 토대가 아니라는 것을 알고 있다.) 대니얼은 아메리칸 에코라는 환경 정화 기업에 열심히 투자했던 것을 상기한다. 그 회사는 2000년 파산했다.[27]

이 장에서 우리는 집중의 힘과 위험성 모두를 진단해보았다. 집중하게 되는 부분을 조작하는 사람들에게 우리가 어떻게 속아 넘어가는지, 놓치고 있는 것을 찾아보지 않아서 어떻게 진실을 보지 못하는지를 말이다. 안타깝게도, 정확한 곳을 볼 수 있다고 해도 그것만으로는 충분치가 않다. 우리가 그곳에서 찾는 것, 그것을 해석하는 방법은 우리의 기대와 예측의 지배를 받기 때문이다. 보고 있는 것이 예측이나 기대와 일치하면 우리는 더 이상 확인할 필요를 느끼지 못한다.

다음 2장은 악의적인 사람들이 우리가 기대하는 것을 파악함으로써, 그리고 정확히 그것을 우리에게 건넴으로써 우리를 속이는 방법에 대해서 이야기할 것이다.

2

‘예측’한 일이 벌어질 때

반대의 기대를 했다면?

우리는 세상을 이해하기 위해, 경험에 의존해서 다음에 무슨 일이 일어날지를 예측한다. 틀렸을 때는 그에 따라 기대를 변경한다. 하지만 경험과 예측이 맞아떨어지면 문제를 제기하지 않는 경향이 있다. 그리고 우리의 예측이 실현되도록 만드는 사람들에게 속아 넘어간다. 다행히, 기대하던 것이 일어나면 주의 깊게 생각하지 않는다는 점을 자각하게 하는 여러 가지 전략이 존재한다.

2004년 9월 말, 〈60분60minutes〉의 앵커 댄 래더가 CBS 뉴스를 대표해 공개 사과문을 발표했다. 이례적인 일이었다. "저희의 판단에 실수가 있었습니다. 그 점에 대해 유감스럽게 생각합니다. 하지만 두려움이나 편파성 없는 탐사 보도라는 CBS 뉴스의 전통을 잇고자 하는 의욕과 선의에서 나온 실수였습니다."[1] 이는 대통령 선거를 두 달을 앞두고 보도된 뉴스에 대한 사과였다. 조지 W. 부시가 1972년과 1973년 주州 방위군 공군에 복무할 당시 의무적인 신체검사를 받지 않았으며, 그의 상관은 부시가 실제로 받은 성적보다 더 좋은 성적을 보고하라는 압력을 받았다는 내용이었다. 기자들은 부시가 방위군으로서의 의무를 회피했다는 소문을 오랫동안 조사해왔지만, 반박의 여지가 없는 증거를 얻기는 힘들었다.

주 방위군이었던 빌 버킷이라는 사람이 CBS 뉴스 프로듀서 메리 메이프스에게 부시의 상관이었던 제리 킬리언(1984년 사망) 중령의 개인 파일에서 나온 것이라는 일련의 메모를 제공했다. 이 메모에는 부시가 명령을 따르지 않은 것으로 보이는 정황과 시간 부족으로(그는 당시 상원의원 선거 운동을 하고 있었다) 훈련에서 제외시켜달라는 부시의 요청이 기록되어 있었다, 부시의 좋지 못한 실적을 '사탕발림'하라는 정계의 압력도 언급되어 있었다.

부시는 당시 약물과 알코올을 사용했던 것으로 알려져 있었고 기자는 이런 점에 대해서 잘 알고 있었다. 부시가 필수 신체검사를 건너뛰었다는 것은 기자의 기대를 충족하는 이야기였다. 군대에서의 의무를 소홀히 하고 정치적 연줄(미래에 미국 대통령이 되는 하원의원 아버지 조지 H. W. 부시)로 교묘히 피해갔다는 아이디어는 기자가 생각하고 있던 서사와 맞아떨어졌다.

아마 그 때문에 CBS의 기자들은 버킷의 메모를, 언론사라면 마땅히 했어야 하는 만큼, 정밀하게 조사하지 않았을 것이다. 다른 언론사의 기자들이 버킷을 종종 불확실한 주장을 펼치는 열성적인 부시 반대파라고 여겼다는 것을 고려하면 특히 더 그렇다.[2]

CBS 뉴스 기자들은 그 메모의 '진위를 입증했다'라고 말했으나 첫 보도 이후 거의 즉각적으로 출처에 대한 보수파 블로거와 언론 매체의 맹비난이 쏟아졌다. 일각에서는 문서 속 글꼴이 현대의 타임스로만과 유사하며 그것은 1970년대 초 타자기에서는 사용되지 않았다고 주장했다. 킬리언의 아들은 폭스 뉴스의 션 해니티에게 문서의 진위가 의심된다면서 자신의 아버지가 '부시를 높게 평가했다'라고 말했다. 이에 대해 질문을 받은 버킷은 CBS에 팩스를 보낸 후에 원본 문서를 불태웠다고 주장했다.[3]

9월 20일에는 우려가 무시할 수 없을 정도로 커졌다. CBS는 문서의 진위를 확인할 수 없음을 인정하고 전 미국 법무장관 딕 손버그가 이끄는 독립 검토위원회를 구성해 잘못을 조사하게 했다. 검토위원회는 '절대적으로 확실하게' 문서의 위조 여부를 확인하지는 못했으나, 최종 보고서를 통해 CBS가 "뉴스로 여겨지는 내용을 다른 언론 매체보다 먼저 보도하려는 근시안적인 욕망으로 움직였으며, 방송 이후 흠결에 대한 무수한 의견이 있었으나 맹목적으로 보도 내용을 옹호했다"라고 지적했다.

댄 래더는 보도의 진위 확인 과정에 참여하지 않았고 방송 전에 그 보도 내용을 보지 못했다고 보고서에 나와 있음에도 불구하고 CBS 앵커 자리를 내놓았고 저명한 뉴스 방송에 다시는 복귀하지 않았다. 프로듀서 메리 메이프스와 조시 하워드는 해고당했다.[4]

이 사건이 이례적인 이유는 CBS 같은 유명 언론 매체에는 문서를 검증하고 출처를 확인하는 과정이 확립되어 있기 때문이다. 때로는 지나치게 광범위한 조사 때문에 보도가 몇 개월씩 미뤄질 정도다. 〈월스트리트 저널〉이 테라노스 사기를 발견했을 때가 그랬다. 기자 존 캐리루는 2015년 7월 셋째 주에 기사 발표 준비를 마쳤지만 이 신문은 10월 8일까지 10주를 기다렸고 심지어 보도 일

주일 전에 테라노스의 변호사와 최종 회의까지 했다.[5]

세상에 대한 우리의 기대는 경험에서 비롯된 예측과 직관이다. 휴대전화의 자동 완성 기능이 인간의 언어에서 가장 흔하게 쓰이는 단어의 순서 모형을 사용해 다음에 타이핑할 단어를 추측하는 것처럼, 우리는 축적된 경험을 근거로 하는 세상의 모형에 의지해서 가까운 미래에 일어날 일을 예상한다.

예측은 우리가 어떤 일을 이해하는 방식에 대단히 중요하지만, 우리는 예측이 세상을 해석하는 데 얼마나 큰 영향을 미치는지 자각하지 못할 때가 많다. 움직이는 물체를 인식하는 것과 같은 간단한 일도 예측에 좌우된다.

뇌가 눈으로 들어오는 빛을 처리하는 데 시간이 걸리기 때문에 '지금' 일어나는 일을 인식하는 데에는 몇 백분의 1초의 지연이 있다. 차에 치이지 않으려면 차가 방금 전에 어디에 있었는지가 아니라 지금 이 순간 실제로 어디에 있는지, 잠시 후에 어디에 있을지를 알아야 한다. 하지만 시각 정보를 얻기까지 시간이 너무 걸리기 때문에 뇌는 자동 완성 기능과 비슷한 예측 기능을 사용해서 차가 잠시 후에 어디에 있을지를 예상한다.

움직이는 물체에 대한 광범위한 경험과 물체가 순식간에 나타났다가 사라지는 일이 없다는 고정된 지식이 효과적인 예측 모형을 구축하도록 돕는다. 같은 원리가 훨씬 복잡한 행동, 결정, 조치에도 적용된다. 차의 움직임에 대한 예측이 틀리면 차에 치일 수 있다. 세상에서 일어날 수 있는 일에 대한 예측이 틀리면, 우리는 놀라게 된다. 그리고 놀랐을 때는 자연히 회의적이 된다. 하지만 우리에게는 예측과 경험이 일치하면 의문을 제기하지 않는 경향이 있다.

모든 것에 회의적이거나 모든 것에 열린 마음을 유지해서는 세상을 제대로 이해할 수 없다. 우리는 예측을 해야 한다. 경험이 주도하는 기대에 의존해서 해석의 방향을 잡는다. 이런 기대는 문제가 되는 정보에 집중하는 데 도움을 주는 것이 보통이다. 하지만 때때로 예측한 것을 찾고 그것을 찾은 데 만족하는 일이 확증 편향으로 이어지기도 한다. 따라서 사기꾼들은 자신의 '제품'을 우리가 원하는 것뿐 아니라 우리가 기대하는 것에 일치하도록 조정할 수 있다.

영리한 사기꾼은 한나 아렌트가 관찰한 진실을 잘 알고 있다. "거짓말이 진실보다 훨씬 더 그럴듯하고 이성에 호소하는 경우가 많은 것은 거짓말쟁이는 청중이 듣기를 바라거나 기대하는 것을 미리 아는 뛰어난 이점을 갖고 있기 때문이다."[6]

CBS가 부시에 대한 보도에서 저지른 유형의 실수를 피하려면 **"이것이 내가 예측했던 것이었나?"**라는 다소 역설적인 질문을 던져야 한다. 답이 "그래, 내가 기대했던 것과 정확히 일치해"라면 더 적게 확인할 것이 아니라 더 많이 확인해야 한다는 신호다. 확인하는 한 가지 방법은 당신이 반대의 결과를 기대한 것처럼 생각해 보는 것이다.

CBS의 기자들이 부시가 자신의 의무에 태만하지 않았을 것이란 기대로 버킷의 문서를 보았다면, 그들은 메모의 출처에 이의를 제기했을 것이다. 이런 종류의 철저한 검토를 거치면 기존의 신념을 뒷받침하는 증거와 논거는 무너지게 마련이다. 하지만 믿지 않는 것을 믿는 것처럼 생각하기란 쉽지 않다. 군과 정보 계통에서 생겨 최근 과학계에서 채택된 대안적인 전략은 동료를 끌어들여 당신 사고의 오류를 잡아내는 목적을 가진 '레드팀' 역할을 하게 하는 것이다.

CIA는 오바마 대통령에게 오사마 빈 라덴을 사살한 2011년의 급습을 제안하기 전, 이 알카에다 수장을 잡기 위한 수년에 걸친 작전에 참여하지 않았던 네 명의 정보 분석가들을 선정해 빈 라덴이 파키스탄 아보타바드 주택가에 살고 있다는 결론에 이의를 제기하도록 했다. 이 분석가들은 빈 라덴이 아보타바드에 있지 않다고 가정하는 세 가지 대안 가설의 타당성을 평가했다. 그들은 이 대안들을 지지할 증거들을 찾아본 후에도 빈 라덴이 파키스탄의 주택에 머물 확률이 40~60퍼센트라는 결론에 이르렀다. 최종 결정 시한이 가까웠기 때문에, 레드팀이 더 회의적이었다면 작전은 실행되지 않았을 수도 있다.[7]

마스크를 쓰면 15분 동안 무조건 안전하다?

기대로 인해 눈이 어두워지는 것은 능력이 뛰어나고 마땅한 자격을 갖춘 사상가들에게도 일어나는 일이다. 실제로 추론 능력이 나은 사람들이 신념을 정당화하려는 의욕 때문에 **더** 쉽게 속는다는 증거도 존재한다.

오미크론 변종 바이러스가 급증하던 2022년 초, 〈월스트리트 저널〉은 마스크의 유형에 따른 바이러스 차단 시간을 보여주는 표를 실었다. 이 자료에 의하면, 감염자가 N95 마스크를 쓰면 비감염자는 2.5시간 동안 바이러스로부터 안전하다. 〔원서에서는 N95를 썼다는 언급을 할 때마다 'imperfectly fitted'나 'non-fit tested'라는 설명을 덧붙이고 있다. N95 마스크는 코와 입 주위를 완전히 밀봉해서 외부에서 공기와 입자가 유입되지 않도록 설계되어 있지만 제대로 착용하지는 않았다는 의미다. 정확성을 기하기 위해 '완벽하게 착용하지 않았다'라는 설명을 덧붙이고 있는 듯하지만, 우리말로 옮기는 과정에서 오히려 혼란을 줄 수 있어 번역문에서 생략한다.〕 감염자와 비감염자 모두 N95 마스크를 쓰면, 비감염자는 바이러스로부터 25시간 동안 안전하다. 하지만 둘 다 마스크를 쓰지 않으면 바이러스로부터 안전한 시간은 15분에 불과하다.[8]

전염병 학자들과 전문가들은 오래전부터 좋은 품질의 마스크가 호흡기 바이러스의 확산을 막는 데 도움이 된다는 주장을 펴왔다. 이 표는 그런 지침을 따르기 위해 이미 노력하고 있는 사람들이 취하는 신중한 태도를 정당화해주었다. N95 마스크(특히 꼭 맞게 착용했을 때)의 보호 효과가 천 마스크나 마스크를 전혀 쓰지 않는 것보다 훨씬 크다는 기대에 부합했던 것이다. 열광적인 마스크

		비감염자			
		마스크 안 썼을 때	천 마스크	수술용 마스크	N95 마스크
감염자	마스크 안 썼을 때	15분	20분	30분	2.5시간
	천 마스크	20분	27분	40분	3.3시간
	수술용 마스크	30분	40분	1시간	5시간
	N95 마스크	2.5시간	3.3시간	5시간	25시간

지지자들 사이에서 이 표에 대한 입소문이 났다.

N95와 같은 고여과 마스크가 호흡기 바이러스를 차단하는 성능이 뛰어나다는 점에는 의심의 여지가 없다. 하지만 이 자료를 만든 사람은 마스크의 여과 수준에 15분을 곱해(그리고 그 결과를 60으로 나눠) '보호 시간'이라는 터무니없는 수치를 창조해냈다. 그렇다면 15분은 어디에서 나온 것일까? 아마도 미국 질병통제예방센터CDC, 영국 국민보건서비스NHS, 기타 기관에서 감염자가 바이러스를 전파했을 가능성이 있는 사람을 추적할 목적으로 '밀접접촉'을 정의하는 데에서 비롯된 것 같다. 이 기준은 생물학적 사실도, 바이러스학에 존재하는 법칙도 아니다. 사람들은 15분 미만의 노출로도 감염될 수 있으며, 실제로 감염된 사례도 있다.

15분이라는 시간은 접촉자를 추적하기 위한 실용적이지만 자의적인 한계이다. 양성 반응이 나온 사람들이 15분 이상 자신의 곁에 있었던 사람들을 기억하고 이름을 댈 수 있을 가능성이 높기 때문이다. 그렇지만 상점의 점원이나 복도에서 지나친 동료는 기억하지 못하는 것이 보통이다.[9]

접촉자 추적에 사용되는 범위에 여과 수준을 곱해서 '보호 시간'을 계산해내는 것은 불가능하다. 사실, 우리는 이미 가지고 있는 다른 지식에 근거해서도 그 수치들이 말도 안 된다는 것을 알 수 있다. 전염 위험에는 야외에 있는지, 밀폐된 공간에 있는지, 목청껏 소리를 지르고 있는지, 조용히 앉아 있는지, 감염자의 전염력이 최고조인지 등 많은 다른 요소들이 관여한다. 전염되려면 얼마나 많은 바이러스 입자가 통과해야 하는지도 알아야 하고, 그것은 개인 면역 반응의 차이, 심지어는 코털의 밀도 차이와 같은 요인에도 좌우될 수 있다.[10]

N95 마스크를 쓴 비감염자가, 천 마스크를 쓴 채로 소리를 지르는 전염성 강한 감염자와 마주 서 있는 상황이라면 3.3시간도 안전하지 않을 가능성이 높다(바이러스로부터 안전하다고 할지라도 3.29시간 동안 100퍼센트 안전하다가 3.31시간에 갑자기 0퍼센트가 되지는 않을 것이다). 하지만 정량적인 것에 민감한 동료들은 고여과 마스크 사용을 지지하는 증거로 이 표를 페이스북과 트위터에 게시했다. 그들이 그에 대해 충분히 비판적으로 생각지 않은 것은 그 결론이 그들이 예상했던 것과 일치했기 때문이라는 것이 우리 생각이다.

이런 표는 사람들로 하여금 더 좋은 마스크를 사용하도록 격려할 것이고, 여과도가 높은 마스크는 바이러스를 막는 데 더 효과적일 것이다. 하지만 그런 자료가 역효과를 낳을 수도 있다. 더 좋은 마스크가 필요하다는 생각에 반대하는 사람들, 혹은 마스크가 전혀 필요하지 않다고 생각하는 사람들은 이 터무니없는 수치를 지적하면서, 잘 정립된 입장의 신빙성을 약화시킬 것이다. 고여과 마스크를 사용하도록 더 많은 사람들을 설득해서 팬데믹 확산 속도를 늦추고자 하는 고결한 목적이 있다고 해도 거기에 이르는 수단에서의 오류를 정당화할 수는 없다.[11]

선입견은 결론을 바꾼다

비즈니스 리더들은 "우리는 데이터 중심 조직입니다" "숫자는 거짓말을 하지 않습니다"와 같은 슬로건으로 숫자에 대한 신념을 공언하곤 한다. 데이터에 주의를 기울이는 것이 데이터를 무시하는 것보다는 낫겠지만, 우리는 선입견이 데이터를 해석하는 데 영향을 미친다는 점을 기억해야 한다.

댄 카한과 동료들의 2017년 연구는 바로 이 점을 입증했다. 그들은 강경한 의견이 나올 가능성이 낮은 주제의 데이터로 인포그래픽을 만들었다. 예를 들면, 새 크림의 피부 발진 치료 효과를 보여주는 것이다. 그들은 미국 성인의 대표 표본 1,111명을 이 새로운 가상 크림을 사용한 사람과 사용하지 않은 사람으로 나누어 그 중 발진 증상이 호전된 사람과 그렇지 못한 사람의 수를 2행 2열의 표로 만들었다.[12]

크림을 사용한 사람 발진이 줄어든 사람	크림을 사용한 사람 발진이 그대로인 사람
크림을 사용하지 않은 사람 발진이 줄어든 사람	크림을 사용하지 않은 사람 발진이 그대로인 사람

1행은 크림을 사용한 사람들, 2행은 크림을 사용하지 않은 사람들을 보여준다. 1열은 발진이 줄어든 사람들, 2열은 그렇지 않은 사람들을 보여준다. 크림을 사용했을 때 더 개선되었다는 것을 보여주려면 크림 사용 후(1행)에 개선된 사람의 비율을 크림을 사용하지 않고(2행) 개선된 사람의 비율을 비교해야 한다.

앞서 논의했듯이, 사람들은 이 2행 2열의 그리드에서 1행 1열에 있는 것(크림을 사용하고 발전이 줄어든 사람)에만 주의를 집중하고 나머지 칸은 도외시하곤 한다. 보통 이런 유형의 연구(그리고 특히 이 실험)에서는 1행 1열만 보았을 때 틀린 답을 얻게끔 수치를 선택한다. 짐작대로, 카한의 연구팀은 많은 참가자들이 정확히 이런 실수를 저지른다는 것을 발견했다.

수리 능력이 좋은 사람일수록 (같은 실험에서 별도로 실행된 테스트로 측정한) 데이터를 정확히 사용해서, 즉 1행 1열만 집중해서 판단을 그르치지 않고, 크림의 효과 여부를 정확하게 판단할 수 있다는 것이 연구 결과의 핵심이었다.

이 연구의 결정적인 점은, 설계는 동일하게 유지하되 기대 중립적인 크림을 정치적으로 민감한 문제로 대체한 것에 있다. 권총 휴대를 금지하는 법의 제정 유무에 따른 범죄율 증감을 주제로 삼은 것이다. 모든 참가자에게 주어진 수치는 동일했다. 그중 절반에게는 1행 1열에 권총 휴대 금지 이후 범죄율이 떨어진 도시 수를, 다른 절반에게는 동일한 칸에 권총 휴대 금지 이후 범죄율이 증가한 도시의 수를 표시해서 보여주었다.

미국의 경우, 총기 규제 입법에 대해, 정치적 보수층은 반대할 가능성이 높고, 정치적 진보층은 찬성할 가능성이 높다. 이 연구는, 데이터가 뒷받침하는 정책과 참가자가 선호할 것으로 예상되는 정책 사이에 충돌이 일어나도록 설계되었다. 1행 1열 칸에만 의존하면 절반은 오답에, 절반은 정답에 이르기 때문에 수치가 자신의 신념에 배치될 때보다 수치가 자신의 신념을 뒷받침할 때 더 비판적으로 생각하는지 덜 비판적으로 생각하는지를 진단할 수 있다.

정치적으로 중립적인 크림 테스트에서는 수와 논리에 밝은 사람들이 데이터를 더 정확하게 해석했다. 하지만 총기 규제 정책 테스트에서는 총기 규제가 범죄 감소로 이어진다는 것이 올바른 해석일 때, 수리 점수가 높은 진보주의자가 보수주의자보다 더 정확한 해석을 내놓았다. 데이터가 총기 규제가 범죄 증가로 이어진다는 것을 보여줄 때는, 수리 점수가 높은 보수주의자의 해석이 진보주의자보다 더 정확했다. 각 그룹은 1행 1열 칸에 의존한 결론이 자신의 기대에 어긋날 때 비판적 태도를 보였으며, 반대로 그 결론이 자신의 기대와 일치할 때는 비판적인 태도를 보이지 않았다.[13]

진보주의자들은 기후 변화 대응 조치를 반대하는 증거 앞에서는 열심히 교차 검증에 나서겠지만 수치는 같더라도 그것이 이민 증가를 지지한다면 비판적인 태도를 보이지 않을 것이며, 보수주의자는 그와 정반대로 행동할 것이다. 기대에 부합하는 결론을 선호하는 경향 탓에, 우리는 신념을 약하게 지지하는 증거에는 집중하지만 강력한 반대 증거는 도외시할 수 있다.

〈뉴욕 포스트〉가 2022년 발표한 한 기사는 2021년 8월의 분석에 의존해, 수준 높은 연구들에서는 마스크 착용이 호흡기 바이러스 전파를 막는 데 '효과가 있다'는 주장을 뒷받침할 만한 증거가 나오지 않고 있다고 주장했다. 그러나 이들 연구 중에 코로나 팬데믹 이전에 이루어진 것은 단 하나뿐이었고, 방글라데시 600개 마을에서 수십만 명의 주민을 대상으로 한 가장 정교한 예방 실험은 언급하지 않았다. 2021년 12월 〈사이언스〉에 발표된 이 방글라데시 연구는 〈뉴욕 포스트〉의 기사가 게재되기 몇 주 전에 언론으로부터 상당한 주목을 받았다.[14]

논리의 기본 원리를 적용하는 능력조차도 우리의 기대 때문에 전복될 수 있다. '어떤 동물이 개라면, 그것은 포유류다'라는 전제와 스팟이 개라는 사실을 고려하면 우리는 스팟이 포유류라는 결론에 쉽게 도달한다(모두스 포넨스modus ponens라는 이름으로 알려진 논리 원칙). 이런 종류의 논리적 결론은 쉽게 내릴 수 있다. 우리의 지식 및 신념과 일치만 한다면 말이다. 하지만 전제가 '어떤 동물이 개라면, 그것은 파충류다'라면 어떨까? 스팟이 개라는 것을 알았다면 우리는 논리상 스팟이 파충류라는 결론을 내려야 한다. 하지만 이 경우는 결론에 이르기가 쉽지 않다. 우리가 실제로는 개가 파충류가 아님을 알고 있기 때문이다.

이번에는 단순한 분류학적 사실이 아니라 우리가 강력한 신념을 갖고 있는 논쟁적인 주제에 대한 전제로부터 어떤 결론에 이르게 되는지 생각해보자. 아래의 결론은 전제에서 논리적으로 추론되는 것인가?

모든 위험한 약물은 불법이어야 한다.

마리화나는 위험한 약물이다.

따라서 마리화나는 불법이어야 한다.

마리화나가 위험한 약물이며 위험한 약물은 불법화해야 한다고 믿는 사람은 이 결론이 마음에 들 것이다. 마리화나가 그다지 위험하지 않고 위험한 약물을 합법화해야 한다고 믿는 사람은 이 결론에 동의하지 않을 것이다.

심리학자 아눕 감파와 그의 동료들은 924명의 온라인 연구 자원자를 모았다. 그 후 각자 진술한 이념적 견해나 신념에 일치하거나 모순되는 결론이 도출되는 논리적 문제를 그들이 어떻게 평가하는지 실험했다. 73퍼센트가 정확하게 문제를 해결해 전반적으로 좋은 성적을 거뒀다. 하지만 보수주의자들은 '자유주의적' 결론을 틀렸다고 판단할 가능성이 더 높고, 자유주의자들은 '보수주의적' 결론을 틀렸다고 판단할 가능성이 더 높았다. 두 집단은 결론이 자신의 신념과 합치할 경우 부정확한 결론을 확실한 것으로 취급하는 실수를 저지르는 경향이 있었다.[15]

다음의 예를 생각해보자.

모든 마르크스주의자는 자유 시장이 불공정하다고 믿는다.
대통령 자문단 일부는 자유 시장이 불공정하다고 믿는다.
따라서 대통령 자문단 일부는 마르크스주의자다.

자유주의자 94퍼센트는 결론이 틀렸다는 정확한 답을 내놓았지만 보수주의자의 정답자 비율은 79퍼센트에 그쳤다. 위의 결론이 당시 정권을 잡고 있던 오바마 행정부에 대한 자신들의 기대와 일부 합치했기 때문일 것이다. 문제의 편향이 뒤집어지면, 보수주의자의 성적이 자유주의자를 앞질렀고, 두 집단의 전반적인 성적은 거의 비슷했다. 1,109명의 전국 대표 표본을 대상으로 한 연구를 비롯한 세 번의 연구에서, 자신의 이념과 합치하는 어떤 명제를 논리적이라고 평가할 가능성은 15퍼센트 이상 높았고, 두 배 이상 높아지는 경우도 있었다.

자신이 예상하지 못한 결과를 더 면밀하게 검토하고 이미 믿고 있는 것과 합치하는 결론은 받아들이는 경향은 과학, 비즈니스, 일상에서 다양한 오류를 낳는다. 경제학자 카르멘 라인하트와 케네스 로고프는 이것을 깨닫는 데 큰 대가를 치러야 했다. 정부 부채와 경제 성장 사이의 관계에 대한 역사적 데이터를 분석하던 중에 그들은 액셀 스프레드시트의 마지막 단에 공식을 '기입'하지 못했다. 결과적으로 그들은 한 국가의 부채가 GDP의 90퍼센트에 이르면 해당 경제국의 성장 전망이 치명적으로 약화된다는 결론을 내리는 실수를 범했다. 이 연구 결과는 정부가 지나친 지출과 그것을 충당하기 위한 차입을 경계해야 한다는, 간단히 말해 긴축을 실천해야 한다는, 논란의 여지가 큰 그들의 정책 권고를 뒷받침했다.

로고프는 IMF의 수석 경제학자였기 때문에 그의 조언은 영향력이 클 수밖에 없었고, 그와 라인하트가 저술한 부채 위기에 대한 책《이번은 다르다This Time Is Different》는 베스트셀러에 오르면서 정책 입안자들의 필독서가 되었다.[16]

많은 과학적 오류는 이와 같은 의도치 않은 단순 실수다. 과학자들도 다른 모든 사람과 마찬가지로 결과가 예상과 다를 경우 작업을 두 번, 세 번 확인하곤 하지만 예상과 일치하는 결과에는 그만큼 주의를 기울이지 않을 확률이 높다. 과학 문헌의 오류들은 연구진이 선호하는 가설 방향에 부합하는 경향이 있다. 따라서 라인하트와 로고프에게 동조하지 않는 경제학자들이 그들의 실수를 잡아낸 것도 놀라운 일은 아니다.

라인하트와 로고프가 자신들의 정책에 회의적인 입장을 취하는 사람들과 팀을 이루었다면, 서로 다른 기대가 충돌하면서 오류를 바로잡았거나 최소한 그 연구 결과를 발표하지 않았을지도 모른다. 비판자를 연구진에 포함시키는 것, 즉 과학계에서 적대적 협력adversarial collaboration이라고 알려진 과정은 어색하고 쉽지 않은 일이다. 하지만 큰 효과를 낸다.[17]

이번에도 고릴라를 발견할 수 있을까?

미식축구에서는 센터가 공을 다리 사이로 던지는 '스내핑snapping'을 쿼터백이 몇 발자국 물러나 받으면서 공격이 시작되는 것이 보통이다. 하지만 게임을 그렇게 시작해야 한다는 규칙은 없다. 2010년의 한 게임에서 텍사스의 중학교팀은 어깨너머로 쿼터백에게 공을 넘기는 '하이크hike'를 보여주었다. 쿼터백은 뒤로 물러나는 대신 태연하게 상대 수비수들 사이로 걸어 나갔고 수비진은 공격이 시작되었다는 것을 깨닫지 못했다. 쿼터백은 길이 트이자마자 나머지 수비수들을 지나쳐 전력으로 달려간 뒤 터치다운을 성공시켰다.[18]

스포츠의 이런 '트릭 플레이'는 기대를 이용하는 속임수의 한 형태다. 그들은 부정행위를 하는 것이 아니다. 게임의 규칙을 어긴 것도 아니다. 기존의 패턴과 규범을 어김으로써 성공을 거두는 이런 모습은 다른 사람의 행동을 해석하는 방식에 기대가 얼마나 큰 영향을 미치는지 보여준다.

기대가 우리가 보는 것에 영향을 준다는 생각은 우리의 첫 책, 《보이지 않는 고릴라》의 주제였다. 기대하는 것만 보는 현상은 놀랄 만큼 넓은 범위를 아우른다. 기대하지 않는 것이라면 우리는 삶의 많은 사건, 대상, 패턴을 알아채지 못한다. 1999년 이루어진 우리의 첫 '고릴라 실험'은 사람들이 선수들이 농구공을 패스하는 횟수를 세느라 고릴라 복장으로 선수들 한가운데를 걸어가는 사람을 놓친다는 것을 보여주었다.

실험 영상이 입소문을 탄 후에 사람들은 패스 횟수를 세라는 요청을 받을 때 고릴라를 찾아야 한다는 것을 알게 되었다. 그 때문에 댄은 '멍키 비즈니스 일루전The Monkey Business Illusion'이라는 이름의 새 영상을 만들었다. 책 읽는 것을 잠시 멈추고 유튜브를 시청하고 오는 것도 좋겠다.[19]

예전의 고릴라 영상을 볼 때처럼, 사람들은 흰색 옷을 입은 선수들이 몇 번 패스했는지 세어보라는 요청을 받는다. 역시나 고릴라 의상을 입은 사람이 도중에 걸어 들어와 중앙에 서서 카메라를 보고 가슴을 두드린 후 다른 쪽으로 걸어 나간다. 과거 고릴라 영상 실험에서처럼, 고릴라를 기대하지 않았던 사람들의 절반 정도는 고릴라의 등장을 알아채지 못한다. 이 영상을 보기 전에 과거에 고릴라 영상을 보았던 사람들은 고릴라를 찾아야 한다는 것을 알기 때문에 새 영상을 볼 때는 고릴라는 거의 놓치지 않는다.

하지만 고릴라가 나타나리라는 것을 안다고 해서, 기대하지 않았던 사건들도 놓치지 않을까? 오히려 고릴라를 찾아야 한다는 것을 아는 사람들은 영상 속의 다른 변화를 알아차릴 가능성이 약간 **낮았다.**

우리의 기대와 신념은 우리가 보는 것을 해석하는 방식을 주도한다. 놀랍거나 기대하지 않은 일이 발생하는 경우가 아니라도 그렇다. 일본의 카메라 제조업체 캐논의 호주 지사는 사진작가들이 어떻게 작품을 만드는지 보여주는 일련의 영상으로 이를 입증했다. 그들은 여섯 명의 전문 사진작가들에게 중년 남성 마이클의 초상을 찍게 했다. 마이클은 매번 검은 바지와 단추를 몇 개 푼 푸른색 와이셔츠 안에 흰색 티셔츠를 받쳐 입었다.

각각의 사진작가는 마이클의 이력을 설명하는 자료를 받았다. 단, 이 자료는 모두 달랐다. 한 작가는 마이클이 재소자였다는 이야기를 들었고, 또 다른 작가는 그가 누군가의 목숨을 구했다고, 세 번째 작가는 그가 심령술사라고 주장한다는 이야기를 들었다. 그가 자수성가한 백만장자라거나 알코올중독자였다거나 어부라고 적힌 자료도 있었다. 같은 사람을 대상으로 같은 스튜디오에서 촬영했지만 결과물은 완전히 달랐다.

사진작가들은 마이클에게서 본 것의 정수를 포착하려는 시도를 했다. 그들이 갖게 된 기대가 대상의 자세를 잡는 방식, 조명을 비추는 방식, 렌즈와 앵글을 사용하는 방식, 마이클을 처음 만나서부터 최종 작품을 만들 때까지의 모든 결정에 영향을 미쳤다.[20]

사기꾼이나 남의 흉내를 내는 사람들도 같은 방식으로 우리를 속인다. 보통의 사람들이 이 사기꾼이 주장하는 가상의 인물에게 기대하는 말투와 행동을 흉내 내는 것이다. '스타트렉' 시리즈 두 번째 영화에서 유전자 조작으로 만들어진 악당 칸 역을 맡은 리카르도 몬탈반은 이런 원리를 잘 알고 있었다. 엔터프라이즈호와 그 승무원을 기습하기 위해 그는 연방군의 또 다른 우주선 릴라이언트를 탈취해서 위협적이지 않은 방식으로 엔터프라이즈호에 접근한다. 릴라이언트가 이상하게 움직이는데도 커크 선장은 공격을 모의한다기보다는 기술적 문제가 있는 것으로 가정한다. 뭔가 잘못되었다는 것을 깨달았을 때는 함정이 갑자기 나타나 엔터프라이즈호가 크게 손상된 후였다.

기대에 부합하는 것은 성공적인 사기로 가는 길에서 피해자를 무장 해제시키기 위한 필수적인 단계다. 보는 것이 기대하는 것에 부합할 때면 우리는 좀처럼 의문을 제기하지 않거나 깊이 파고들지 않기 때문이다.[21]

난장판에 대한 과학이 과학의 난장판으로

과학은 예측을 실험과 데이터로 시험하는 과정이며 과학자들은 뒷받침이 부족한 주장에 대해 회의적인 태도를 취하는 사람들로 알려져 있다. 따라서 그들이 우리 같이 평범한 사람들과 똑같이 기대의 함정에 빠진다는 이야기는 놀랍게 느껴진다.

네덜란드 틸뷔르흐대학교의 저명한 심리학자 디데릭 스타펠은 주변 환경이 우리의 생각과 행동에 미묘한 영향을 미치는 방식에 대한 실험으로 세계적인 명성을 얻었다. 〈사이언스〉에 발표된 그의 실험은 지저분한 기차역을 지나거나 쓰레기가 어질러진 거리를 걷는 것만으로도 인종 차별적인 생각을 더 많이 하게 된다는 것을 보여주었다. 스타펠은 '은유적 점화metaphorical priming' 즉 우리의 인식과 경험이 우리 마음속에 존재하는 은유적으로 혹은 미약하게 관련된 개념(예를 들어, 실제 쓰레기와 인종차별주의)을 활성화시키고 그런 연상이 우리의 태도 심지어는 행동까지 변화시킨다는 주장의 사례를 보고한 많은 사회 심리학자 중 하나다.

비슷한 연구로, 물리적으로 상자 밖에 있어야 더 창의적인 아이디어를 떠올릴 수 있고(창조적 · 독창적이라는 의미의 'out of box'를 직역하면 '상자 밖'이다), 뜨거운 커피 컵을 들고 있을 때 다른 사람의 성격을 더 따뜻하다고 평가하며, 교수의 삶에 대해서 상상하면 상식 시험에서 더 좋은 성적을 거둘 수 있고, 생선 냄새를 맡으면 다른 사람을 더 수상쩍게 보게 된다(수상하다는 의미의 'to smell fishy'를 직역하면 '생선 냄새가 난다'다)는 식의 연관성을 시험했다.[22]

여기에서 스타펠의 연구를 언급한 것은 한 가지 중요한 측면에서 그의 연구가 다른 사례들과 다르기 때문이다. 그는 실험을 하는 수고를 하지 않고 데이터를 조작했다. 그는 수년 동안 동료, 학생, 공동 연구자에게 그들이 보리라고 기대하는 것을 제공함으로

써 그들을 속였다.[23]

혁신적인 새로운 발견이나 돌파구와 관련된 과학적 사기도 있지만, 대부분의 가짜 연구 결과들은 기존의 대중적인 주제를 살짝 변형시킨 것이다. 관련 전문가들에게는 진정으로 새롭거나 예상을 벗어난 것이 아닌, 전형적인 것이나 주류로 보일 것이다. 조작이라는 것이 밝혀지기 전 결과를 처음 들었을 때라면, 같은 분야에 있는 대부분의 과학자들은 고개를 저으며 '그럴 리가'라고 말하기보다는 고개를 끄덕이며 '일리가 있군'이라고 말할 가능성이 높다.

코넬대학교의 저명한 심리학자 대릴 벰은 '예지'가 있다는 것을 입증한다는 연구 결과를 발표했다. 미래를 내다보는 심령술사의 능력이 실제로 무작위로 생성된다는 것이었다. 이에 과학계는 회의와 불신의 반응을 보였다. 20년 전 상온 핵융합에 대한 때 이른 보고에서처럼, 벰이 제시한 것과 같은 연구 결과를 예상하지 못했던 대다수 과학자들은 그의 방법론과 통계에 철저히 의문을 제기했고 대부분이 부족하다는 것을 발견했다. 벰이 스타펠처럼 데이터를 조작했다고 믿을 뚜렷한 이유는 없었다. 하지만 그가 내린 결론은 '선을 넘어' 있었다. 이의를 제기하지 않기가 어려웠던 것이다.

실제 사기가 연구와 관련되는 경우, 주목을 끌고 박수를 받을 만큼 새롭기는 하지만 회의론자들이 자세히 들여다보고 싶을 정도로 충격적이진 않은 때가 많다. 과학자든 아니든 독점적인 기술에 의존하거나 다른 연구자들은 이용할 수 없는 자원에 대한 특별한 접근권이 필요한 일을 할 때에는 기대에 부합하는 결과를 각별히 경계해야 한다. 그런 대부분의 연구들은 신중한 연구자들의 주요한 업적이 된다. 데이터를 수집하는 데에만 수년간의 지속적인 연구가 필요할 수 있다. 하지만 절차를 무시하고 지름길로 가고자 하는 이들은 다른 사람이 직접 데이터를 수집할 수 없어서 실험을 재현할 수 없을 경우에 더 큰 유혹을 느끼게 된다. 스타펠은 참가자들에게 기차역의 사진을 보여주지 않고 실제 기차역에서 실험을 해 다른 연구자들이 그 실험을 재현하기 어렵게 만들었다고 한다.

진화생물학자 마크 하우저는 연구한 사람이 전 세계에 몇 안 되는 목화머리타마린이라는 원숭이종의 인지 성과를 실험했다. UCLA 정치학과 대학원생인 마이클 라쿠어는 연구 보조원 41명을 고용해서 972명에게 직접 방문 인터뷰를 실시해 동성애자와의 상호작용으로 정치적 견해가 바뀌는지 조사했다고 한다. 이 저자들은 모두 수사 후에 논문을 철회했다. 미심쩍은 (혹은 존재하지 않는) 데이터를 감추는 것 외에, 눈에 띄는 방법론도 참신하고 엄정하게 보이는 외양으로 찬사를 이끌어낸다. 정당화 여부에 관계없이 말이다.[24]

1990년대 말, 하버드대학교의 우리 동료 카렌 루지에로는 고정관념의 사회심리학에 대한 일련의 연구를 발표했다. 그녀의 연구는 영향력이 있었고 광범위하게 인용되었다. 하지만 스타펠의 연구와 마찬가지로 조작된 것으로 밝혀졌다. 우리는 루지에로의 사기가 불러일으킨 결과를 직접 목격했다.

댄은 연구 결과가 루지에로의 연구만큼 명확하지 않다는 이유로 비슷한 주제의 합법적인 연구를 발표하는 데 애를 먹은 동료들의 이야기를 들었다. 그만큼이나 문제인 것은, 편집자나 검토자가 해당 주제에 대해 처음 발표된 연구를 '정확'한 것으로 취급하고 후속 연구의 모순되거나 설득력이 약한 결과를 방법론적 결함이나 무능함으로 치부한다는 것이다.[25]

루지에로가 사기를 인정한 후, 일부 학생들을 포함한 공저자 역시 조사를 받았다. 대부분의 학생들은 연구 수행 방법을 배워 박사 학위를 취득하고자 하며, 이런 기술의 주된 본보기가 멘토인 경우 데이터나 분석을 이중으로 확인하려는 생각을 하지 않는다.

우리는 기대가 산산이 부서진 후에야 더 자세히 봤어야 했다는 것을 깨닫는다. 심지어는 뒤돌아 생각해도 자신의 기대가 스스로를 얼마나 맹목적으로 만들었는지 깨닫기 어려울 때가 있다.[26]

루지에로와 마찬가지로 스타펠도 결국 사기를 인정했다. 과학저널에서 철회된 논문만 58개에 달해, 그는 리트랙션 워치Retraction Watch라는 독립 단체가 발표하는 철회 논문 저자 역대 순위에서 7위에 올랐다. 이 사건에 대한 회고록에서 그는 이렇게 적고 있다. "내가 만들어낸 것은 논리적이었고 세상을 떠들썩하게 하는 것은 아니었다." 그의 허위 연구는 주목을 끌지만 회의론을 불러일으킬 정도는 아닌, 참신함의 기준을 조금 끌어올린 정도였다. 그가 내

놓은 결과들은 다른 사람들이 기대했던 것에 부합했으므로 아무도 그 연구를 자세히 들여다보지 않았다.[27]

가짜 데이터에 대한 가짜 데이터

사람들이 모두 같은 기대를 갖고 있지 않다는 것은 다행스러운 일이다. 어떤 사람의 기대를 충족하는 결과가 다른 사람에게는 조사 필요성을 떠올리게 할 수 있다. 여기, 유익한 사례가 될 만한 '사기에 대한 사기성 과학 연구'가 있다.

2012년 유명 경영대학원 네 곳의 행동과학자들은 사람들이 사실과 정보를 좀 더 솔직하게 전할 수 있는 방법을 조사해 발표했다. 이들은 미국의 한 보험사와 공동으로 진행한 연구에서, 1만 3천 명의 자동차 보험 계약자들에게 자동차 주행거리계의 수치를 알려달라고 요청했다.

주행거리가 길면 보험료는 높아진다. 운전을 많이 하면 사고 확률도 높아지기 때문이다. 따라서 운전자들에게는 최근의 보고 이후의 주행거리를 짧게 보고할 유인이 있었다. 각 운전자는 "제공하는 정보가 사실임을 증명함"이라는 문구 밑에 서명해야 했다.[28] 이런 유형의 증명은 부정행위를 막기 위해 종종 사용된다. 2012년 이전에는 미국 연방 소득세 신고 양식("거짓 정보를 제공했을 시 처벌받을 수 있다는 것을 알고…")에서처럼 이 문구가 문서 마지막에 등장하는 것이 보통이었다.

주행거리계 연구에서 운전자들은 임의로 두 그룹으로 나뉘어 두 가지 다른 서식을 받았다. 하나는 주행거리를 먼저 보고하고 마지막에 문구가 등장하는 전형적인 배치였다. 다른 하나는 그 문구가 주행거리를 적기 **전에** 배치되어 있었다. 이 문구에 서명을 먼저 하는 것이 윤리적으로 행동해야 할 의무를 강조할 것이라는 생각에서였다. 당연히 주행거리를 적기 전에 문구에 먼저 서명한 운전자들이 주행거리를 10퍼센트 길게 보고했다.[29]

10퍼센트는 대단치 않아 보일 수 있지만, 운전자를 수십만 명으로 범위를 넓히면 서명 위치를 달리하는 작은 변화만으로 회사 입장에서는 엄청난 보험료 상승이라는 혜택을 얻게 된다. 이 연구 결과가 미국 〈국립과학원회보〉에 발표된 후, 정부 기관과 민간 조직은 정직한 보고를 늘리기 위해 서명을 먼저 하게 하는 기법을 채택하기 시작했다. 유일한 문제는 아무도 모르게 이 연구 데이터의 최소한 일부가 가짜로 꾸며졌다는 점이었다.

보험사 측에서 연구를 이끈 것은 댄 애리얼리였다. 그는 듀크대학교의 교수이며 부정, 부조리, 돈에 대한 여러 권의 베스트셀러를 쓴 작가이기도 하다. 연구가 발표되고 9년 후, 행동과학자 조 시몬스, 레이프 넬슨, 우리 시몬손이 (보복 우려로 익명을 원한 별도의 연구진과 함께) 이 데이터가 실제일 수 없다는 것을 증명했다. 대부분의 차주들은 연간 2천 마일에서 1만 5천 마일 정도 주행하며 이보다 운전거리가 훨씬 긴 운전자는 극소수다. 하지만 이 데이터 세트에서는 4만 9천 마일 주행했다고 보고했을 가능성이 1만 마일 주행했다고 보고했을 가능성만큼이나 높았다.

추가 조사를 실시한 시몬스와 동료들은 데이터 세트에서 여러 개의 중복된 열이 있고 그 열에는 유사성을 감추기 위해 0에서 1,000 사이의 숫자가 임의적으로 추가된 것을 발견했다. 집중 포렌식 조사 결과, 논문은 철회되었고 저자 다섯 명 모두 자신들의 연구가 부정한 데이터에 의존했다는 것을 인정했다. 이 사건은 실제로 사기 행각을 벌인 사람의 신원이 불명확한 상태에서 저자 모두가 데이터가 허위라는 것을 인정했다는 면에서 이례적이다.[30]

"수상한 냄새가 나는데"

통계상의 변칙만으로 연구가 사기였음을 입증할 수 있을까? 댄은 대학원 연구 실무 수업 시간에 카렌 루지에로의 철회된 논문 중 하나로 숙제를 낸다. 그는 학생들에게 연구 결과가 허위임을 밝힌 다음, 논문에서 오류를 암시하는 부분을 찾아보도록 했다. 날카로운 학생들은, 다른 데이터에서 도출되었다는 결과들에서 중복된 숫자가 몇 개 있다는 것, 일부 변동성 측정치가 예상을 넘어서는 유사성을 보인다는 것을 알아차린다.

하지만 과학적 데이터(혹은 다른 유형의 데이터)를 이 잡듯 뒤지면 사기 증거를 찾을 것이라고 기대하는 데에는 위험이 따른다. 사실상 모든 실제 증거에 '노이즈noise'(무의미한 정보)가 있어, 정당한 데이터에서도 거의 항상 음모처럼 보이는 패턴을 찾을 수 있기 때문이다.

정치학자 마카탄 험프리스는 이 원리를 매우 영리하게 보여주는 웹사이트를 만들었다. '냄새가 나는 정확한 테스트An Exact Fishy Test'라는 이름의 이 웹사이트는 방문자에게 1부터 100 사이에서 10개 숫자를 임의로 타이핑하게 해서, 방문자가 어떤 숫자를 입력하든 통계적 특이함을 찾아낸다.

우리가 71, 51, 90, 88, 65, 65, 48, 87, 18, 57, 35라는 숫자를 무작위로 입력하자, 이 앱은 이 숫자들이 '상당히 분명한 패턴을 보인다'는 분석을 내놓았다. 여기 나열된 숫자 중에는 8이 다섯 번 나오는 반면, 무작위 프로세스상 8의 기대 횟수는 두 번이기 때문이다. 8이 우연히 다섯 번이나 나올 확률은 5퍼센트 미만이다. 숫자 80, 11, 96, 40, 18, 29, 43, 29, 22, 97로 입력해봤지만 또 이례異例로 간주된다는 결과가 나왔다. 여기에는 소수가 다섯 개가 있는데, 1에서 100 사이 숫자 10개를 임의로 선택한 집합에서 소수가 나오리라고 기대되는 횟수는 2.5번뿐이기 때문이다. 소수가 다섯 개나 나올 확률은 8퍼센트 미만이다. 이 웹사이트는 매번 2가, 3이, 홀수가, 짝수가, 50 미만의 수가, 30미만의 수가, 홀수 하나와 짝수 하나로 이루어진 숫자가 너무 많다는 결과를 보여준다. 정말 임의로 선택한 숫자들의 집합, 특히 10개밖에 되지 않는 집합도 여러 방식으로 살펴보면 통계적으로 특이하다고 분석되는 것

이다.[31]

'냄새가 나는 정확한 테스트'와 마찬가지로 실제의 데이터 세트도 뭔가 이상한 점이 있을 것이란 기대를 가지고 살피면 찾고 있는 것을 발견하게 된다. 특이한 패턴만으로 사기의 증거라고 주장하는 것은 노련치 못한 데이터 탐정이 흔히 빠지는 함정이다. 우선 데이터를 조사해서 (특이한 패턴을 찾아낼 계획을 세우기도 전에) 수상한 패턴을 알아채고 그 패턴이 얼마나 특이한지 계산할 때라면 특히 더 그렇다. 그 결과는 표면적으로는 설득력이 있지만 잘못된 혐의일 수 있다.[32]

문제 있는 수치만으로는 연구의 사기성을 확신하기엔 충분하지 않다. 과학 문헌에는 불가피하게 의도치 않은 실수가 많이 포함되어 있기 때문에 더 그렇다. 하지만 주행거리계 연구처럼, 이상한 점에 사실 같지 않은 점까지 발견된다면 악의가 없었다는 변명을 할 여지는 없앨 수 있다. 더구나 실제 데이터에는 알려진 수학적 특성이 몇 가지 있기 때문에 그런 특성이 보이지 않는다면 그것은 부정행위의 강력한 증거가 된다. 그것이 강력한 증거인 가장 큰 이유는 위조하기가 어렵기 때문이다.

1은 외로운 숫자가 아니다

사람들에게 임의로 1에서 10 사이의 숫자를 대라고 하면 많은 사람들이 7을 고를 것이다. 심리학자들과 마술사 제이 올슨과 그의 동료 알림 암라니, 론 렌싱크가 650명 이상에게 카드의 이름을 대라고 했을 때 절반 넘는 사람들이 스페이드 에이스나 하트 에이스, 하트 킹, 하트 퀸 중 하나를 뽑았다. 사람들에게 무작위로 앞면과 뒷면을 배열하라고 하면 앞면과 뒷면이 차례차례 번갈아 나오는 경우가 지나치게 많고 앞면이나 뒷면이 연속해서 계속 나오는 경우는 드물다. 사람들은 무엇이 무작위적으로 보일지 생각하면서 패턴을 생성한다. 하지만 무작위성에는 나름의 예측 가능성이 있다.[33]

팔로워, '좋아요', 온라인의 조회 수 누적과 같은 수치의 자연적인 증가 과정은 지수 법칙을 따르는 패턴으로 발생하는 경향이 있다. 값이 클수록 적게 발생하는 것이다(조회 수가 100~200회인 유튜브 영상이 조회 수 1백만~2백만 회인 영상보다 훨씬 많고, 손님이 5~10명인 파티가 손님이 500~1,000명인 파티보다 훨씬 많다). 벤포드 법칙Benford's law에 따르면 어떤 값이 무한히 커질 수 있고 그 값의 범위가 최소 몇 자릿수에 이를 때에는 이 임의성에서 규칙성을 발견할 수 있다. 호수의 부피나 판매액, 소셜 미디어의 팔로워 수 등의 영역에 이 법칙이 적용된다.

벤포드 법칙은 이런 식으로 직관적으로 이해할 수 있다. 1은 언제나 새로운 자릿수가 시작할 때 처음 등장하는 숫자다. 한 자릿수는 1로 시작되며, 따라서 뭔가를 헤아릴 때 우선 1을 세게 된다. 2에 도달하려면 반드시 그전에 1을 거쳐야 한다. 임의의 시점에서 세는 걸 멈춘다면 다른 어떤 큰 숫자보다 1을 거쳤을 가능성이 높다. 한 자릿수를 넘어섰다면, 다음 10개의 숫자들(10~19)의 첫 자릿수는 1이다. 따라서 처음 19개의 숫자에서 1로 시작되는 숫자의 수는 11개다. 즉 1로 시작될 확률이 58퍼센트인 것이다. 99를 지나면 다음 100개의 숫자(100~199)가 1로 시작된다.

늘어나는 숫자가 어느 지점에서 멈출 가능성이 동일하고 어떤 수에 이르든 그전에 첫 자리 1을 지나야 한다면, 어떤 숫자에서 멈추든(예를 들어, 트위터 팔로워의 수가 특정 시점에 얼마든) 그 수효는 다른 어떤 숫자보다 1로 시작할 가능성이 높다.

벤포드 법칙은 그런 데이터에서 각 숫자를 첫 자리에서 볼 수 있는 정확한 확률을 설명한다. 이 법칙의 특징은 숫자 1이 처음 나올 확률이 30퍼센트이고 2가 첫 자리에 위치할 확률은 그보다 낮고 숫자가 커질수록 첫 자리에 나올 확률도 점점 낮아진다는 것이다. 데이터가 벤포드 법칙을 따라야 마땅한데도 그렇지 않을 경우, 그 데이터는 사기의 산물일 가능성이 높다.

메릴랜드대학교의 컴퓨터과학자 제니퍼 골드벡은 소셜 네트워크 전문가다. 그녀는 음모론의 확산과 봇bot(인터넷에서 작동하며 반복적인 작업을 수행하는 소프트웨어 프로그램) 네트워크의 작동을 비롯한 인터넷의 가장 취약한 부분에서 패턴을 모니터링한다. 그녀는 페이스북과 같은 소셜 네트워크 친구들의 수나 트위터의 팔로워 수를 조사하던 중 그 수치가 벤포드 법칙을 따른다는 것을 발견했다. 소셜 미디어 팔로워는 항상 한 명에서 시작하며, 시간이 흐르면서 팔로워가 늘어난다. 몇 천 명의 팔로워가 있는 계정보다는 팔로워가 몇 명에 불과한 계정이 더 많다. 당신이 트위터에서 1천 명을 팔로우한다고 가정해보자. 그 계정 각각을 조사해서 각자가 팔로우하는 사람들의 수를 보면, 그 팔로워 수 역시 벤포드 법칙을 따를 것이다.[34]

봇 네트워크는 인간 사용자와 달리 벤포드 법칙을 따르지 않는 경향이 있다. 팔로워 수가 자연적인 성장 과정에 의해 생성되지 않기 때문이다. 봇은 비슷한 수의 계정을 팔로우하고 때로는 같은 봇 네트워크의 다른 계정을 팔로우하며, 이후 이미 고안된 내용을 트윗하거나 다른 계정을 리트윗한다. 골드벡은 이런 2차 팔로워의 수, 봇 자신이 팔로우한 계정의 팔로워 수를 조사해 봇 네트워크를 성공적으로 찾아냈다. 그 수는 벤포드 법칙을 따르지 않았다. 그런 경고 신호는 그 일련의 계정에 대한 추가 탐색을 촉발시켰고, 거의 모든 계정이 같은 사람이 운영하는 동일 네트워크의 일부로 보였다.[35]

벤포드 법칙을 알게 된 사람들은 벤포드 패턴이 나올 수 없는 경우에도 이를 적용하는 지나친 열성을 보이곤 한다. 예를 들어, 일부 도널드 트럼프 지지자들은 조 바이든 선거구의 총 득표수가 벤포드 법칙에 어긋났다며 2020년 대통령 선거의 사기 증거를 찾았다고 주장했다. 하지만 벤포드 법칙의 표준 버전은 이런 유형에 적용해서는 안 된다.

선거구는 의도적으로 비슷한 인구수를 포함하도록 설계되었다.

선거구의 크기는 무한히 증가할 수가 없다. 따라서 선거구 크기의 분포는 지수 법칙을 따르지 않는다. 더구나, 바이든의 총 득표수는 트럼프의 총 득표수에 제한을 받으며 그 반대도 마찬가지다.

유권자가 1천 명이고 바이든이 900표를 얻은 시카고의 한 선거구를 상상해보자. 제3의 후보자가 없다면, 트럼프는 100표를 얻었을 것이다. 전체적으로 보면 트럼프의 득표수는 벤포드 법칙에 따라 1이나 2로 시작되는 경우가 많을 수 있다. 그렇다면, 바이든의 득표수는 벤포드 법칙에 따르지 않고 8이나 9로 시작되는 경우가 많을 것이 분명하다. 그것은 사기의 증거가 아니라 바이든과 트럼프가 고정된 득표수를 양분한다는 사실의 수학적 결과일 뿐이다.[36]

벤포드 법칙이 적용되는 데이터라도 경고 신호가 가짜일 수 있다. 예를 들어, 회사의 수익과 비용은 보통 벤포드 법칙을 따른다. 하지만 한 회사가 49.95달러짜리 제품을 자주 구입한다면, 이 회사의 지출 보고서는 4로 시작되는 항목 비율이 높을 것이다. 벤포드 법칙에 따른 분석 결과가 잠재적 문제를 보여주더라도 비용의 정당성이 검증되면 불일치의 문제는 쉽게 해소된다. 벤포드 법칙에 반하는 부분을 조사하다 보면 때로 비즈니스 데이터의 별난 점(하지만 결백한 점)이 드러나기도 한다.

물론 부정행위가 드러나기도 한다. 미국에서는 소득세 과세 구간이 50달러 단위로 나뉜다. 1970년대 말, 50달러 단위를 넘길 때마다 세금은 7달러씩 증가했다. 마크 니그리니는 회계에 벤포드 법칙을 적용하는 문제를 다룬 자신의 책에서 세금 신고 데이터를 분석했고, 보고된 소득이 과세 구간을 나누는 선 바로 아래의 숫자, 즉 49나 99가 지나치게 많고 선 바로 위의 숫자(51과 101)는 부족하다는 것을 발견했다. 많은 사람들이 7달러를 절약하기 위해 수입을 적게 신고했고 그런 부정행위 때문에 숫자 분포가 예상에서 벗어난 것이다.[37]

니그리니를 비롯한 사람들이 보여주었듯이, 대부분의 회계 부정은 조작된 장부에 벤포드 법칙에 어긋나는 숫자들이 들어 있기 때문에 드러난다. 매출이나 수익 수치를 조작하는 사람들은 아마도 어림수를 너무 많이 만들어내서는 안 된다는 것을 알고 있을 것이다. 하지만 속임수를 드러내는 더 미묘한 패턴이 있다는 것까지는 모를 것이다. 앞자리 숫자의 분포가 예상된 패턴을 따르도록 만드는 것은 불가능한 일이다. 벤포드 법칙에 대해 알고 있더라도 거기에 일치하게끔 데이터를 조작하는 것은 쉽지 않다. 밝혀진 것과 같이, 벤포드 법칙은 사용되는 숫자 체계와는 관계없이 적용된다. 10진법에도 적용되지만 8진법에도 적용되는 것이다. 아무리 정교한 사기꾼이라도 데이터를 바꾸거나 조작해 모든 진법에서 자연적으로 증가하는 예상 패턴을 보여주기는 어렵다.

기대한 대로 세상이 돌아가지 않더라도

예상은 종종 필수적이다. 예상 없이는 어떤 것도 인지하거나 이해할 수 없다. 어떤 것을 검색할 때는 그것을 찾으리라고 예상되는 곳에서 찾는 것(무작위적으로 혹은 자의적으로 찾는 것과 반대로)이 효과적이다. 우리는 무엇인가를 이상한 장소에 놓았기 때문에 이 전략이 실패했던 때를 기억한다. 예상하지 않는다면 우리는 결코 놀라지 않을 것이고, 놀람은 학습을 촉발한다. 많은 경우에, 우리의 마음은 기대한 것과 실제로 일어난 것을 자동으로 비교해서 세상이 어떻게 돌아가는지 내적 모델을 수정해간다.

체스 그랜드마스터이자 프로 도박사인 조너선 레빗은 앞서 생각하고 나서 예측하는 데 실패한 것을 되돌아봄으로써, 예상한 것에 대해 명확하게 표현해야 한다고 주장했다. "저는 체스를 통해서 전향적인 사고방식을 가져야 하며, 가능하다면 앞을 내다보기 위해 노력해야 한다는 것을 배웠습니다. 다음에 무슨 일이 일어날지 전혀 생각지 않고 일하기보다는 예상하는 것이 더 낫습니다. 거의 언제나 그렇습니다. 이런 자세는 제 자신의 생각이 가진 한계에 대해 많은 것을 가르쳐줍니다." 세계 최고의 예측가들은 예측(미래에 대한 그들의 예상)을 기록하고 그 각각을 실제 상황과 비교하는 과정을 통해 자신만의 예측 실패 이력서를 발전시켜 자신의 기술에 솔직한 태도를 지키도록 한다.[38]

우리는 자신의 지식과 경험을 기반으로 기대를 형성하고 예측한다. 예측이 틀렸다고 판명 났을 때를 추적하는 것이 도움이 되는 이유다. 하지만 축적된 경험이 너무나 일관적이어서 강력한 가정으로 변하는 경우가 많다. 세상에 대해 추론하고 상식에 따라 행동하기 위해서는 몇 가지 사실에 충실해야 하지만, 거기에 지나치게 전념하면 우리의 신념이 여전히 참인지 재확인하지 않게 된다. 우리를 속이고자 하는 이들은 우리의 그런 현명하지 못한 성향을 이용하고 심지어 그런 신념을 강화한다. 다음 장에서는 자신의 신념을 제대로 파악하지 못하고 점검하지 않기 때문에 속임수에 말려드는 상황을 이야기할 것이다.

3

강한 신념에 '전념'할 때

처음부터 잘못된 가정을 한 건 아닐까?

어떤 가정이나 믿음에 전념할 때 우리는 그것에 대해 다시 생각하지 않는다. 세상을 이해하는 데에는 때로 의심 없는 가정이 필요하다. 하지만, 속임수 시도를 탐지하고 피하려면 우리가 전념하는 것이 무엇인지 알아보고 의문을 제기하는 자세가 필요하다. 의심 없는 가정은 자신도 모르는 사이에 길을 잃게 만들기 때문이다.

1970년대와 1980년대 초의 유럽 로큰롤 팬이라면 러스트파우스트Lustfaust를 기억할 것이다. 서베를린에 기반을 둔 이 밴드는 다국적 멤버와 실험적인 성향으로 유명했다. 기타리스트는 벨기에, 베이시스트는 독일, 드러머는 일본, 보컬은 캘리포니아 출신이다. 2006년 출간된 회고록《러스트파우스트: 포크 앤솔로지 1976~1981 Lustfaust: A Folk Anthology 1976~1981》에 따르면, 이 밴드는 우연하게 결성되었다. 멤버들이 녹음 스튜디오에서 어떤 보컬(그날 불참했다)의 연주자로 일하게 되면서 만난 것이다. 그들은 '무터 테레사Mutter Theresa'(마더 테레사)라는 이름의 첫 앨범을 녹음했고, 1년 후 독일 클럽 투어 공연을 시작하면서 러스트파우스트로 밴드명을 정했다.

러스트파우스트는 음악 산업의 규범을 거부했다. 카세트테이프로만 음악을 유통했고, 카세트 속지를 비워두고 팬들에게 직접 앨범 아트를 만들도록 했다. 러스트파우스트는 혁신적인 사운드와 반상업적인 태도로 뮤지션 팬이 많은 밴드가 될 운명이었다. 이후 훨씬 더 큰 성공을 거둔 밴드 아인스튀르젠데 노이바우텐의 리드 싱어 브릭사 바겔트는 이렇게 회고한다. "러스트파우스트는 진정한 청사진이다. 그들의 존재와 그들이 이룬 발전이 아니었다면 우리 밴드는 결코 존재할 수 없었을 것이다." 러스트파우스트는 일련의 부침을 겪다가 눈에 잘 띄지 않는 카세트테이프, 콘서트 포스터, 추억만을 남긴 채 1981년 해체되었다.

1970년대에 러스트파우스트를 들었던 것을 기억하는 사람들에게는 그 밴드가 그때 존재하지 않았다는 사실이 충격으로 다가올 것이다. 사실 그 밴드는 2000년대 중반까지 존재하지 않았다.

런던의 개념 예술가 제이미 쇼블린이 밴드가 탄생한 이야기, 멤버, 음반, 투어 일정을 만들어냈다. 그는 상상 속 1970년대 공연을 알리는 멋진 전단지와 포스터를 디자인하고, 카세트테이프용으로 '팬이 그린 커버 아트' 샘플들을 만들고, 밴드의 공연과 일상의 순간을 포착한 사진 아카이브를 꾸렸다. 그는 밴드의 재결합 투어 소식과 관련 블로그를 담은 밴드 웹사이트 러스트파우스트닷컴 lustfaust.com도 만들었다. 그는 마이스페이스 페이지를 개설하고 심지어 위키피디아에 러스트파우스트에 대한 짤막한 소개글까지 올렸다. 쇼블린은 그 밴드가 녹음한 곡을 공개하지 않는 이유를 설명하기 위해 짧은 영상을 제작했고, 밴드 멤버들 사이의 저작권 분쟁 때문에 트랙 전체를 공개할 수 없다고 말했다.

뉴욕과 런던에서 이 모든 '기념품'들의 전시회가 열렸다. "마이크 하르테와 머레이 바르트의 아카이브에서 제이미 쇼블린이 큐레이팅"했다는 설명과 함께였다. 마이크 하르테와 머레이 바르트는 가상의 밴드 멤버다. 많은 관람객은 이 전시가 사기임을 깨닫지 못한 것 같았다. 몇몇은 쇼블린에게 밴드의 라이브 공연을 본 기억이 난다고 말했다.[1]

이 일의 목적 자체가 사람들을 속이는 것이었다. 쇼블린은 1970년대의 실제 독일 록 밴드가 남겼을 만한 물리적 유산과 디지털 유산을 모조로 만들고 사람들에게 그 밴드가 실제라고 믿도록 하는 행사를 개최함으로써 우리가 과거에 대해서 얼마나 쉽게 속는지를 보여주었다.

이런 종류의 기억 오류는 더 광범위한 영향력을 갖는다. 독재자와 폭군은 오래전부터 허위 정보를 이용해 과거에 대한 우리의 믿음을 바꿔왔다. 사실 그런 기억 조작에는 전제주의 정권이나 영리한 예술가까지 필요하지도 않다. 우리는 스스로 그런 일을 한다.

만델라는 살아 있다

역사를 기억하지 못하는 사람은 역사를 반복할 수밖에 없다는 말이 있다. 그런데 사람마다 전혀 다른 역사를 기억하고 있을 때는 어떻게 해야 할까? 2009년 피오나 브룸은, 넬슨 만델라가 백인 정부 전복을 모의했다는 혐의로 종신형을 받고 남아프리카공화국의 한 교도소에서 복역하다가 1980년대에 죽었다고 기억하고 있었다. 현실에서 만델라는 1990년 출소해 아파르트헤이트apartheid〔과거 남아프리카공화국의 극단적인 인종차별정책과 제도〕 종식 협상을 하고, 1994년부터 1999년까지 대통령을 지낸 후 2013년 95세를 일기로 사망했다.

2009년 당시 만델라가 살아있는데도 불구하고 브룸에게는 세계 주요 도시에서 일어나는 폭동과 함께 그의 사망 소식을 본 생생한 기억이 있었다. 이후 그녀는 다른 사람들도 비슷한 기억을 갖고 있는 것을 발견했다. 하지만 역사책, 뉴스 보도, 기타 어떤 권위 있는 출처에서도 이를 뒷받침할 보강 증거를 찾을 수 없었다.[2]

일단의 사람들이 공식적이고 신뢰할 수 있는 모든 기록에 담긴 역사와 완전히 다른 버전의 역사를 기억하는 것이 어떻게 가능할까? 인지심리학은 브룸이 이런 일을 겪기 훨씬 전에 이 문제에 답을 내놓았다. 이 사람들에게 정신적인 문제가 있는 것은 아니다. 우리 모두는 일상 속에서도 이와 비슷한 실패와 왜곡을 경험한다.

다스 베이더가 영화에서 "루크, 내가 네 아버지다Luke, I am your father"라고 말하거나, 드라마에서 커크 선장이 "내게 이동 광선을 주겠나, 스코티?Beam me up, Scotty?"라고 말하는 것을 들은 기억이 나는가? 이 유명한 대사들은 영화나 드라마에서 등장인물이 한 것이 아니다. 당신이 이런 대사를 기억하고 있다면, 등장인물이 비슷한 말(베이더는 실제로 "아니, 나는 네 아버지다No, I am your father"라고 했고 커크는 실제로 "스코티, 우리에게 이동광선을 쏴줘Scotty, beam us up"라고 했다)을 했고 당신은 다른 사람들이 부정확한 버전을 이야기하는 것을 들었기 때문이다.[3]

대개 사람들은 기억이 영상 녹화나 컴퓨터 하드 드라이브 운용 방식처럼 작동한다고 생각한다. 우리가 중요하다고 생각하는 사건의 완벽한 사본을 저장한다고 말이다. 기억이 생생하고 쉽게 떠오르기 때문에 우리는 자신의 기억을 신뢰할 수 있다고 느낀다.

150년에 걸친 과학적 연구가 보여주는 바에 따르면, 우리는 기억을 떠올리기만 하는 것이 아니라 재구성하기도 한다. 기억을 검색한다고 느낄 때 우리는 여러 출처의 정보를 결합시킨 과거 사건의 한 버전을 구성하고 있는 것이다. 단일한 일관성이 있는 기억처럼 보이는 것이 사실은 다른 시간, 다른 장소에서 일어난 경험이 뒤죽박죽된 것일 수 있다.[4] 우리 기억은 다른 사람들로부터 들은 세부 사항들을 통합하기도 한다. 기억의 공백은 일어났을 것으로 기대하거나 가정하는 것들로 채워지곤 한다.

이 책을 쓰면서도 과거에 우리가 특정 주제에 대해서 글을 썼는지, 썼다면 언제였는지 우리 두 사람의 의견이 일치하지 않는 경우가 있었다. 서로의 기억이 다를 때마다 우리는 발표된 자료를 찾아봄으로써 그런 불일치를 해소한다. 서로 다른 두 개의 현실을 살고 있었을 거라는 결론으로 비약하지는 않았다.

하지만 피오나 브룸은 그렇게 했다. 그녀는 만델라의 죽음과 그에 수반된 세계의 세부적인 반응들에 대한 기억이 진실이며, 대안 현실(또는 '분기된 시간선forked timeline')의 일부라고 주장했다. 그녀는 자신의 기억이 틀릴 리가 없다고 가정하고 그 가정의 진실에 전념함으로써 그 경험에 대한 정확한 설명을 차단시켰다. 그녀는 자기 기억의 정확성에 전념하고 있었기 때문에 자신과 비슷한 사람들이 다른 경험을 한 이유에 대한 대안적 설명(허황한 것일지라도)에 마음의 문을 열었다.

이렇게 현실이 변화하고 단편화되어 사람마다 정말로 다른 일련의 사건을 경험하고 있다는 개념(동일한 일련의 사건을 예측 가능한 여러 방식으로 잘못 기억하는 것이란 생각 대신에)이 '만델라 효과'로 알려졌고, 일반적으로 현실이라고 인식되는 것과 다른 생생한 기억을 갖고 있는 데 대한 정당화로 점점 많은 사람이 이를 인용하고 있다.

만델라 효과로 인한 대부분의 기억 불일치에는 단일한 기억에 두 개 이상의 비슷한 기억 단서가 섞여 있다. 예를 들어 많은 사람들이 어린 시절에 지피Jiffy라는 땅콩버터 브랜드가 있었다고 기억하지만 그런 제품은 실제로 존재하지 않는다. 스키피Skippy와 지프Jif라는 제품이 존재했고(지금도 있다), 지피jiffy는 영어 단어일 뿐이다. 마찬가지로 신밧드라는 코메디언이 출연하는 〈샤잠Shazam〉이라는 램프의 요정에 관한 영화를 기억하는 사람들이 있다. 신밧드는 램프의 요정 지니와 비슷한 복장을 하고 1990년대의 다른 영화에 출연했고, 농구 선수 샤킬 오닐은 동시대에 〈카잠Kazaam〉

이라는 영화에 지니로 출연했으며, 그와는 별개로 1970년대에는 〈샤잠Shazam〉이라는 텔레비전 프로그램이 존재했다.

넬슨 만델라가 수감 중에 사망했다는 것은 매우 그럴듯한 이야기다. 그와 같은 나라 사람인 스티브 비코는 1977년 경찰서 구류 중에 사망했고, 이 이야기는 피터 가브리엘의 유명한 노래에 담겨 있다. 1980년대 내내 남아프리카공화국에서는 폭동이, 세계적으로는 시위가 이어졌다. 1990년대에 남아프리카공화국에 그다지 주의를 기울이지 않았다면, 이런 사실들을 결합해서 남아프리카공화국의 흑인 지도자가 수감 중에 사망했고, 당신은 그 소식을 텔레비전에서, 그러니까 1980년대에 뉴스를 소비하는 가장 흔한 방식으로 들었다고 생각하기 쉬울 것이다.

만델라 효과를 옹호하는 일부 사람들은 평범한 기억 왜곡으로는 그렇게 많은 사람들 각각이 과거에 대한 같은 기억을 가지고 있는 이유를 설명할 수 없다고 주장하지만, 그렇지 않다. 만델라 효과의 사례들은 모두가 잘 알려진 뉴스, 지도자, 제품, 영화, 유명인을 기반으로 하며, 그 외 그들이 표현하는 종류의 기억 조합은 예측 가능하며 흔한 것들이다.

수백만의 아이들이 '베렌스타인 곰Berenstain Bears'에 대한 책을 읽었다면, 많은 사람들이 '베렌슈타인 곰'이라고 잘못 기억하고 있는 것은 거의 당연한 일이다. '슈타인stein'으로 끝나는 이름은 '스타인stain'으로 끝나는 이름보다 훨씬 흔하고, 많은 사람들이 특이한 '베렌스타인'을 애초에 '베렌슈타인'으로 잘못 읽거나 잘못 발음했을 것이다.

일부 사람들이 잘못된 기억을 가지고 있는 것보다는 모두가 같은 기억을 가지고 있는 것이 우리에겐 더 충격적인 일일 것이다. 더구나 우리의 기억은 완전히 독립적이거나 전적으로 개인적인 때가 드물다. 우리는 친구나 가족과 우리의 경험에 대해 이야기하며, 기억은 우리가 끄집어낼 때마다 바뀌기 때문에 이런 대화는 공통의 기억 왜곡을 부를 수 있다.

인터넷과 소셜 미디어는 이런 왜곡 과정을 가속시킨다. 우리가 가질 수 있는 거의 모든 기억에 대해 그것을 공유하는 다른 사람들을 찾게 만드는 것이다. 신빙성이 떨어지든 물리학의 법칙에 위배되든 그것은 문제가 되지 않는다. (말이 나왔으니 하는 이야기인데, 〈스타트렉〉에서 스코티는 실제로 "저는 물리학 법칙을 바꿀 수 없어요"라고 말했다.) 인간 행동을 양자역학으로 설명하는 이야기를 들으면 헛소리 탐지기의 레버를 최대로 올려야 한다.

기억이 변할 수 있고 사람들이 기억에 지나친 확신을 갖고 있다는 것은 놀라운 이야기가 아니다. 이런 사실은 수십 년부터 알려져 있었다. 정말 놀라운 것은 사람들이 개인적 회상의 무오류성에 전념하는 나머지, 분기된 시간선, 대안 현실, 넬슨 만델라에 대한 모든 뉴스를 바꾸고 인터넷에서 모든 지피 땅콩버터 참조 문헌을 삭제하는 세계적인 음모론과 같은 괴이한 신념 체계를 채택하면서 자신의 기억을 정당화한다는 점이다.

러스트파우스트에 대한 잘못된 기억에는 큰 이해관계가 걸려 있지 않다. 마찬가지로 신밧드가 램프의 요정 영화에 출연했는지, 동화책 제목의 철자가 어떻게 되는지는 그렇게 중요한 문제가 아닐 수 있다. 하지만 사람들이 현실에 대해 정당하게 뒷받침되는 과학적 설명을 거부하고 유사과학이나 음모론에 빠져든다면 문제가 크다. 사람들이 지리적 영역 전체가 존재하지 않는다거나 역사의 한 부분이 통째로 허위라고 믿는다면 문제가 된다. 권력을 가진 사람들이 정복이나 대량 학살을 정당화하기 위해 대안적인 버전의 역사를 내세운다면 생사의 문제가 될 수도 있다.[5]

우리가 아는 한 만델라 효과가 시작되고 유지되는 것은 우리의 기억에 오류가 없다는 가정에 전념하는 사람들이 똑같은 부정확한, 하지만 확실하다고 자신하는 기억을 가진 다른 사람을 찾을 수 있기 때문이다. 기억이 공유된다는 사실을 그 기억이 정확하다는 단서로 받아들이는 것은 많은 상황에서 합리적이다.

회의 참석자 대부분이 같은 방식으로 일어났던 일을 기억하고, 한두 사람만 달리 기억한다면 그 소수의 사람들이 틀렸을 가능성이 높다. 부모가 아이가 한 일을 같은 방식으로 기억하고, 아이는 거기에 동의하지 않는다면, 부모가 맞는다고 생각해야 할 것이다. 하지만 기억의 정확성에 완전히 전념해서 그것이 절대 포기하지 않는 불변의 공리가 되면, 당신에게 해가 될 수 있는 불합리한 결론으로 가차 없이 이어진다.[6]

가정이 선을 넘으면

역사에 대한 공통의 이해는 공통의 가정과 믿음을 기반으로 한다. 가정은 사고와 추론의 필수 요소다. 우리는 항상 가정을 한다. 그러나 우리가 가정하고 있다는 것을 깨닫지 못하면, 증거가 더 이상 가정을 지지하지 않는다는 것(혹은 애초에 가정을 지지하지 않았다는 것)을 깨닫지 못하면, 특히 가정이 선을 넘어 **전념**에 이르면, 즉 더 이상 가정에 의문을 제기할 생각을 하지 않을 정도에 이르면, 가정은 위험해진다. 슬레이트스타코덱스Slate Star Codex〔합리주의를 지향하는 블로그〕에는 전념과 증거 사이의 연관성이 극히 미약하다는 익명의 댓글이 달려 있다.

> 내부에서 볼 때는 모든 강한 신념이 동일하게 느껴진다. 그 신념을 어떻게 뒷받침할 수 있는지 그 신념에 어떻게 이르렀는지 관계없이 그렇다. 즉, 스스로는 "나는 이용 가능한 모든 증거를 검토해서 이 신념에 굳은 확신을 가지고 있다"와 "나는 증거와는 관련이 거의 없는 문화적·사회적·개인적인 굳건한 이유로 이 신념에 굳은 확신을 가지고 있다"를 구분하기가 어려운 것이다. 이를 증명하고 싶다면 한 부분에서는 전적으로 옳지만, 다른 부분에서는 끔찍하게 틀린, 하지만 두 신념에 대해서 모두 강한 확신을 갖고 있었던 모든 사상가들을 생각해보라.[7]

전념이 너무 강해져서 더 이상 의문을 제기할 필요성을 못 느끼면 그 주제에 대해서 더 배우는 것에 저항하고, 우리의 견해에 반하는 새로운 증거가 제시되면 그것을 무시하거나 마치 접하지 못한 것처럼 행동한다. 이것을 '의도적 눈 감기Willful blindness'라고 한다. 법을 배경으로 하는 경우라면, 이용 가능한 증거에 무지한 것을 이유로 항변할 수 없다. 무지한 것이, 사기를 인식해야 마땅한 위치인데도 그렇게 하지 못했거나 자신도 모르는 사이에 범죄에 연루된 것에 대한 변명이 되지 못하는 것이다.[8]

한 가지 가정에 대한 확고한 신념 하나만 있어도 세상에 대한 다른 가정에 연쇄적으로 영향을 미친다. 강력한 가정이 있다면, 논리적으로 더 나은 근거에 기반한 가정(우리가 모두 동일한 현실과 시간을 살고 있다는 것)을 버리는 우를 범할 수 있다. 조현병을 앓고 있는 사람들은 세상에 대해 기괴하고 편집증적인 믿음을 갖는 경우가 많다. 일상의 움직임이 심각한 미스터리를 푸는 비밀 열쇠를 담고 있다고 믿는다거나 CIA가 뇌에 심어놓은 장치를 통해 자신들을 감시하고 있다고 믿는 사람을 보면, 그 사람의 추론 기술이 손상됐다고 생각하기 쉽다. 하지만 논리적 추론이 필요한 문제를 푸는 데 있어서라면, 조현병에 걸린 이들은 같은 지능을 가진 조현병에 걸리지 않은 이들보다 결코 못하지 않다.[9] 편집증적 망상은 추론의 오류 때문이 아니라 일상의 경험에 대한 그릇된 인식이나 해석에서 비롯되는 것으로 보인다.

이런 망상을 하는 사람들은 존재하지 않는 것을 보고 듣거나(특히 목소리나 사람들), 평범한 우연(슈퍼마켓에서 똑같은 사람들과 마주치거나 집 안에서 무슨 소리를 듣는 것 등)이 그들과 특별한 연관이 있다고 믿는다. 정신 질환은 그런 경험을 흔한 것으로 만들 수 있고, 그런 경험들이 실제이고 의미 있는 것이라는 신념에 전념하면 그 망상적 설명은 더 합리적인 것이 된다.

전념은 우리가 전념하고 있다는 점을 알지 못할 때 가장 위험하다. 그런 숨겨진 전념은 우리가 가진 효과적인 의사 결정 역량을 왜곡할 수 있다. 러시아는 2022년 2월 24일 우크라이나를 상대로 전쟁을 시작했다. 그들은 군대를 집결하고, 군사 작전을 펴고, 침공을 암시하는 정치적 조치를 취해왔고, 미국 정부는 몇 개월 전부터 침공이 있을 것이란 예측을 공공연히 해왔다.

하지만 전 세계 사람들과 정부들은 침공 소식에 충격을 표했다. 러시아와 우크라이나에서조차 일반 대중 대부분이 블라디미르 푸틴이 공격 명령을 내리리라고 생각지 않았기 때문이다. 2월 24일 이전에는 우크라이나를 떠난 사람이 사실상 없었지만, 이후 100일간 650만 명이 우크라이나를 빠져나왔다. 사람들이 무슨 일이 일어나고 있는지 믿지 못했다는 사실은 그들이 러시아가 무력으로 위협을 하기는 하지만 실제로 무력을 행사하지는 않을 것이란 생각에 자신도 모르게 전념하고 있었기 때문이다.[10]

놀라움을 경험하는 것은 불확실한 상태를 유지해야 할 때 선불리 믿음에 전념했다는 신호인 경우가 많다. 2000년대 서브프라임 모기지 담보부 증권이 인기를 모을 때 그것을 매수한 사람들은 주택 시장이 장기 침체를 겪을 리 없다는 생각에 전념했다. 하지만 그런 일이 일어났다. 2010년대 테라노스 본사를 방문한 투자자들은 장비가 자신들의 혈액 표본을 '검사'하는 것을 보고서는 결과도 실제로 그 장비에서 나왔을 것이라고 가정했다. 하지만 그렇지 않았다.

이런 방식, 혹은 이와 비슷한 방식에 속지 않으려면 구매, 동의, 투자 등의 큰 결정 전에, **"내가 가정하고 있는 것은 무엇인가?"**라고 자문해야 한다. 그 가정과 관련 있는 전념을 찾아내고 그것이 잠정적인 가정임을 재확인하는 것이 우리의 결정이 흔들리는 토대 위에 있는지 체계적으로 평가하는 유일한 방법이다.

500달러보다 가치 있는 5달러

영화를 보지 않고 운동을 하거나, 돈을 쓰지 않고 저축을 할 때면, 우리는 건강이나 부의 증진과 같은 미래의 혜택을 위해 현재의 무언가를 희생하고 있는 것이다. 서로 다른 시점에 얻을 수 있는 보상 사이에서 결정을 내리는 것을 '시점 간 선택intertemporal choice'이라고 한다. 1년 후에 200달러를 받겠는가, 아니면 지금 100달러를 받겠는가? 지금의 100달러를 선택한다는 것은 미래 돈의 가치를 연 50퍼센트의 비율로 할인한다는 함의를 품고 있다(100달러는 200달러의 50퍼센트이므로).

크리스는 일련의 연구에서 현재와 미래에(최대 1년의 다른 시차를 두고) 여러 액수들 중 선택하는 젊은이들이 생각하는 할인율이 하루에 약 1퍼센트 정도임을 발견했다. 이는 합법적인 투자를 통해 얻을 수 있는 것보다 훨씬 더 높은 할인율이다.[11]

경제학자 네드 오겐블릭이 이끄는 연구진은 할인율을 이용해 컬트 집단이 자신들의 신념 체계에 얼마나 전념하는지 탐구했다. 컬트는 비주류 종교, 음모론, 카리스마 넘치는 지도자를 추종하는 사람들처럼 주류와는 거리가 먼 신념을 공유하는 것으로 보이는 사람들의 집단이다. 외부에서 보자면, 컬트의 신념은 이해하기 어려울 수 있고, 컬트 신도들이 실제로 얼마나 전념하고 있는지 분명하지 않은 경우가 많다.

라디오 토크쇼를 진행하는 기독교 목사 해럴드 캠핑은 2011년 5월 21일에 성경에서 말하는 '휴거rapture'가 일어난다는 예측을 내놓았다. 신자들은 하늘로 올라가고 그 외의 사람들은 모든 존재가 절멸하는 10월 21일까지 5개월 동안 '지상의 지옥'과 같은 고통을 겪게 된다고 말이다.

오겐블릭의 연구팀은 휴거일이 2주도 남지 않은 시점부터 캠핑의 추종자 23명에게 지금의 5달러부터 4주 후(휴거 이후) 최대 500달러까지 다양한 선택지를 제시했다. 이승의 재물은 내세에서 가치가 없을 것이라는 생각에 따라 거의 모든 사람들이 휴거 후의 500달러보다 휴거 전의 5달러를 선호했다. 반면, 제칠일안식일예수재림교회 신자들(세상이 곧 종말에 이른다는 것을 믿지 않는 기독교인)

은 500달러를 받을 때까지 기꺼이 기다렸다.[12]

2010년 퓨리서치의 조사에 따르면 미국인의 40퍼센트 이상이 40년 내에 예수 그리스도가 지상에 재림해 휴거를 일으킬 것이라 기대하고 있다. 작가 대니얼 코헨은 이렇게 말한다. "그러나 현대의 격변설 주창자를 사기꾼, 바보, 미치광이로 치부하는 것은 실수다. 그런 사람들은 대개 정직하고 똑똑하며 지극히 제정신이다. 그들은 잘못된 생각에 빠져 있을 뿐이다."

다시 말해, 격변설 주창자들은 어떤 결론을 따를지, 따르지 않을지를 결정하는 하나의 신념에 전념하고 있는 것이다. 같은 신념에 전념하지 않는 사람에게는 전혀 말이 되지 않는 결론(오늘의 5달러가 4주 후의 500달러보다 가치가 있다는 것)에 이르더라도 말이다. 이후 밝혀진 것처럼 세상은 2011년에 끝나지 않았다. 캠핑의 추종자들은 거저 얻을 수 있었던 돈을 놓쳤고, 오겐블릭은 연구비를 남겨 장래의 실험에 사용할 수 있었다.[13]

내가 무엇을 선택했는지 몰라도 내가 선택한 것을 고수한다

모든 전념이 컬트 신앙과 같은 강도를 가지는 것은 아니다. 어떤 전념은 우리가 생각하는 것보다 훨씬 더 불확실해서 의외로 쉽게 극복할 수 있다. 실제로 일부 실험에서는 전념하는 신념을 바꿀 수 있다는 것을 보여주었다. 마법처럼 말이다.

페터 요한손, 라스 홀, 스베르커 식스트룀, 안드레아스 올손은 2005년 〈사이언스〉에 실린 논문에서, 120명의 참가자에게 두 사람의 인쇄된 사진을 보여준 후 더 매력적이라고 생각하는 사람을 고르도록 했다. 연구진은 참가자가 선택한 사진을 건네면서 그 사진을 선택한 이유를 설명해달라고 요청했다. 사람들은 그 사람이 다른 사람보다 더 매력적이라고 생각한 이유('눈' '갈색 머리' 등)를 기꺼이 설명했다. 이 과정을 여러 번 거친 후, 연구진은 참가자들이 선택하지 않았던 사진을 그들에게 건네는 속임수를 사용했다. 참가자의 4분의 3은 사진이 바뀌었다는 것을 몰랐고 심지어는 자신이 탈락시켰던 얼굴이 더 매력적이라고 느낀 이유까지 설명했다![14]

이런 '선택맹choice blindness' 연구는 우리가 합리적이고, 흔들리지 않으며, 증거에 근거하고 있다고 생각하는 때조차 전념하는 신념이 얼마나 잘 변할 수 있는지를 보여준다. 선택맹은 흥미로운 현상이다. 우리가 다른 사람의 신념에 얼마나 효과적으로 이의를 제기하는지와 자신의 신념에 이의를 제기하는 일이 얼마나 적은지, 그 대조를 드러내기 때문이다.[15]

또 다른 실험에서 홀과 요한손, 그들의 동료인 에마뉘엘 트루셰와 휴고 메르시에는 우리가 스스로의 가정과 주장을 평가하는 데 얼마나 게으른지를 입증했다. 첫 단계에서, 참가자들에게 가상의 거리에 있는 상점들에 대한 다섯 가지 논리 문제를 냈다. 각각 문제에는 두 가지 전제를 함께 제공했다. 전제는 다음과 같다.

- 네 번째 과일·채소 가게에서는 사과를 비롯한 농산물을 판매한다.
- 어떤 사과도 유기농이 아니다.

그러고 나서 다섯 개의 문장 중에 '이 가게의 과일이 유기농인지 아닌지에 대해 확실하게 말하는' 문장을 고르도록 했다.

- 모든 과일이 유기농이다.
- 어떤 과일도 유기농이 아니다.
- 일부 과일은 유기농이다.
- 일부 과일은 유기농이 아니다.
- 이 가게의 과일이 유기농인지 아닌지는 확실치 않다.

그다음, 자신이 그 문장을 선택한 이유를 설명하도록 했다. (참고로 정답은 '일부 과일은 유기농이 아니다'다.)

두 번째 단계에서는 동일한 논리 문제에 대한 다른 참가자의 선택과 설명의 질을 평가하도록 했다. 맨 위에는 자신이 선택한 문장을, 그 아래에는 다른 참가자의 선택과 설명을 제시했다. 참가자는 다른 참가자의 설명이 자신의 선택을 바꿀 만큼 설득력이 있는지 판단할 수 있었다. 이때, 참가자들이 모르고 있는 사실이 있다. 자신이 선택했다고 표시되어 있는 상단의 문장이 실은 다른 사람의 것이었고, 다른 사람이 선택했다고 표시된 하단의 문장과 그에 대한 설명이 실은 자신의 것이었다.

50퍼센트에 조금 못 미치는 참가자들이 '다른 사람'이 선택했다고 표시된 문장과 그에 대한 설명이 실은 자신의 것임을 인지하지 못했다! 그리고 절반 이상의 참가자가 자신의 선택(실은 다른 사람의 선택)을 고수했고, 불과 몇 분 전에 본인이 실제로 선택했던 문장과 그에 대해 본인이 직접 작성한 설명을 거부했다. 즉, 참가자들은 그 문장이 자신이 애초에 선택한 것과 다른데도 그것을 고집했다. 다른 사람의 선택을 자신의 선택이라고 생각했기 때문이다.[16]

우리는 라인하트와 로고프의 부채와 성장 데이터 스프레드시트의 이야기에서 다른 사람의 주장을 믿지 않을 때라면 그 사람의 실수를 더 잘 잡아낼 가능성이 높다는 것을 확인했다. 이 원칙은 더 광범위하게 적용된다. 우리는 동의하지 않는 주장의 논리와 증거를 평가하는 데에는 비판적인 태도를 취하면서 우리의 신념과 부합하는 주장에는 거의 언제나 순순히 따른다. 과일 가게 실험은 우리가 다른 사람의 것이라고 생각할 경우에는 자신의 논거마저 비판한다는 것을 보여준다.

마술사가 먹고사는 법

선택맹 연구는 마술의 속임수를 이용해 우리의 전념과 가정의 일부가 얼마나 취약한지를 드러낸다. 우리의 가정을 뒤집는 일로 먹고사는 마술사들은 전념의 본질에 대한 통찰을 보여준다.

2007년 라스베이거스에서 의식과학연구협회 연례 회의가 열렸다. 그해 회의에서 댄의 관심을 가장 끈 것은 텔러, 제임스 랜디(일명 어메이징 랜디), 맥 킹, 아폴로 로빈스, 조니 톰슨(일명 그레이트 톰소니) 등 세계적으로 명성이 높은 마술사들이 참여해 '의식의 마법'을 주제로 펼쳐지는 특별 심포지엄이었다.

프로 마술사들은 오래전부터 의식, 주의, 기억의 심리학에 관심을 가져왔다. 속임수의 대가인 그들은 청중이 생각하고 추론하는 방식을 예리하게 이해하고 있을 뿐 아니라 가정과 전념의 본질을 탐구하는 마술 이론과 실제에 대한 풍부한 경험을 가지고 있다.[17]

앞서 우리는 해리 하딘의 공주 카드 마술, 즉 자원자가 선택한 카드를 제거하는 마술에 대해서 이야기했다. 이 마술의 성공 여부는 청중이 가정을 한다는 점에 의존한다. 마술사가 자원자가 선택한 카드를 제거하겠다고 말한 후 실제로 그렇게 하면 자원자는 마술사가 말한 대로 그대로의 일을 정확히 해냈다는 생각에 전념한다. 다른 카드들이 변하지 않았다는 가정에는 이의를 제기하지 않는다. 아니, 고려조차 하지 않는다.

심포지엄에서 제임스 랜디는 청중이 무엇을 믿어야 하는지 명시하지 않고 청중이 기대하게 만드는 것이 중요하다고 강조했다. 그가 말했듯이 마술사는 청중에게 상자가 비어 있다고 말해서는 안 된다. 상자가 비어 있다는 것을 보여주어야 한다. 그는 "스스로 가정하게끔 해주면, 사람들은 그 가정이 옳고 그것이 사실임을 절대적으로 확신한다"라고 말했다.

조니 톰슨은 마술사가 청중이 차례로 가정을 해나가도록 이끌어 그들이 마술에 대한 설명을 만들어내게 하는 방법을 설명했다. 이후 마술을 진행하면서 그런 추측이 어떻게 틀렸는지 하나씩 보여준 것이다. "당신이 내내 카드를 들고 있었다. 당신이 카드를 원하는 만큼 섞었다. 당신이 카드를 나눴다. 당신이 카드를 선택했다"와 같이 말하면서 청중이 만들어낸 설명을 체계적으로 제외한다. 모든 설명이 제외되면 청중에게는 '마법'만이(그게 아니라면 적어도 우리가 알아내지 못했다는 놀라움이) 남는다. (아마도 카드는 청중이 손에 쥐기 전에 교체되었을 것이다. 아무도 생각하지 못한 가능성이다.)

맥 킹은 같은 효과를 내는 다른 방법(구두에서 커다란 돌을 꺼내는 방법)을 사용해서 가능한 설명을 제외하는 방식을 이야기했다. 처음 신발에서 돌을 꺼낼 때 큰 소리가 나게끔 바닥에 떨어뜨리면, 청중은 구두에서 꺼내는 다음 돌도 단단하리라고 가정한다. 구두에서 돌을 꺼내는 내내 손을 보여준다면 그것은 그가 돌을 신발 안으로 집어넣을 수 없다는 것을 의미하기 때문에 청중은 그가 처음에도 돌을 신발 안에 집어넣는 속임수를 꾸미진 않았을 것이라고 가정한다. 매번 효과가 똑같아 보이면 사람들은 계속 똑같은

방법이 사용된다고 가정하는 경향이 있다.[18]

마술사는 청중을 다 파악하고 있다. 처음부터 어떤 가정에 전념하고 있는지, 앞으로 어떤 가정을 할지 모두 말이다. 이는 다른 마술사들 앞에서 공연을 할 때도 마찬가지다. '펜과 텔러의 속임수' 시리즈에서 펜과 텔러가 알아내지 못하는 마술을 선보이는 사람에게 트로피를 주는 것을 보면 알 수 있듯이, 프로 마술사들은 같은 마술 효과를 내는 많은 방법을 알고 있기 때문에 마술이 어떻게 이루어졌는지 가정을 하게 된다. 마술사의 가정은 훨씬 더 많은 정보를 바탕으로 하겠지만, 그런 마술사들 역시 착각에 빠질 수 있다. 청중 입장이 된 마술사는 무대에 선 마술사가 일반인에게 효과가 있는 간단한 마술이 아니라 물건을 사라지게 하는 복잡하고 멋들어진 방법을 사용하리라고 생각할 것이다.

"그는 그럴 사람이 아니야"

어떤 아이디어에 전념하는 것이 세상에 대한 관점을 재형성할 수 있는 것과 마찬가지로, 어떤 사람에게 전념하는 것도 우리가 생각하는 방식을 형성할 수 있다. 신뢰라는 개념은 사람들이 사기에 넘어가는 이유를 설명할 때 종종 사용된다. 우리는 사람을 속임수에 취약하게 만드는 요소를 분석할 때 신뢰 그 자체를 인지 범주로 다루지 않는다. 우리는 그것을 전념의 한 형태로 본다. 어떤 사람이나 조직을 신뢰할 때 우리는 그들이 진실을 말한다고 가정하고 그들의 주장을 자세히 조사하거나 우리가 신뢰하지 않는 출처(진실을 말한다고 가정하지 않는 출처)에 대해 하는 것만큼의 비판적인 생각을 하지 않는다. 신뢰는 추론 능력이나 지능이 부족하다는 징후가 아니다. 선택맹 연구와 다른 많은 연구가 보여주듯이, 어떤 논거가 나 아닌 다른 사람에게서 비롯되었다고 생각하는 경우라면 우리는 그 논거의 오류를 찾아낼 수 있다.

대인 관계에서의 강한 전념은 일부 대형 사기 사건의 지속성을 설명하는 데 도움이 된다. 동업자가 SEC에 버니 메이도프의 폰지 사기를 제보하려 하는 것을 본 프랭크 케이시는 한 클라이언트의 가족에게 가진 돈을 모두 메이도프에게 투자하는 것은 지나친 위험을 감수하는 일이라고 이야기해주었다. 몇 개월 뒤 메이도프의 사기 행각이 드러나자, 그 클라이언트는 케이시에게, 자신의 장인이 케이시의 경고에 대해 "좋은 의도로 한 얘기인 것 같기는 하지만 제대로 알지 못해서 그러는 거지. 버니는 우리 돈을 뺏어갈 사람이 아니네"라고 말했다고 전해주었다. 이런 종류의 전념이 메이도프가 사기극을 그토록 오래 이끌어가게 도왔다.[19]

신뢰는 신뢰를 주는 사람과 받는 사람이 친밀할 때 더 잘 생기고 더 강해질 가능성이 높다. 대부분의 설명에 따르면, 메이도프는 뉴욕 금융업계의 리더로 확실하게 자리를 잡을 때까지 사기에 눈을 돌리지 않았다. 그의 투자자 대부분은 그의 가족, 친구, 지인이었다. 그 외의 사람들은 그 사람들과 그런 식으로 연결된 사람들이었다. 본질적으로 그는 친분을 이용해 그를 신뢰하는 투자자 네트워크를 키워갔다.

메이도프가 체포되고 몇 년 후, 전직 SEC 변호사 한 명은 우리에게 메이도프의 범죄는 방대한 규모였지만, 그 핵심은 유대인 커뮤니티를 상대로 소시오패스적 내부자가 저지른 '친분 사기affinity fraud'였다고 말했다.

이것은 무엇에 쓰는 물건일까?

세상이 어떻게 돌아가는지 가정한 뒤 거기에 의문을 제기하지 않고 행동하는 능력은 버그가 아닌 기능이다. 그런 가정들은 보통은 옳다. 우리가 흔한 물건을 인식하는 방법처럼 간단한 것을 생각해보라. 우리는 시각적 인식에 대한 수업에서 화이트보드 위에 원 하나를 그리고 그 원을 이등분하는 선을 그은 다음, 학생들에게 우리가 그린 것이 어떤 물건인지 물어보곤 한다. 지구본과 적도선이라고 하는 학생도 있고, '포켓몬'에 나오는 몬스터볼이라고 하는 학생도, 일자 나사라고 하는 학생도 있다.

하지만 손잡이가 있는 양동이를 위에서 본 모습이라고 말하는 학생은 한 명도 없다. 위에서 보지 않고 다른 위치에서 보면 양동이라는 것을 쉽게 알 수 있다. 위에서 내려다본 시점은 우연한 배열에서 유발된 이례적인 사건이고, 뚜렷한 정보가 너무 적게 보이는 '퇴화된 시점'이다. 대개의 경우, 우리는 사물을 볼 때 퇴화된 시점이 아니라 일반적인 시점으로 보고 있다고 가정한다. 그리고 그 생각은 거의 항상 옳다.[20]

우리가 아는 한 물체에 대한 퇴화된 시점을 이용해 수백만 달러를 훔친 사기꾼의 사례는 아직 없다. 하지만 속임수에 대한 우리의 취약성을 높이는, 우리가 매일 무의식적으로 하는 다른 범주의 전념들이 있다.

이 장에서는 "내가 가정하고 있는 것은 무엇인가?"라는 자문을 더 자주 해야 한다는 조언을 했다. 다음에 제시하는 것들은 우리의 생각들 중에서 주의를 기울여야 할 몇 가지 전념이다.

내가 무슨 말을 하는지 모두 알고 있다

전문 용어, 약어, 고유명사를 입에 올릴 때면 우리는 은연중에 다른 사람도 우리가 의미하는 바를 알 것이라고 가정한다. 지식의 저주라고 불리는 그런 가정은 다른 사람들이 이해하지 못하는 것을 상상하지 못하는 데에서 나온다.

사람들은 화자(특히 높은 지위에 있는 사람)의 말을 가로막고 설명을 요구하는 일을 꺼리는 것이 보통이다. 무지를 드러내는 데 두려움을 갖기 때문이다. 그런 피드백이 없기 때문에 지식의 저주를 알아챌 수 있는 경우가 드물다. 그렇게 우리는 정보를 전달했다고 스스로를 속이게 된다. 사실은 그렇게 하지 못했는데도.

천연이 인공보다 낫다

천연 혹은 유기농 식품이나 약품이 인공 혹은 유전자 변형 식품이나 의약품보다 본질적으로 우수하다고 생각하는 사람이 많다. 그 생각이 맞는 경우도 있다.

하지만 천연 제품이라고 하는 많은 제품은 품질과 비용 두 가지 면에서 모두 열등하다. 예를 들어, 일부 유전자 변형 식품은 재배가 더 쉽고, 살충제가 덜 필요하며, 같은 비용으로 더 많은 사람을 먹일 수 있다. 천연이라는 것에 지나치게 전념하면 비살균처리 우유, 규제되지 않은 약품, 심지어 여과와 살균 처리를 거치지 않고 농약과 유해 가능성이 있는 박테리아가 득실거리는데도 '생수'라는 이름으로 판매되는 물 등 위험한 제품을 웃돈을 주고 사게 될 수도 있다.

공정을 기하기 위해 말하자면, 반대로 기술적인 해법에 지나치게 전념하는 경우도 있을 수 있다. 중요한 것은 우리가 선호하는 것 이면에 있는 사실을 확인해서 자신에게 정말 최선인 것을 선택을 할 수 있는 여지를 선사하는 것이다.[21]

동료 심사 논문은 과학적 진실을 전달한다

동료 심사란 새로운 발견이나 연구 결과를 과학 저널에 발표하기 전(또는 일부 분야에서는 학회에서 발표하기 전)에 전문가들의 검토와 비판을 받는 절차다. 동료 심사 여부는 종종 예비적이고 의심스러운 것과 믿을 만하고 진실한 것을 구분하는 명료한 선으로 취급된다. 과학적 연구 결과를 공개하기 전에 검증하는 것은 가치 있는 일이지만 그렇다고 오류 가능성이 없어지는 것은 아니다.

외과의사인 파올로 마키아리니는 인공 기관을 개발하는 임무를 맡고 있었다. 줄기세포로 코팅된 이 맞춤형 플라스틱 기관氣管을 이식한 환자는 정상적인 호흡 능력을 회복할 수 있었다. 2012년 스톡홀름의 카롤린스카 병원에서 세 번째로 이 수술이 이루어졌다. 마키아리니가 쓴 첫 두 환자에 대한 보고서가 유명 의학 저널에 실렸기 때문에 세 번째 환자는 예후가 더 좋을 것으로 생각되었지만 환자는 의료진의 기대만큼 빨리 회복하지 못했다.

마키아리니에 관한 영화를 제작하면서 1년 넘게 마키아리니를 따라다닌 보스 린퀴스트가 우리에게 해준 이야기에 따르면, 그 동료 심사 논문에 개술된 절차를 따른 몇 달 후에야 마키아리니의 동료 중 한 명이 첫 두 환자의 병원 공식 의료 기록을 살펴봤다고 한다. 그는 이 기록과 공개된 보고서 사이에 심각한 불일치가 있음을 발견했고, 이어 내부 고발과 수차례의 조사가 뒤따랐다.

결국 마키아리니는 환자에게 신체적 상해를 입힌 범죄로 유죄 판결을 받았다. 그의 세 번째 환자는 병원을 떠나지 못했다. 그녀는 약 200번에 달하는 추가 수술을 받은 후 사망했으며, 마키아리니의 기관을 이식한 다른 환자 20명도 거의 모두 사망했다.[22]

'헛소리 비대칭의 원리bullshit asymmetry principle'는 헛소리를 하는 데 필요한 에너지보다 헛소리를 반박하는 데 필요한 에너지가 훨씬 크다는 뜻이다. 타당하지 못한 과학적 주장에도 비슷한 법칙이 적용된다. 일단 어떤 결과가 동료 심사 논문으로 일단 받아들여지면, 그와 반대되는 연구 결과를 발표하는 데에는 10배 이상의 증거가 필요할 수 있다.

2007년 사회심리학자 애덤 알터를 비롯한 연구진은 프린스턴 대학교 학생 40명을 대상으로 한 연구를 통해, 까다로운 수학 퍼즐이 읽기 어려운 서체로 인쇄되었을 때 학생들이 더 정확하게 풀었다고 보고했다. 의사 결정 과학자인 앤드류 마이어와 다른 연구팀은 알터의 연구 결과에 회의적이었다. 자신들의 기대에 어긋났기 때문이었다. 그래서 그들은 연구를 다시 시행했다. 그들의 연구에 참여한 사람은 총 7,367명이었다. 실험 대상자가 10배도 아닌 100배 이상 늘어난 것이다. 그 실험에서 사람들이 푼 퍼즐의 수에는 읽기 어려운 서체와 일반 서체 사이의 차이가 없다는 것이 발견되었다.[23]

마이어의 논문은 2015년 발표되었지만 연구자들이 반직관적이면서도 긍정적인 알터의 첫 발견에 계속해서 더 큰 비중을 두는 것을 막지 못했다. 슐로모 베나치와 조나 레러는《더 똑똑한 스크린The Smarter Screen》에서 알터의 연구를 상세히 설명했다. 그들은 "모든 연구가 같은 결과를 발견한 것은 아니다"라고 언급하고 마지막으로 "분명 더 많은 연구가 필요하다"라는 결론을 내렸다. 그들의 책에서 이 문구를 읽었을 때 우리는 책에 대고 "이미 다른 연구가 있어요. 그 연구는 원래의 연구가 틀렸다는 것을 보여준다고요!"라고 소리치고 싶었다.

통계학자 앤드류 겔먼은 무엇이든 처음 접하는 것을 진실로 받아들이는 경향에 대한 유용한 해독제를 제안했다. '시간 역전 추단법time-reversal heuristic'을 사용하는 것이다. 정보를 반대의 순서로 접했다면 어떻게 생각했을지 상상해보라. 7천 명이 넘는 사람들을 대상으로 한 연구가 아무런 효과도 발견하지 못했고 이후 단 40명 대상의 똑같은 연구가 특정한 효과를 발견했다면 소규모 연구를 신뢰하지는 않을 것이다.[24]

이 정보는 적절한 데이터 수집과 분석에서 나온 것이다

우리는 이런 가정을 '대시보드 오류dashboard fallacy'라고 부른다. 기업과 기타 조직들은 실시간으로 조직의 활동과 재무 상태 지표를 요약해 제공하기 위해 소프트웨어로 생성한 표와 그래프에 점점 더 많이 의존하고 있다. 자동차 대시보드의 속도계, 온도계, 연료계 등은 상당히 정확한 지표인 반면, 기업 대시보드의 정보는 현실과의 연관성이 상당히 미약하다.

기업 대시보드 정보는 연료 탱크와 연료계를 연결하는 프로세스보다 더 복잡하고 오류가 발생하기 쉬운 프로세스를 통해 산출되며, 사람의 선택과 개입에 영향을 받아 편견이 더해질 수 있고, 오래 사용할수록 원래 반영하고자 했던 것과 유리될 가능성이 높다. 새로운 시설을 만들거나 소프트웨어 시스템을 변경했음에도 기업이 기존 분석 파이프라인을 그에 맞추어 업데이트하지 않았다면 대시보드는 오래되거나 부정확한 정보를 제공할 수 있다.

우리의 경험에 따르면, 대시보드를 일상적으로 사용하는 사람들은 데이터의 출처나 품질에 대해 의문을 제기하지 않는 경우가 많다. 눈에 보이는 수치를 자동차의 속도계를 신뢰하듯이 신뢰하는 것이다.

결과는 특정한 인상을 전달하도록 조작된 것이 아니다

우리는 주어진 정보가 특정한 인상을 주기 위해 수정되거나 왜곡된 프로세스가 아니라 온도계나 시계처럼 정보에서 주장하는 것을 그대로 반영하는 객관적이고 중립적인 프로세스에 의해 생성되었다고 가정하는 경향이 있다.

1990년대 후반의 상승장에서는 엔론과 코카콜라를 비롯해 큰 성공을 거둔 일단의 기업들이 분기마다 월스트리트 애널리스트들의 예상치를 약간 웃도는 실적을 발표해 '기대치를 상회'하면서 투자자들에게 깊은 인상을 주었고 애널리스트들이 향후 수익 성장 목표를 상향 조정하게 만들었다. 이후 조사 결과, 일부 기업은 매 분기 말 매출을 기장하는 방법과 시기를 조작해 주당 순이익이 예상치보다 최소 1퍼센트 이상 높게 나타나도록 했던 것으로 밝혀졌다.[25]

잠시 〈US 뉴스〉와 〈월드 리포트〉가 발표하는 대학교·대학원 순위를 생각해보자. 〈US 뉴스〉는 대학의 데이터를 수집하고 비밀 가중치 공식을 적용해 순위를 집계한다. 학교는 학생과 기부자를 끌어들이기 위해 이들 순위에 엄청난 관심을 기울인다. 심지어 공식을 역으로 추적해 순위를 올리는 방법에 대해 조언하는 컨설팅 회사를 고용하기도 한다. 모든 학교가 데이터를 정확히 보고한다고 가정하면, 학교가 더 높은 순위를 얻기 위해 이상한 계산법을 동원하거나 데이터를 조정할 가능성을 간과할 수 있다.

2022년, 수학 교수인 마이클 타데우스는 자신이 몸담고 있는 컬럼비아대학교의 순위가 1988년 18위에서 2021년 하버드, MIT와 공동 2위에 오른 놀라운 상승세를 보이자 이를 분석하는 에세이를 발표했다. 그의 조사로 컬럼비아대학교가 〈US 뉴스〉에 모호한 수치를 제공한 것이 드러났다. 예를 들어, '교육 지출' 범주에 병원 환자의 치료에 쓰인 12억 달러를 포함시켰다. 이에 따라 〈US 뉴스〉는 컬럼비아대학교를 일시적으로 대학 순위에서 제외시켰고 다음 순위를 발표할 때 18위로 떨어뜨렸다.

좋은 의도도 순위를 신용할 수 없게 만들 수 있다. 예를 들어, 크리스가 10년간 교수로 있었던 유니온칼리지와 같은 대학은 지원자의 표준화 시험 점수 제출을 선택 사항으로 만들었고 이로써 의도치 않게 표준화 점수 평균을 높게 보고할 수 있었다. 점수가 높은 지원자들은 점수를 제출하고 점수가 낮은 지원자들은 제출하지 않는 경향이 있었기 때문이다.[26]

규제 당국이 사기를 허용하지 않을 것이다

정부 기관의 규제를 받는 활동의 경우에는 합법적이라고 가정하기가 쉽다. 메이도프 사건의 피해자들 다수는 SEC가 메이도프를 검증했으며 사기가 발생하지 않도록 금융 시장을 면밀하게 관찰했을 것이라 믿었다고 인정했다. 메이도프 자신도 공개 석상에서 장기간 규칙을 어기는 사람은 월스트리트에서 오래 버틸 수 없다고 말한 적이 있다.

하지만 짐 캠벨이 그의 책 《메이도프가 말한다Madoff Talks》에서 일갈했듯이 "SEC는 순찰 중인 경찰이 아니다." 규제 당국은 규제 대상을 끊임없이 감시하고 있지 않다. 또한 그들 역시 다른 사람과 타협하거나 다른 사람에게 이용당할 수 있는, 오류를 범할 수 있는 인간이다. 규제를 받는 대부분의 금융 상품이나 의료 상품은 규제를 받지 않는 상품들보다는 아마 더 안전할 것이다. 하지만 어느 것도 위험이 없다는 보장은 없다.

시스템은 안전하고 부정한 조작이 불가능하다

기업이나 정부의 운영이 정보와 물리적 자산을 안정적으로 지키는 일에 의존할 경우, 우리는 해킹 가능성을 과소평가할 수 있다. 캘리포니아의 스톤스 카지노는 정규 포커 게임 중 하나를 온라인에서 생중계하기로 결정했다. 그들은 여기에 월드시리즈 포커World Series of Poker가 사용하는 것과 동일한 기술을 이용하기로 했다. 시청자들에게 모든 선수들의 카드를 보여주어서 그들이 실시간으로 선수들의 결정에 대해 이야기를 나눌 수 있도록 하는 기술이었다.

시청자들이 게임에 임하는 선수에게 상대 선수의 패를 알려주지 못하도록, 방송은 30분 지연 송출됐다. 하지만 한 선수가 게임이 중계될 때마다 지속적으로 좋은 성적을 거두자 상대 선수들 일부가 의혹을 갖기 시작했다. 카지노는 중계 시스템이 해킹, 무선 주파수 모니터링, 기타 기술적인 공격에 안전하다고 주장했다. 그랬을 수도 있다. 하지만 가장 정통한 관찰자들은 정황상 문제의 선수가 생방송 영상에 접근할 수 있는 카지노 조직 내부의 누군가로부터 정보를 얻은 것이 분명하다는 결론을 내렸다.[27]

1990년대 FBI는 맥도날드의 모노폴리 이벤트에서 비슷한 내부 사기를 밝혀냈다. 고객의 음식 포장지에 무작위로 들어가는 당첨권의 보안을 담당하는 사람이 큰 것이 걸려 있는 당첨권들을 몰래 빼내 지인에게 판매하고, 그 지인은 인근 맥도날드에서 당첨권을 뽑은 것처럼 행동했다. 안전에 대한 가장 강력한 가정은 안전을 책임진 사람이 자신의 위치를 악용하지 않으리란 것이다. 하지만 악용 가능성을 완전히 배제할 수는 없다.[28]

나는 사기꾼이나 범죄자는 상대하지 않는다

"사기꾼들은 사기에 사기에 사기를 치고 다니겠지"라는 테일러 스위프트의 노래 가사를 흘려들어서는 안 된다. 개인이나 조직과 거래할 때 가장 유용한 일은 그들이 이전에 유죄 선고를 받거나 책임을 진 적이 있는지, 직업적인 면에서 사기나 기타 비윤리적인 행동으로 제재를 당한 적이 있는지 확인하는 것이다.

우리는 이 책을 쓰기 위해 수많은 사기 사건을 검토하면서, 가해자가 그 이전에 위법 행위로 체포되었거나 유죄 선고를 받은 적이 있는 경우가 대단히 많다는 데 충격을 받았다. 파이어 페스티벌Fyer Festival 사건, 그러니까 바하마의 섬에서 음악 페스티벌을 연다며 티켓 구매자들에게 화려한 빌라와 고급 식사를 약속했지만 난민 수용소를 방불케 하는 천막과 허술한 도시락을 제공한 사기 사건은 너무나 대담해서 다큐멘터리 영화가 두 편이나 제작됐을 정도다. 그 배후인 빌리 맥팔랜드는 파이어 페스티벌 사기에 대한 판결을 기다리는 동안 벌인 또 다른 두 건의 흉악 범죄로 유죄를 선고받았다. 놀랍게도 그는 그 추가 사기에 파이어 페스티벌을 홍보하는 과정에서 만든 고객 명단을 이용했다.

실제로 많은 과학 사기범들은 반복해서 데이터를 위조한다. 범죄학자들은 적발된 사기 사건의 상당수가 상습범이 저지르는 것이라고 말한다. 준법 전문가들은 대다수의 내부 사기는 고용주로부터 반복해서 돈을 훔치는 소수의 근로자들에 의한 것이라고 보고하고 있다. 다시 한번 기회를 주어야 한다는 원칙을 믿고 유죄 판결을 받은 사기꾼에게 다시 기회를 주는 것이 바보가 되어야 한다는 의미는 아니다.[29]

2022년 플로리다의 올랜도 미술관Orlando Museum of Art은 '영웅과 괴물: 장 미셸 바스키아, 타데우스 멈포드 주니어 베니스 컬렉션' 이라는 제목의 전시를 시작했다. 유명한 미국 현대 작가 바스키아의 미공개 작품 25점이 전시되었다. 이 작품들은 1982년 로스앤젤레스에서 그려진 것이고 유명 극작가 멈포드에게 한꺼번에 판매되었다고 했다. 멈포드가 이들 작품을 30년 동안 창고에 보관하다가 창고 임대료를 내지 못하자 두 명의 기업가가 경매로 그림을 구입했고 제3의 동업자를 투자자로 영입했다고 알려졌다. 이 세 사람은 그림을 전시한 뒤 1억 달러에 팔 계획이었다.

이 이야기를 따라가면서 우리는 사실이라고 볼 수 없는 몇 가지 징후를 관찰했다. 전문가들은 작품에 찬사를 보내기는 했지만 진위에 대해서는 확언하지 못했다. 일부는 그림의 출처에 대한 소유자의 이야기(작가에서부터 현재에 이르기까지 소유권을 갖기 이전의 모든 내력)에 이의를 제기했다. 이 이야기를 검증할 수 있는 핵심 인물들은 죽었다. 작품들 중 하나 이상이 바스키아가 사망한 1990년대 이전에 그려졌을 리 없다는 과학적 증거가 나왔다. 2022년 6월 FBI는 25점의 작품을 모두 압수했고 박물관은 관장을 해고했다.

우리는 이 사건에 대한 두 번째 〈뉴욕 타임스〉 기사를 보고서야 배후의 세 사람이 마약 밀매, 선거 자금법 위반, 증권 사기, 소비자 사기 등 총 일곱 건 이상의 범죄로 유죄 판결을 받은 이력이 있다는 것을 알게 되었다. 박물관 관장은 새로운 비즈니스 파트너에 대한 공개적으로 이용 가능한 정보를 검토하지 않은 일을 후회하고 있을 것이다.[30]

2000년대 초 우리 각각은 연구를 함께 하고 싶다는 동료 '인지과학자'의 연락을 받았다. 우리 두 사람이 서로 알고 있다는 것을 그가 알고 있는지는 확실하지 않았고 그가 우리 각자에게 제안한 프로젝트는 상이했다. 그는 우리 두 사람이 모두 알고 있는 저명한 연구자들의 이름을 거론했고, 흥미로운 아이디어를 갖고 있었으며, 대단히 예의가 발랐다.

그렇지만 두 프로젝트 모두 시작되지 못했다. 결과적으로 다행한 일이었다. 그가 사기와 사칭에 관련된 수십 건의 법률 소송에 연루된 적이 있는 사람이었기 때문이다. 여러 정황으로 볼 때, 우리의 '동료' 과학자는 갖고 있지 않은 자격을 내세우며 여기저기에서 돈을 사취하는 소소한 부업을 했던 것으로 보인다.

'직감'에 대한 의존을 줄이고 자격을 더 철저히 확인하면 사기의 피해자가 되는 일은 줄어들 것이다. 전적으로 신뢰할 수 있고 믿을 만한 사람이라면 대화를 나눌 때 그렇게 느껴질 것이다. 하지만 사기꾼도 그런 느낌을 줄 수 있다.

때로는 우리 대신 확인해주는 다른 사람에 의지할 수도 있다. 학교 선생님, 스쿨버스 운전사를 비롯해 아이들을 돌보는 사람들은 공식적인 신원 조회를 거치기 때문에 부모들은 그들을 조사할 필요가 없다. 그러나 안타깝게도 이런 신원 조회 일부에는 오류가 있을 수 있고 모든 사람의 신원을 항상 확인할 수도 없는 일이다. 그렇더라도 가능할 때마다 더 자주 확인을 해야 한다.

도급업자를 고용할 계획인가? 그들의 평판과 추천서를 확인해서 부당한 일을 하지 않았는지 고객의 돈을 편취한 일은 없는지 살펴라. 의사를 바꿀 계획인가? 좋은 의과대학에서 학위를 취득했는지 의료 과실로 여러 차례 고소를 당하지는 않았는지 확인하라(웹사이트에 게시된 얼마 되지 않는 편향된 환자 리뷰에 현혹되지는 말라). 새로운 동업자를 찾고 있는가? 동업자가 이전 직장에서 횡령을 하지 않았는지 확인하라. 낭만적으로 들리지는 않겠지만, 결혼이나 약혼을 하기 전에, 혹은 혹은 틴더Tinder를 통해 누군가를 만나기 전에 온라인에서 신중하게 조사해보는 것도 좋겠다.[31]

더 깊이 확인해보지 않고 정보(사실이라고 주장하는 정보를 포함해)를 받아들이면 누구나 속임수에 취약해질 수밖에 없다. 다음 장에서는 모든 것이 겉으로 괜찮아 보이는 경우 효율성을 추구하는 우리의 습관(목표 달성을 위해 필요한 인지 작업의 최소한만을 하는)이 무사안일로 이어질 수 있다는 것에 대해 논의할 것이다. 우리를 속이고자 하는 사람들은 그런 효율성을 이용한다. 하지만 우리는 배울 수 있다. 속도를 늦추고 더 많은 의문을 제기해야 하는 때가 언제인지를.

4

경험을 통해 '효율'을 추구할 때

더 알아봐야 하는 건 뭘까?

우리는 의사 결정에 있어서 정보 탐색을 최소화하고, 철저하게 조사하기보다는 효율적인 행동을 선호하는 경향이 있다. 중대한 결정에 직면했을 때는 이런 타고난 습관을 극복해야 한다. 그리 어려운 일이 아니다. 단 하나의 좋은 질문을 던지면 되는 간단한 일이다.

매년 7월이면 월드오픈에 참석하려고 1천여 명의 체스 선수들이 필라델피아의 한 호텔로 모여든다. 월드오픈에서는 9라운드에 걸친 진지한 대면 게임이 펼쳐진다. 게임은 네 시간 이상 이어지기도 하며 1등 상금은 2만 달러다. (상대적으로 빈곤한 체스 세계 토너먼트의 기준에서) 거액의 상금이 걸려 있기 때문에 종종 부정행위가 발생한다. 1982년 유명한 프로 선수 한 명이 체스 책 매장에서 게임 오프닝에 대한 힌트를 찾다가 적발된 적도 있었다. 하지만 1993년에 일어난 일은 모두의 예상을 넘어서는 것이었다.[1]

사건은 작은 돌풍으로 시작되었다. 2라운드였다. 이쯤에서는 아직 상위 선수들이 서로 맞붙기 전이라 약한 선수들이 노련한 상대에게 유린당하는 것이 보통이다. 그러나 아이슬란드의 그랜드 마스터 헬기 올라프손은 무승부를 유지하고 있었다. 상대는 존 폰 노이만이라는 캘리포니아 출신 선수였다. 공식 토너먼트에 처음 출전해 순위가 없는 이 선수는 대회에 등록하면서야 미국체스연맹에 가입했다.[2]

월드오픈이라는 토너먼트에 체스 선수가 처음 참가하는 일은 그렇게 드물지 않다. 체스가 사실상의 국기國技인 고향에서는 두각을 나타내지 못하는 구소련의 많은 체스 선수들이 거액의 상금을 따기 위해 모여들었다. 그렇지만 폰 노이만은 러시아인이 아니었다. 레게머리에 미국 네이비실 야구모자를 쓴 젊은 흑인이었다. 그는 대부분이 백인인 체스계에서 눈에 띄는 인물이었다.

폰 노이만의 게임에서 이상한 점을 처음 발견한 것은 보스턴 출신의 체스 마스터 데이비드 비고리토였다. 폰 노이만은 다른 사람들과 전혀 다른 방식으로 체스를 하고 있었다. 우선 움직임이 정확하지 않았다. 프로 선수들은 체스 말을 수천 번 잡고 옮겼기 때문에 그 움직임이 유연하고 심지어 우아하기까지 하다. 그들은 영화에 나오는 체스 장면의 배우들처럼 말을 움켜쥐고 판에 소리 나게 내려놓거나 시계를 두드리지 않는다. 그들은 몇 분씩 체스판을 골똘히 응시하되 눈동자는 여러 칸을 빠르게 오간다.

폰 노이만은 말을 어색하게 옮겼고 상대의 차례에는, 아니 심지어는 자신의 차례에도 게임에 관심이 없는 것처럼 보였다. 3라운드에서 그는 더 강한 선수를 상대로 유리한 위치에 있었으나 시간을 초과해서 게임을 놓쳤다. 꼭 필요하고 뻔한 수를 두는 데 지나치게 많은 시간을 쓰기도 했다. 게임 초반에는 말을 잡거나, 자기 퀸을 잃거나, 자신의 킹을 판 중앙(상대의 공격으로부터 보호하기 위해 말을 옮기는 데 가장 안전치 못한 장소)으로 옮기는 세 가지 선택 중 하나는 해야 했던 때가 있었다. 완벽한 초보가 아닌 한 어떤 선수든 거의 자동적으로 말을 잡았겠지만 폰 노이만은 이상하게도 40분 동안이나 시간을 끌었다.

2라운드에서 무승부를 기록한 폰 노이만은 다음 세 게임에서 졌다. 하지만 이후에는 마지막 네 게임 중 세 번을 이겼다. 마지막 패배 역시 시간이 부족해서였다. 그의 성적은 9전 4승 1무 4패로, 순위가 없는 선수에게 수여되는 특별상을 받을 수 있었다.

그렇지만 이때는 이미 비고리토는 자신의 의혹을 여러 다른 선수와 토너먼트 관계자들과 이야기했고, 서툰 움직임, 이해하기 힘든 행동, 눈에 띄게 강한 전력이라는 이상한 조합이 대회의 화젯거리로 부상한 뒤였다. 경기장 다른 곳에 있는 선수가 그의 경기 상황을 보면서 그의 머리카락 밑에 감춰진 이어폰으로 수를 알려준다는 가설과 그가 먼 곳에 있는 공범에게 상대의 수를 몰래 알리면 공범이 컴퓨터 프로그램에 그것을 입력해서 기계의 대응을 알려준다는 가설이 등장했다.

체스 소프트웨어가 30년 전 이미 여러 인간 그랜드마스터를 능가했기 때문에 이 두 가지 전략 중 어떤 것을 사용해도 초보자를 순위가 없는 선수 부문에서 1위로 올라서게 할 수 있었을 것이다. 대부분의 전문가들은 폰 노이만이 컴퓨터로부터 수를 알아내고 있고, 그의 이상한 시간 사용 패턴은 전송 문제로 설명할 수 있다는 결론을 내렸다. 신호의 노이즈를 생각한다면 폰을 f5로 이동하지 않고 비숍을 그 칸으로 이동시켜 빼앗기는 통에 비등하게 유지되던 게임을 망치는 등의 터무니없는 수도 설명할 수 있었다.[3]

전송 중단이라면 종종 노이만이 게임하는 곳 근처에 나타나 뭔가를 적은 후 사라지는 미스터리한 남성의 존재도 설명이 됐다. 그 남성은 체스판의 실제 상황과 컴퓨터가 생각하는 진행 상황 사이의 불일치를 바로 잡기 위해 베이스캠프에서 나온 공범일 것이다. 토너먼트 마지막 라운드가 끝나자, (토너먼트에서 게임을 직접 하지 하지 않았던) 이 '공범'은 상금 수표를 나눠주는 방에 폰 노이만과 함께 나타났다.

토너먼트의 수석 감독이자 주최자인 빌 고이치버그는 비고리토와 다른 사람들이 제기한 문제들과 폰 노이만이 부정행위를 하고 있다는 것을 암시하는 정황 증거들에 대해서 알고 있었다. 고이치버그는 속임수를 쓰는 사람에게 상을 주어서 정말 자격이 있는 정직한 선수가 상을 받지 못하는 상황을 만들고 싶지 않았다. 하지만 직접적인 증거가 없었다. 폰 노이만은 참가비를 환불해준다면 상을 거절하겠다고 제안했다.

이 제안을 받아들일 수 있었지만 속임수를 쓴 사람과 타협을 하고 싶지 않았던 고이치버그는 폰 노이만에게 간단한 체스 퍼즐을 풀어보라고 요청했다. 말 몇 개만이 있는 체스판에 두 수만에 체크메이트를 하는 퍼즐이었다. 그랜스마스터와의 게임에서 무승부를 기록하고 마스터를 물리치는 사람이라면 1초 만에 풀 수 있는 문제였다. 하지만 능력을 입증해달라는 요청을 받은 폰 노이만은 시도조차 해보지 않았다. 그는 화를 내며 경기장을 떠났고 상도 받지 않고, 참가비도 돌려받지 않았다. 그는 또 다른 공인 체스 토너먼트에 (적어도 존 폰 노이만이라는 이름으로는) 다시는 참가하지 않았고 그와 공범은 체스계에서 다시 볼 수 없었다. 존 폰 노이만 사건은 체스계의 해결되지 않은 미스터리 중 하나로 남아 있다.[4]

1993년부터 컴퓨터의 도움을 받는 그와 비슷한 부정행위가 많이 발생했다. 이제는 스마트폰의 처리 능력만으로도 인간 세계 챔피언을 넘어설 수 있기 때문에 부정하게 유리한 위치를 점하는 것이 그 어느 때보다 쉬워졌다. 폰 노이만이 말을 어떻게 움직이는지조차 모르는 생초짜였다면, 그의 뒤를 따르는 부정행위자들은 이미 뛰어난 선수들이었다. 가장 널리 알려진 것은 2019년 라트비아의 그랜드마스터 이고르스 라우시스가 스트라스부르에서의 토너먼트 도중에 화장실에서 휴대전화를 이용하다 발각된 사건이다.

폰 노이만의 경우에 그랬듯이, 사람들은 이미 그의 경기력에 의혹을 품었다. 하지만 라우시스는 기행 때문이 아니라 갑작스러운 약진 때문에 의심을 받았다. 그는 50대에 들어 갑자기 참가한 모든 토너먼트에서 랭킹 포인트를 획득하기 시작해 세계 100대 선수에 등극했다. 발각되지 않았다면 세계 50대 선수에 진입했을 것이다. 체스 선수의 성적이 중년에 향상되는 것은 불가능한 일이 아니다. 하지만 그 나이에 처음으로 세계 50대 선수에 이름을 올

린다는 것은 선례가 없는 일이었다.[5]

로널드 레이건은 소련과 협상 의사가 있다는 것을 설명하며 러시아 속담을 인용한 것으로 유명하다. "신뢰하라, 하지만 검증하라." 첫 부분은 우리에게 쉬운, 무척이나 쉬운 일이다. 하지만 두 번째 부분에는 노력이 필요하다. 가능성이 희박해 보인다면, **더 많은 질문**을 던짐으로써 조사하는 쪽으로 자신을 유도해야 한다. 고이치버그가 "지금 여기에서 이 체스 퍼즐을 풀 수 있나요?"라고 물었던 것처럼 정말 문자 그대로 질문을 할 수도, 경기장에서 사라지는 의심스러운 선수의 뒤를 밟아 무슨 일을 하는지 확인하는 것처럼 은유적인 질문을 던질 수도 있다.

그런 질문에 답을 찾기 위해서는 어느 정도 일을 파헤쳐봐야 할 수도 있다. 한 학생이 같은 날 시험이 두 개나 더 있다며 기말고사를 같은 반 학생들보다 하루 늦게 치러도 되겠느냐고 크리스에게 물어왔다. 크리스는 그 요청을 받아들이고 직접 시험을 감독했다. 두 시간의 시험 시간이 절반쯤 지났을 때 학생이 화장실에 다녀오겠다고 했다. 몇 분 뒤 크리스도 화장실에 갔다. 손을 씻은 후 종이 타올을 버리려던 그는 휴지통 바닥에 이상한 물건이 있는 것을 알아차렸다. 그는 손을 뻗어 노란 노트패드를 꺼냈다. 그 수업에서 가장 성적이 좋은 학생이 작성한 강의 노트였다. 크리스는 간단한 이메일 교환을 통해, 그 학생은 이미 시험을 치렀고 자신이 정리한 노트를 늦게 시험을 치르는 학생에게 빌려주었지만, 그 노트를 버려달라고 한 적은 없었음을 확인했다.[6]

질문을 더 하는 것이 그렇게 유용하다면 우리는 왜 더 자주 그렇게 하지 않는 것일까? 결정하는 데 충분한 정보가 있다면 우리는 갖고 있는 정보를 기반으로 재빨리 결정을 내림으로써 더 많은 질문을 하는 데 쓰는 시간과 노력을 아낄 수 있다. 하지만 **효율**을 중시하는 이런 경향은 중요한 것을 입증할 수 있는 정보를 확인하지 못한다는 의미일 때가 많다. 추가 정보가 의도적으로 숨겨져 있을 때도 있지만 쉽게 찾아볼 수 있을 때도 있다.

숨어 있는 비용

일상은 우리가 알지 못하는 사이에 우리의 결정에 영향을 미치는 요소들로 가득 차 있다. 비교적 간단한 예로, 과거 데스크톱 프린터는 가격이 상당히 비쌌지만 지금은 제조업체에서 거의 거저 주는 것처럼 보일 정도로 가격이 싸다. 그런데 프린터의 수명이 다할 때까지 소비하는 토너와 잉크의 가격을 모두 고려하면 그렇게 싼 가격이 아니다.

컬러 레이저 프린터라면, 네 개의 토너 카트리지 세트(검정, 시안, 노랑, 마젠타) 가격이 프린터 자체보다 비싼데도 겨우 2천 매 정도 인쇄할 수 있을 뿐이다. 프린터를 파는 회사는 유지비용을 알고 있지만 강조하지 않기로 결정한다. 장기적으로 지출해야 할 잉크와 토너의 비용을 경제학자 자비에 가베와 데이비드 레입슨은 '가려진 속성shrouded attribute'이라고 부른다. 구매 결정 시 소비자는 모르는, 중대하지만 숨겨져 있는 정보를 말한다.[7]

추가 '취급' 수수료나 '서비스' 요금 같은 속성은 쉽게 드러나는 것인데도 소비자들은 그런 요금이 투명하게 공개되는 경우보다 더 많은 돈을 쓴다. 가려진 속성을 밝혀내 제품의 실제 비용을 확인하는 것이 어려울 때도 있다. 소매 영업사원은 프린터의 수명이 다할 때까지 고객이 쓰는 총 비용이나 페이지당 단가를 모를 가능성이 높다. 은행과 뮤추얼 펀드에서 청구하는 수수료도 마찬가지다. 수수료 공시는 정부가 강제하는 사항이지만, 회사의 고객 서비스 담당자는 고객에게 설명할 수 있을 정도로는 수수료 구조를 이해하지 못하기도 한다.[8]

그런 정보의 비대칭성이 사업 부문 전체의 수익성을 뒷받침하는 경우도 있다. 예를 들어 딜대시와 퀴비드 등으로 대표되는 페니 옥션(입찰할 때마다 수수료를 내는 경매)업계는 수익원을 감추는 것이 사업 자체의 토대다. 회사 광고는 값비싼 제품을 터무니없이 저렴한 가격에(아이패드 23.13달러, 산악 자전거는 11달러, 삼성 TV 7.48달러 등) 낙찰받았다는 동영상 후기를 보여준다.

퀴비드의 아나운서는 "경매가는 0에서 시작되며 입찰이 있을 때마다 가격이 1센트씩 올라간다"라고 말한다. 퀴비드가 말하지 않는 것, 딜대시가 화면 아래쪽에 작은 글자로만 보여주는 것이 있다. 고객이 입찰할 때마다 수수료를 내야 한다는 것이다. 결국에 낙찰을 받든 안 받든 말이다.

이런 가려진 수수료는 보통의 증가한 입찰액의 20배에 달한다. 딜대시가 아이패드 하나를 23.13달러에 팔았다면 거래를 진행한 대가로 입찰 수수료를 2,313회나 받는 것이다. 입찰 한 번에 수수료가 20센트이므로 그들이 이 판매로 얻는 수익은 462.20달러다.[9] 상당한 액수다.

캠핑의 종말론 추종자들이 지금 받을 수 있는 돈을 '최후의 날' 이후로 유예하는지 연구한 버클리대학교의 경제학자 네드 오겐블릭은 2010년 선두적인 온라인 페니 옥션 사이트를 운영했던 독일 기업 스우포의 경매 데이터를 조사했다. 대부분의 경매는 15센트 단위로 경매가가 올라갔고 입찰자는 한 번 입찰할 때마다 75센트 수수료를 내야 했다. 2005년부터 2009년까지 스우포는 경매 한 회당 평균 160달러의 수익을 올렸고, 매출 총 이익률은 51퍼센트였으며, 낙찰자가 한 명 나올 때 패찰자는 52명이나 나왔다. 즉 스우포는 모든 입찰자로부터 경매당 약 3달러를 벌어들인 것이다. 심지어 현금 지급 경매도 진행했는데, 너무 많은 사람이 입찰해 회사 수익이 지급금의 평균 두 배가 넘었다.[10]

이 과정은 전통적인 경매라기보다는 카지노 도박이나 복권에 가깝다. 각 시점에는 두 가지 옵션만 있을 뿐이다. 포기하거나, '입찰' 버튼을 누르고 낙찰을 빌거나. 경매는 새로운 입찰자가 나타나지 않으면 정해진 시간(보통 10초)이 지났을 때 종료되기 때문에 입찰자는 재도전까지 오래 기다릴 수가 없다.

또한 참가자는 입찰권을 선불로 구매한다. 이는 입찰을 할 때마다 추가로 돈을 지불하는 것이 아니라 비축하고 있는 돈에서 하나의 추상적인 단위가 차감되는 것을 의미한다. 도박을 발명한 사람은 똑똑했지만 칩을 발명한 사람은 천재였다는 말처럼, 주머니에서 현금이 빠져나가는 것처럼 보이지 않을 때는 돈의 흐름이 더 자유로워진다.

오겐블릭은 사람들이 외견상 이처럼 비합리적인 경매에 참여하는 이유를 설명하는 메커니즘을 제시했다. 콘서트 티켓을 100달러에 샀으나 그날이 되자 기분이 좋지 않아 가고 싶지 않다고 상상해보라. 가고 싶지 않은데도 콘서트에 가는 것은 매몰비용의 오류에 굴복한 것이다. 티켓 비용은 '매몰'되었다. 콘서트에 가든 가지 않든 돈을 돌려받을 수 없기 때문이다.

포커에서라면, 건 돈은 더 이상 당신 것이 아니다. 그 판의 승자에게 속하기 때문이다. 따라서 이 역시 매몰비용이다. 그러나 돈이 여전히 당신 것이라고 생각한다면, 돈을 되찾을 수 있다는 희망으로 이길 확률이 지나치게 낮을 때도 지나치게 많은 돈을 베팅하며 과도한 위험을 감수하게 된다.

페니 옥션의 입찰 수수료는 전적으로 매몰비용이다. 낙찰자도 수십 명의 패찰자도 수수료를 돌려받지 못하기 때문이다. 하지만 입찰자들은 경매에 이미 많은 돈이 들어갔기 때문에 계속 입찰을 한다(사실 이것은 전통적인 의미의 경매가 아니다. 전통적인 경매에서는 패찰하더라도 입찰을 시작하기 전과 재무 상태는 동일하게 유지된다). 이런 매몰비용은 경매 사이트의 가려진 수익원이다.

현혹되지 않으려면 가려진 비용을 찾아내는 것이 꼭 필요하다. 주택 구입 시 드는 총 비용처럼 필요한 정보를 쉽게 얻을 수는 있지만 직관적으로 이해하기 어려울 때도 있다. 주택에는 프린터와 마찬가지로 판매 가격만 표시되기 때문에 클로징 비용closing cost(대출 수수료, 에스크로 수수료 등 주택 거래 시 발생하는 여러 부대비용), 융자 상환금, 세금, 유지보수 비용, 보험 비용은 구매자가 따지고 계산해야 한다.

이런 경우에는 가려진 속성의 함의를 스스로 파악하기 위한 노력이 필요하긴 하지만, 그런 것이 아예 존재하지 않는 척하는 것보다는 낫다. 안타깝게도 소득, 교육 수준, 금융 이해력, 수학 능력이 낮은 사람들은 가려진 마케팅이나 기타 악의적인 마케팅에 대단히 취약한 경향이 있다.

다행히도 재정적으로 가장 올바른 선택이 될 가능성이 높은 기본값이 있다. 이 기본값은 미리 선택되어 있는 것으로, 의사 결정 시점에 선의에 의해 '격려boosts'와 '넛지nudge'('팔꿈치로 슬쩍 찌르다' '주의를 환기시키다'라는 뜻으로, 강압하지 않고 부드러운 개입으로 사람들이 더 좋은 선택을 할 수 있도록 유도하는 방법)의 형태로 제공된다. 하지만 문제는 이런 도움이 필요하다는 사실조차 깨닫지 못하는 사람들이 많다는 것이다. 한 연구에서, 좋은 조언을 받으면 올바른 결정을 내릴 것이라고 예상한 사람들의 비율은 65퍼센트였다. 하지만 거의 같은 비율(64퍼센트)의 사람들이 나쁜 조언을 받더라도 자신은 올바른 선택을 할 것이라고 대답했다.[11]

영업사원이 가장 꺼리는 질문

프린터와 같은 형태가 있는 제품과 페니 옥션과 같은 금융 상품은 속성을 가리는 데 적합하다. 은행 계좌, 신용카드, 융자, 그리고 적극적으로 마케팅이 이루어지는, 숨겨진 수수료와 위약금이 있는 것이 보통인 투자 상품처럼 말이다. 그러나 그 외에도 모든 지출에는 구매자가 고려하지 않기를 바라는 한 가지 속성, 즉 **기회비용**이 있다.

경제학자들은 구매의 기회비용을 지출한 돈에 대한 차선의 용도, 달리 말해 구매 결정으로 인해 놓친 가장 가치 있는 기회라고 정의한다. 이 개념은 돈 이외의 제한된 자원, 특히 시간에도 적용된다. 4년 동안 대학에 다니기로 선택한 사람은 그 시간을 봉급을 받는 등 다른 일에 쓰지 않기로 선택한 것이다.

표준 경제학에서, 소비자가 자신의 기회비용을 충분히 알고 있는 사람으로 가정하며, 상품 A에 돈을 쓰기로 했다는, 즉 동일한 가격의 상품 B 대신 A를 선택했다는 사실은 소비자가 B보다 A를 선호한다는 것을 나타낸다. 대학에 진학하기로 결정한 사람은 그 4년 동안 다른 방법으로 얻을 수 있는 봉급과 경험보다 교육에 가치를 두는 것일 수도, 장기적으로 더 많은 수입을 기대하는 것일 수도 있다. 표준 경제학에서의 우리는 나름의 가치 평가 방식에 따라 상대적인 비용과 편익을 비교하고 나서 가장 보상이 큰 옵션을 선택한다.

그러나 의사 결정 과학자 셰인 프레드릭이 이끄는 연구진은 실제 소비자들이 기회비용을 고려하지 못하는 경우가 많다는 것을 보여주었다. 일련의 연구 중 하나에서 연구진은 대학생들에게 즉석복권에서 1천 달러가 당첨돼 새 스테레오 시스템을 쇼핑하고 있다는 상상을 해보라고 요청했다. 참가자들은 좋은 700달러짜리 첫 번째 시스템과, 앰프가 더 좋고 CD 체인저가 있는 1천 달러에 가까운 두 번째 시스템으로 선택의 폭을 좁혔다.

무작위로 배정된 일부 참가자는 한 가지 추가 정보를 얻었다. 더 저렴한 시스템을 구입하면 300달러가 남게 된다는 단순한 사실을 상기시키는 문구였다. 이 문구를 접한 참가자의 86퍼센트는 더 저렴한 스테레오를 선택했지만, 상기시키지 않은 참가자 중에는 더 저렴한 스테레오를 선택한 비율이 76퍼센트에 불과했다. 따라서 추가 정보 없이 비싼 스테레오를 선택한 참가자의 절반가량은 기회비용을 충분히 고려하지 않은 것이다.[12]

위작의 향연

가려진 속성과 기회비용에 대해 생각한다는 것은 거래의 재정적 타당성을 평가하는 것을 의미한다. 하지만 상품 자체가 가짜라면 아무리 싸게 사더라도 나쁜 거래다. 미술품처럼 세상에 단 하나뿐인 수집품 시장보다 이 문제가 더 중요한 곳은 없다.

미술품 사기는 놀라울 정도로 흔하다. 프랑스 엘네의 테루스 박물관은 벽에 걸린 작품들의 절반 이상이 가짜임을 공식적으로 인정했다. 일부 전문가들은 박물관에 있는 모든 그림의 20~50퍼센트가 위작이며, 매년 경매되는 작품들 중 상당수를 가품으고 추정한다. 한 미술사학자는 2017년 이탈리아 듀칼궁전에서 열린 전시회에 출품된 그림 중 최소 20점(아마도 21점 모두)이 설명과 다르다고 판단했다. 또한 위조범 마크 랜디스 한 명의 위작들만 해도 미국 46개 박물관에서 소장하고 있는 것으로 드러났다.[13]

맨해튼 어퍼 이스트사이드에 자리한 노들러 갤러리는 긴 역사를 자랑하는 미술관 중 하나다. 이 미술관은 100여 년 동안 옛 거장의 작품을 부유한 미국인들에게 판매하는 일을 전문으로 했다. 1970년대까지 이 미술관이 취급하는 작품은 근대와 현대 작품들로 변화했다. 하지만 1990년대 중반, 미술관이 엄청난 위작 사기의 중심에 있었다는 것이 밝혀졌고 2011년 미술관은 문을 닫았다.

실업가 아먼드 해머의 손자이자 배우 아미 해머의 아버지인 마이클 해머 소유의 노들러 갤러리는 잭슨 폴록과 마크 로스코 등 20세기 중반의 유명한 추상 표현주의자들의 작품들을 선보이기 시작했다. 모두 새롭게 발견된 작품들로, 갤러리 디렉터 앤 프리드먼이 글라피라 로잘레스라는 무명의 미술품 딜러로부터 들여온 것이었다. 프리드먼은 15년이 넘는 기간 동안 로잘레스로부터 40점의 그림을 사서 판매했다. 총 판매액은 8천만 달러였고, 이 금액은 그 기간 동안 갤러리 수익의 전부였다. 하지만 그 정당성

에 대한 의문이 제기되기 시작했다.[14]

모든 그림들은 기록이 없고 이전에 알려지지 않은 것들로, 해당 작가의 분류 목록에도 없었고, 갤러리 판매 기록이나 전시 기록도 존재하지 않았으며, 작가의 작업실을 배경으로 찍은 사진이 단 한 장도 존재하지 않았다. 로잘레스와 프리드먼은 그림의 출처에 대해 다양한 이야기를 들려주었는데, 그 대부분은 외국의 부유한 수집가가 1950년대에 이 그림들을 작가로부터 직접 구입해 외국으로 가져간 후 아들에게 물려주었고, 그 아들이 블록버스터급 경매를 하는 대신 조금씩 '매각'하고 있다는 것이었다. 결정적으로 이런 사실을 뒷받침할 직접적인 증거는 존재하지 않았다.

프리드먼은 그림이 '진품'임을 확인하기 위해 전문가들을 초청해 갤러리에 있는 그림을 보여주고 그들의 의견을 기록했다. 전문가들이 '아름다운 유화다' 또는 '신선해 보인다' 등의 긍정적인 평을 하면 프리드먼은 잠재적 구매자에게 보내는 서류에 그 유명 전문가의 이름과 이력을 추가했다. 문구를 교묘하게 편집해서 진품이라고 명시적으로 주장하지 않으면서도 진품이라는 인상을 받게끔 만들었다. 어떤 서류에는 "마크 로스코의 작품 전문가인 다음의 사람들이 검토했다"라는 문구가 적혀 있었고, 이어진 목록에서 가장 먼저 나오는 이름은 로스코 아들의 이름이었다. 작품의 진위에 대해 의심을 표명했던 전문가들은 언급되지 않았다.

이쯤이면 40점의 작품 중에 로잘레스와 프리드먼이 언급한 화가가 그린 것이 하나도 없다는 사실을 알아도 놀랍지 않을 것이다. 몇몇 작품에 대한 화학 분석 결과, '시대에 맞지 않는' 안료, 즉 해당 그림이 그려졌다는 시대에는 존재하지 않았던 안료가 포함되어 있음을 확인할 수 있었다. 잭슨 폴록의 작품으로 추정되는 그림 중 하나에는 'Jackson Pollok'이라는 서명이 있었다. 프리드먼은 이 그림을 직접 보관했지만, 세계적인 위조범이 그런 오류를 범할 리 없다는 추론으로, 철자가 틀린 것조차 **진품**이라는 증거라고 해석했다.

사실 모든 그림은 중국인 화가 페이 셴 쿠이언이 노들러에서 불과 몇 마일 떨어지지 않은 퀸즈의 집에서 그린 것이었다. 로잘레스와 그녀의 스페인인 남자친구 호세 카를로스 베르간티뇨스 디아스와 그의 형제는 쿠이언에게 작품당 몇 천 달러를 지불하고 노들러 갤러리에 작품을 판매해서 얻은 수익을 나눴다. 로잘레스는 결국 사기 혐의를 인정했고, 외국인 공범들은 기소되었지만 미국으로 송환되지는 않았다.[15]

새롭게 발견된 20세기 중반의 명작을 수백만 달러에 구매하라는 제안을 받은 사람은 어려운 질문을 던질 준비가 되어 있어야 한다. 그 그림이 진짜라고 믿고 싶은 사람은 진짜가 아니라도 '아름답고 신선하게' 보일 수 있지 않을지 의문을 갖지 않을 것이다. 질문을 던짐으로써 혜택을 보기 위해서는 대답에 주의를 기울이고(그가 실제로 '진품'이라고 말했는가?) 모호하고, 애매하고, 얼버무리는 정보를 확증으로 해석하지 않도록 유의해야 한다(예를 들어, 갤러리에서 추천하는 전문가이기 때문에 그림이 진짜라고 받아들였을 것이라고 가정한다).

예리한 질문을 던진 구매자도 있었지만, 너무 늦은 후였다. 미술품 수집가인 잭 레비는 폴록의 작품이라고 주장하는 다른 작품(이 사기 사건에 연루된 다섯 개의 폴록 작품 중 하나)을 구입한 후, 국제예술연구재단IFAR에 진위 여부의 분석을 의뢰했다. IFAR의 전문가는 로잘레스-프리드먼이 말하는 출처를 인정하지 않았다. 몇 년 전 이 사건을 다룬 〈뉴욕 타임스〉 기자 패트리샤 코헨에 따르면, "IFAR은 출처 추정 시 제기되는 문제가 너무나 많다고, 앞뒤가 전혀 맞지 않는다고 말했다."

아마추어뿐 아니라 전문가까지 위작에 속아 넘어간다. 직관적으로 진품처럼 보이기 때문이다. 실감 나는 위작은 해당 화가가 이력의 특정한 시점에 택했던 작품 구성, 느낌, 모습에 대한 전문가의 기대를 충족시킨다. 사기극이 드러나는 것은 위작으로 보이기 때문이 아니라 제작자가 당시 존재하지 않았던 재료를 사용하기 때문이다. 모조품은 적절한 질문을 던져 물리적 구성에 대한 신중한 과학적 분석이나 출처에 대한 문서 분석을 거쳐야만 드러난다.

안타깝게도 두 유형의 분석 모두 대단히 까다롭고 비용이 많이 들기 때문에 오로지 직관에 의존하는 경향이 강하다. 한국의 스타 작가 이우환은 미술상들이 자신의 작품 중 13점을 가품이라고 공식적으로 인정한 후에도 그 작품들이 자신의 작품이라고 주장했다. 이우환은 "예술가는 자신의 작품을 한눈에 알아볼 수 있다"라

고 말했다.[16]

의심되는 작품의 출처가 기록된 문서를 찾는다면 어떨까? 위조 가능성이 사라지는 것일까? 안타깝게도 그렇지 않다. 1980년대에 생활고에 시달리던 존 마이어트라는 영국의 화가가 의뢰를 받아 공공연히 '진짜 같은 가짜'라고 광고하는 그림을 그려주는 작은 사업을 했다. 자칭 존 드류라는 사람은 마티스, 글레이즈, 클레의 복제품을 의뢰한 뒤, 그것을 진품으로 속여 한 점당 수천 파운드에 판매했다. 드류와 마이어트는 이 사기 사업의 동업자가 되었고 작품에 샤갈, 자코메티, 기타 현대 작가들의 '오리지널'도 포함시켰다.[17]

앤 프리드먼이나 노들러 갤러리와 달리 출처가 분명치 않은 작품을 진짜라고 속이기가 어려웠던 드류(본명은 존 크로켓)는 이들 그림의 이력을 기록한 위조문서를 만들어 경매장이나 미술상이 그림의 진위를 점검할 때 확인하는 빅토리아앤알버트 뮤지엄, 테이트 갤러리, 기타 런던의 권위 있는 미술관의 아카이브에 몰래 끼워 넣었다. 드류가 직접 마이어트의 작품을 촬영한 사진을 삽입해 예전의 카탈로그와 책을 수정한 경우도 있었다.

이 두 공모자는 적발되기 전까지 200여 점을 팔아 200만 파운드가 넘는 수입을 올렸다. 두 사람 모두 감옥에 갔지만 회수되지 못한 위작이 120점인 것으로 추정되고 있다.

마이어트와 드류로부터 그림을 구입한 많은 사람들은 나름의 조사를 했다. 그들은 독립적인 출처처럼 보이는 문서를 확인해서 그 작가가 거래 중인 작품을 그렸는지 점검했다. 하지만 그뿐이었다. 예술품 사기가 얼마나 흔해졌는지 또 얼마나 정교해졌는지, 유명한 작가의 위작을 구입할 경우 발생할 비용이 얼마나 큰지를 고려하면, 본능적으로 떠오르는 것보다 더 철저한 확인을 거칠 만한 가치가 충분하다.

갑자기 19세기 서부의 한 마을처럼 보이는 곳에 서 있다고 상상해보라. 카우보이, 말, 말을 매는 말뚝, 잡화점, 보안관 사무실, 술집이 보인다. 술집 문을 열고 걸어 들어가면, 테이블, 의자, 유리잔과 술병이 있는 바, 뒤편의 사무실로 이어지는 문이 보일 것이다. 하지만 그 문을 열면 사방의 벽과 책상 대신 모래, 선인장, 산이 보인다. 내내 영화 세트에 있었던 것이다. 하지만 그것을 알아내기 위해서는 문을 하나 더 열어야 했다.

우리는 앞서 영화나 드라마와 같은 수준의 속임수에 필요한 정교한 사기극(영화 〈스팅〉의 클라이맥스에 등장하는 가짜 경마영업소나 〈트루먼 쇼〉의 무대가 되는 가짜 마을)은 일상적인 사기의 표준과 한참 멀다는 이야기를 했다. 하지만 금융이나 예술 분야에서처럼 판돈이 커지면, 사기극을 뒷받침하는 문서 위조와 같은 한두 층의 조작을 덧대는 것은 흔하다.

드류는 마이어트가 그린 위작이 진품이라는 증거를 만들기 위해, 버니 메이도프의 직원은 상사의 가짜 투자 수익을 진짜처럼 보이는 증거를 만들기 위해, 디데릭 스타펠은 학생들이 과학적으로 허위에 불과한 발견을 할 수 있는 증거를 만들기 위해, 조작의 층을 덧댔다. 사람들이 사기극에 복잡한 층을 만들면, 옳은 문을 찾기가 더 어려워진다. 하지만 어떤 경우든 결국은 아무 곳으로도 이어지지 않는 문이 있게 마련이다. 통계적인 답을 도출해내지 못하는 질문이 그렇다.

가짜가 아닌 가짜 오케스트라

물론 처음부터 문제가 있어 보일 때라면 질문을 계속 던지는 일이 더 쉬워진다. 이 책을 쓰기 위해 사기와 속임수의 사례를 조사하던 우리는 우연히 〈가디언〉에서 '천 개의 바이올린: 나는 세계적인 마임 오케스트라의 가짜 바이올리니스트입니다'라는 제목의 2020년 기사를 보았다. 제시카 치체히토 힌드만이라는 문예창작과 교수에 대한 기사였다. 2019년 출간된 그녀의 회고록에는 전문 가짜 바이올리니스트가 된 아마추어 바이올리니스트로서의 경험이 자세히 서술되어 있다.[18]

놀라운 이야기다. 힌드만은 유명하지만 이름을 밝히지 않은 '작곡가'가 이끄는 합주단의 일원으로 전국 투어 공연을 했다. 그들은 조지 클루니가 내레이션을 맡았던 PBS 특집 프로그램에도 출연했고 중국의 초청을 받아 투어 공연을 하기도 했다. 그녀를 비롯한 단원들은 그동안 내내 전원이 꺼진 마이크 앞에서 연주하는 시늉을 했다. 관객은 공연하는 사람들의 연주가 아닌 스피커에서 나오는 CD 소리를 들었다.

우리는 사기와 속임수의 흥미로운 사례로 이 이야기를 메모해 두었다. 하지만 좀 더 생각해보니, 다른 부분이 의심스러워졌다. '세계 수준'의 오케스트라 전체가 아무도 눈치 채지 못하게 연주하는 시늉만 하는 것이 정말로 가능할까? 이 회고록에서 주장하는 것처럼 오케스트라를 이끄는 작곡가가 베토벤의 교향곡 5번을 알지 못하는 것이 가능할까? 힌드만의 이야기와 그녀의 회고록에 대해 다른 기사들을 더 읽으면서 힌드만이 신뢰할 수 있는 서술자인지가 궁금해졌다. 그녀의 이야기는 전기와 허구를 혼합한 가짜가 아닐까?

힌드만의 '작곡가'를 팀 제니스라고 밝힌 〈벌처Vulture〉의 기사를 읽은 후 우리의 의심은 더 커졌다. '오케스트라에도 사기의 계절이 왔다'라는 제목의 이 기사는 음악 비평가 저스틴 데이비슨이 이 이야기에 대해 보인 반응을 인용했다. "뭐라고요? 아무도 연주를 하지 않는데 관객이 어떻게 모를 수가 있죠? 심벌을 잘못된 순간에 두드리면 당연히 보이죠! 가짜 뮤지션을 진짜처럼 보이도록 훈련시킬 정성이면 진짜 뮤지션을 고용하는 게 낫지 않나요?"[19]

우리도 데이비슨과 같은 생각이다. 연주는 매번 똑같지가 않다. 현악기, 목관악기, 금관악기 등등이, 그리고 전체가 동시에 가짜로 연주를 맞춘다는 것은 거의 불가능하다. 뮤지션은 배우들이 악기를 연주하는 척하는 것을 바로 알아차린다. 가짜 오케스트라 공연을 본 관객 중에는 이런 의심을 할 만한 뮤지션들이 꽤 있었을 것이다. 적어도 소리가 악기로부터 나오는지 커다란 스피커에서 나오는지는 구분할 수 있었을 것이다. 말이 되지 않았다.

힌드만의 회고록이 정말 가짜였을까? 우리는 힌드만의 책을 사서 그녀가 설명한 각 공연에 초점을 맞춰 내용을 상세히 읽었다. 그리고 유튜브를 샅샅이 뒤져 PBS의 투어 공연 영상을 찾았다. 우리는 작가 정보를 찾아 공식적인 기록이 그녀의 이야기와 일치하는지 확인했다. 우리는 제니스와 그의 합주단에 대한 기사를 읽었고 〈벌처〉 기사를 쓴 캐시 로스테인을 인터뷰했다. 많은 자료를 확인할수록 속았다는 것이 확실해졌다. 하지만 우리를 속인 것은 힌드만이 아니었다.[20]

속임수는 뉴스의 헤드라인에서 시작되었다. 헤드라인 때문에 우리, 그리고 아마도 다른 많은 사람들이 가짜 오케스트라를 이끄는 클래식 작곡가에 대한 이야기를 읽고 있다고 생각했던 것이다. '세계 수준의 오케스트라'라는 말은 로스앤젤레스필 하모닉, 암스테르담의 로열콘세르트허바우 오케스트라, 런던 심포니 등 유명한 공연장에서 교향곡을 연주하는 수십 명 엘리트 뮤지션 집단을 암시한다. 그것은 공공장소에서 단조로운 뉴에이지 CD를 파는, 바이올린, 키보드, 주석 피리를 부는 삼인조 떠돌이 음악가를 의미하지 않는다.

링컨센터 야외 광장의 공예품 시장에서 열린 공연을 제외하면, 힌드만이 언급한 거의 모든 공연은 유명 공연장에서 멀리 떨어진 곳에서 벌어졌다. 공연은 지방 축제와 같은 야외나 쇼핑몰에서 열렸다. '오케스트라(트리오)'가 제니스의 CD를 판매하면서 음악을 흉내 낸 것이다. 오케스트라 공연이라기보다는 뉴에이지 버스킹에 가까웠으며, 가짜인 것을 알아차리기 힘들거나 아무도 신경 쓰지 않는 환경에서 진행됐다. 실제로 2000년대 초반에는 8~10개의 '팀 제니스 앙상블' 복제 연주단들이 전국을 돌아다니며 CD를 판매하고 CD에 맞춰서 연주 흉내를 내기도 했다.[21]

그런 오케스트라는 존재하지 않았다. 적어도 뮤지션들이 일반적으로 정의하는 의미에서의 오케스트라는 존재하지 않았다. 팀 제니스 앙상블은 실제로 유명했다. 제니스는 수백만 장의 CD를 팔았고 그의 앙상블은 PBS 특집 프로그램과 모금 행사에 출연했다. PBS 방송은 거대한 스크린상에 자연 풍광을 보여주면서, 도중에 잠깐씩 무대 위 뮤지션들(대부분 플루트나 주석 피리 연주자나 키보드를 연주하는 것처럼 보이는 웃는 표정의 제니스)을 등장시켰다.

힌드만의 책 어디에도 그녀가 가짜 **오케스트라**의 일원이었다는 이야기는 없다. 세계적인 조직이었다는 문구는 말할 것도 없다. 실제로 그녀는 오케스트라에서 연주하는 친구와의 대화를 통해 자신이 하는 일과 오케스트라 연주를 대조하기도 한다. 그녀는 그 작곡가가 클래식 음악을 썼다는 이야기도 하지 않았다. 사실 책에는 그가 클래식 작곡가가 아니라는 것이 상당히 명확하게 드러난다. 이 회고록에서 앙상블을 오케스트라라고 언급한 것은 단 한 번뿐이다. 중국에 갔을 때 영화 〈타이타닉〉에서 음악을 연주한 오케스트라라고 잘못 소개되었다는 부분이다.

왜 그렇게 많은 기사가 이 앙상블을 오케스트라라고 부르고 콘서트홀의 공연을 암시했는지는 알 수 없다. 다만, 전국 규모의 매체로선 최초로 진행된 이 책에 대한 인터뷰에서 NPR의 통신원 스콧 사이먼이 힌드만을 인터뷰하면서 앙상블을 묘사할 때 '오케스트라'라는 단어를 반복적으로 사용했다. 이후 힌드만도 그 단어를 여러 번 사용했다. '〈타이타닉〉 음악처럼 들리는 가짜 오케스트라 공연'이란 대본과 함께 진행된 이 인터뷰로 인해 다른 기자와 헤드라인 작성자가 속임수의 규모를 오해했을 수도 있다.[22]

기사를 읽는 사람들은 기자가 기사 제목을 정하지 않는 경우가 많다는 것을 잘 모른다. 신문에 기고하는 사람들은 직접 제목을 쓰는 일이 드물다. 책의 저자들도 자기 책 제목에 대한 최종 결정권을 갖는 경우가 흔치 않다. 헤드라인 작성은 어린아이들의 전화게임과 비슷하다. 홍보 담당자가 일반 대중을 위해 작가의 책을 요약한다. 늘 바쁜 기자는 이런 보도 자료를 읽고, 몇 사람을 인터뷰한 후에, 대중을 대상으로 글을 쓴다. 헤드라인 작성자는 기자의 이 글을 읽고 사람들의 주목을 끌 만한 제목을 붙인다.[23]

속일 의도 없이도 오해의 소지가 있는 헤드라인이 나올 가능성이 얼마든지 존재하는 것이다. '세계 수준의 오케스트라'라는 제목을 달고 있는 〈가디언〉 기사의 내용에서는 이 앙상블을 오케스트라라고 묘사한 대목이 하나도 없다. 하지만 헤드라인 작성자가 클래식 콘서트에 대한 이야기라는 인상을 받고 나면, 실수를 깨닫지 못하고 오케스트라라고 적을 수 있다. 작곡가가 유명하다는 글을 읽고 '세계 수준'이라는 말을 추가할 수도 있다. 결국 헤드라인의 목표는 독자를 끌어들이는 것이다. 그리고 이 헤드라인은 그런 일을 해냈다. 뉴에이지 음악을 연주하는 척하는 삼인조 앙상블이 투어 공연을 다니는 세계 수준의 오케스트라로 둔갑했다.

과학 연구가 동료 심사 논문에서 대학의 보도 자료로, 이어 대중의 입소문을 타는 이야기로 발전하는 과정에서도 이와 같은 탈바꿈이 일어나곤 한다. 트위터 계정 @justsaysinmice는 7만이 넘는 팔로워를 모았다. '니코틴이 함유된 전자담배가 10대 소년들의 심장 건강에 문제를 일으켜' 또는 '단 한 번의 주사로 암을 치료하는 새로운 치료법'과 같은 뉴스 헤드라인을 따왔을 뿐인데 말이다. 다만 그 기반이 되는 연구에 인간이 포함되지 않았다는 것을 분명히 하는 '쥐에서'라는 문구는 태그에만 있었다. 헤드라인을 쓴 사람이 과학 기사를 읽었다면, 아니 훑어보기라도 했다면 사람에 관한 것이 아님을 알았을 것이고, '10대 소년' 실험쥐의 건강에 관한 헤드라인을 쓰지는 않았을 것이다.

가짜 오케스트라를 다루는 기사의, 오해를 유발하는 헤드라인은 '놀랍다'는 의미와 '믿을 수 없다'는 의미에서 이 기사에 대한 관심과 회의감을 동시에 자아냈다. 우리는 힌드만의 책 대부분을 읽고서야 그녀가 쓴 내용과 미디어가 그녀의 이야기를 포장한 방식 사이의 괴리를 발견할 수 있었다. 이렇게 질문을 던지고 나서야 우리는 우리의 의심이 정당하지만 대상을 잘못 찾았다는 것을 알 수 있었다.

사라진 5의 배수

보통 어떤 이야기나 책을 읽을 때, 비판적인 질문을 던지는 것은 우리의 디폴트 모드('default value'에서 유래한 말로, 별도 설정이 없는 기본값)가 아니다. 의식적인 결정을 통해야만 하는 일이다. 우리는 저널에 제출된 논문을 검토하는 과학자들이 저자의 주장을 액면 그대로 받아들이지 않고 그것을 철저히 조사하고, 결과의 출처에 대해 질문을 던질 것이라고 기대한다. 그러나 과학자들 역시 동료들에 의해 속을 수 있다.

디르크 스미스터스를 예로 들어보자. 네덜란드의 전도유망한 심리학 교수였던 그는 한 독립 위원회에서 그의 과학적 부정행위를 발견한 후 교수직을 잃었다. 스미스터스의 부정은 자신의 연구 중 하나에서 참가자들에게 준 과제에서 시작되었다. 그는 참가자들에게 추상적인 그래픽 디자인이 그려진 티셔츠의 사진을 보여주며 얼마를 지불할 것인지 물었다. 당연히 다양한 반응이 나왔다. 9달러를 제시한 사람도 있었고, 11달러라고 한 사람도 있었다. 평균은 10달러 정도였다.

비슷한 사례로, 생각지도 못하게 받게 된 세금 환급금으로 소음 제거가 되는 멋진 무선 헤드폰을 구입하고 싶다고 가정해보자. 보스의 최신 제품 콰이어트컴포트45에 당신은 얼마를 지불할 생각인가? 책을 더 읽기 전에 답을 생각해보라.[24]

이 글을 쓰는 시점에서 아마존닷컴은 이 헤드폰을 329달러에 판매하고 있다. 우리 생각에는 대부분의 독자가 정가를 지불하려 하지는 않을 것 같다. 따라서 사람들이 평균적으로 제시하는 금액이 249달러라고 가정해보기로 한다. 많은 사람들이 249달러에 가까운 가격을 제시하겠지만 정확히 249달러는 아닐 것이다. 274달러를 제시한 사람도, 221달러를 제시한 사람도 있을 테고, 훨씬 높은 가격(예를 들어 351달러)을, 훨씬 낮은 가격(예를 들어 156달러)을 제시한 사람도 있을 것이다.

이런 제시 가격 그래프의 모양은 249달러에서 최고 높이를 찍고, 이보다 가격이 높아지거나 낮아질수록 그 가격을 제시하는 사람들이 점차 줄어드는 종 모양 곡선처럼 보일 것이다. 이런 가격 제시 패턴은 상당히 합리적으로 보인다. 그러나 이것은 데이터가 위조되었다는 강력한 증거일 수 있다. 종 모양 패턴은 사람들에게 그 헤드폰을 얼마에 사겠냐고 실제로 물어보지 않는 경우에는 꽤나 그럴듯해 보인다.[25]

앞서 마술사들이 사람들이 생각하고 선택하는 공통적인 경향(사람들이 선택할 가능성이 높은 카드가 무엇인지)을 이용하는 방법에 대해 논의했다. 당신이 지불할 의향이 있는 금액에 대해서 생각해보라. 그 액수를 떠올려보라. 분명 10달러 단위, 아니면 5달러 단위일 것이다. 그렇지 않은가?

이런 식으로 '지불 의향'을 판단할 때 221달러나 249달러처럼 정확한 금액을 제시하는 사람은 극소수에 불과하다. 대부분의 사람들은 220달러나 250달러처럼 금액을 반올림한다. 제품이 비쌀

수록 5달러나 10달러 단위(혹은 100달러, 1천 달러)로 제시하는 비율이 높아진다. 그 상품이 티셔츠라고 하더라도 9달러나 16달러라고 말하는 사람보다는 10달러나 15달러라고 말하는 사람이 훨씬 많다.[26]

2013년, 행동과학자 우리 시몬손은 스미스터스의 연구에서 타당해 보이지 않는 데이터 패턴을 발견한 방법을 설명했다. 그는 스미스터스의 연구 데이터 스프레드시트에서 제시 가격을 살펴보다가 5달러 단위의 금액이 훨씬 많은 일반적 패턴이 나타나지 않는다는 점을 발견했다. 5달러가 6달러나 9달러보다 많지 않았다. 그 연구의 데이터 패턴은 사람들이 전체 범위에서 어떤 숫자든(1달러, 4달러, 5달러, 19달러 등) 선택할 가능성이 같을 때 기대할 수 있는 것, 즉 균등 분포라고 알려진 패턴과 일치했다. 모든 응답의 가능성이 동일하면 응답에서 5의 배수가 나올 가능성은 5분의 1에 불과할 것이고, 스미스터스가 보고한 결과가 바로 그랬다.[27]

시몬손은 직접 스미스터스의 연구를 재현했고 자신의 연구에서는 참가자들의 50퍼센트 이상이 5달러 단위로 금액을 제시하는 것을 발견했다. 시몬손은 비슷한 물건에 지불 의사가 있는 금액에 대한 다른 연구 자료도 조사했다. 모든 연구에서 제시 가격의 50퍼센트 이상은 5의 배수로 끝났다. 좀 더 비싼 물건의 경우 그 확률은 90퍼센트에 가까웠다.

스미스터스 연구에서의 참가자들의 응답은 우리가 예상하는 패턴과 일치하지 않았고 이는 데이터가 조작되었다는 것을 암시했다. 시몬손은 발표에 앞서 스미스터스가 교편을 잡고 있는 로테르담 에라스무스대학교에 자신의 연구 결과를 제공했다. 대학 측은 철저한 조사를 거쳐 과학적 부정행위가 있었다는 결론을 내리고 관련 논문들을 철회 조치했다.[28]

애초에 스미스터스의 위조된 연구 결과가 어떻게 과학 문헌에 실렸을까? 앞서 디데릭 스타펠의 허위 연구가 연구자들의 기대와 일치한다는 이유로 조사를 제대로 받지 않았다는 것을 이미 언급했다. 스미스터스 논문 초고를 검토한 동료들과 편집자가 변칙을 알아차렸는지는 알 수 없다. 어쨌든 이런 당연한 후속 질문을 가장 먼저 던진 사람은 시몬손이었다. 기반 데이터를 확인해보았는가? 데이터가 어떤 모습인가? 데이터의 패턴이 유사 연구와 일치하는가? 시몬손은 새로운 질문을 던질 때마다 스미스터스가 실제로 한 일에 조금씩 가까이 다가갈 수 있었다.

여기에서의 아이러니는 과학자들이 독창적인 연구를 하는 방법을 익힐 때 가장 먼저 배우는 규칙 중 하나가 '원 데이터를 검토하라'라는 것이다. (대니얼은 통계학 입문 수업에서 데이터 플로팅data plotting(원 데이터를 시각적으로 표현하는 과정. 표나 그래프에 데이터 포인트를 표시해 분포, 패턴, 추세 및 잠재적인 이상치나 불규칙성을 관찰하고 분석하는 것이 포함된다)의 중요성을 강조한다.)

과학자들은 통계를 내서 실험이 '성공적'인지 확인하기 전에 숫자가 어떻게 분포되어 있는지, 노이즈가 얼마나 있는지, 선이 매끄러운지, 사용된 방법의 잠재적 결함을 보여주는 정황이 없는지 살펴야 할 의무가 있다.

컴퓨터가 없던 시절에는 연구자들이 모든 데이터를 연구 노트에 기록하고 모든 계산을 직접 했기 때문에 수에 대해 어느 정도 친밀감을 가지고 있어야 했다. 오늘날에는 소프트웨어가 데이터를 수집하고 통계를 계산해 글로 옮길 때의 오류와 착각에 의한 실수가 많이 제거된다. 이렇게 연구의 기반이 되는 세부 데이터로부터 멀어졌기 때문에 이상을 알아차리고 질문을 던지는 것이 더 중요해졌다. 이 과정은 과학계, 정부, 비즈니스계와 같이 그런 데이터를 보고, 승인하고, 그에 따라 조치를 취하는 모든 사람 공동으로 책임져야 한다.

투자 제안서의 아주 작은 글자

우리 시몬손은 디르크 스미스터스의 연구에 대한 컴퓨터 시뮬레이션을 프로그래밍하고 실험을 직접 재현해 5의 배수 패턴이 나타나지 않는 것을 부정행위의 지표로 간주할 수 있을 정도로 확실한지 확인하기까지 했다. 그는 이해관계가 거의 없는데도 엄청난 양의 연구를 했다. 과학 분야와 일반 대중은 이런 종류의 연구를 통해 얻는 이익이 있겠지만, 개인 연구자는 그렇지 않은 경우가 많다. 시몬손은 에드 용과의 인터뷰에서 "내부 고발자가 존재

한다는 사실은 모두가 좋아하지만, 그들을 좋아하는 사람은 아무도 없다"라고 말했다.[29]

시몬손의 열정적인 조사는 이해관계가 훨씬 큰 상황에서도 충분한 노력을 기울이지 않는 대부분 사람들과는 뚜렷한 대조를 이룬다. 가장 눈에 띄는 사례를 볼 수 있는 것은 자산 관리의 세계다.

가이 스피어는 워런 버핏의 제자로, 장기적으로 적정 가치에 도달할 수 있는 저평가된 자산을 찾는다는 투자 철학을 갖고 있다. 스피어는 투자 경력 초기에 다듬지 않은 보석을 발견했다고 생각했다. 은행으로부터 농장 모기지를 매입하는 파머맥Farmer Mac이라는 회사였다. 파머맥은 주택 모기지를 매입하는 프레디맥Freddie Mac이나 패니메Fannie Mae처럼 미국 정부의 지원을 받는다. 버핏과 다른 노련한 투자자들은 프레디맥과 패니메의 주식을 소유하고 있었다. 스피어는 파머맥의 주식을 산 뒤 헤지펀드를 운영하는 몇몇 친구들에게 자신의 선택을 자랑했다. 그들도 자신처럼 가격 상승을 기대하고 그 주식을 '매수'하길 바라는 마음에서였다.[30]

몇 주 후, 그들 중 한 명이 스피어에게 연락을 했다. 퍼싱스퀘어캐피털매니지먼트의 설립자, 빌 애크먼이 파머맥에 대한 아이디어를 논의하기 위해 스피어를 자신의 사무실로 초대한 것이다. 사무실에 도착한 스피어의 눈에 스티커 메모와 형광펜으로 주석을 단 연례 보고서를 비롯해 파머맥의 문서가 가득한 애크먼의 책꽂이가 들어왔다. 애크먼은 스피어보다 훨씬 더 많은 질문을 던졌고, 그렇게 도출된 답은 애크먼을 정반대의 결론으로 이끌었다.

파머맥은 큰 곤경에 처해 있었고, 극적인 실패의 가능성이 높다는 것이었다. 엄청난 수의 일반 주택 모기지를 취급하는 프레디맥이나 패니메와 달리 파머맥이 취급하는 농장 모기지는 그 수가 훨씬 적고 특이하기 때문에 실적을 예측하기가 더 어려웠다. 애크먼은 매수를 하거나 그 주식을 피하지 않고, 파머맥의 주식을 공매도했다. 주식 가치가 떨어진다는 예측에 돈을 건 것이다.[31]

이 경험으로 스피어는 잘못을 깨달았다. 그는 이렇게 말했다. "파머맥의 주식 매수를 정당화할 만큼 파머맥에 대해 충분히 이해하지 못했다는 것이 분명했습니다." 그는 약간의 이익을 보고 주식을 팔았다. 이후 그는 파머맥의 경영진을 만났고 애크먼의 생각이 옳다는 확신을 얻었다. 애크먼은 클라이언트(그리고 자신)의 돈을 걸 수 있을 만큼 충분히 견실한 의견을 형성하는 데 필요한 일을 했다. 결국 2008년 시장 폭락 때 파머맥 주식은 거의 휴지조각이 되었다.[32]

화제에 오르는 상장 기업 중에 명확한 사업 모델이 없거나 자신이 주장하는 일을 하고 있지 않은 경우가 놀라울 정도로 많다. 하지만 투자자들은 적절한 질문을 던지지 않은 채 그들의 주식을 매수한다.

2010년 오리엔트페이퍼 유한회사는 시가 총액이 1억 5천만 달러에 달하는 상장 기업이었다. 일단의 미국 투자자들은 중국으로 건너가 이 회사의 제지 공장을 방문하고, 들고나는 트럭의 수를 헤아려 그 활동이 회사가 하고 있다고 주장하는 사업의 양과 일치하는지 확인했다. 추상적인 주장을 구체적인 사실에 비춰 시험하는 훌륭한 방법이었다. 그들은 이 회사에 대한 중국 정부의 기록과 매체의 보도들도 검토했다. 오리엔트가 매출을 10배 이상 부풀리고 있다는 결론을 내린 그들은 그 회사 주식을 공매도하고 자신들이 발견한 사실을 공개했다. 12년 후, (IT테크패키징 주식회사로 사명을 변경한) 이 회사의 기업 가치는 상장 때에 비해 90퍼센트 하락했다.[33]

금융계에서는 이런 이야기가 계속 반복된다. 마이클 루이스의 책 《빅 숏The Big Short》이 보여주듯이, 2008년 미국 주택 시장 붕괴로 은행과 대부분의 대형 금융 기관이 큰 손실을 입는 동안, 몇몇 노련한 투자자들은 큰돈을 벌었다.

그 이유는 무엇일까? 그들은 상환 능력이 없는 사람들이 큰돈을 빌려 실거주 목적이 아닌 주택까지 사고 있다는 이야기, 중단된 고층 아파트 공사와 움직이지 않는 크레인, 사람이 거의 살지 않는 신규 개발 단지에 주의를 기울였다. 은행이 고위험 대출에서 파생된 투자 상품을 파는 동안, 이 역투자가들은 이 모든 신규 주택에 실거주자가 있는지 아니면 주택 버블을 이용하려는 투기꾼들의 거래인지 질문을 던졌다.

몇몇 사람들은 오리엔트페이퍼 회의론자들이 했던 것과 같은 일을 했다. 그들은 사무실을 떠나 한때 뜨거웠던 시장으로 갔다. 외곽의 신도시로 차를 몰고 가서 줄지어 선 빈 집들을 직접 목격했다. 포템킨Potemkin(겉만 번지르르하고 실속이 없다는 의미. 러시아 예카테리나 2세 여제 때의 장군의 이름에서 유래했다. 여제의 시찰지에 미리 세트를 세워 아름다운 모습만 보게 했다는 이 장군의 이야기에서 힌트를 얻어 경제학자 폴 크루그먼이 포템킨 경제라는 경제 용어를 만들었다) 모기지 대출 산업의 뒤에 있는 진실로 무장한 그들은 주택 시장에서 숏 포지션을 취할 방법을 찾아 폭락이 시작되기를 기다렸고, 질문을 던지지 않은 많은 투자자들이 잃은 재산을 가져갔다.

안일한 투자자들은 때때로 투자 제안서의 작은 글자들이 훨씬 짧은 개요서와 일치하는지 확인하지 않는다. 2014년 금융 저널리스트 매트 레빈은 시저스엔터테인먼트 코퍼레이션Caesars Entertainment Corporation의 자회사인 시저스엔터테인먼트 오퍼레이팅컴퍼니Caesars Entertainment Operating Company(혼란스러울 정도로 모기업과 이름이 비슷하다)가 "이 채권은 시저스엔터테인먼트 코퍼레이션에 의해 취소될 수 없고 무조건 보증된다"는 주장으로 채권 투자자들을 유혹한 이야기를 들려주었다. 이 문구는 무슨 일이 있어도 모회사가 자회사의 채무를 변제한다는 것을 암시했다. 투자 제안서를 106쪽까지 읽지 않은 투자자는 보증을 무효로 하는, 따라서 채권의 가치를 대폭 떨어뜨릴 수 있는 몇 가지 상황이 특정되어 있다는 사실을 알지 못했을 것이다.

더 많은 질문을 하는 것은 작은 글자들까지 읽는 것과 유사하다. 걸린 것이 많지 않을 때라면 그 단계를 건너뛰는 것이 효율적인 경우가 많다. 하지만 중대한 결정이나 거액의 투자를 할 때라면 노력을 투자할 가치가 있다.[34]

상투적인 답변들

의사 결정에서 지나친 '효율'을 추구할 때의 단점을 인식하고 질문을 던질 기회를 찾기 시작했더라도 아직 어떤 질문을 해야 할지는 모를 수가 있다. 가장 유용한 질문은 그 상황 특유의 질문, 숨겨져 있던 더 많은 문들을 드러내주는 질문이다. 이 부분은 거의 모든 상황에서 유용한 몇 가지 질문에 대해 설명하는 것으로 마무리할까 한다.

변호사는 자신이 답을 모르는 질문을 증인에게 해서는 안 된다는 말이 있다. 그러니 우선 어떤 유형의 답변을 얻을지부터 생각해보자.

무가치한 답을 진짜 답으로 받아들이는 경향을 주의하라. 정치인들은 받은 질문이 아닌 다른 질문에 대한 답을 하는 데 능하다. 그들은 청자가 그 답을 수용하거나 그 답을 질문에 대한 답으로 잘못 해석하는 것을 노린다. 심리학자 토드 로저스와 마이클 노튼의 연구에 따르면, 사람들은 정치인들이 받은 것과 다른 질문에 답하는 것을 눈치 채지 못할 때가 많다고 한다. 회피가 교묘하고 답이 원래 질문의 주제와 어느 정도 연관이 있으면 사람들은 자신들이 속고 있다는 것을 깨닫지 못한다.[35]

이런 무가치한 답 중에는 '위약 정보placebic information', 즉 우려를 해소하지 않았는데도 그렇게 느껴지게 하는 답변을 제공하는 것들이 있다. 예를 들어 "그 여성과 성적 관계를 갖지 않았다"라는 빌 클린턴의 말은 대답처럼 느껴진다. 하지만 이 말은 '성적 관계'라는 말의 의미를 미해결 상태로 두면서 특정한 행동을 명시적으로 부정하지 않고 있다.

예의와 효율적 커뮤니케이션 규범은 질문에 대한 반응으로 말하는 것이 온전한 답이어야 한다는 것을 암시하기 때문에, 우리는 때로 회피적이거나 공허한 반응을 의미 있는 반응으로 취급하곤 한다. 물론 저널리스트들은 이를 잘 알고 있고 "그것은 부정이 아닌 부정입니다"라는 대응으로 비난에 나서기도 한다.[36]

우리는 일반적인 비응답nonresponse, 즉 사람들이 추가 질문을 차단하기 위해 사용하는 '상투적인' 답변을 찾아내는 방법을 배워야 한다. 이런 답들은 항상 속이려는 의도를 갖고 있는 것은 아니지만 우리는 그런 답을 더 많은 정보를 독촉해야 할 신호로 여겨야 한다. 다음은 우리를 진저리 치게 하는 몇 가지 답변이다.

"상당한 주의 의무를 이행했습니다"

문제가 없어 보인다. "전혀 조사하지 않았습니다"라는 말보다 설득력이 있다. 하지만 이것이 정말로 우리에게 말하고 있는 것은 무엇일까? 대부분의 분야는 '상당한'이 어느 정도인지 그 기준이 없다. 애초에 어떤 것에 주의해야 하는지도 당연히 정해져 있지 않다. 법적으로나 계약상 상당한 주의 의무가 요구되는 금융에서조차 구체적인 의미가 정해져 있지 않다.

가이 스피어가 빌 애크먼 버전의 상당한 주의와 자신의 버전이 어떻게 다른지 깨달았던 것처럼 말이다. 노련한 벤처캐피털리스트도 흥분해서 충분한 사전 조사 없이 유행하는 업계에 거액을 투자한다. '상당한 주의'라는 말이 의미하는 바가 명확히 정의되지 않은 상태에서의 이런 답변은 "우리는 상당한 주의를 다했다고 믿는다"는 의미로 해석해야 하고, 그런 결론에 이른 증거가 정확히 무엇인지를 묻는 후속 반응을 보여야 한다.

"검증되었습니다"

과학에서, '검증'은 도구, 척도, 테스트, 기타 방법을 주의 깊게 연구해 그것이 의도한 그대로를 실제로 측정하는지 확인하는 것을 의미한다. 임상 우울증을 측정하는 검증된 척도는 검증되지 않은 척도보다 우선된다.

그러나 이 문구를 사용하는 대부분의 사람들은 무언가를 검증한다는 것이 실제로 무엇을 의미하는지 알지 못한다. 알고 있는 사람들이라면 단순히 검증이 이루어졌다고 주장하는 대신 검증 과정에 대해 이야기할 것이다. 어떤 것이 이전에 사용되었다는 이유만으로 '검증'되었다고 말하는 경우도 많다. 동일한 형태조차 아닌데도 말이다. "그것이 유효하다는 증거는 무엇인가?"라고 질문하는 후속 반응을 보여야 한다.

"심사를 거쳤습니다/인증되었습니다"

심사의 기준은 '상당한 주의'에서보다 더 적다. '심사'에는 다양한 의미가 있다. 비공식적인 추천 두어 개를 받거나 구글 검색을 거치는 간단한 것에서부터 기밀 취급 인가를 받기 위해 신원 조사를 전면적으로 수행하는 것까지도 포함될 수 있다. (누군가가 '극도로 까다로운 심사'를 언급한다면 특히 조심해야 한다. 그런 것은 존재하지 않는다.) CBS의 조지 W. 부시 보도의 경우에서 본 것처럼, 인증을 주장하기는 쉽다. 하지만 그런 주장의 가치는 제공된 증거에 달려 있다. 어떤 절차가 사용되었으며 어떤 정보가 수집되었는지 구체적인 내용을 알려달라고 요청해야 한다.

"우리의 주장을 뒷받침하는 자료 목록이 여기 있습니다"

미심쩍은 제품을 홍보하는 사람들이나 기업들은 그들의 주장을 뒷받침한다고 하는 유명한 조직, 전문가, 과학 간행물을 나열하기 좋아한다. 하지만 자세히 조사해보면 그 인상적인 목록 자체가 신뢰할 수 없는 것으로 드러날 때가 많다.

앤 프리드먼은 노들러 갤러리에서 판매하는 위작 각각을 '검토'한 전문가들의 목록을 제시했다. 하지만 그중 한 사람(마크 로스코 전문가 데이비드 안팜)은 이후 실제 자신이 본 것이 판매 중인 작품 한 점뿐이라고 말했다. 가짜 혈액 테스트 스타트업 테라노스는 대형 제약회사가 자신들의 기술을 '포괄적으로 검증했다'라고 주장했고, 이들 제약회사의 로고를 승인도 없이 자신들의 보고서에 집어넣기까지 했다.

보기 좋게 만들어진 한 웹사이트 네트워크는 구충제 이버멕틴

이 코로나 감염병 치료에 효험이 있다는 것을 보여준다고 주장하는 수십 개의 연구를 나열하고 있다. 하지만 목록에 있는 연구 대부분은 조잡하게 설계되거나, 형편없이 실행되거나, 의심스러운 것들이다. 우리는 긴 목록에 현혹되기 전에, 그 사람, 기업, 연구가 그들이 말하는 것을 정말로 뒷받침하고 있는지 의심해야 한다.[37]

"원본은 분실되었습니다"

우리가 연구한 사기 사건 중에는 이상한 시점에 이상한 이유와 편리한 방법으로 증거가 사라진 경우가 많았다. 이런 일이 발생하면 우리는 더 의혹을 가져야 한다. 버킷은 왜 조지 W. 부시가 병역에 대해 거짓말을 했다는 원본 문서를 언론사에 팩스로 전송한 직후 태워버렸을까? 결과를 조작한 것으로 의심되는 과학자들이 하드 드라이브를 분실하거나 과거의 데이터를 버리는 비율은 정직한 연구자들이 그렇게 하는 비율과 같을까?

우리는 데이터를 분실했다거나 기록을 부실하게 보관했다는 변명을 받아들이기 전에, 그 변명을 파일을 온전하게 보관하고 있는 사람들의 말만큼 믿어야 하는 이유가 무엇인지 자문해봐야 한다. 주요 문서의 사본을 요청하는 것은 간단한 일이며, 더 이상 존재하지 않는다는 답변도 유용한 정보를 주는 답이 될 수 있다. 올랜도 미술관의 바스키아 작품은 그것을 구입했다는 수집가의 편지를 통해 인증되었지만, 그는 전시회가 열릴 무렵 세상을 떠났기 때문에 그 편지를 썼다는 것을 인증할 수 없었다.

"다수의 정보원을 가지고 있습니다"

같은 정보를 다수의 독립적 정보원에서 얻을 수 있다는 것은 가치가 큰 일이다. 하지만 하나의 정보원이 그 정보를 다른 정보원으로부터 얻었다거나, 여러 정보원이 같은 회사, 같은 분야에 있어서 같은 관점을 가지고 있다면, 그런 다수의 정보원은 하나와 다를 바가 없다. 외계인이 정기적으로 인간을 납치한다고 주장하는 사람들은 '납치 피해자'의 말, 특히 외계인을 팔다리가 가늘고 머리와 눈이 큰 휴머노이드(인간과 비슷한 기계)로 묘사하는 이야기가 유사하다는 것을 증거로 삼는다.

자세히 조사해보면 1962년까지는 외계인에게 납치되었다는 사람들의 진술이 존재하지 않았다는 것을 알 수 있다. 1962년은 정확히 외계인의 납치에 성관계, 의학 실험, 기억 삭제가 곁들여진 이야기들이 영화와 텔레비전에 등장한 해다.

따라서 일견 독립적으로 보이는 그 주장들에 공통적인 특징이 많다는 것은 놀라운 일이 아니다. 한 가지 주장에 다수의 정보원이 있다는 것 자체만으로는 그 주장을 신빙성 있게 만들지 못한다. 우리는 정보원을 신뢰하기 전에 누가 정보원인지, 그들이 어떤 식으로든 연결되어 있지 않은지, 어떤 유인이나 편견이 있지 않은지 확인해보아야 한다.[38]

"엄격하고, 견고하고, 투명한…"

품질에 대한 증거를 제시하지 않으면서도 품질에 대해 암시하는 데 사용할 수 있는 단어와 문구의 목록을 얼마든지 길게 만들 수 있다. 누군가 "잘 확립된 엄격한 프로세스가 있다"라고 말하면, 우리는 설명을 요청하고, 엄격하다는 것이 입증되기 전까지는 엄격하지 않다고 가정해야 한다. 누군가가 "우리는 투명하다"라고 말하면 왜 직접 커튼을 걷어 보이지 않고 자랑만 하고 있는지 궁금증을 가져야 한다.

"……"

'귀뚜라미 소리crickets'는 영화나 TV쇼 등에서 질문이나 진술에 대한 응답이 없을 때의 어색하거나 불편한 침묵을 뜻한다. 질문은 헛소리에 불과한 대답이나 회피라는 반응을 얻기도 하지만, 그만큼이나 간단히 무시되는 때도 많다.

2022년 펜실베이니아주 상원의원 선거에 출마했던 한 후보자는 "언제 펜실베이니아로 이사를 왔나?" "트로이주립대학교를 졸업했나?" "고향이 어디인가?"같은 질문에 대답을 거부했다. (그런데도 그녀는 공화당 예비선거에서 상위 두 후보자와 불과 몇 퍼센트포인트 차이가 나는 득표를 했다.)

대답이 없거나 지나치게 회피하는 느낌이 들면 자리를 떠날 용기를 낼 수 있어야 한다. 상세한 질문을 했으나 테라노스로부터 답을 듣지 못한 투자자들은 거래를 포기했다. 버니 메이도프에게 질문을 시도했다가 그의 펀드 운영 과정이 너무 비밀스럽다고 판단한 일부 투자자들도 마찬가지였다.[39]

겹겹의 문을 열다

지금까지는 사람들이 질문을 회피하는 몇 가지 방법에 대해 이야기했다. 그렇다면 어떻게 그들이 문을 열도록 할 수 있을까?

크리스는 제이콥 아가드의 체스 훈련 캠프에 참가한 적이 있다. 아가드는 다른 선수를 코칭하는 일을 전문으로 하는 그랜드마스터다. 그는 학생들에게 세 가지 질문을 스스로에게 던짐으로써 문을 열라고 가르친다. 판에서 가장 나쁜 위치에 있는 말은 무엇인가? 어디가 약점인가? 상대는 어떤 계획을 세우고 있는가? 이 체크리스트는 거의 항상 좋은 수에 대한 아이디어로 이어진다. 심각한 이해관계가 걸려 있을 때라면 답이 필요한 관련 질문의 목록을 준비하고 후속 조치가 가능한 부분에 표시를 해두길 권한다.[40]

뭔가 놓치고 있는 것 같은데 무엇인지 확실치 않거나, 더 많은 정보를 달라고 압박하고 싶지만 구체적인 우려 사항이 떠오르지 않을 경우 다음 중 한 가지와 같은 일반적인 질문에 의지하는 것도 좋다.

"더 말씀하실 것은 없나요?"

간단하게 추가 정보를 요청하는 것만으로 깜짝 놀랄 만큼 유용한 정보를 얻을 수도 있다. 더 어렵거나 대립적인 질문에 이르기 전에 이런 친근한 질문으로 시작하는 것도 좋다. 우리 동료 한 명은 가끔 "좀 더 말씀해주세요"라는 간단한 대사를 사용하는데, 그

응답으로 정보를 더 얻지 못하는 것을 본 적이 없다.[41]

"어떤 정보가 있다면 당신 마음이 변할까요?"

누군가가 당신을 설득 중이고 자신의 입장에 완전히 전념하는 것처럼 보인다면, 그 사람은 그런 전념에 대해 깊이 생각해보지 않았거나 어떤 증거가 자신의 신념을 흔들 수 있을지 고려해보지 않았을 가능성이 있다.

이 질문을 하면 그들이 내세우는 논거의 약점이 드러날 수 있다. 이와 관련된 다른 질문으로 "당신 입장에 동의하지 않는 사람이 있다면 그 이유는 무엇일까요?" "당신의 의견에 동의하지 않는 전문가가 있습니까?"도 가능하다. 혹 고객이 앤 프리드먼에게 새로 발견된 그 추상 표현주의 그림들을 보고 진품이라는 것을 받아들이지 않은 전문가가 있는지 물었다면 그 사람은 그림을 사지 않았을지도 모를 일이다.[42]

"더 좋은 조건은 없나요?"

흥정할 때 사용하곤 하는 이 질문은 다른 다양한 상황에서도 유용하다. 한 친구는 그와 아내가 호텔에서 방을 배정받을 때마다, 프론트에 있는 직원에게, 방까지 올라갔다가 마음에 들지 않으면 내려와서 변경을 요청해야 하니 지금 더 나은 방을 주면 모두가 시간을 절약할 수 있을 것이라고 말한다고 한다.

이런 접근법은 한 번에 선택지를 하나씩 제시하는 것이 일반적인 모든 경우에 유효하다. "더 나은 선택지는 없습니까?" "가장 좋은 두 가지 선택지는 무엇인가요?"라는 질문은 "다른 선택지는 없나요"라는 질문, 즉 "없습니다"라는 답이 뒤따르는 질문보다 좋은 효과를 발휘한다.

새로운 정보에 빠지지 말 것

일단 질문을 시작하고 나면, 그에 대한 반응으로 얻은 새로운 정보에 지나치게 빠져들지 않도록 주의해야 한다. 질문을 하되 거기에서 얻은 답에 처음부터 그 정보를 가지고 있었던 것보다 더 많은 비중을 두어서는 안 된다.

도널드 레델마이어가 이끄는 팀은 연구직에 있는 의사 574명을 대상으로 실험을 진행했다. 비행기에서 가슴 통증을 호소하는 승객이 있을 때 자신이 유일한 의사라고 상상한 상태에서 비행을 계속하게 할지 아니면 가까운 공항으로 우회할지 결정하는 실험이었다. 연구진은 무작위로 의사들을 두 그룹에 배정했다. 한 그룹의 의사에게는 환자의 심박수와 혈압을 알려주었고 다른 한 그룹에게는 심박수만 알려주고 혈압도 알고 싶은지 물었다.[43]

두 번째 그룹의 의사 대부분은 혈압을 알려달라고 요청했고, 그들은 첫 번째 그룹의 의사와 동일한 수치, 즉 (성인 '정상' 혈압의 상한인 수축기 혈압) 120을 들었다. 하지만 이 정보를 요청하는 행동만으로 의사들의 권고가 바뀌었다. 두 가지 활력 징후를 모두 제공받은 의사 중 즉시 착륙을 권한 비율은 89퍼센트였다. 혈압 정보를 요청해야 했던(그리고 실제로 요청했던) 의사들은 15퍼센트만이 착륙을 권했다. 비행을 계속할지 착륙할지는 개인적인 의견이지만, 두 그룹 사이의 판단 차이는 그들이 받은 (동일한) 정보와는 전혀 관련이 없었다.

습관에서 후크로

우리는 이 책의 첫 부분에서 사고, 판단, 추론을 할 때 도움이 되지만, 더 많은 것을 확인하는 데 실패했을 때 우리에게 불리하게 이용될 수 있는 네 가지 습관을 설명했다. 이런 습관들은 생산적·효율적으로 일하게 하며 확신을 가지고 좋은 결정을 내리게 해준다. 하지만 근본적으로는 지름길이기 때문에 막다른 길이나 옳다고 느껴지지만 사실은 그릇된 곳으로 이어지곤 한다.

당장 우리가 이용할 수 있는 것에 지나치게 집중하면 우리는 차이를 만들 수 있는 정보를 놓칠 위험을 안게 된다. 과거의 경험에 의존해서 앞으로 일어날 일을 예측하는 것은, 다른 사람들이 정확히 우리가 기대한 것으로 우리를 유혹하도록 판을 벌여 주는 것과 다름없다. 신념과 전념하는 것에 따라 행동하는 것은 우리가 기대하는 것이 무엇인지 잘 아는, 혹은 그것을 조종하는 데 능숙한 사람의 속임수에 스스로를 열어 놓고 있는 것과 다름없다. 가능한 효율적으로 움직이려고 노력할 때, 우리는 중요한 질문을 던지지 않고 결정을 내려버리곤 한다.

간단한 속임수에서는 이런 사고 습관의 단 하나만 이용한다. 하지만 오래 이어지는 더 복잡한 사기는 그 모든 습관에 의지한다. 그런 속임수가 성공하는 것은 우리가 많은 지름길을 택하고 상호작용에서 정직과 신뢰를 가정하지 않고서는 제대로 기능할 수 없기 때문이다. 주변의 모든 것을 이중으로 확인하는 데 시간을 보낸다면 삶이 마비될 것이다. 속임수를 피하는 데 있어서의 문제는 그냥 받아들여도 되는 때가 언제이고 더 조사를 해야 하는 때가 언제인지 파악하는 일이다.

이 문제는 책의 결론 부분에서 다시 다룰 것이고 우선은 사기꾼들이 진실이 아닌 것을 받아들이도록 만들기 위해 사용하는 네 가지 후크에 대해서 알아볼 것이다. 우리는 일관적으로 행동하는 사람이나 시스템, 친숙해 보이는 것, 정밀하고 구체적으로 표현되는 아이디어, 효능이 있어 보이는 치료법이나 정책에 끌린다.

후크는 마음에 주는 사탕과 같다. 유혹적이고, 만족감을 줄 것처럼 보이며, 입에 착 붙는다. 하지만 반드시 몸에 좋거나 포만감을 주는 것은 아니다. 대부분의 속임수에는 이런 후크가 하나 이상 포함되어 있다. 따라서 매력적으로 보이는 정보나 기회에는 더 주의를 기울이는 것이 합리적이다. 후크에 대해 고려해보지 않고 행동하는 것은 현명하지 못한 일이다.

N O B O D Y ' S
II

F O O L

"후크는 사탕과 같다, 하지만
몸에 좋거나 포만감을 주지는 않는다"

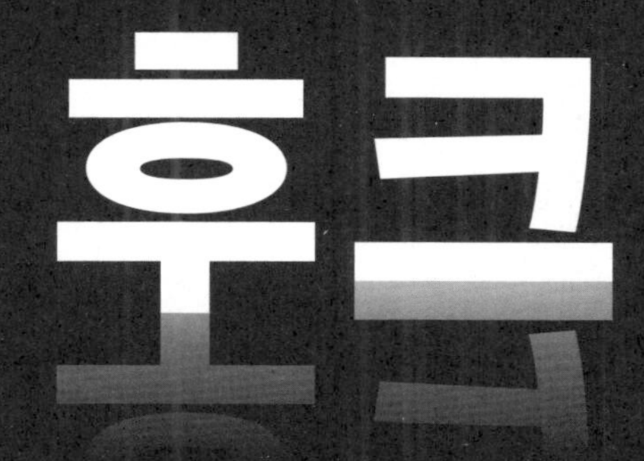

5

예외가 없는 '일관성'

진짜에는 가짜처럼 보이는 노이즈가 있다

우리는 일관성을 질이 좋고 진짜라는 신호로 해석하는 경우가 많다. 하지만 진짜 데이터에는 거의 항상 가변성, 즉 '노이즈'가 녹아 있다. 현실적인 수준의 임의성과 변화를 찾는다면 속임수에 넘어가지 않는 데 도움이 될 것이다.

2022년 2월, 미국 정부는 다섯 가지 사기 혐의로 사티시 쿰바니를 기소하고 최대 70년을 구형했다. 그는 당시 인도에 살고 있는 것으로 여겨졌다. 그러나 한 달 뒤 그는 사라졌다.[1] 쿰바니는 사람들이 암호화폐(그 가치가 어떤 특정 정부의 정책이나 조치에도 구애받지 않는 디지털 자산) 시장에 참여할 수 있는 방법을 제공하는 조직 비트커넥트의 설립자다.

최초의 암호화폐이자 가장 유명한 암호화폐인 비트코인은 2008년 '사토시 나카모토'라는 가명을 사용하는 한 명 이상의 사람들에 의해 만들어졌다. 비트코인은 공급이 제한되어 있으며, 바로 그 희소성이 가치의 원천이다. 그런 방식에서 비트코인은 금이나 원유와 같은 보통의 통화와 다르다. 비트코인은 비유적으로 '채굴'할 수 있지만 실은 연산력(문자 그대로의 시간과 에너지, 즉 컴퓨터 처리 시간과 거기에 전력을 공급하는 데 필요한 에너지)을 이용해 복잡한 수학적 문제를 풀어서 얻는다. 비트코인의 배후에 있는 이 천재적인 코드로 인해 비트코인은 2,100만 개 이상 채굴될 수가 없다. 따라서 어떤 면에서는 금보다 더 안정적인 상품이다.[2]

금을 비롯한 전통적인 통화들과 마찬가지로, 채굴 기술 없이도 비트코인을 온라인에서 사고팔 수 있으며, 그 가치는 매일 큰 폭으로 변동한다. 비트커넥트는 이런 가격의 변동성을 완화하겠다고 약속했다. 2017년 말, 그들이 전매하는 비트커넥트 코인은 전 세계 20대 암호화폐의 자리에 올랐다. 비트커넥트 플랫폼에서의 거래에만 사용할 수 있는 데도 말이다. 비트커넥트는 '대출 프로그램'을 통해 비트코인을 받고 고객에게 비트커넥트 코인으로 바꿔주었다. 비트커넥트는 이후 '비트커넥트 트레이딩봇BitConnect Trading Bot'과 '변동성 소프트웨어Volatility Software'를 이용해 예금으로 받은 비트코인을 투자한 뒤 거기에서 얻은 꾸준한 수익을 고객에게 되돌려줌으로써 그 기반이 되는 비트코인 자산의 가치 등락으로부터 예금자들을 보호했다.[3]

쿰바니에 대한 기소장에 따르면, 이 프로그램이 투자자들로부터 받은 비트코인은 24억 달러 가치였지만 이것은 어디에도 투자된 적이 없었다. 비트커넥트는 허위로 돈을 여러 차례 옮기고 복잡한 거래를 하면서 사기성을 숨기고 고객들이 비트커넥트에 투자한 돈의 가치가 늘어나는 것처럼 보이게 만들었다. 고객이 수익을 인출하려 할 때는 다른 투자자의 예금으로 지급했다. 달리 말해, 비트커넥트는 현대의 디지털 화폐라는 옷을 입은 전형적인 폰지 사기였다.

폰지 사기는 찰스 폰지의 이름을 딴 것이다. 보스턴에 살고 있던 이탈리아 이민자 폰지는 1919년 국제 반신권international postal coupon(편지를 외국으로 보낼 경우 수신인이 다시 발신인에게 답을 할 때 우편 요금을 면제해주는 할인권)을 각기 다른 나라에서 사고팔아 돈을 벌 수 있겠다는 아이디어를 얻었다. 이 반신권이 1달러이고 미국에서는 2달러라고 가정해보자. 폰지는 이탈리아에 있는 사람들에게 돈을 보내 국제 반신권을 사 보내도록 할 수 있다. 이후 자신의 동네 우체국에 팔면 짭짤한 수익이 생기는 것이다.

이 단순한 차익 거래 계획은 대규모로 실행할 수가 없고 국제 규약에 위반되는 것으로 밝혀졌다. 하지만 폰지가 그 사실을 알았을 때는 이미 투자자들에게 광고를 시작한 뒤였다. 그는 고객들에게 은행 예금 계좌 수익의 46배에 해당하는 월 10퍼센트의 꾸준한 수익을 보장한다고 선전했다. 이 약속을 지킬 합법적인 방법이 없었던(반신권 전략은 어떻게 돈을 벌지 묻는 사람들을 위한 변명 거리에 불과했다) 그는 새로운 예금 잔고에서 돈을 인출해 이전 고객들에게 수익금을 주었다. 약속한 수익률이 터무니없이 높았기 때문에 고객에게 내줄 돈은 곧 떨어졌다. 그가 파산했다는 소문이 돌자 투자금을 찾으려는 사람들이 몰려들었고, 수사와 유죄 선고가 뒤를 따랐다.[4]

이제 폰지 사기는 초기 참여자가 후기 참여자의 직접 비용에서 이익을 얻는 사업 구조로 정의된다. 피해자들은 자기 돈이 실제 자산을 거래하는 데 사용된다고 생각하는 것이 보통이다. 사실, 일부는 운영자가 챙기고, 일부는 다른 투자자에게 '수익금'으로 지급되며, 나머지는 사기가 계속될 수 있도록 향후 인출을 위한 예비금으로 보관된다.

대부분의 폰지 사기는 같은 각본을 따른다. 사기꾼은 비정상적으로 높고 일관된 월 수익 혹은 분기별 수익을 약속하고 투자 원금이 전적으로 안전하다고 설명한다. 결국 다단계 마케팅 조직에서 기프팅 클럽gifting club, 가짜 투자 펀드에 이르기까지 이런 모든 사기는 신규 투자자/피해자가 없을 때까지 계속되며 마지막에 참여한 사람들은 돈을 모두 잃게 된다.[5]

폰지를 변형한 각종 사기가 전 세계에서 반복적으로 발생하고 있다. 한 달에 5퍼센트(1년이면 80퍼센트에 달한다)에 가까운 일정한 수익을 보장하는 투자나 손실로부터 완벽하게 안전한 투자 같은 것이 존재하지 않는다는 것은 말할 필요도 없는 일이다. '안전'에 가장 가까운 투자는 미국 국채 투자로, 10년 만기 미국 국채의 수익률은 연 약 3.5퍼센트, 최고 기록은 1981년의 16퍼센트였다. 이보다 높은 수익률을 보장하거나 돈을 절대 잃지 않는다고 약속하는 사람이 있다면 조심해야 한다.

"은행은 당신의 친구가 아니다"라는 슬로건을 사용했던 또 다른 암호화폐 스타트업 셀시어스에 돈을 맡긴 투자자처럼 되어서는 안 된다. 셀시어스는 비트코인 예금에 18.9퍼센트의 연이율을 약

속했지만 2022년 시장이 침체되자 인출을 중단했고 그해 말 파산을 신청했다.[6]

로우 리스크, 하이 리턴

버니 메이도프가 운영한 가짜 '헤지펀드'는 아마 기록에 남은 최장 최대 규모의 폰지 사기일 것이다. 메이도프는 1960년대 초부터 사람들의 돈을 관리하는 일을 시작했지만, 폰지 사기가 시작된 것은 한참 후였다(확실한 것은 1993년부터이지만 아마도 1970년대부터 시작되었을 것이다). 그 시점부터 사기가 드러나 펀드가 폐쇄된 2008년까지, 고객을 위한 실제 거래는 없었다.

투자자들이 수년에 걸쳐 메이도프에게 투자한 돈은 약 200억 달러였고, 계좌 명세서에 따르면 펀드가 폐쇄되었을 때 약 650억 달러가 있어야 했다. 하지만 남아 있는 돈은 2억 2,200만 달러뿐이었다.[7]

메이도프의 사기는 여러 문헌에서 다루어졌지만, 어떻게 작동했는지 거기에서 얻어야 할 교훈이 무엇인지에 대해서는 오해가 많다. 메이도프의 수법이 모든 폰지 사기의 모태라고들 하지만, 사실 그것은 여러 측면에서 원래의 폰지 사기와 달랐다.

메이도프는 투자자들에게 터무니없는 수익률을 약속하지 않았고 손실에 대한 보장도 하지 않았다. 대부분의 투자자들은 많이 배운 사람들이었기 때문에 폰지와 같은 대담한 제안에 넘어가지 않았다. 메이도프가 제시한 것은 일확천금보다 더 바람직한 것, 손실과 변동성이 적은 꾸준한 성장이었다. 완만한 상승세라는 **일관성**은 메이도프 사기 특유의 '가치 제안'이었다. 그가 사기 행각을 벌인 기간 동안 전체 시장의 수익률은 연 37퍼센트에서 -25퍼센트까지 요동을 쳤지만 그의 수익률은 매년 7~14퍼센트였다.

일관성은 불확실성에 따르는 불편함을 제거하고 위험한 부정적인 결과에 대한 두려움을 없앤다. 사람들은 손실 회피를 선호하는 경우가 많다. 가끔의 손실을 포함하는 수준의 변동성을 받아들이는 것이 장기적으로 더 나은 누적 성과를 낳는데도 말이다.[8] 실제로 1991년부터 메이도프가 1년 내내 자금을 운용한 마지막 해 2007년까지 돈을 투자했다면 그 사람의 (가짜) 연평균 수익률은 10.35퍼센트로, S&P 500 주가지수(미국 대기업 주식의 기본 벤치마크)의 수익률 11.29퍼센트를 밑돌았다.

메이도프가 가끔 손실을 보고한 달도 있었지만, 그것은 시간의 흐름과 함께 순조롭게 계속 상승하는 실적 그래프에서는 거의 지각할 수 없는 공포감이었다. 메이도프의 투자자들은 국채 투자의 안정성을 기대하는 동시에 주식 시장과 같은 수익률을 추구했다.

사람들은 기대 수익이 극도로 높더라도 위험한 도박은 피한다. 손실이 주는 고통이 그에 상응하는 이익이 주는 즐거움보다 더 크게 느껴지는 것이 그 큰 이유다. 주식 시장과 얼마간 비슷한 동전 던지기 내기를 상상해보라. 동전의 앞면이 나오면 10달러를 받지만 뒷면이 나오면 같은 액수를 잃게 된다. 기꺼이 내기에 참여하려면 걸린 돈이 얼마여야 할까?

당신이 부자이고 게임을 장기간 할 수 있다면, 뒷면이 나와서 잃는 돈이 9.99달러여도 받아들일 수 있을 것이다. 장기적으로는 매번 동전을 던질 때마다 평균 1센트를 얻기 때문이다. 하지만 대부분의 사람들이 5달러에 가깝게 답할 것이고 많은 사람들이 0이라고 할 것이다. 즉 손실의 가능성이 있으면 그들은 게임을 하지 않는다.[9]

손실의 위험은 모든 합법적 투자에 내재된 특징이다. 이런 위험을 꺼리는 사람들은 메이도프의 제안에 끌린다. 손실을 보는 해가 하나도 없이, 큰 변동 없는 연간 수익이 보장된다!

새로운 바이러스가 기존의 면역을 이겨내는 것과 마찬가지로, 메이도프의 사기극은 (비트커넥트나 셀시어스처럼) 터무니없는 수익을 약속하는 사기를 피한 투자자를 손실 없는 지속적인 수익이 보장된다며 속여 넘긴다. 메이도프의 사기 행각에 대해 가장 완벽하게 설명하는 《거짓말의 귀재The Wizard of Lies》라는 책을 쓴 금융 저널리스트 다이애나 헨릭스에 따르면, 메이도프의 수법은 장래가 촉망되는 폰지 사기 형태다.

그녀는 우리에게 메이도프에게 돈을 맡긴 많은 전문 투자자들이 "위험 없이 연 8퍼센트 이상의 수익을 올리는 것을 신이 주신 권리처럼 생각"했고 메이도프가 수익률을 더 현실적으로 만들기 위해 수익률을 그 수준 이하로 가끔 떨어뜨리면 고객들이 좋아하

지 않았다는 말을 해주었다.[10]

메이도프식 사기가 급증하는 것은 위험 회피와 손실 회피를 넘어 일관성에 대한 선호라는 또 다른 측면 때문일 가능성이 높다. 결국 일관성의 반대인 '노이즈'에 대해 제대로 이해하지 못하고 근거 없이 그것을 싫어하기 때문이다. 이 맥락에서, 노이즈는 모든 복잡한 절차에 무작위적일 수밖에 없는 측면을 말한다.

겨울에서 봄이 될 때 기온이 매일 1도씩 올라갈 수는 없다. 야구팀은 게임마다 같은 수의 안타를 기록할 수 없다. 주가는 매일, 매주, 심지어는 10년을 주기로 보아도 크게 요동을 친다. 단 하루 거래일 동안에도 회사 주가의 최고가와 최저가 평균은 거의 2퍼센트씩 달라진다. 간단히 말해, 실제 세상의 실제 데이터에는 노이즈가 있다. 하지만 전문가조차 노이즈가 없는 것이 가능하다고, 매력적이라고 생각하는 경우가 많다.[11]

우리 동료 한 명이 최근 투자 매니저팀과 한 가지 활동을 했다. 그는 투자 매니저들에게 메이도프의 사기극이 끝나기 전 수년에 걸친 실적과 다른 헤지펀드, 전체 시장을 비교하는 그래프를 보여주었다. 네 개의 헤지펀드 모두에는 가짜 이름을 부여했다. 그는 매니저들에게 어떤 펀드에 자신들이 관리하는 자금을 투자하겠느냐고 질문했다. 당연히 메이도프의 그래프는 다른 것들보다 매끄러웠다. 그런데도 이 전문가들은 메이도프를 선호했다, 단 한 명도 빠짐없이. 바로 몇 년 전 메이도프의 불가능한 수익이 업계의 화제였는데도 말이다. 일관성은 그만큼 그들에게 강력한 후크였

던 것이다.[12]

물론 불일치를 경고의 신호로 여기는 것은 불합리한 일이 아니다. 심문을 할 때마다 이야기가 달라지는 용의자는 거짓말을 하고 있을 가능성이 높다. 세금을 낼 때는 정부에 자산 가치가 그리 크지 않다고 말하고, 은행에서 좋은 이율로 대출받으려 할 때는 자산 가치가 몇 배는 더 높다고 말하는 비즈니스계의 거물이라면 누군가에겐 거짓을 말하고 있는 것이다. 청중에 따라 입장이 바뀌는 정치인은 좋은 공공 정책을 만드는 것보다는 공직에 앉는 일 자체에 더 관심이 있을 것이다.

하지만 거기에는 한계가 있다. 우리는 강력한 리더는 신념은 결코 바꾸지 않는다고 생각하는 경우가 지나치게 많고, 반대하는 사람들에게 정책 변화를 '손바닥 뒤집듯 한다'거나 '정치 놀음'이라는 표현을 사용한다. 훌륭한 리더들은 사실의 변화에 따라 기꺼이 마음을 바꾼다. 새로운 증거에 대한 반응으로 신념을 업데이트하는 것은 사실 매우 합리적인 일이다.[13]

노이즈가 부당한 평가를 받는 것은 안타까운 일이다. 노이즈를 볼 것이라고 예상하고 그 부재를 알아차려야만 하기 때문이다. 많은 요소들이 관여하고 상호작용을 하는 복잡한 시스템이라면 단기 실적에 큰 차이가 있게 마련이다. 단기 수익에 장기 평균이 완벽하게 반영되리라고 기대해서는 안 된다.

"노이즈는 어디에 있지?"라는 질문은 매끄러운 실적을 의심하게 하고 조사가 필요하다는 것을 상기시킨다. 우리는 결과에 기여할 수 있는 모든 요소를 고려하고 그들이 개별적으로, 또 합쳐졌을 때 노이즈가 얼마나 되는지를 평가해야 한다.

완벽하게 품질 관리가 되는 이상적인 로봇 조립 라인에서라면 모든 제품이 똑같이 나올 것이다. 하지만 조립이 완벽하지 못한 인간, 재료, 도구에 의지하는 경우라면, 그들 사이의 상호작용이 일관성을 약화시키고 불량품도 몇 개 만들어낼 것이다. 산출 과정에 노이즈의 원천이 많을수록 결과에서 기대할 수 있는 일관성은 낮아진다. 특히 단기적인 일관성에 오도되지 않도록 주의를 기울여야 한다. 임의적인 프로젝트도 우연에 의해 나란히 몇 번에 걸쳐 같은 결과를 낼 수 있다.

시간이 발목을 잡을 때

인간의 행동은 복잡하고 따라서 노이즈가 많다. 설명되지 않는 일관성을 의심해야 할 만큼 말이다. 우리는 최근의 경험에서도 이에 대해 배울 수 있었다.

우리 두 사람은 토너먼트 체스 선수다. 하지만 댄보다 크리스가 게임에 대해 더 진지하다. 그는 다섯 살에 체스를 배웠고 열아홉에 마스터 타이틀을 땄으며 여전히 토너먼트에 참여한다. 2020년의 어느 날 저녁, 크리스는 체스닷컴에서 게임을 하면서 게임명이 '라지르'인 필리핀 출신의 사람을 만났다. 둘은 순위로 볼 때 실력이 거의 비슷했다. 크리스는 게임을 잘했지만 라지르가 공격을 모두 막아내자 당황했다. 결국 라지르는 크리스의 킹을 궁지에 몰아넣더니, 폰을 미묘하게 이동해서 출구를 봉쇄하고, 자신의 퀸으로 체크메이트를 만들었다.

체스닷컴은 게임이 끝나자마자 각 게임을 요약하고 각 수에 대한 상세한 데이터를 제공한다. 데이터는 라지르가 놓은 수의 정확도가 94퍼센트에 육박한다는 것을 보여주었다. 컴퓨터 분석에 따르면 가능한 최고의 수들이었다. 그랜드마스터라면 종종 94퍼센트가 넘는 게임을 하지만 크리스 자신이 그렇게 한 것은 몇 번 되지 않았다.

그가 이 게임에서 기록한 정확도는 85퍼센트였다. 정확도가 낮으면 거의 항상 지게 된다. 하지만 정확도의 차이보다 크리스의 주의를 끈 것은 그와 라지르가 시간을 사용한 방식의 차이였다. 게임 내내 라지르가 수를 두는 데 걸린 시간은 5초 미만인 적이 한 번도 없었고 12초가 넘은 적도 없었다. 반면에 크리스는 초반에는 1~2초 만에 말을 움직였지만 몇 번은 30초를 넘겼고 그중 한 번은 거의 1분에 달한 적도 있었다.

수들 사이의 이상한 시점이 존 폰 노이만의 체스 사기를 밝힌 단서 중 하나였음을 기억해보라. 마스터 수준의 선수들은 게임의 첫 몇 수를 둘 때 기억에 의존하는 경우가 많으며 이는 잘 정립된 계획을 따르는 경향이 있다. 이후에는 더 많은 생각과 의사 결정이 필요하고, 어떤 경우에는 최선의 수(혹은 최소한 패배를 피하기 위한 수)를 찾기 위해 시간을 더 사용하는 것이 꼭 필요하다. 크리스와 같은, 변화가 많은 패턴에 숙련된 선수의 전형인 것이다. 그런데 라지르는 어땠나? 게임에서 아무리 어려운 상황을 맞이해도 똑같은 효율로 정확한 결정을 내리는 타고한 재능이 있는 것일까? 그보다는 그가 부정행위를 했을 가능성이 더 높다.

오늘날의 스마트폰 체스 프로그램은 인간 세계 챔피언보다 게임을 더 잘하기 때문에 온라인에서는 세계 챔피언보다 더 나은 게임을 쉽게 할 수 있다. 상대의 수를 체스 앱에 입력하고 그 반응대로 경기를 운영하기만 하면 된다. 컴퓨터 분석은 거의 즉각적이기 때문에, 그런 식으로라면 각 수에 거의 같은 시간이 소요될 것이다.

라지르의 체스닷컴 계정에는 호기심을 불러일으키는 다른 측면도 있었다. 그 플랫폼은 제한 시간이 다른 게임들에 대해서 별도로 순위를 계산한다. 각각의 선수들이 모든 수에 총 10분 이상이 걸리는 보통의 게임에서, 라지르의 점수는 지난 5년간 거의 변화가 없다가 11일 동안 1,442점 상승했다. 순위 시스템의 기반이 되는 통계 모델에 따르면, 1,442점이나 상승했다는 것은 크리스를 이긴 라지르가 불과 2주 전의 자신을 이길 확률이 1,000 대 1이 넘는다는 것이다. 체스를 두는 어떤 사람도 단기간에 그런 일관적인 발전을 이룰 수는 없다. 드라마 〈퀸스 갬빗The Queen's Gambit〉 속 가상의 인물 베스 하몬조차 혜성처럼 정상에 등장하기까지 많은 좌절을 겪었다.

모든 일관성이 예상을 벗어나는 것은 아니다. 프로 테니스 선수

중에 클레이 코트에서 잘하는 사람이 있고 잔디 코트에서 더 잘하는 사람이 있듯이, 체스 선수도 가장 잘하는 게임의 속도가 있다. 하지만 테니스 코트의 종류나 체스의 속도가 어떻든 변화보다는 일관성이 더 많다. 라파엘 나달은 클레이 코트에서 무적이지만, 하드 코트에서도 꺾지 못할 사람이 거의 없다.

반면에 라지르는 10분 체스에서는 프로 선수이다가 속도가 빨라지면(혹은 퍼즐 풀기와 같은 다른 체스 과제에서) 호락호락한 상대가 된다. 논리적으로 가능한 설명은 단 하나다. 10분 체스를 한 라지르는 다른 게임을 한 라지르와 동일인이 아니다.

라지르 체스의 기본 패턴은 메이도프의 주식 시장 수익 패턴과 유사하다. 지독하게 복잡한 도전에 직면해서도 그들의 성적은 지나치게 일관적이었다(최고급 난도의 게임에서 이기거나 수백만의 경쟁자가 있는 금융 시장에서 이익을 보는 등).

메이도프가 월스트리트에서 최고의 수익률을 기록하지 않은 것과 마찬가지로, 라지르는 체스닷컴에서 최고 순위에 있지 않았다. 하지만 그의 부상은 지나치게 매끄러웠고, 그의 성적에는 변동성이 부족했다. 어떤 인간도 정당한 방법으로는 그런 성과를 낼 수 없다.

크리스는 게임에서 지더라도 너무 심각하게 받아들이지 않으려고 노력한다. 하지만 속임수에 대한 의혹이 너무 강해서 무시할 수가 없었다. 그는 체스닷컴 관리자에게 라지르와 그의 게임에 대해 신고했다. 이상하게도 라지르는 며칠 후 그 사이트에서 게임을 중단했고 몇 개월 뒤 그의 계정은 체스닷컴의 '공정한 경기' 정책을 위반했다는 이유로 영구 폐쇄되었다. 이런 사례는 라지르 하나에 그치지 않는다.

체스닷컴은 매일 부정행위로 약 800개의 계정을 폐쇄시킨다. 그들의 행동이 인간이 아닌 존재가 생성하는 통계 모델과 너무 근접하는 것이 이유인 경우가 많다. 노이즈의 부재, 복잡한 상황에서 종종 실수를 저지르는 인간의 경향이 나타나지 않는 것은 중요한 단서다.[14]

"노이즈를 느껴봐"

대부분의 사람이나 조직은 인간 행동에서 나타나는 노이즈를 제거해야 하는 문제라고 생각한다. 대니얼 카너먼, 올리비에 시보니, 캐스 선스타인이 그들의 책《노이즈: 생각의 잡음Noise: A Flaw in Human Judgement》에서 대중화시킨 노이즈의 의미다. 의사 결정자의 성과에서 나타나는 역기능적이거나 예측 불가능하거나 정당치 못한 변동성이라는 것이다. 하지만 속임수에 넘어가지 않으려고 노력할 때라면 노이즈는 우리의 친구다. 얼마만큼의 노이즈를 예상해야 하느냐에 대한 간단하고 보편적인 경험 법칙 같은 것은 존재하지 않는다. 하지만 우리는 누군가의 결과가 사실이기에는 너무나 노이즈가 없는 것은 아닌지 평가하는 데 도움이 되는 세 가지

원칙을 제시할 것이다.[15]

첫째, **진짜 인간의 성과는 우리가 생각하는 것보다 노이즈가 많은 것이 보통이다.** 2016년 레스터시티는 영국 프리미어리그 프리시즌에서 5,000 대 1의 확률을 극복했다. 하지만 그들은 엘리트 클럽이 아니었고 지금도 그렇다. 그들은 그 이전 시즌에 20개 팀 중 14위였고, 그 시즌이 끝난 후에는 평소처럼 12위로 물러났다. 한 시즌에서 다음 시즌까지 그들의 성적은 장기 평균을 중심으로 변동한다. 자유투 성공률이 80퍼센트인 농구 선수가 매 게임 정확히 80퍼센트를 기록하는 것이 아니고, 타율이 2할 5푼인 야구 선수가 매 게임 4번 타석에 선다고 반드시 한 번의 안타를 치지는 않는 것과 마찬가지다.[16]

스포츠의 성적에 적용되는 원리가 금융 시장에도 적용된다. 어떤 투자도 항상 일관된 성과를 내지는 못한다. '런던 고래'로 알려진 브루노 익실로 인해 JP모건체이스는 2010년 수십억 달러를 잃었다. 익실이 특정 채권의 가치가 큰 변동을 보이지 않으리라는 예측에 회사 돈을 걸었기 때문이었다. 그 예측이 틀리면 가격 변동으로 그의 포지션 가치가 떨어지게 된다. 변동성이 낮다는 생각은 단순한 스프레드시트 오류(두 수를 결합하는 데 잘못된 수식을 사용했다)로 인한 착각으로 밝혀졌다. 역사상 가장 큰 손해를 초래한 액셀 실수일 것이다.[17]

둘째, **일관성을 알아차리려면 거기에 주의를 기울여야 한다.**

대개의 비전문 투자자들은 매해 투자 수익률을 비교하지 않는다. 장기적인 투자 실적을 도표로 만들어 변동(혹은 변동의 부족)을 관찰하는 일은 말할 것도 없다. 메이도프의 클라이언트들은 보기 좋은 표와 그래프가 있는 보고서를 받지 못했고, 요즘의 모든 주류 금융회사들이 제공하는 즉각적인 온라인 접근권도 갖지 못했다. 그들의 계좌 잔고는 두꺼운 확인 서류(계정에서 진행 중이라는 가짜 거래를 '확인'하는 서류) 마지막 쪽에 있었다. 그들 중에는 마이너스인 달이 없다는 놀라운 사실조차 알아차리지 못한 사람도 있었을 것이다.

마찬가지로, 체스 게임에서 라지르에게 지고 있을 때의 크리스는 상대가 빠르게 게임을 잘 운영한다는 것은 알았지만 그가 사용하는 시간이 비인간적으로 일관적이란 것은 알지 못했다. 그런 일관성을 보기 위해서는 라지르가 각 수에 사용한 시간을 조사해야 했다. 과도한 일관성의 존재를 확인하려면 때로 단기적인 노이즈의 부재를 의도적으로 수색해야 한다.

셋째, **의심되는 성과의 일관성이, 이와 똑같은 일을 하고 있다는 다른 사람들 성과의 일관성보다 강한지 확인하라.**

사람들이 티셔츠에 지불할 수 있는 금액에 관한 스미스터스의 연구에서 5의 배수가 지나치게 많은 건 아닌지 확인하고 싶었던 시몬손은 스미스터스의 연구를 다시 실행해서 5의 배수 분포와 비교하는 것은 물론이고, 다른 '지불하고자 하는 금액' 연구들의 패턴과도 비교했다.

비슷한 사례로 메이도프 사건 이후, 몇몇 피해자가 고용한 마이클 드 비타라는 회계사의 경우도 생각해보자. 메이도프가 보고한 연 수익률의 신뢰성을 비교 평가하고자 한 그는 네 개의 대형 금융업체(피델리티, 야누스, 아메리칸, 뱅가드)가 운영하는 기존 뮤추얼 펀드 16개의 데이터를 모아 그들의 평균 연수익률이 메이도프와 비슷하다는 것(낫지는 않더라도)을 관찰했다. 그로부터 그는 "메이도프가 보고한 수익률은 투자자가 장기간 시장에 투자할 때 합리적으로 예상할 만한 수익률과 일치했다"라는 결론을 내렸다. 맞는 말이다. 하지만 드 비타는 메이도프의 일관성을 다른 펀드의 일관성과 비교할 기회를 놓쳤다.

"더 높은 수익률을 달성하려면 더 큰 위험을 감수해야 한다"는 말은 "공짜 점심은 없다"와 같은 금융계의 공리다. 우리는 드 비타의 데이터를 확인해서 메이도프와 수익률이 비슷했던 펀드들의 변동성이 평균적으로 6배 높았다는 것을 발견했다. 메이도프보다 변동성이 낮은 펀드는 단 하나도 없었다.[18]

혀끝을 맴도는 이름

포커를 소재로 한 영화 〈라운더스Rounders〉에서 맷 데이먼이 연기한 마이크 맥더포트는 숙적을 만난다. 뉴욕시에서 불법 클럽을 운영하는 수상쩍은 러시아 억양의 포커 전문가 테디 KGB(존 말코비치)다. 마이크가 이 마지막 대결에서 도박 빚을 갚을 돈을 따지 못하면 마피아가 자신들만의 방식대로 그에게서 빚을 받아갈 상황이었다.

힘겨운 경기를 펼치던 와중에 그는 KGB가 오레오 쿠키를 먹으면서 하는 행동을 알아챘다. KGB는 가장 좋은 패가 들어왔을 때면 쿠키를 먹기 전에 반으로 쪼갰다. 마이크는 이 '텔tell'를 알아차리고, 자신에게도 좋은 패가 들어왔지만 게임을 포기한 후 KGB가 정확히 어떤 카드를 가졌는지 언급해서 그를 조롱한다. 이에 평정을 잃은 KGB는 돈을 모두 잃는다.

포커에서 '텔'은 의도치 않게 상대에게 당신이 든 패에 대한 힌트를 주는 행동 패턴을 말한다. 텔은 영화에서처럼 중요한 고급 기술이 아니지만, 우리가 공개적으로 하는 일과 은밀히 하는 일 사이에서 감지할 수 있는 일관적 연관성이 있다면 그것은 상대에게 유리하게 작용할 수 있다. 일관된 텔이 그 행동을 하는 사람이 원하는 것보다 많은 것을 드러내주듯이, 다른 사람의 텔을 이용함으로써 당신이 텔의 존재를 알고 있다는 것을 드러내게 될 수도 있다.

안드레 애거시는 프로 테니스에서 은퇴하고 몇 년 후인 2017년 인터뷰에서 라이벌 보리스 베커의 강력한 서브를 잘 받아냈던 이유를 밝혔다. 그는 베커와의 경기에서 처음 세 번을 진 후 다음 열한 번의 경기에서 아홉 번을 이겼다. 애거시는 〈언스크립티드Unscriptd〉에 텔을 발견한 이야기를 했다.

저는 그의 테이프를 계속 돌려봤고 네트를 사이에 두고 그와 세

번이나 서 봤습니다. 그에게 혀를 움직이는 이상한 버릇이 있다는 것을 깨닫기 시작했죠. 농담이 아닙니다. 몸의 중심을 이동시키고, 동일한 루틴을 거치고, 공을 던져 올리기 직전, 그는 혀를 내밀었습니다. 혀의 위치가 입술 중앙이거나 입술의 왼쪽 구석이었습니다. 듀스 코트에서 서브를 넣을 때 혀를 입술 중앙에 대면, 가운데 또는 몸 쪽으로 공이 들어왔고. 혀를 옆으로 내밀면 사이드라인 쪽으로 공이 들어온 거죠.

하지만 서브 때마다 그 텔을 이용할 수는 없었다. 애거시는 그 이유를 알고 있었다. 선수의 서브 시점을 그렇게 일관되게 추측할 수 있는 사람은 없다. "그의 서브를 막는 데에는 문제가 없었습니다. 그의 서브를 예측하고 막을 수 있다는 사실을 숨기는 것이 문제였죠. 그가 혀를 내밀지 않는 것은 바라지 않았으니까요. 그가 계속 혀를 내밀어주길 원했죠."

그는 중요한 상황에서만 그 정보를 이용해서 자신이 텔을 눈치챘다는 것을 베커가 영영 모르도록 해야 한다는 것을 깨달았다. 수년이 흐르고, 애거시가 베커에게 그 텔에 대해 아느냐고 묻자 베커는 "거의 기절할 뻔했다." 베커는 집에 가서 아내에게 "애거시가 내 마음을 읽는 것 같아"라고 말하곤 했었다는 이야기를 들려주었다.[19]

많은 포커 문헌이 상대의 텔을 탐지하고 해석하는 방법을 주로 설명하지만, 자신의 텔을 최소화하는 것도 그만큼이나 중요하다.

결국 당신의 텔은 모든 상대방에게 보이니까. 우선 자신의 텔에 집중하라는 조언은 영업, 협상, 법, 정치, 저널리즘 등 정보가 불충분한 모든 대립적 상황에 적용된다. 이 상황에서 상대로 하여금 당신이 이미 알고 있는(혹은 모르는) 것에 대해 계속 추측하게, 즉 불확실성을 극복하지 못하게 하면 당신은 이득을 얻을 수 있다.[20]

일관적인 텔이 있다는 것은 대부분의 경쟁에서 약점이 된다. 하지만 브리지bridge에서 텔은 속임수의 한 형태다. 브리지는 어떤 면에서 하트hearts나 피노클pinochle과 같은 카드 게임이다. 다만 브리지는 둘씩 짝을 지어 게임을 한다. 브리지에서는 각각의 선수들이 짝과 서로 마주보고 앉아서 미리 정해놓은 전형적인 의미의 '비딩bidding'이라는 시스템을 통해서만 소통할 수 있다. 예를 들어 '스페이드 1'을 비딩하면 선수가 여러 장의 스페이드와 몇 개의 가치 있는 그림 카드를 갖고 있다는 것을 암시한다. 파트너들은 사전에 약속을 해두고 자신들의 이 합의 내용을 공개해야 한다.

아메리칸 콘트랙트 브리지리그American Contract Bridge League에 따르면, "파트너들이 얻을 수 있는 모든 정보는 상대편도 얻을 수 있어야만 한다." 즉, 같은 편의 파트너들은 게임 중에 말을 할 수도, 어떤 패를 쥐고 있는지 암시하는 행동도 할 수 없다. 부당하게 공개 비딩 약속을 어기거나 소통 방식을 바꾸면, 게임에서 인정되지 않는 정보를 파트너에게 제공하는 셈이 된다.[21]

체스와 달리 브리지에서는 비딩에 걸리는 시간이 일관적이지 못한 것이 파트너에게 일종의 정보를 전달하는 것일 수도 있다.

한 선수가 약 5초 만에 비딩한다고 가정하자. 특정한 패에서 10초의 시간이 걸린다면 그 파트너는 선수가 결정하는 데 애를 먹고 있다는 것을 알게 된다. 이는 그 비딩이 뻔한 것이 아니란 의미이고, 그들이 들고 있는 카드에 대한 힌트가 될 수도 있다.

엘리트 수준의 브리지 토너먼트 주최 측에서는 파트너들이 비딩이 아닌 방식으로 소통하는 것을 차단하기 위해 비상한 노력을 기울인다. 선두에 있는 선수가 카드를 들 때 손가락의 수를 달리하는 방식으로 하트를 몇 개 들고 있는지 파트너에게 신호를 보내는 것이 적발되자, 주최 측은 선수가 파트너를 볼 수 없도록 불투명한 칸막이를 세웠다. 이에 발놀림으로 신호를 보내는 것이 적발되자 이번에는 탁자 밑에 칸막이가 생겼다. 토너먼트를 감독하는 사람들은 새로운 신호 방법을 탐지하고 대응하느라 선수들과 계속해서 경쟁을 펼치지만 어떤 탐지 방법도 완벽할 수는 없다.

2015년 세계 최고의 이인조 선수, 풀비오 판토니와 클라우디오 누네스가 카드의 방향을 바꾸는 방법으로 어떤 다른 카드를 들고 있는지 신호를 보내는 부정행위를 했다는 혐의로 기소되었다. 아메리칸 콘트랙트 브리지리그는 그런 행위를 금지했지만 다른 브리지 조직들은 통계적 증거가 충분히 결정적이지 않다는 이유로 비슷한 조치를 번복했다. 그런데도 다른 선수들은 이 선수들의 부정행위를 의심했고, 이탈리아가 2021년 유럽 챔피언십 대표팀에 판토니를 포함시키자 다른 모든 팀이 이탈리아팀과의 경기를 거부했다. 2016년 이스라엘 브리지 듀오로 최상위권에 있던 로

탄 피셔와 론 슈워츠는 각 판이 시작될 때 모든 카드가 있는 '보드board'를 다른 위치에 두어 신호를 보낸 혐의로 아메리칸 콘트랙트 브리지리그에서 제명당했다.[22]

두 경우 모두 관찰자들이 부정행위라고 의심한 것은 그 파트너들이 상대편에 비해 일관되게 지나치게 좋은 성적을 거뒀기 때문이다. 그들은 다른 우수한 팀이 하지 못하는 비딩 실력을 보여주었을 뿐 아니라 어떤 카드를 낼지 선택할 때 정통에서 벗어난 결정을 했다. 그런 선택이 놀라울 정도로 자주 성공한 것은 부당하게 얻은 정보에 근거해 게임하고 있음을 암시했다.

이런 패턴은 부당한 텔로서, 말하자면 테니스 선수 보리스 베커 혀의 브리지 버전이었다. 하지만 베커는 자신의 혀가 어떻게 움직이는지 몰랐고, 브리지에서 부정행위를 한 선수들은 자신들의 텔을 알았을 것이 분명하다. 효과적으로 부정행위를 하기 위해서는 두 사람이 공모를 해야 하니까.

"우리 어디서 만난 적 있지 않아요?"

체스나 투자에서와 마찬가지로, 과학에서도 지나친 일관성은 부정행위의 징후일 수 있다. 변동성이라고는 전혀 없고, 데이터나 그래픽 이미지를 복제하지 않고서야 그 일관성을 설명할 수 없을 때도 있다.

2000년 뉴저지의 유명한 연구소 벨랩스에서 일하던 물리학자 얀 헨드릭 쇤은 미국 최고의 과학 저널 〈사이언스〉에 다섯 편, 그 경쟁지인 영국의 〈네이처〉에 세 편의 논문을 발표했다. 다음 해에 그는 두 저널에 각기 네 편의 논문을 더 발표했다. 2년 동안 총 16편이었다. 이는 일류 대학교의 물리학과 전체가 내는 연구 성과에 필적하는 수준이었다.

쇤의 논문은 밀레니엄 전환기에 과학계에서 각광받던 주제인 초전도였다. 그는 실용성이 상당한 발견을 했다고 보고했고 연구 결과를 보여주는 그래프들은 그 결론에 한 점의 의혹도 남기지 않았다. 무엇보다 인상적인 것은 31세의 쇤이 이 모든 혁명적인 연구를 혼자 해냈다는 것이다. 정말 그랬을까?[23]

저널 기사나 학회 발표 자리에서 등장하는 과학적인 표, 도표, 그래프는 정보를 전달하고 생각을 쉽게 이해시키기 위해 고안된 것들이다. 반면에 미술은 정서와 심미적 감상을 자아내기 위해 만들어진 것이다. 하지만 두 유형의 이미지 모두 설득력과 영향력을 가질 수 있다. 둘 모두 경외감을 불러일으키고 통찰을 자극할 수 있다. 둘 모두 명료함, 우아함, 완벽함과 같은 인상을 남길 수 있다. 그리고 둘 모두 우리를 속일 수 있다.

앤서니 아모르가 책《사기의 기술The Art of the Con》에서 자세히 설명한 엘리 사카이와 그의 갤러리, 익스클루시브 아트Exclusive Art Ltd.의 사례를 생각해보자. 사카이는 샤갈, 모딜리아니와 같은 여러 20세기 예술가들의 독창적인, 하지만 그다지 주목받지 않은 작품을 구입했다. 그런 다음 그는 그림을 배우는 과정에서 명작을 모사하곤 했던 재능 있는 중국 예술가들을 고용했다(때로는 그들의 미국 이민을 후원하기도 했다). 사카이는 이들에게 스튜디오를 제공하고 자신이 합법적으로 소유하고 있는 작품의 위작을 그릴 수 있게 오래된 캔버스를 구입했다.[24]

이미 진품을 소유했는데 왜 위조를 할까?

첫째, 원본이 바로 앞에 있으면 완벽한 사본을 만들기가 더 쉬워진다. 세부적인 사항, 붓질의 형태와 캔버스 뒤의 표시에 이르는 모든 것을 볼 수 있기 때문이다. 둘째, 당신이 원본을 인수했다는 문서가 남아 있기 때문에 누구도 당신이 시장에 내놓은 사본의 출처에 이의를 제기할 이유가 없다.

사카이는 이런 방식으로 수백 점의 그림을 판매하고 원본은 자신이 보관했다. 그는 같은 작품을 두 번, 처음에는 사본을, 다음에는 원본을 판매하다가 결국 발각되었다. 사카이가 소유한 폴 고갱의 〈꽃병Vase de Fleurs〉(라일락Lilas) 원본이 소더비 카탈로그에 등장한 시즌에, 경매에 같은 작품이 나왔다 .위작을 구입한 사람이 내놓았던 것이다. 폴 클레의 작품을 구입한 또 다른 수집가는 같은 그림이 소더비에서 판매되는 것을 발견했다. FBI는 이런 사례가 더 있고, 사카이가 모든 사건에 연루되어 있음을 밝혔다.[25]

예술품은 출처가 불분명한 경우가 많다 보니 모순이 많을 수밖에 없다지만 이중 판매는 예술계에서만 일어나는 일이 아니다. 플라밍고카지노의 지분을 100퍼센트가 넘게 팔아넘긴 벅시 시걸의 사례에서도 알 수 있듯이 같은 것을 한 번 이상 파는 사기에서 벗어나기란 쉽지 않다. 이런 일을 벌인 부도덕한 사기꾼은 사카이만이 아니며, 그는 고가의 그림으로 비교적 교양 있는 고객들에게 사기를 시도했다는 면에서 특이할 뿐이다.

사카이와 마찬가지로 물리학자 쇤도 한동안 전문가들을 속일 수 있었다. 동료들이 그의 획기적인 실험 일부를 재현하지 못했을 때에서야(그리고 시간과 노력을 낭비하면서 스스로 희생자가 된 후에야) 발각되었다. 한 보고서에 따르면, 100개의 연구소가 쇤의 연구 결과를 기반으로 시도했다가 실패한 실험에 들어간 비용만 총 수천만 달러에 달한다.

이후 그들은 쇤의 논문과 그의 놀라운 연구 결과를 자세히 검토하기 시작했다. 2002년, 쇤의 고용주가 의뢰한 독립적인 조사를 통해 쇤이 동일한 연구를 반복적으로 '판매'한 것이 밝혀졌다. 그는 일부 논문의 데이터를 조작한 다음 측정치와 라벨을 변경하거나 모든 값에 일정한 계수를 곱하거나 나누는 방식으로, 결과 수치를 다른 논문에도 이용했다. 그렇게 만들어진 그래프는 별개로 보면 명쾌하고 설득력이 있는 것 같지만, 다른 것들과 나란히 놓고 보면 사본이 명백했다.[26]

지금은 얀 헨드릭 쇤 본인 외에, 그의 공저자를 비롯한 물리학계의 모든 사람들이 쇤의 연구 결과가 사기였다는 사실을 인정하고 있다. 2022년 9월 현재, 쇤의 논문 중 32편이 그것을 게재한 과학 저널에 의해 철회되었으며, 기록을 바로잡는 데에만 수년이 걸

렸다.[27]

쇤이 흑백 그래프를 재활용하던 20년 전에는 과학적 이미지를 조작하는 것은 드문 일로 여겨졌다. 거기에서 더 나아가 조작된 이미지를 의도적으로 찾아내겠다는 것은 건초 더미에서 바늘을 찾는 것만큼이나 생산적이지 않은 일로 보였을 것이다. 과학 저널이 급증하고, 연구자들이 획기적인 연구 성과와 영향력 있는 발표에 대해 느끼는 압박감이 커지고, 많은 과학 저널의 논문 검토 기준이 낮아진 지금은 더 이상 그렇지 않다.

1990년대 후반, 인지과학자 론 렌싱크는 '변화맹change blindness'로 알려진 현상에 대한 최초의, 가장 중요한 연구를 수행했다. 변화맹이란 눈 깜빡임이나 스크린 플래시와 같이 잠깐 사이 변화가 일어날 때 사람들이 이미지 변화를 알아차리지 못하는 것을 말한다. 렌싱크는 한 시연에서 비행기의 원본 사진과 엔진 중 하나가 없는 편집된 사진을 번갈아 보여주었다. 두 버전 사이 짧게 빈 화면을 삽입하자 사람들은 그 변화를 반복적으로 놓치곤 했다. 어디를 봐야 하는지 알게 되면 분명히 발견할 수 있는 변화인데도 알아채지 못했다.

렌싱크는 변화를 알아채기도 어렵지만 변화의 바다에서 변하지 않는 유일한 무언가를 발견하기가 더 어렵다는 것을 보여주었다. 수십 개의 형태들이 매번 색을 바꾸는 와중에 동일한 색을 유지하는 한 가지 형태를 찾아야 한다고 상상해보라.[28]

이렇게 어려운 과제인 만큼, 엘리자베스 빅이 하는 일은 극히 인상적일 수밖에 없다. 네덜란드의 미생물학자인 그녀는 사기 수사관이 되었다. 그녀는 완전히 다르다고 여겨지는 이미지에서 '동일성'을 찾아내는 일의 대가다. 그녀는 이례적으로 뛰어난 패턴 인식 능력에 의지해 과학 이미지에서 복제된 부분을 찾아낸다. 복제된 조각을 확대, 축소, 회전하거나, 임의로 시각적 노이즈를 추가해서 다르게 보이도록 수정한 경우에도 그랬다.

빅은 출판된 논문에서 수천 건의 중복 사례를 폭로했고, 한 개 이상의 '논문 공장paper mill'(400개의 서로 다른 과학 논문에 들어간 명백하게 조작된 데이터의 단일 출처)을 폭로한 공로를 인정받고 있다. 〈분자·세포생물학〉을 감사하고는 59편(약 6퍼센트)의 논문에 이미지를 조작했거나 중복한 증거가 있다고 밝혔다. 그녀의 노력 덕분에 논문 다섯 편이 철회되었고 41편은 수정되었다.[29]

데이터 중복이 너무 명백해서 특별한 패턴 인식 기술 없이도 발견할 수 있을 때도 있다. 서로 다른 논문에서 동일한 숫자들이 미스터리하게 반복되는 것을 알아차리기만 하면 된다. 데이터 탐정인 닉 브라운은 영양학자인 브라이언 완싱크의 설문조사에 응답한 사람들의 수에서 의심스러운 수준의 일관성을 관찰했다. 참가자 모집 절차가 달랐는데도 참가자 수가 동일했다.

첫 번째는 무작위로 선정된 전국 성인 표본에게 1,002개의 설문지를 우편으로 발송한 후 770개의 응답을 받았다. 두 번째는 1,600개의 설문지를 발송해 똑같은 770개의 응답을 받았다. 세 번째는 2천 개 설문지를 보내 역시 770건의 응답을 받았다. 오리지널 '스타트렉' 시리즈에서의 미스터 스폭이라면 커크 선장에게 "세 개의 개별 연구에서 각각 정확히 770개의 응답을 받을 확률은 '대략'(여기에 천문학적으로 큰 숫자를 삽입하라) 대 '1'입니다"라고 말할 것이다.[30]

완싱크는 영양학계에서 매우 유명한 연구자 중 한 명이었다. 그는 텔레비전에 자주 출연했고 미국 정부가 학교 영양 지침을 개발하는 일을 도왔다. 닉 브라운과 다른 연구자들은 완싱크가 2016년 "절대 '노'라고 말하지 않는 대학원생"이라는 제목으로 체리피킹 cherry-picking(어떤 대상에서 좋은 것만 고르는 행위를 통칭하는 용어), 유연한 분석, 유의미한 결과를 얻기 위한 데이터 재분석을 장려하는 글을 쓴 후 완싱크의 연구를 조사했다. 우리는 처음 이 블로그를 읽고 부정직한 과학으로 이어지는 비뚤어진 유인에 대한 풍자적인 해석이라고 생각했다. 그렇지가 않았다. 헤드라인을 장식하는 (하지만 대중을 오도하는) '연구 결과'를 발표하는 방법론에 대한 안내서였다.

완싱크의 모든 연구를 조사한 브라운과 다른 연구자들은 과도한 일관성뿐 아니라 텍스트 재사용을 비롯한 다른 문제들도 발견했다. 코넬대학교는 이런 비난에 대응해 완싱크를 조사했고 "연구에서 데이터의 허위 보고를 비롯해 학술적으로 부정행위를 저질렀다"는 결론을 내렸다. 완싱크는 연구와 교수직을 박탈당하고 코넬대학교에서 사임했다.[31]

'평균적으로'와 '매번'은 다르다

부주의했든 고의적으로 부정행위를 했든 간에 중복 데이터는 과학적 과오의 명백한 증거다. 그러나 한 연구를 다른 연구에 문자 그대로 붙여 넣은 것이 아니더라도 지나친 일관성은 의심을 불러일으킨다. 2012년 〈사회심리학·성격과학〉에 실린 옌스 푀스터와 마르쿠스 덴츨러의 논문의 사례를 생각해보자. 이 논문에는 포괄적·국소적 감각 과정이 창의성에 미치는 영향에 대한 12개의 개별 실험이 포함되어 있다.

대상에 대해 생각할 때 세부 사항에 집중하기보다(국소적 사고) 전체로 생각하면(포괄적 사고) 다른 인지 작업을 완료할 때 더 창의적으로 반응하거나 더 광범위하게 생각할 수 있다는 가설이었다. 이 실험에서는 포괄적 사고나 국소적 사고에 대한 준비가 없는 대조 그룹이 있어야 한다.

푀스터는 12개의 실험 각각에서 포괄적 사고를 하도록 준비된 참가자의 평균과 국소적 사고를 하도록 준비된 참가자의 평균을 연결하는 선형 추세가 나올 것이라고 예상했고 그런 결과를 얻었다. 그리고 중간 정도의 점수가 나올 것으로 예상되었던 대조 그룹은 그런 결과를 냈다. 사실 모든 연구에서 세 그룹을 연결하는 선이 거의 일직선이 될 정도로 양분되었다. 예상과 결과가 일치한 것이다, 그것도 너무나 완벽하게.[32]

수천 명의 참가자를 대상으로 한 많은 연구에서라면 중간 그룹이 평균적으로 양쪽 그룹 사이 정가운데에 있을 수 있다. 하지만 소규모 연구 각각에서는 그런 기대를 할 수 없다. 우연히 '중간' 그룹이 다른 그룹 사이의 중심 지점 근처에 있을 수도, 때로는 중심 지점에서 멀리 떨어질 수도 있다. 가끔은 '중간' 그룹이 다른 그룹들보다 높거나 낮은 점수를 기록할 수도 있다. '중간' 그룹이 매번 다른 두 그룹 사이 정가운데 위치할 가능성은 거의 없다. 그 가능성은 동전을 100번 던져 앞면이 정확히 50번 나오는 것과 비슷하다.

우리는 그 확률이 8퍼센트 미만일 것으로 예상한다. 이제 동전 던지기를 수십 번 반복해 매번 앞면이 정확히 50번 나온다고 상상해보라. 이는 14조 회에 한 번 일어날까 말까 한 일이다.

네덜란드 국립과학건전성위원회는 푀스터의 여러 논문을 조사했고 이후 창의성에 대한, 12개의 개별 실험을 통한 12개의 연구는 철회되었다. 이 보고서는 "대조 그룹 점수에서 발견된 다양성이 사실이라 할 수 없을 만큼 부족해서 단순한 부주의나 의심스러운 연구 관행으로는 설명되지 않는다"라고 말하고 있다. 다시 말해, 결과가 지나치게 일관적이어서, 기록의 오류나 편향된 방식의 데이터 분석, 패턴이 드러나지 않는 데이터를 제외한 탓으로만은 볼 수 없다는 것이다. 당시 500만 유로의 연구 보조금을 받은 상태로 독일 보훔루르대학교에서 종신 교수 임용을 앞두고 있었던 푀스터는 학계를 떠나 개인 '긍정심리학' 클리닉을 차렸다.[33]

철회된 논문들

과도한 일관성 때문에 지각 과정이 창의성에 미치는 미묘한 영향보다 훨씬 큰 이해관계가 걸린 연구에 대한 부정행위 조사가 시작된 적이 있다. 일본의 생의학자 사토 요시히로는 골절에 관한 수십 건의 임상 실험 데이터를 조작했다. 그는 시도한 거의 모든 치료법이 큰 효과를 보았다는 일관적인 보고를 했다. 하지만 일관성은 부정행위에 대한 가장 설득력 있는 증거이기도 했다.

영양학자 앨리슨 에버넬은 논문을 쓰기 위해 다른 논문들을 검토하던 중 사토의 논문 두 편에서 이상한 점을 발견했다. 치료 그룹과 통제 그룹이 실험 시작 **전** 수집한 여러 측정 지표에서 거의 동일한 평균 점수를 낸 것이다. 사토가 수행했다고 하는 그런 임상 실험에서는 사람들을 치료 그룹과 통제 그룹에 무작위로 배정한다. 특정 조건을 제외한 다른 모든 조건이 두 그룹 모두에서 비슷하도록 만들기 위해서다. 더 정확하게 표현하면, 무작위 배정은 누가 어떤 그룹에 속하는지에 체계적인 **편향이 없게끔 하는 조치다.**[34]

농구 경기를 할 팀을 선택한다고 상상해보자. 레드팀과 블루팀이라고 부르기로 한다. 운동을 잘하는 사람들을 모두 레드팀에, 운동이라고는 하지 않는 사람들을 모두 블루팀에 배정하는 것은 불공평하다. 그것은 체계적인 편향이다. 그 대신 동전을 던져 팀을 배정하면 운동을 잘하는 사람들과 못하는 사람들이 섞여 각각의 팀에 비슷하게 분포할 가능성이 높다. 여전히 한 팀이 더 우세할 수도 있지만, 그런 유리함은 편향이 아니라 우연에 의한 것이다. 동전 던지기는 한 팀을 다른 팀보다 체계적으로 유리하게 만들지 않는다.

팀을 선택할 때마다 동전 던지기를 해서 레드팀과 블루팀을 구성하면, 평균적인 레드팀과 평균적인 블루팀에는 운동을 잘하는 사람과 못하는 사람이 비율이 같을 것으로 예상된다. 이 과정 자체는 전적으로 공정하지만 어떤 게임에서든 블루팀의 운동을 잘하는 사람이 레드팀보다 몇 명 더 많을 것이다(또는 그 반대가 될 것이다).

임상 실험에서의 무작위 배정도 동일한 방식으로 이루어진다. 각각이 치료 그룹 혹은 통제 그룹에 속할 가능성이 같기 때문에 교육 정도나 연령, 더 중요하게는 질병의 중증도, 건강 행동, 기타 치료에 얼마나 잘 반응할지에 대한 예측 변수(측정되지 않았거나 측정할 수 없는 것을 포함한다)의 개인차가 **평균적으로** 균등하게 분포될 것이다. 즉, 치료 그룹이나 통제 그룹 어느 한쪽에 유리한 체계적인 편향이 존재하지 않을 것이다.

하지만 무작위 배정은 특정 연구에서 치료 그룹과 통제 그룹이 모든 면에서 정확히 동일함을 보장하지는 않는다. 사실, 무작위 배정은 그렇게 않음을 보장한다. 연구에서 충분히 많은 것을 측정한다면 약물, 위약 또는 그 밖의 다른 것을 투여하기 **전** 치료 그룹과 대조 그룹은 일부 측정치에서 차이가 날 수밖에 없다. 소규모 연구에서는 이런 기준의 차이가 꽤 클 수 있다.

예를 들어, 우연히 소규모 연구 참가자 대부분이 30대인데 한 명이 60대인 경우, 나이가 많은 참가자가 포함되는 그룹의 평균 연령은 높아질 것이다. 이 연구를 무한히 반복한다면 60세 이상의 참가자는 치료 그룹과 대조 그룹에 배정될 가능성이 동일해지기 때문에 두 그룹의 평균 연령이 같아지겠지만, 단기적으로라면 무작위 배정은 '균등' 배정에 이르지 못한다.[35]

아이러니하게도 연구자들은 기준선 차이baseline difference를 찾지 않는 것을 선호한다. 해당 연구에서 개입 효과를 해석하는 일이 복잡해질 수 있기 때문이다. 예를 들어 치료를 받은 그룹이 그렇지 않은 그룹보다 더 아프다고 호소하면 이 치료법은 공정한 실험을 거치지 못한 것일 수도 있다. 사탕발림으로 설득력 있는 결과를 도출하려 하는 부도덕한 연구자들이 기준선 차이를 없애는 데 매달리는 이유도 여기에 있다. 하지만 그룹 간의 모든 측정치가 너무 비슷하다면 그것 역시 무언가 잘못되었다는 경고 신호다. 사토의 비행이 드러난 것은 기준선의 차이가 0에 너무나 가까운 연구가 너무나 많았기 때문이다.

에버넬은 마크 볼랜드, 그렉 갬블, 앤드류 그레이와 협력해 사토와 여러 동료가 발표한 32개 임상 실험에서 513개의 변수를 수집했다. 사토가 사람들을 무작위로 배정했다면 치료 그룹과 통제 그룹 사이에 다양한 차이가 나타날 것이다. 하지만 메이도프의 연도별 수익률 차이가 너무 일관되게 작았던 것처럼, 사토의 기준선

차이 중 지나치게 많은 수가 우연이란 설명을 받아들이기 어려울 정도로 0에 가까웠다.[36]

이런 접근법, 즉 연구에서 관찰되는 기준선 차이의 패턴을 실제 무작위 배정에서 발생해야 하는 차이와 비교하는 방법은 영국의 마취과 의사인 존 칼라일이 처음 개발했다. 그는 마취에 관한 5천 건 이상의 무작위 대조 실험에 이 방법을 적용했다. 그중 72건은 데이터 조작이나 사기가 드러나 이미 철회된 것이었다. 철회된 논문 중 43건(60퍼센트)은 사토의 논문들과 동일한 문제를 갖고 있었다. 기준선 차이가 일관되게 작은 경우가 너무 많았던 것이다. 여전히 과학 문헌의 일부로 남아 있던 논문의 15퍼센트도 칼라일의 시험을 통과하지 못했다. 이는 기준선 일관성이 신뢰할 만한 문제 신호라는 점과 이 분야에 여전히 더 많은 문제가 숨어 있다는 점을 시사했다.

칼라일의 연구는 현재 과학 문헌에서 가장 많은 논문이 삭제된 기록을 보유하고 있는 일본의 마취과 의사 후지이 요시타카의 논문 183편이 철회되는 데 큰 몫을 했다.[37]

일관성은 사기꾼들만 이용하는 도구가 아니다. 많은 합법적인 조직들이 우리가 일관성을 얼마나 소중하게 여기는지 잘 알고 있으며, 고객이 자신들의 제품과 서비스에 대해 신뢰할 수 있는 경험을 하도록 비상한 노력을 기울인다. '브랜드'를 갖고 있다는 것은 고객이 언제 어디서 그 브랜드를 만나든 매번 기대하는 품질을 얻을 수 있다는 확신을 갖는다는 의미다.

일관성에 대한 고객의 기대는 기업이 상표를 만들고 보호하는 이유 중 하나다. 어느 햄버거 가게가 나름의 '맥도날드' 햄버거로 고객에게 좋지 않은 경험을 제공한다면 인근의 진짜 맥도날드 매장의 매출을 빼앗을 뿐 아니라 맥도날드에 대한 고객의 전반적인 경험을 조금씩 갉아 먹으면서 맥도날드 전체에 피해를 줄 것이다. 당신 제품(예를 들어 맥도날드 햄버거)이 세계 최고까지는 아니더라도 매번 동일한 경험을 제공한다면, 고객들은 상방 품질의 기회(다른 레스토랑의 햄버거가 훨씬 더 좋을 가능성)를 일관성이라는 하방 보호(정말 나쁜 햄버거를 먹을 확률이 훨씬 낮음)와 맞바꿀 것이다.[38]

반복된 경험의 일관성은 친숙함을 낳고, 친숙함은 일관성 이상의 유용한 정보를 제공할 수 있다. 어떤 것에 대한 친숙한 느낌은 이전에 경험한 적이 있고, 위험하지 않으며, 신뢰할 수 있다는 좋은 신호인 것이 보통이다. 하지만 친숙함은 무기가 될 수도 있다. 사기꾼은 우리가 알고 있는 것을 모방하거나, 가짜 브랜드를 만들거나, 잘 알려진 이름을 연상시켜 이득을 얻는다. 발각되기 전까지 말이다. 다음 6장의 이야기는 친숙함이란 후크가 어떻게 회의주의의 방어막을 낮추고 속아 넘어갈 위험을 높이는지에 대한 것이다.

6

어디서 보고 들은 것 같은 '친숙함'

익숙한 것이 진짜라는 증거는 없다

우리는 친숙함을 진실과 정당성의 대략적인 지표로 보고 거기에 의존한다. 들어본 적이 있는 것 같은데 왜 그런지 모르겠다면, 우리는 그것이 진짜와 비슷할 뿐이지 진짜가 아니며 누군가가 우리를 속이고 있을지 모른다는 가능성을 고려해야 한다.

2021년 3월, 플로리다의 전 공화당 상원의원 프랭크 아틸레스는 선거 자금 조달 사기로 체포되었고, 전년도 주 상원의원 선거에서 가짜 제3당 후보자를 지원한 혐의로 기소되었다.[1] 아틸레스는 알렉스 로드리게스라는 인물에게 4만 달러 이상을 수고비조로 주고 그를 공화당 유권자에서 무소속 유권자로 변경한 뒤 후보자 등록 서류를 제공한 혐의를 받고 있다. 로드리게스는 자신이 출마하려는 선거구에 거주하지 않았기 때문에 이전 주소지가 기재된 운전면허증을 사용했다.

그는 선거 운동도 하지 않았고 선거 기간 동안 공개 연설도 하지 않았는데도 수천 표를 얻었고 결국 민주당 현역 의원인 호세 하비에르 로드리게스는 40표도 되지 않는 차이로 선거에서 패배했다. 검찰은 아틸레스를 기소하는 한편, 로드리게스도 선거법 위반 혐의로 기소했다. 로드리게스는 출마 의사 없이 투표용지에 자신의 이름을 올린 것에 대해 유죄를 인정했다. 그는 체포된 후 아틸레스에게 사기를 당했다고 주장하며 당국에 협조를 구했다.[2]

유령 후보자를 내세우는 것은 민주주의 근본 원칙에 위배되기는 하지만, 그 자체로 불법은 아니다. 〈올랜도 센티넬Orlando Sentinel〉의 조사를 통해, 세 구역 선거에서 잘 알려지지 않은 무소속 후보자를 지지하는 거의 동일한 우편물의 발송자가 신원 미상의 한 사람으로부터 자금을 제공받았다는 증거가 드러났다. 선거를 앞두고 상원에서 공화당은 23석, 민주당은 17석을 확보하고 있었고 20석이 누구에게 돌아갈지 확실치 않은 상황이었다. 세 구역 선거 모두에서 '유령 후보자'가 민주당 후보자의 표를 빨아들여 공화당 후보자의 승리를 도왔고, 21대 19라는 약한 우세 상황을 24대 16의 확고한 과반수로 탈바꿈시켰을 가능성이 높다.[3]

두 로드리게스의 사례는 우리가 친숙함에 어떻게 속는지를 잘 보여준다. 상대 후보자와 같거나 비슷한 이름을 가진 스포일러 후보자spoiler candidate(방해용 입후보자)를 출마시키는 것은 이런 정치적 속임수의 가장 노골적인 예일 것이다.

오래전부터 후보자들은 친숙한 이름으로 혜택을 봐왔다. 1986년, 극단주의 정치인 린든 라루슈의 추종자 두 명이 일리노이주 부지사·국무장관 예비선거에서 기존 민주당 후보자를 누르는 데 성공했다. 실제로 정보가 비교적 부족한 미국 유권자들에게 흔한 이름(제니스 하트, 마크 페어차일드)이 주는 친숙함이 덜 친숙한 이름(오

렐리아 푸친스키, 조지 상마이스터) 후보자를 상대로 승리하는 데 기여했다는 의견이 있다.[4]

크리스 오설리번이 이끄는 연구팀은 이 일리노이 예비선거 결과에서 영감을 얻어 1988년 연구를 진행했다. 그들은 대학생들에게 오로지 후보자의 이름(페어차일드, 생마이스터)만 제시하고는 누구에게 투표할지 질문했다. 학생의 30퍼센트가 '둘 다 선택하지 않는다'는 답을 했다. 두 후보자에 대해 아무것도 모른다는 점을 고려하면 가장 합리적인 선택이었다. 하지만 투표에 참여한 학생 중 3분의 2(46명 중 31명)가 페어차일드를 선호했다. 후보자의 입장에 대한 실질적인 정보가 없는 상황에서 좀 더 '전형적인' 이름을 선호한 것이다.[5]

케네디 가문의 후보자가 선거에서 승리하는 데에는 인지도나 단순한 친숙함뿐 아니라 뛰어난 정치 기술, 유권자가 보유한 후보자와 후보자의 입장에 대한 많은 지식, 더 많은 선거 자금 지출 등의 다른 요인도 있을 것이다. 그러나 야구계의 슈퍼스타 알렉스 로드리게스가 없었다면 유령 후보 알렉스 로드리게스가 그렇게 많은 표를 얻지 못했으리라고 예상되는 것처럼, 단순히 이름을 더 자주 접한 것이 그 이름을 가진 사람에 대한 선호로 이어질 수도 있다.

명성, 명성, 명성

오스카 와일드의 《도리언 그레이의 초상》에서 헨리 경이 말한다. "사람들의 입에 오르내리는 것보다 더 나쁜 일이 세상에 단 하나 있다. 사람들의 입에 오르내리지 않는 것이다." 와일드의 말이 옳다. 모든 홍보는 친숙함을 강화한다. 우리가 느끼는 친숙함이 부정적 정보에서 비롯되었다는 사실을 잊어버리면 우리는 그것을 긍정적인 신호로 받아들이는 경향이 있다. 그렇기 때문에 모든 홍보는 좋은 홍보라는 격언이 존재할 수 있는 것이다.

세바스티안 바이스도르프, 발레리 마시, 애드리언 마르에 대해 들어본 적이 있는가? 1989년 진행된 연구는 이들을 하룻밤 사이에 유명해지게 만들었고, 이로써 와일드의 추측에 증거를 제공했다. 인지심리학자인 래리 자코비, 콜린 켈리, 주디스 브라운, 제니퍼 자세코는 대학생들에게 세바스티안 바이스도르프와 같은, 유명하지는 않지만 독특한 이름의 목록을 읽도록 했다.

이후 이들은 로저 배니스터, 미니 펄, 크리스토퍼 렌과 같은 실제 유명인의 이름과 함께 가공의 이름들 일부가 포함된 더 긴 이름 목록을 만들고 같은 학생들에게 유명인의 이름을 가려내달라고 요청했다. 목록을 읽은 후 바로 판단을 내린 학생들은 바이스도르프가 유명인이 아니라는 것을 집어냈다. 하지만 명단을 읽고 24시간이 지난 후 유명인을 가려내게 하자 학생들이 바이스도르프를 유명인으로 여길 여지가 조금 높아졌다. 이름은 친숙했지만 친숙한 이유를 더 이상 알지 못했기 때문에 친숙함을 그 이름을 가진 사람이 유명인이란 신호로 해석할 가능성이 더 높아진 것이다.

일반적으로 잘 알려지지 않은 이름보다 잘 알려진 사람의 이름에 친숙할 가능성이 높기 때문에 개인적으로 모르는 사람의 이름이 친숙하다면 유명한 사람이라고 추론하는 것이 합리적이다.[6]

실제로 이름의 친숙도를 높이는 것만으로도 선호도가 높아질 수 있다. 정치학자 신디 캄과 엘리자베스 젝마이스터는 마이크 윌리엄스와 벤 그리핀이라는 가상의 두 후보자에 대한 유권자들의 상대적 선호도를 비교했다. 윌리엄스는 더 흔한 성이었고, "어느 후보자에게 투표하시겠습니까?"라는 질문에 대한 선택지들 중에서 가장 상단에 나오는 이름이었다. 추가 정보가 없을 때 참가자의 3분의 2가 윌리엄스를 선택했다. 친숙한 이름과 투표용지 상단에 가장 먼저 표시되는 이름이 선거판에서 유리하다는 것을 보여주는 연구와 일치하는 결과다.[7]

그러나 시청자가 봤는지 안 봤는지 확신할 수 없을 정도로 빠르게 그리핀의 이름을 반복적으로 화면에 표시하자 윌리엄스라는 친숙한 이름의 강점을 상쇄시킬 수 있었다. 이런 화면을 보는 조건에서는 윌리엄스에 대한 유권자의 선호도가 13퍼센트 하락해 2 대 1의 차이로 손쉽게 승리하지 못하고 박빙의 승부를 벌이다 승리했다. 캄과 젝마이스터가 그리핀의 이름을 반복적으로 노출시키자 그에게 투표하겠다고 답한 사람들이 증가한 것이다.

다운밸럿down ballot(대선과 동시에 실시되는 다른 선출직 선거)에서는 잘 알려지지 않은 후보자가 친숙도를 높여 혜택을 볼 수 있지만, 실제 선거에서는 화면에 깜빡이는 이름과 같은 미묘한 방법으로 투표 선호도가 13퍼센트나 변할 것이라고 기대해서는 안 된다. 이런 것은 광고, 폰뱅킹, 공공 행사, 언론 보도, 예상하지 못한 뉴스 등 실제 투표에 영향을 미치는 모든 요소들에 뒤덮일 가능성이 높기 때문이다. 세간의 이목을 끄는 선거라면 특히 더 그렇다. 하지만 이 연구는 친숙함이 우리가 미처 깨닫지 못하는 방식으로 우리의 결정에 영향을 미칠 수 있다는 것을 입증해준다.

이런 연구는 선거를 앞두고 벽보와 현수막이 급증하는 이유를 설명하는 데도 유용하다. 벽보와 현수막은 주로 선호와 친애를 드러나는 수단으로, 인기 없는 후보자를 주류 후보자로 보이게 하는 데 도움이 될 수 있다. 친숙도를 높여 후보자에 대한 지지도를 높일 수도 있다. 벽보를 무작위로 부착한 현장 실험은 벽보가 평균적으로 득표율을 약 1.7퍼센트 올리는 작은 인과적 영향력을 가진다는 것을 보여주었다.[8]

같은 원리가 삶의 다른 영역에서도 적용된다. 미심쩍은 출처에서 나온 설득적인 메시지는 처음에는 영향력이 거의 없다. 의심스러운 출처 탓에 사람들은 그 메시지를 무시한다. 하지만 시간이 지나면 친숙함 때문에 메시지의 설득력이 커질 수 있다. 메시지가 (허위이더라도) 신뢰할 수 있는 출처로부터 전달되거나 신뢰할 수 있는 형식으로 제시되면 훨씬 강력한 힘을 갖게 된다.[9]

마케터들은 인지도를 높이고 신뢰감을 주기 위해 친숙함에 의존하는 경우가 많다. 랄프 로렌이나 이케아와 같은 기업이 제품에 고유명사('햄튼' 셔츠나 '빌리 책장 등)를 사용하고, 신생 업체가 친숙한 아이콘을 연상시키는 이름을 짓는 이유도 여기에 있다(자율주행 트럭 회사 니콜라는 니콜라 테슬라의 이름을 사용해 스스로를 상징적인 발명가 그리고 업계의 가장 유명한 회사와 연결지었다).

뉴욕에는 한때 수십 개의 '레이 원조 피자Ray's Famous Original Pizza' 레스토랑이 있었지만 서로 아무런 관련이 없었다. 또한 기업들은 이미 알고 있는 것을 찾는 소비자들의 주의를 끌기 위해 기업 제품에 친숙한 색상, 서체 및 기타 '트레이드 드레스trade dress'〔상품 외관이나 포괄적이고 시각적인 이미지를 형성하는 모양과 크기, 색〕 요소를 채택한다. 크리스가 살고 있는 펜실베이니아 중부의 지역 브랜드 감자칩은 경쟁 관계에 있는 대표적인 전국 브랜드인 러플과 매우 유사한 포장 봉지에 담겨 있다.[10]

친숙함과 유사성은 우리의 결정에 큰 영향을 미치는 믿을 만한 단서다. 브랜드에 대한 대중의 인지도를 높이려고 고안된 광고에 기업들이 그토록 많은 투자를 하는 것도 그 때문이다.

1980년대의 일본 신생 자동차 브랜드 인피니티는 실제 제품을 출시하기에 앞서 오로지 브랜드 친숙도를 높이기 위해 차가 단 한 대도 등장하지 않는 TV 광고 시리즈를 방영한 것으로 유명하다. 마찬가지로 비교적 무명이었던 건축 자재 회사 84럼버는 1천만 달러 이상을 들여 2017년 슈퍼볼 시즌에 광고를 내보냈지만, 제품이나 서비스는 전혀 등장하지 않았다. 이민에 대한 긍정적인 이야기를 전달함으로써 브랜드에 대한 관심을 끌려는 시도였다. 얼마 지나지 않아 크리스는 길을 지나다 이 회사의 위치를 알게 되었고, 심지어는 한 번 들러서 확인해볼까 하는 생각까지 했다.[11]

인지심리학자 게르트 기거렌처에 따르면, 재인 휴리스틱(휴리스틱heuristics은 복잡한 과제를 간단한 판단 작업으로 단순화시켜 의사를 결정하는 전략, 재인recognition은 이미 알고 있던 것을 다시 알아보는 것을 의미한다)은 맥락에 관계없이 두 가지 선택지 중에 선호하는 것을 평가할 때 본능적으로 사용하는 규칙이다.

이 규칙을 간단히 표현하면 "불확실할 때는 익숙한 것을 선택하라"가 될 것이다. 크리스는 판단과 의사 결정에 관한 강의에서 이런 휴리스틱의 힘을 입증하기 위해 기거렌처의 연구 중 한 버전을 사용했다.

그는 학생들에게 스페인 프로 축구 1부 리그, 라리가의 모든 팀 목록을 보여주고 강의 당일 리그의 선두팀이 어디라고 생각하느냐고 물었다. 대부분 미국인인 학생들은 축구에 대해 거의 알지 못했고 스페인에 대해서도 아는 바가 많지 않았다. 하지만 대다수가 레알마드리드, 아틀레티코마드리드, FC바르셀로나를 선두팀으로 추정했다. 다른 많은 경우처럼, 친숙함에 의지한 선택이 가장 성공 가능성이 큰 선택이었다. 어느 때이든 스페인에서 가장 잘 알려진 두 도시의 팀이 리그 상위에 속할 가능성이 높기 때문이다. 재인 휴리스틱은 친숙함에 대한 편견을 다양한 상황에서 놀랍도록 효과적인 규범적 의사 결정 규칙으로 체계화시킨다.

친숙함을 사악한 목적을 위해 무기로 이용할 수도 있다. 댄 데이비스는 비즈니스 사기에 대한 필독서《돈을 노린 거짓말Lying for Money》에서 20세기 중반 뉴잉글랜드 마피아가 오랫동안 사용한 사기 유형인 '같은 이름 사기'를 설명하고 있다. 그들은 사기를 치기 위해 만든 회사에 합법적인 기업과 비슷한 이름을 붙여 신용을 쌓았다. 말레이시아의 사업가 존 로우를 떠올리는 것도 좋겠다. 그는 설립을 도운 국부 펀드, 제1말레이시아 개발법인을 통해 수십억 달러를 사취한 혐의를 받고 있다. 장기적으로 복잡한 사기극을 벌이는 대부분의 범죄자들과 마찬가지로 로우도 이 책에서 설명하는 거의 모든 심리적 습관과 후크를 활용했다.

그는 유명하거나 자리를 잘 잡은 회사와 비슷한 이름을 가진 법인을 만드는 '같은 이름 사기'의 변종을 사용했다. 예를 들어, 2012년에는 뉴욕에 본사를 둔 대형 금융기업 블랙스톤과 전혀 관련이 없는 유령 회사 '블랙스톤 아시아부동산 파트너스'를 설립했다. 은행원들은 개인 은행 계좌로 거액을 해외 송금하는 사람을 의심하지만 로우가 가짜 '블랙스톤'으로 송금할 때는 까다롭게 질문하지 않고 승인했다. 2014년, 로우는 1억 달러 이상을 훔칠 목적으로 동료에게 '아바르'라는 이름으로 싱가포르에 은행 계좌를 개설하게 했다. 이 이름이 아부다비의 국부 펀드인 아바르 인베스트먼트와 닮은 것은 우연이 아니었다.[12]

크리스와 몇몇 대학 친구들은 1980년대 중반에 기술 사업을 시작하려고 할 때 일종의 친숙함을 이용한 책략을 시도했다. 10대가 창업한 실리콘밸리 스타트업이 수십억 달러의 가치의 기업으로 성장하는 것이 흔하지 않던 시절, 열아홉 살짜리 친구들이 운영하는 회사는 신뢰를 얻기 어려웠다. 그래서 그들은 잘 알려진 회사라는 착각을 일으키는 이름을 선택했다. '콘솔리데이티드 일렉트로닉스'였다. '콘솔리데이티드Consolidated'(합병·정리된 회사)라는 것은 에너지 회사 콘솔리데이티드 에디슨처럼 기존 기업 여러 개로 형성되었다는 것을 뜻한다. (안타깝게도 콘솔리데이티드 일렉트로닉스는 출범할 만큼 충분한 자금을 모으지 못했고, 따라서 이 친숙해 보이는 이름이 소비자들에게 어떻게 받아들였을지는 영영 알 수 없었다.)

친숙함에 대한 잘못된 인식을 불어넣는 것은 제품이나 권유를 믿을 만하게 보이도록 하고자 하는 모든 사람이 사용할 수 있는 전술이다. 작가도 친숙함을 이용할 수 있다. 논픽션 책 제목으로 유명 소설이나 수상 이력이 있는 영화의 제목을 채택하는 방법이 그렇다.

진짜 뉴스 가짜 의견

보수 성향 미디어 기업, 싱클레어 방송그룹은 2018년 자사 소유의 모든 텔레비전 방송국의 지역 뉴스 앵커에게 일방적인 뉴스와 가짜 뉴스의 위험성에 대한 사설을 읽게 했다. 앵커의 친숙함을 이용한 것이다. 싱클레어 방송국의 전 보도국장 아론 와이스는 기자 니콜 라폰드에게 '반드시 실행해야 하는' 이런 홍보 활동이 그곳 방송국에서 흔한 일이라고 말했다. 싱클레어 방송그룹은 사전 제작된 영상 클립과 대본을 제공했고, 앵커는 이를 그대로 읽어야 했다. 앵커들은 자신들이 하는 말인 것처럼 해야 했고, 진짜 출처를 밝힐 수 없었으며, 시청률이 높은 시간대에 그 방송을 내보내야 했다. 그들은 직업윤리를 위반하거나 일자리를 잃는 것 중 양자택일을 해야 하는 상황이라고 느꼈다.[13]

와이스는 〈허핑턴 포스트〉의 논평에서 이렇게 적었다. "싱클레어는 자신들의 가장 강력한 자산이 지역 앵커의 신뢰성이라는 것을 알고 있었다. 지역 앵커 중에는 싱클레어가 방송국을 인수하기 수십 년 전부터 방송을 해오던 사람도 많았다." 싱클레어 경영진은 그 방송국 시청자에게 친숙한 지역 앵커가 전하는 메시지가 멀리 있는 알지 못하는 경영진의 메시지보다 설득력이 크리라는 것을 알고 있었다. 미디어 감시 단체들은 전국 각지의 뉴스 앵커들이 같은 자료를 읽는 영상을 짜깁기해서 지역 뉴스를 가장한 이 끔찍한 선전 사례를 지적했다.[14]

2021년 6월 4일, 유료 발행 부수를 기준으로 미국에서 손꼽히는 신문인 〈USA 투데이〉 주말판의 네 면이 넷플릭스의 새로운 판타지 드라마 〈스위트 투스Sweet Tooth〉 광고로 뒤덮였다. 광고 디자인은 평소 신문에서 볼 수 있는 자동차 대리점 광고나 백화점 광고와는 딴판이었다. 넷플릭스 광고는 헤드라인이 있는 보통의 〈USA 투데이〉 1면을 그대로 모방했고 맨 위의 '광고'라는 작은 글자 외에는 그것이 진짜가 아니라는 어떤 표시도 없었다. 우리 두 사람 모두 슈퍼마켓에서 이 광고를 처음 보고 순간적으로 속아 넘어갔다.

이런 광고성 콘텐츠는 새로운 현상이 아니다. 이미 1970년대 초, 모빌코퍼레이션은 〈뉴욕 타임스〉에 돈을 내고 에너지 정책을 비롯한 여러 사안에 대한 회사의 견해를 전달하는 사설을 실었다. 이런 사설들은 다른 서체로 인쇄되고, 상자를 두르고, 모빌 로고로 장식되긴 했지만, 윌리엄 사파이어나 러셀 베이커와 같은 그 신문의 저명한 고정 논객들의 글 옆에 배치되어 그들의 권위가 내는 후광의 덕을 봤다.[15]

친숙함이 점진적으로 신뢰로 변형되는 것은 신기한 현상이다. 최고의 텔레비전 뉴스 진행자들은 연간 수백만 달러를 받는다. 그들 개인의 '브랜드'가 그들을 신뢰하는 시청자, 상당히 일반적인 정보(그날의 헤드라인)를 다른 사람이 아닌 특정한 개인으로부터 얻는 것을 선호하는 시청자를 끌어들이기 때문이다. 싱클레어 방송국 사례가 보여주듯이, 그들의 입을 빌리면 사람들은 다른 사람의 말이라도 그들의 말이라고 착각한다.

이런 효과를 내는 더 미묘한 형태도 있다. 메이도프는 1990년대 초 자신의 헤지펀드를 완전한 사기로 바꿔놓기 전까지 나스닥증권거래소 회장을 맡는 등 합법적인 활동으로 존경받았다. 이는 많은 사람들이 그에게 돈을 맡긴 이유를 설명해준다. 마찬가지로 도널드 트럼프는 2000년대 리얼리티 쇼 〈디 어프렌티스The

Apprentice〉에서 결단력 있고 허튼짓 하지 않고, 엄청나게 부유한 비즈니스 리더를 극화한 '도널드 트럼프'를 연기하는 유명인으로 전국적인 명성을 얻었다. 사람들은 그 트럼프와 친숙해졌다. 흥미위주의 타블로이드지에나 등장하는 파산한 카지노 운영자라는 1990년대의 트럼프보다 더 매력적인 트럼프와 말이다. 그런 사람들은 그가 진지한 대통령 후보라는 생각을 더 잘 받아들였을 가능성이 높다.[16]

진실을 제조하기

올더스 헉슬리는 《멋진 신세계》에서 "62,400회의 반복은 하나의 진실을 만든다"라고 말했다. 그의 말에는 62,399회의 오차가 있다. 이름을 한 번만 읽어도 나중에 다시 읽을 때 유명한 것이라고 생각할 가능성이 높아지는 것과 마찬가지로, 어떤 것을 단 한 번 듣거나 읽는 것만으로도 그것을 다시 접했을 때 진실이라고 믿을 가능성이 높아진다. 실제의 정확성과 관계없이 그렇다. 이름의 출처가 잊히는 데 시간이 필요한 '가짜 명성false fame' 효과와 달리, 이런 '착각적 진실illusory truth' 효과는 즉각 발생한다.

엠마 헨더슨이 댄, 그들의 동료 데일 바르와 함께 실시한 연구에서는, 영국 출신의 성인 567명 표본이 모호한 사실에 대한 64개의 진술(절반은 사실, 절반은 거짓) 목록을 읽었다. 이후 즉시, 하루

후, 일주일 후, 한 달 후에 그런 진술이 일부 포함된 다른 목록을 읽었다. 그 목록에는 처음 목록에도 있던 16개의 진술과 새로운 16개의 진술이 포함되었다.

참가자들은 진술의 진실성을 완전한 거짓(1점)에서 완전한 진실(7점)까지의 7점 척도로 평가했다. 즉시 테스트했을 때, 새로운 진술 항목의 평균 점수는 약 4.12점이었다. 중간 정도의 수치는 놀라운 결과가 아니다. 각각의 진술은 진실 여부를 실제로 알지 못하도록 선택되었기 때문이다. 반복된 진술 항목의 점수는 새로운 항목 점수보다 0.68점 더 높았다(4.80점). 즉, 같은 문장을 한 번만 읽어도 이후 참가자들의 믿음에 변화가 생기는 것이다. 이 효과는 한 달 동안 지속되었다. 다만 그 시점에는 반복된 진술 목록 점수가 새로운 진술 목록 점수에 비해 0.14점 높은 것에 그쳤다. 다시 말하지만, 이전에 진술을 읽은 것만으로 사람들이 그 진술이 사실이라고 생각할 가능성은 높아졌다.[17]

마이클 리치 감독의 1972년의 정치극 〈후보자The Candidate〉에서 로버트 레드포드는 사이가 멀어진 전 캘리포니아 주지사 아버지보다 진정성 있는 리더가 되기를 갈망하는 젊은 운동가를 연기했다. 하지만 당 지도부에서 상원의원 출마를 권한 후 그는 참모들의 조언을 받아들일 때만 대중을 끌어들일 수 있다는 것을 발견하고 똑같은 상투적인 연설을 계속 반복하기 시작한다. 그로부터 불과 5년 후 착각적 진실에 대한 반복의 효과가 과학적으로 처음 문서화되었다.

지난 10년 동안 착각적 진실에 대한 연구가 빠르게 늘어간 것은 놀라운 일이 아닐지도 모르겠다. 대다수의 연구는 비교적 단기간에 대학생들을 대상으로 사소한 진술에 집중했지만, 일부 연구는 뉴스 헤드라인, 마케팅 콘텐츠, 심지어 건강과 의료에 대한 진술의 반복 효과를 보여주었다. 헉슬리가 인정했듯이 우리는 충분히 자주 들으면 그것을 믿기 시작한다.[18]

신뢰성의 덫

친숙한 진술을 진실과 연결시키고, 친숙한 이름을 신뢰성과 연결시키는 것과 마찬가지로 우리는 정직한 행위자와 연결된 표면적인 특성을 그들이 하는 행동의 정직성과 혼동한다. 예를 들어 제약회사는 과학 간행물로 연결되는 링크들이 있는 설득력 있는 웹사이트를 가지고 있는 경향이 있다. 하지만 누구든 그런 웹사이트를 흉내 내서 미덥지 않은 제품을 홍보할 수 있다.

전미최전방의사회, 최전선코로나중증환자치료연합, 세계보건위원회와 같은 단체들은 모두 평판이 좋은 의료 단체와 닮은 이름을 가지고 있지만(세계보건위원회는 세계보건기구와 비슷해 보인다), 모두 팬데믹 기간 동안 코로나 바이러스에 대한 효과가 입증된 적이 없는 구충제 이버멕틴 등 의심스러운 치료 및 예방 조치를 광고했다. 공식적으로 보이는 이런 '의료' 단체들은 알맹이 없이 기존 단체의 외양만 따온 그럴듯한 웹사이트를 운영하고 있다.

예를 들어, 이브메타닷컴ivmeta.com은 이버멕틴 연구에 대한 '실시간 메타 분석'(이버멕틴 웹사이트 네트워크 밖에서는 아무런 의미가 없는 용어)을 보여주는 매력적인 디자인의 페이지를 제공한다. 주장에 대한 증거의 질과 양을 평가하는 데에는 시간과 전문지식이 필요하다. 이 경우, 'GIGOgarbage in, garbage out'(쓸데없는 것이 입력되면 쓸데없는 것이 출력될 뿐이다)라는 격언이 딱 맞는 것 같다.[19]

안타깝게도 조직, 제품, 정보원을 신뢰할 수 있는지 결정해야 하는 소비자들에게는 신뢰성에 접근할 자원이 부족한 경우가 많다. 이 때문에 우리는 이미 사용하고 있는 것과 비슷해 보이는지 아닌지에 의지한다. 우리는 권위라는 허울을 신뢰한다. 그것이 위험인자일 수 있을 때도.

아마 테라노스가 은퇴한 군 장성, 장관, 정치인으로 이사회를 채운 이유도 거기에 있을 것이다. 유명인사들의 존재는 부유한 개인과 가족 펀드 등 테라노스가 찾는 유형의 투자자들을 안심시켰다. 하지만 오히려 그런 점 때문에 전문 투자자들과, 테라노스가 속한 바이오테크 및 헬스케어 분야의 전문가들은 테라노스에 흥미를 잃었다.

우리는 한 헤지펀드 매니저가 투자 컨퍼런스에서 "회사 이사회에 장군 출신이 많을수록 주가 하락을 예상해야 한다"라고 말하는 것을 들은 적이 있다. 유명인이나 군과의 연계로 투자자들에게 깊은 인상을 심어주는 데 매달리는 회사라면 뭔가 숨기는 것이 있을 것이 분명하고, 심지어 사기일 수도 있다는 것이 그의 추론이었다.

그의 직감이 옳을 수도 있다. 2000년부터 2017년까지 상장 기업의 이사회 구성원과 재무 실적에 대한 한 연구는 퇴역 군인이 이사회에 포함된 기업의 실적이 그렇지 않은 기업보다 나빴고, 퇴역 장성이 이사회에 포함된 기업의 실적은 일반 장교가 포함된 기업보다 더 나빴다는 것을 발견했다.

테라노스가 꾸미고 있었던 일을 고려하면, 업계 전문가라는 여우들을 자신들의 닭장에서 멀리 떼어놓은 것은 인력 배치의 실수가 아니라 전략적 선택이었다.[20]

출판업자들도 독자를 끌어들이기 위해 친숙함이라는 후크를 이용한다. 대부분의 책에는 비슷한 책을 쓴 작가들의 추천사가 있으며, 일부 유명 작가는 1년에 책 수십 권을 추천하기도 한다. 작가들은 자기 책을 쓰면서 어떻게 그 모든 책을 읽을 시간을 낼 수 있을까? 우리가 보기에 추천의 신뢰성은 작가가 쓴 추천사의 수에 반비례한다. 극단적으로 말해, 이렇게 1년에 수십 권의 책을 추천하는 사람은 읽은 모든 책을 추천하거나(따라서 변별력이 부족하다), 책을 읽지 않고 추천하는(따라서 충분한 정보가 없는 추천이다) 것이 분명하다.

지나치게 많은 책을 추천하는 것처럼 보이는 사람들의 추천은 걸러서 봐야 한다. 사실, 추천사는 아예 무시하는 편이 낫다. 모든 추천이 진실하고 추천인이 자신이 쓴 모든 내용을 진심으로 믿는다 해도, 얼마나 많은 사람들이 추천을 요청받고 거절했는지는 우리가 알 수 없다.

집중 원리에 대한 논의에서 언급했듯이, 열광적인 추천사(그리고 취업 추천서 및 각종 추천장)는 우리 눈에 보이지 않는 중립적·부정적 또는 기록되지 않은 반응에 대해서는 아무것도 말해주지 않는다.[21]

마케팅이 거의 전적으로 추천에 의존하는 경우(책의 추천사가 그렇듯이), 그것을 제품이 좋다는 실제적인 증거로 받아들이는 우를 범하기 쉽다. 추천인을 개인적으로 알거나, 그들의 주장이 진심인지 판단할 수 있는 다른 방법을 알지 않는 한(예를 들어 우리가 다른 제품에 대한 그들의 리뷰가 우리 의견과 일치하는지 확인하는 방법 등), 추천사는 도움이 되기보다는 우리를 호도할 가능성이 높다.

추천사는 간단하고 공허한 별 다섯 개 리뷰와 다름없다. 별 다섯 개 리뷰나 별 한 개 리뷰보다는 별이 네 개나 두 개 달린 리뷰를 읽어보아야 제품에 대해 더 많은 것을 알 수 있는 경우가 많다. 부정적인 리뷰가 거의 혹은 전혀 없고 긍정적인 리뷰가 너무 많다면, 긍정적인 리뷰를 너무 진지하게 받아들여서는 안 된다.[22]

잘 알려져 있고 독립적이며 신뢰할 수 있는 조직의 평가조차도 특별한 의미가 없을 수 있다. 개인 투자자는 뮤추얼 펀드를 선택할 때 모닝스타의 평가에 의존하곤 한다. 모닝스타는 이 등급이 과거 실적을 기반으로 한다고 인정하고 있지만, 펀드 매니저들은 신규 투자자를 끌어들이기 위해 모닝스타 등급을 홍보한다.

수십 년에 걸친 수천 개의 뮤추얼 펀드 실적을 대상으로 한 〈월스트리트 저널〉의 분석에 따르면, 모닝스타의 최고 등급인 별 다섯 개를 받은 펀드 중 5년 후에도 여전히 별 다섯 개를 받을 만큼 우수한 실적을 올리는 펀드는 소수에 불과했다. 사실, 별 다섯 개 펀드가 최하위 등급인 별 하나짜리 펀드가 된 경우도 비슷한 비율이었다. 과거 실적은 결코 미래 수익을 보장하지 않는다지만 이 경우는 좀 심했다! 미래의 수익을 예측하는 근처에도 가지 못한 것이다.[23]

별 다섯 개를 자랑하며 고공 행진하던 펀드가 시간이 흘러 바닥을 기는 경향은 '평균으로의 회귀'라는 현상의 전형적인 사례다. 특정 기간 동안 가장 실적이 좋았던 주식, 영업사원, 밴드, 팀, 운동선수 등은 다음 기간 동안 평균적으로 실적이 나빠진다. 고공 행진하던 상태가 본질적·항구적인 자질(경영, 재능, 기술)이 아닌, 미래에 큰 도움이 되지 않는(전혀 도움이 되지 않는 것은 아닐지라도) 비교적 무작위적인 요인에서 비롯되었을 수도 있기 때문이다.

인기, 유명세, 대중의 인지도는 대부분 적절한 시기에 적절한 장소에 있었기 때문에 생기는 것이기 때문에 우리가 친숙하다고 생각하는 것이 무엇이든 그것은 본질적으로 훌륭하거나 귀중하거나 모방할 가치가 있는 것은 아닐 수 있다. 물론 반대로, 무작위성 때문에 현재는 인기가 없지만, 자세히 살펴보면 숨겨진 보석을 발견할 수 있는 많은 가치 있는 것들이 존재한다.

리뷰나 순위를 신뢰할 수 없는 것과 마찬가지로, 어떤 면으로는 대단히 신뢰도가 높은 출처가 다른 면에서는 사람들을 호도할 수 있다. 미국 식품의약국FDA은 의학적 치료의 검증에 대해서 신뢰할 수 있는 출처이고 대단히 친숙하다. 때문에 많은 사람들은 'FDA 승인'이 실제로 의미하는 바에 미묘하지만 중대한 차이가 있다는 점을 깨닫지 못한다. 백신을 비롯한 의약품은 해로운 부작용이 있는지, 위약 치료와 비교한 의학적 혜택이 있는지를 분석하는 엄정한 여러 단계의 임상 실험을 거친다.

하지만 치료기나 소프트웨어의 경우, FDA 승인은 그 제품이 피해가 거의 없고 유용할 가능성이 있다는 의미일 뿐이다. 따라서 실제적이고 실용적인 혜택이 있다는 설득력 있는 증거가 거의 없더라도 FDA의 승인을 받을 수 있다. 예를 들어, 컴퓨터 두뇌 훈련 게임은 치료기로 FDA 승인을 받을 수 있으며, 제조업체는 당연히 마케팅에 'FDA 승인'이라는 문구를 사용할 것이다.

고객과 투자자는 그 게임이 의약품이나 백신에 요구되는 수준의 정밀 조사를 거쳤으며 실제 세계에서 입증된 것과 동일한 수준의 혜택을 달성했다고 오인할 수 있다.[24]

비밀번호를 낚는 방법

지금과 같은 끊임없는 연결과 정보 과잉의 시대에는 사기꾼들이 친숙함에 의지하는 우리의 성향을 이용하기가 그 어느 때보다 쉽다. 2016년 3월 19일, 힐러리 클린턴 선거대책위원회의 위원장

존 포데스타는 불길한 이메일을 받았다. '누군가 귀하의 비밀번호를 알고 있습니다'라고 적힌 빨간색 띠 아래 '안녕, 존'이라고 시작하는 짧은 글에는 우크라이나에 있는 누군가가 그의 구글 비밀번호를 해킹했다는 경고와 함께 파란색 '비밀번호 변경' 상자를 클릭하라는 내용이 담겨 있었다.

AP 뉴스 보도에 따르면 포데스타의 수석 보좌관은 이 메시지를 기술 지원 담당자에게 전달했고, 담당자는 이메일이 합법적이고, 포데스타의 비밀번호를 재설정할 수 있는 적절한 링크를 제공하고 있다면서, 2단계 인증(로그인할 때마다 비밀번호와 함께 일회용 코드를 입력해야 하는)을 활성화하라고 조언했다. '안녕 존' 이메일은 진짜 이메일처럼 보였지만 구글이 아닌 'myaccount.google.com-securitysettingpage.tk'에서 보낸 것이었다. 주소 끝에 '.tk'가 붙은 것은 뉴질랜드 영토에서 발송되었다는 의미다. 새 비밀번호를 설정하려는 시도로 기존의 비밀번호를 입력하도록 유인해 포데스타의 비밀번호를 훔치려는 피싱 시도였다.[25]

가짜 주소를 진짜 닷컴 주소로 시작하는 것은 흔한 수법이다. 링크가 제대로 끝나지 않으면 다른 도메인일 수 있다는 것을 모르는 사람이 많기 때문이다. 변칙을 알아차릴 정도로 모든 문자와 마침표를 자세히 읽고 처리하지 않는 한 가짜 주소란 것을 알아볼 수 없을 것이다.

지원팀에서 '합법'적이라는 응답을 받았다면 포데스타가 링크를 클릭해서 비밀번호가 해커에게 전달되었겠지만 포데스타가 실제로 그렇게 했는지는 확실하지 않다. 포데스타가 이 피싱 시도에 걸려들었는지 여부와 관계없이, 2016년 대선 몇 주 전 그의 이메일들이 위키리크스에 공개되었다. 대부분의 조사가 러시아의 국가 지원 해커들을 범인으로 지목한 이 유출 사건으로 도널드 트럼프에게 몰렸던 대중의 관심은 클린턴의 이메일과 개인 서버 사용을 둘러싼 논란에 집중됐고, 이는 중요한 주에서의 선거 결과에 영향을 미쳤을 수 있다.

'피싱'이라는 용어는 비밀번호와 계좌번호와 같은 개인정보를 제공하도록 사람들을 꾀기 위한 의도로 메시지를 보내는 것을 말한다. 줄에 후크를 다는 낚시와 마찬가지로, 사용자의 바다에 있는 충분한 사람이 후크를 물어야 낚싯대를 드리우고 기다린 보람이 있다는 생각에서 나온 말일 것이다.

이런 형태의 소셜 해킹은 1990년대 중반 광범위하게 이메일이 사용되기 시작한 무렵까지 거슬러 올라간다. 포데스타의 이메일은 '스피어 피싱spear phishing', 즉 특정 표적을 겨냥한 피싱 공격이었을 가능성이 높다.[26]

아마도 피싱은 소셜 엔지니어링 사기 중 가장 흔한 형태일 것이다. 비밀번호 재설정 요청, 배달 알림, 가입 확인, 관리 알림 등 우리가 정기적으로 수신하는 유용한 자동화 메시지 부류의 스타일과 형식을 비교적 쉽게 모방할 수 있는 것이 그 부분적인 이유다.

2022년, 출판사 사이먼앤슈스터의 전 직원이 출판업자나 저작권 대리인으로 가장해 의심을 피하고 작가와 편집자에게 미발표

원고를 자신에게 보내도록 속인 혐의로 체포되었다. 원고 요청과 함께 첨부된 웹 링크는 사람들이 해당 저작권 대리인이나 출판사의 이메일로 예상할 법한 것이었기 때문에('m'을 'rn'로 바꿔 @penguinrandornhouse로 만들었다) 마거릿 애트우드, 에단 호크 등의 유명 작가와 유명인이 속아 넘어갔다.

피싱 공격은 메시지의 홍수를 헤쳐나가기 위해 빠르게 반응하려는 우리의 경향과 친숙함에 의존한다. 우리는 보리라 예상하는 것에서 이탈한 것은 완벽하게 감지하지 못한다. 하던 일을 멈추고 모든 메시지에서 틀린 그림 찾기를 하지는 않기 때문이다.[27]

이메일 피싱은 기업 이메일 사칭 공격이라고 알려진 복잡하고 많은 비용이 드는 사기의 첫 수로도 이용된다. 사기꾼은 빼돌린 직원 비밀번호로 회사의 업무 방식에 대한 내부 정보를 수집한다. 송장을 위조하고 실제 돈을 훔칠 수 있을 때까지 말이다.

피싱 수법은 간단하지만 놀라울 정도로 효과적이다. 미국의 여러 대형 의료기관 직원들에게 전송된 290만 개의 실험용 이메일에서 사기성 링크를 클릭하는 비율은 거의 7분의 1에 육박했다. 네덜란드 경제부 직원 1만 명을 대상으로 한 대규모 현장 연구에서는 대상자 약 3분의 1이 비밀번호를 복구하기 위해 휴대폰과 비밀번호를 동기화하라는 의심스러운 이메일의 링크를 클릭했으며, 22퍼센트는 링크로 연결된 의심스러운 웹사이트에 비밀번호(대부분의 경우 이름 및 전화번호와 함께)를 입력했다.

이 경우, 피싱 테스트에는 발신자 주소의 철자가 틀렸거나, 로

고가 바뀌었거나, 이상한 방식으로 인사를 건네거나, 사용자에게 이상한 호칭을 사용하거나, 링크된 웹사이트 주소의 확장자가 특이하거나, 두 가지 다른 글꼴을 사용하는 등의 특징이 있었다.

대부분의 사람들이 의심스러운 웹사이트에 비밀번호를 입력하는 것이 위험하다는 것을 알고 있는 오늘날에도, 바쁜 와중에 피싱 시도가 충분히 실제 메시지처럼 보이는 때라면 누구든 속을 가능성이 있다.[28]

사회 공학적 해킹(시스템이 아닌 사람의 취약점을 공략해 원하는 정보를 얻는 공격 기법)이 성공하는 것은 친숙함 때문에 사람들이 방심하기 때문이다. 가장 좋은 방법은 친숙한 외양의 메시지가 보이는 것과 다르지 않은지 자문하는 것이다.

링크가 포함된 예상치 못한 메시지를 받을 때마다 거기에서 주장하는 발신자에게 직접 연락을 해야 한다. 구매한 기억이 없는 물건에 대한 영수증을 받았다면? 그 매장의 웹사이트로 직접 가서 주문 내역을 확인해야 한다. 세금 환급에 문제가 있다는 경고를 받았거나 신용카드 회사로부터 요금에 대한 미심쩍은 문자를 받았다면? 문자에 답장하거나, 링크를 클릭하거나, 메시지에 나열된 번호로 전화해서는 안 된다. 그 대신 정부 웹사이트나 카드 뒷면에서 정확한 전화번호를 찾아서 전화를 해야 한다. (웹사이트에 접속할 때는 주소 입력에 주의해야 한다. 사기꾼들은 가끔 흔한 오타를 낸 사람들을 속이기 위해 고안된 완전한 가짜 웹사이트를 만들기도 한다.)

말도 안 되는 시

1993년 풍자 잡지 〈스파이〉의 작가팀은 새롭게 당선된 미국 하원들 몇몇에게 당시 프리도니아 내에서 진행 중이던 인종 청소에 대해 어떤 일을 하고 싶은지 질문했다. (2013년 워싱턴주 주지사가 된) 제이 인슬리는 "그 제안에 대해 잘 알지 못하지만, 앞으로 10년 내에 이 문제를 외면하는 것이 답이 아닌 시점이 다가올 것이다"라고 말했다. 플로리다의 코린 브라운은 "우리는 행동을 취해야 한다"라고 말했고, 인디애나의 스티브 바이어는 "중동과는 다른 상황이다"라고 말했다.[29]

바이어의 답변이 정답에 가장 가까웠다. 프리도니아는 1933년 막스 형제(미국의 희극영화배우 치코, 하포, 그루초, 제포 사형제)의 영화 〈식은 죽 먹기Duck Soup〉에 언급되는 가상의 나라로, 중동과 전혀 다르다. 인슬리와 브라운, 그리고 다른 사람들은 익숙한 질문의 형태와 그것이 언급한 상황을 기반으로 (그리고 아이러니하게도 무식해 보이고 싶지 않은 욕망에서) 존재하지도 않는 국가에 대한 미국의 개입을 권고하게 만드는 꾐에 넘어갔다.

국제 문제에 대해 논의하는 것이 능숙하지 않은 정치인들은 기습적인 질문을 받자 유럽과 아프리카의 전쟁이 주요 뉴스였던 시대 상황과 보스니아, 소말리아, 프리도니아 같은 이름들의 유사성에 의존해 바보 같은 발언을 했다.

이런 종류의 장난들은 대부분 스피어 피싱과 비슷하다. 합법적인 인터뷰를 모방해 특정 표적이 인터뷰 진행자를 필요 이상으로 신뢰하게 유인한다. 속임수는 표면적으로 실제와 비슷해 보이는 것을 이용한다.

과학계의 기준이 하락하고 헛소리가 난무한다는 주장을 펴기 위해 가짜 저널 논문으로 동료들을 속인 과학자도 있다. 현대의 가장 유명한 지적 사기로는 물리학자 앨런 소칼이 인문학 저널 〈소셜 텍스트〉에 말도 안 되는 논문을 발표한 일을 들 수 있다. '경계 넘나들기: 양자중력의 변형적 해석학'이라는 제목의 이 논문은 진짜 포스트모던 논문과 같은 요소를 가지고 있었지만, 의미 있는 내용 대신 잘 속는 독자에게 인상적으로 들릴 만한 말도 안 되는 내용을 많이 담고 있었다. 소칼은 이 논문이 발표되고 몇 주 후에 속임수였다는 것을 발표하고 〈링구아 프랑카Lingua Franca〉에 이에 대한 글을 발표했다.[30]

일부에서 20세기 최고의 문학 사기극이라고 여기는 사건도 있다. 호주의 시인 제임스 매컬리와 해럴드 스튜어트는 어니스트 랄로 말리라는 시인을 발명해 새로운 모더니즘 시들을 조롱해보기로 결심했다. 그들은 말리를 자동차 정비공이자 보험 영업사원으로 일하다가 최근 사망했으며 문학 교육을 받지 않은, 그리고 여러 편의 모더니즘, 초현실주의 시를 쓴 인물로 묘사했다. 매컬리와 스튜어트는 예술·문학 저널인 〈앵그리 펭귄〉의 편집자, 존 리드와 맥스 해리스를 속여 말리의 작품을 출판하고(정말이다, 지어낸 이야기가 아니다) 천재라며 환호를 보냈다.[31]

위대한 예술품 위작이 대체로 예술가가 내놓은 유명 작품과 일치하는 것처럼, 말리의 시는 현대 모더니즘 작가가 썼을 법한 것이었다. 스튜어트와 매컬리는 1944년 〈시드니 팩트〉에 기고한 글에서 말리의 작품을 어떻게 만들었는지 설명했다.

> 우리는 어느날 오후 우연히 책상 위에 있던 책들과 콘사이즈 옥스퍼드 사전, 셰익스피어 전집, 명언 사전 등의 도움으로 어니스트 말리의 비극적인 삶과 작품을 오후 한나절 만에 만들었다. 우리는 책을 무작위로 펼쳐서 단어와 문구를 되는대로 골랐다. 이런 단어들의 목록을 만든 뒤 무의미한 문장으로 엮었다. 우리는 틀린 인용과 거짓 암시를 사용했다. 우리는 의도적으로 좋지 않은 시구를 사용했고 립맨 압운 사전에서 이상한 운을 선택했다. 부분적으로는 음보를 완전히 무시하기도 했다.[32]

이 문학 사기꾼들은 존재하지 않는 유명인의 인용구를 만들어 내 말리의 시에 집어넣기도 했다.

> 나는 너에게 혹독했다, 내 형제여,
> 이미 그의 얼굴에 그림자가 졌을 때
> "감정은 숙련된 노동자가 아니다"라는 레닌의 말을 기억했다.

이 시들에는 부분적으로 표절도 있었다. 스튜어트와 매컬리는 그들의 글에서 이렇게 말했다. "〈전시로서의 문화Culture As Exhibit〉라는 시의 첫 세 줄은 모기 번식지의 배수에 대한 미국 보고서를 그대로 베낀 것이다."〔시 속의 아노펠레스Anopheles는 말라리아 모기다〕

"늪, 습지, 구덩이, 기타
물이 고인 지역은
번식지의 역할을 한다" 이제
나는 당신을 찾았다, 나의 아노펠레스!

어니스트 말리 사기는 영국의 저명한 문학 평론가 허버트 리드를 비롯한 문학계의 많은 사람들을 속였다. 이 사건은 수십 년 동안 호주의 모더니즘 시의 전통에 심각한 피해를 주었다. 〈앵그리 펭귄〉은 몇 년 뒤 폐간했고 편집자 맥스 해리스는 말리의 시에 있는 음란한 내용을 출판했다는 혐의로 유죄 판결을 받았다. 하지만 1970년대 이래 말리의 '작품'은 정당한 초현실주의 시로 명성을 얻었다.

아이러니하게도 말리의 시는 스튜어트와 매컬리가 자신들의 이름으로 내놓은 시들보다 널리 읽히고 더 많이 논의되고 있다.

친숙한 것을 낯설게

광고주가 친숙함과 브랜드 인지도를 높이기 위해 노력하는 것처럼 사기꾼은 우리가 익숙한 것에 의존하게 해서 결국에는 손해를 보도록 만든다. 뭔가가 친숙하게 느껴지면 **"왜 들어본 적이 있는 것 같을까?"**라고 자문해봐야 한다. 아는 것 같지만 어떻게 알게 됐는지 기억이 나지 않거나, 뚜렷한 이유 없이 호감이 가고 좋아 보인다면, 우리의 평가는 논리보다는 친숙함에 의해 좌우되고 있는 것일 수 있다. 그것은 우리가 생각하는 것과 겉으로만 닮아 있을 가능성이 있다.

대부분의 경우, 알고 있다는 감각은 정확한 신호이며 우리에게 유용하다. 조지 워싱턴이 미국의 초대 대통령이라는 것, 한국전쟁이 1950년에 시작되었다는 것, 자동차의 브레이크 페달이 가속페달 왼쪽에 있다는 것, 중국에서 신종 코로나 바이러스가 사람들을 감염시키고 있다는 것 등을 알게 된 순간을 확인할 수 있는 사람은 거의 없을 것이다. 우리는 '그냥 알고 있는' 정보에 의존해야만 한다. 왜 그런 정보를 알고 있는지 기억하지 못하더라도 그렇다. 하지만 중요한 결정이 우리가 '그냥 알고 있는' 정보에 좌우된다면 실제로는 알지 못하면서 알고 있다고 생각하는 건 아닌지 최선을 다해 평가해야 한다.

윌리엄 제임스는 본능의 본질을 논하면서 "자연스러운 것을 낯설게 만드는 과정을 배움으로써 철학자 조지 버클리가 타락한 마음이라고 부르는 것을 가져야 한다"라고 썼다. 자연스러운 것을 낯설게 만든다는 것은 새로운 정보를 좀 더 객관적으로 평가하고, 그것이 실제로 무엇을 의미하는지 확인하려고 이미 알고 있는 것을 일시적으로 제쳐두고 스스로를 무언가에 익숙하지 않게 만드는 것을 의미한다.

예를 들어, 우리 편집자 중 한 명은 우리가 미처 생각하지 못했던 실수를 발견하는 방법을 제안했다. 문서를 단어 단위가 아닌 문장 혹은 적어도 단락 단위로 거꾸로 읽는 것이다. 이 방법을 시도해본 결과, 다음으로 와야만 하는 것에 대한 기대가 불가능해지면서 이전에 놓쳤던 오타 등의 오류를 발견했다.[33]

익숙한 것을 새로운 것처럼 보이게 만드는 것은 많은 분야에서 흔한 기법이다. 예술가들은 그림을 거꾸로 뒤집어 모사하는 것이 더 쉽다는 것을 발견한다. 전형적인 공간 구성을 파괴함으로써 자신이 가진 지식의 영향을 효과적으로 줄이는 것이다. 작가는 작업 장소와 방식을 바꿔서 판에 박힌 생활에서 벗어나려 한다. 체스 마스터는 첫 수를 완전히 바꿔서 게임에 대한 새로운 관점을 얻으면서 말의 위치에 친숙하지 않음에도 불구하고 경기를 잘 운영하기도 한다. 이 모든 경우의 목표는 우리가 이미 정답과 결정을 알고 있다는 감각에 의존하지 않고 증거를 새로 평가하는 것이다.[34]

이런 낯설게 하기 과정은 대상을 극적으로 달라 보이게 할 수 있다. 경영학 교수 마이클 로베르토는 학생들에게 스타트업의 이런 투자 권유를 평가하도록 한다.

새로운 종류의 식료품점을 열 생각입니다. 브랜드 상품은 취급하지 않을 것입니다. 자사 브랜드만 판매할 것입니다. 텔레비전 광고도 하지 않고 소셜 미디어도 전혀 사용하지 않을 것입니다. 세일은 하지 않을 것입니다. 쿠폰도 받지 않을 것입니다. 로열티 카드도 없을 것입니다. 일요 신문에 게재되는 전단지도 없을 것입니다. 셀프 계산대가 없을 것입니다. 넓은 통로나 넓은 주차장도 없을 것입니다. 우리 회사에 투자하시겠습니까?

아직 알아채지 못했는가? 전혀 인상적이지 않은 이 아이디어는 미국 소매 식품업계에서 큰 사랑받는 기업인 트레이더조의 사업 모델이다. 그럼에도 불구하고 사람들이 이 사업 계획을 인상적으로 느끼지 못했다는 사실은 시사하는 바가 크다. 프레젠테이션을 평가할 때 사람들은 성공적인 식료품점에 대한 고정관념에 지나치게 집중할 수 있다. 또는 트레이더조의 성공에는 일반적인 사업 아이디어보다 더 다양한 요인이 있으며, 모델의 핵심 측면을 모사하는 것이 성공 역시 모사한다고 보장하지는 않을 것이다.

어느 쪽이든, 이름과 신원을 알아보기 어렵게 함으로써 이야기의 친숙함을 없애면 대상을 새로운 시각으로 볼 수 있다. 트럼프와 바이든을 'A후보'와 'B후보'로, 러시아와 미국을 'X국'과 'Y국'으로 바꾸면 누가 옳고 그른지, 어떤 것이 현명한 정책이고 그릇된 정책인지, 명백히 부패하거나 도덕적인 것이 어느 쪽인지 등 장단점을 더 잘 평가할 수 있다.[35]

누가 무엇을 말했는지, 무엇을 했는지에 대해 스스로의 눈을 가리면 자신을 행위자와 일시적으로 친숙하지 않게 만들게 된다. 이런 접근 방식은 친숙함과 충성심이라는 감정에 편향되지 않은 상태로 이념의 허물을 벗고 증거를 평가할 수 있게 해준다. 이렇게 할 때, 우리는 때때로 우리의 실제 선호도가 우리가 이전에 생각했던 것보다 선호하는 후보자나 정당과 덜 일치한다는 것을 발견한다.[36]

자동화된 분석은 친숙함의 편향을 제거하는 공식화된 방법이다. 스포츠에서 분석은 승리에 정말 중요한 요소들을 정량화한 후 이런 기준들에 따라 각 선수와 팀을 평가하려는 시도다. 마이클 루이스가 그의 책《머니볼Moneyball》에서 이야기하듯이, 분석은 야구 선수의 미래 잠재력에 대해 판단하는 스카우팅에서 친숙함의 영향(그리고 체형과 경력에 대한 오랜 편견)을 극복하는 데 도움을 준다. 팀은 경기 결과를 예측하는 데 가장 중요한 요소들을 공식적으로 모델링함으로써, 전통적이고 익숙한 방식에 의존하는 대신 성과가 있는 방식으로 전략을 전환할 수 있다.

많은 스포츠에서 분석 방식을 채용해 최적의 장기적인 접근법을 결정하면서, 농구에서 3점 슛을 얼마나 시도하는지, 야구에서 야수가 어떻게 위치를 잡는지, 풋볼에서 팀이 네 번째 다운에서 펀트를 하는 대신 퍼스트다운을 얼마나 시도하는지 예측하는 데 큰 변화가 있었다.[37]

이 장에서는 정보나 그 출처의 표면적인 유사성이 어떻게 신뢰하지 말아야 할 때 우리를 신뢰로 이끄는지 살펴보았다. 하지만 처음 접하는 것이라도 설득력 있게 느껴지는 경우가 있다. 정밀해 보일 때면 특히 더 그렇다. 이야기나 주장이 명확하고, 구체적이며, 상세할수록 우리는 그것을 더 믿을 만하다고 생각하는 경향이 있다.

다음 장에서는 왜 정밀한 것에 가치를 두는지, 정밀성이 어떻게 우리를 잘못된 길로 빠뜨리는지, 유혹에 빠져 궤도를 벗어나지 않기 위해 어떤 질문을 해야 하는지 살펴보기로 하자.

7

숫자로 표기되는 '정밀성'

가짜는 진짜보다 더 상세하고 더 구체적이다

사람들은 정밀함을 엄정하고 사실적인 것의 신호로, 모호함을 회피의 신호로 취급한다. 구체적이고 상세한 정보를 얻으면 우리는 그것이 분명 충분한 조사를 거친 정확한 것이리라고 가정하는 경향이 있다. 이런 연막을 꿰뚫어 보려면 관점을 달리하고 올바른 비교를 할 수 있어야 한다.

더글러스 애덤스는 소설《우주 끝의 레스토랑The Restaurant at the End of the Universe》에서 '전면 관점 소용돌이total perspective vortex'라는 이름의 기계를 묘사한다. 이 작은 방에 들어간 사람은 전체 우주의 완전한 모형에 '현재 위치'라고 표시된 작은 점을 볼 수 있다. 이 광대한 규모 앞에서 자신의 보잘 것 없음이 충격적으로 드러나면 거기 들어간 사람은 치명상을 입게 된다. 다행히도 우리는 시야를 넓히기 위해 그런 위험까지 감수할 필요가 없다.

수량이나 숫자는 떼어 놓고 보면 클 수도 작을 수도 있다. 하지만 적절한 척도에서 보면 그 숫자에 대해 더 명확하게 생각할 수 있다. 우리는 주유소에서 갤런당 몇 센트를 더 내는 것을 주저한다. 하지만 자동차를 살 때 몇 백 달러 차이는 거래를 깰 정도로 위력을 발휘하지 않는다. 커피 원두를 살 때는 1년을 다 합해봐야 몇 달러를 절약할 수 있는 식료품 쿠폰을 열심히 모으면서, 그보다 훨씬 비싼 라떼를 매일 사 마시는 것에 대해서는 두 번도 생각하지 않는다. 광고에서 순도 99.44퍼센트라고 주장하기 때문에 아이보리 비누를 구매하는가? 그렇다면 비누의 순도는 얼마여야 하는 걸까?[1]

우리는 금액, 측정값, 백분율을 단독으로 볼 때, 적절한 척도로 평가하지 않거나 다른 값과 비교하지 않는다. 우리를 속이고자 하는 사람은 이런 경향을 이용할 수 있다. 현혹되고 싶지 않다면 올바른 비교에 대해 생각하는 것이 중요하다. 전문가가 스크린을 보는 시간이 증가하면 행복감이 현저하게 감소할 거라고 말하면 사람들은 스크린을 보는 시간을 줄이려 할 것이다.

하지만 스크린을 보는 시간과 행복감 사이의 상관관계가 스크린을 보는 시간과 감자 소비 사이의 상관관계와 거의 비슷하다는 사실을 알면, 즉 상관관계가 아주 작다는 사실을 알면, 신경을 쓰지 않을 것이다. 그 대신 건강상의 이점은 말할 것도 없고 행복과의 상관관계도 훨씬 큰 수면의 질을 높이기 위해 노력할 것이다.[2]

정밀한 주장, 특히 우리가 기대하고 전념하는 것에 부합하는 정밀한 주장을 들으면, 우리는 비판적 사고를 게을리 하는 경향이 있다. 오히려 엔진의 회전 속도를 높여야 하는 때인데도 말이다. 우리를 속이고자 하는 사람들은 종종 정밀성에 의존한다. 우리가 정밀성을 진실의 신호로 받아들이기 때문이다.

정밀한 주장, 비용, 금액을 마주하면 질문을 던져야 한다. 수치가 인상적일 정도로 크다고 여겨지면 **"많은 건가?"**라고 질문해야 한다. 수치가 놀라울 정도로 작다고 여겨지면 **"작은 건가?"**라고 질문해야 한다. 주장의 성격에 따라 후속 질문이 정해진다. 다른 것들과 비교했을 때에도 여전히 많은가 혹은 작은가? 그런 정밀한 주장을 할 만큼 충분한 증거가 있나? 그 숫자가 반올림된 것이라면(따라서 정확한 숫자가 아니라면) 똑같이 인상적일까?

"많은 건가?"와 같은 질문을 하면 1갤런의 기름 가격을 자동차 구입비, 대출 이자, 보험료 등 자동차와 관련된 다른 비용과 비교해야 한다는 것을 상기하게 된다. 쿠폰을 모아서 절약하는 총액과 쿠폰을 모으는 데 소비하는 시간의 가치에 대해 생각해야 한다는 것을 상기하게 된다. 아이보리가 다른 비누와 다른지, 소수점 두 자리까지 순도를 보고할 만큼 충분한 증거 있는지, 숫자를 반올림해서 99퍼센트가 되어도 설득력이 있을지 물어야 한다는 것을 상기하게 된다.[3]

메추라기 성 연구 보조금

2021년 5월 25일 랜드 폴은 상원에서 미국 국립과학재단NSF 예산을 10퍼센트 삭감해야 한다고 주장했다. 그는 자신이 낭비라고 생각하는 지출 종류를 이야기하기 위해 코카인이 메추라기의 성행동을 어떻게 변화시키는지에 대한 단일 연구의 보조금이 총

874,503달러라는 예를 들었다. 폴은 코카인 더미에 부리를 파묻은 메추라기의 코믹한 이미지로 이 프로젝트를 표현했다.

이 이미지의 구체성은 1의 자리까지 정밀하게 표시한 비용과 함께 보조금, 특히 코카인에 취한 메추라기의 성행동에 대한 연구 보조금이 정말 큰 지출이라는 인상을 증폭시켰다. 하지만 그 액수는 폴이 추진한 예산 삭감분의 극히 일부에 불과했다. NSF의 연간 예산 83억 달러 중 10퍼센트인 8억 3천만 달러를 삭감하면 매년 한 건이 아닌 수천 건의 연구 보조금이 사라질 판이었다.[4]

폴의 동료 상원의원들은 메추라기 연구 보조금 이야기를 듣는 게 지긋지긋했을 것이다. 그가 최소한 2018년부터 그 이야기를 해왔기 때문이다. 같은 그림을 보여주되 첨부하는 금액은 달리해서 말이다. 그는 불과 나흘 후에도 이 그림을 제시했다. 이번에는 금액이 356,933.140달러로 바뀌어 있었다. 이 이상한 숫자 형식 때문에 소수점을 쉼표로 착각하고 비용이 3억 5,600만 달러가 넘는다고 오인하기가 쉬웠다. 누군가 큰 비용을 1단위까지, 아니 심지어는 소수점까지 정확하게 보고하면 우리는 의심해야 한다. 수십만 달러의 비용에서는 끝자리 수가 3달러인지 1달러인지는 중요치 않으며 푼돈 단위의 정밀도라면 오히려 폴이 특정 연구 프로젝트의 비용에 관심이 없다는 것을 말해준다.

이런 식의 수치를 볼 때는 반올림을 한 뒤 여전히 인상적으로 보이는지 살펴야 한다. 하지만 그것은 첫 번째 방어선일 뿐이다. 그 수치를 적절한 관점에서 보는 일도 필요하다.

폴은 수천 개의 연구 보조금 중에서 적당한 몇 개를 골라내고, 맥락 없이 그 비용만 강조하고, 전체 예산에서 얼마 안 되는 비율처럼 보이는 금액을 삭감하자고 제안함으로써, 사실을 구성하는 방식을 그대로 받아들이는 우리의 경향을 이용한 것이다. 따로 떼어 놓고 보면 10퍼센트는 작아 보이고 874,503달러는 크게 보인다. 폴은 특정 보조금과 전체 예산의 차이를 언급하지 않았으며, 보조금이 삭감되면 다른 어떤 항목이 제거되는지도 설명하지 않았다.

메추라기 연구에 874,503달러를 쓰는 것은 지나치게 많다고 주장하는 사람도 있을 것이다. 미국 가구 연소득 중위값의 10배가 넘는다는 것을 고려하면 특히 더 그렇다. 누구든 개인적으로 더 값어치 있다고 생각하는 다른 용도를 생각할 수 있을 것이다. 하지만 우리는 과학 연구에 자금을 대는 것이 얼마나 가치 있는지도 고려해야 한다.

불가피하게 우리가 이해할 수 없는 혹은 지지하지 않는 프로젝트에도 보조금이 지원되겠지만, 반면에 10퍼센트의 삭감은 우리가 싫어하는 것들만 없애지는 않을 것이다. 정부가 과학을 지원해야 한다고 생각하고 이를 위해 필요한 지출 규모를 인정한다면, 연구 보조금을 가계 소득에 비교할 것이 아니라 농업 보조금, 재향군인 수당, 의료 등 다른 목적의 비용과 비교해야 한다.

개인이나 가계 예산에 비교하면 국가가 하는 모든 일은 그 규모가 엄청나다. 마찬가지로, 정부가 예술을 지원해서는 안 된다고 생각한다면 미국 국립예술기금에 주어지는 2억 달러(교통 인프라에 1,500억 달러, 국방에 7,800억 달러 등 다른 많은 정부 활동의 비용과 비교할 때 반올림 오류처럼 보일 정도다) 예산을 지적할 것이 아니라 원칙적으로 주장을 펴야 한다.

폴은 메추라기 연구 보조금의 정확한 금액에 대중의 관심을 집중시키고, 약물 남용에 대한 총 연구비용(과학 예산이나 미국 연방 지출의 총 규모는 말할 것도 없고)에 대해서는 언급하지 않음으로써 '분모 무시denominator neglect'라고 알려진 인지 패턴을 이용했다.

야마기시 키미히코는 학생들에게 살인, 폐렴, 암 등 11가지 사망 원인 각각의 위험도를 평가하도록 했다. 판단을 내리기 전 학생들에게는 각 원인으로 인해 100명 중 몇 명, 또는 10,000명 중 몇 명이 사망하는지 추정치를 보여주었다. 예를 들어 사망률이 100명 중 12.86명(또는 10,000명 중 1,286명)임을 확인시키는 것이다. 참가자들은 분모가 100일 때보다 10,000일 때 11가지 원인 모두 더 위험하다고 생각했다. 사망률이 동일한데도 말이다.

실제로 분모가 100일 때의 사망률이 분모가 10,000일 때보다 다소 높은 경우에조차(예: 100명 중 24.12명 대 10,000명 중 1,286명) 참가자들은 여전히 10,000명을 분모로 사망률이 표시됐을 때 **훨씬 더** 위험하다고 평가했다. 참가자들은 분모의 차이를 완전히 보정하지 않고 분자의 크기(1,286이 24.12보다 훨씬 크다)에 영향을 받은 것이다.[5]

아이러니하게도, 폴이 정말로 정부가 메추라기 연구 보조금을 줄이길 원했다면 미국 NSF가 아니라, 실제로 그 연구에 자금을 지원한 유명한 기관, 미국 국립보건원NIH에 삭감을 제안했어야 했다. 또한 메추라기 연구는 그가 보조금이 과하느니 어쩌니 불평하기 몇 년 전인 2016년에 이미 종료되었기 때문에, 보조금을 깎으려면 시간을 거슬러야 할 상황이었다.[6]

매우 섬세한 가격

랜드 폴과 같은 정치인들은 구체적 이미지와 정밀한 숫자가 포함된 이야기에 설득력이 있음을 본능적으로 알고 있었다. 구체적인 정보는 언어 코드와 그림 코드를 모두 사용해 기억에 저장되기 때문에 기억하기가 더 쉽다. 반면 추상적인 아이디어에 대해서는 구체적이고 보편적인 이미지를 떠올리지 못한다.

'메추라기' '섹스' '코카인'과 같은 구체적인 단어는 시각 정보를 다루는 뇌의 뒤쪽 영역을 활성화시킨다. '과학' '연구' '중독'과 같은 추상적인 단어는 특정 감각과 독립적인 정보를 처리하는 전두엽을 활성화시킨다. 또한 구체적인 단어는 강한 감정 반응을 더 잘 유발해 그에 대한 기억을 강화시킬 수 있다.[7]

마이어스-브릭스 성격유형지표MBTI나 토머스 에릭슨의 4색 체계와 같은 성격 유형학이 계속 인기를 끄는 데에는 한 범주에 속한 사람들이 구체적인 특징을 공유하는, 정밀한 범주가 있다는 점이 한몫을 한다.

사람을 네 가지 색상이나 열여섯 가지 유형 중 하나로 정확하게 분류할 수 있다면 사람에 대해서 생각하기가 쉬울 것이다. 하지만 안타깝게도 사람은 그렇게 단순하지 않다. 성격 테스트에 대한 연구들은 처음 테스트를 받았을 때 배정된 유형이 몇 주 후의 결과와 달라질 가능성이 높다는 것을 보여주었다. 이는 성격이 극적으로 변했기 때문이 아니라 두 번째 테스트에서 답변들이 (기분 변화 또는 인간 행동에 내재된 노이즈로 인해) 유형을 구분할 수 있는 날카롭지만 자의적인 선을 넘을 만큼 달라졌기 때문이다. 실제로 성격은 뚜렷한 범주라기보다는 다양한 특성의 무리에 가깝고, 각 특성은 넓은 범위에 걸쳐 다양할 수 있으며, 그 결과 독특한 조합이 급증한다.[8]

어떤 의미에서 '873,503달러'와 같은 정확한 숫자는 우리가 시각화하고 비교할 수 있는 구체적인 단어나 성격 유형과 비슷하다. 이런 구체성은 마스크를 착용할 때 바이러스로부터 안전한 시간을 보여주는, 오해 소지가 있는 표에 속아 넘어간 이유를 설명하는 데에도 도움이 될 수 있다. 표의 메시지는 사람들의 기대와 일치했고, 마스크의 보호 효과가 어느 정도인지 모호하게 설명하는 대신 어떤 마스크를 쓸 때 얼마 동안 안전한지 정확한 시간을 제공했다. 이는 정확한 비율을 수반하는 근거 없는 과학적 주장(우리가 뇌의 10퍼센트만 사용하거나 의사소통의 90퍼센트가 비언어적이라는 등)이 그토록 사람을 사로잡는 이유도 설명해준다.

숫자는 정밀할수록 설득력이 커진다. 남부 플로리다와 롱아일랜드, 뉴욕의 1만 6천여 주택 판매 분석에 따르면, 정확한 가격이 제시된 주택이 더 높은 가격에 팔렸다(예를 들어 370,000달러 주택보다 367,500달러 주택이 결국 더 비싼 값에 팔린다). 정확한 제시가는 더 흡인력 있는 '닻'을 만든다. 사람들이 협상의 여지가 많지 않다고 느끼는 것이다. 협상을 시작하기 전에 반올림을 해서 근사치로 만듦으로써 그런 경향에 대응할 수 있다.[9]

똑똑한 사기꾼은 장기에 걸쳐 신뢰를 유지하려면 정밀하고 구체적인 세부 사항이 필요하다는 것을 알고 있다.

예를 들어, 테라노스의 엘리자베스 홈즈는 미군이 자신들의 기기를 어디에 배치했는지, 어떤 회사가 그 기기의 정확성을 검증했는지에 대해 정밀한 거짓말을 했다. 버니 메이도프는 고졸 학력의 폰지 헤지펀드 직원들에게 많은 봉급을 지급하고 실제 일일 주식 시세와 하단의 가상 계좌 잔액에 합산된 금액이 모두 일치하도록 계좌 명세서, 거래 기록, 거래 확인서의 세세한 부분까지 위조하도록 했다. 많은 피해자들이 매달 이들 페이지만 훑어보고 정밀하게 보고된 액수를 확인한 후 괜찮아 보인다고 판단했다. 그리고 잃어버린 재산을 되찾는 데 도움을 달라고 하는 사기꾼들은 항상 그 보물의 구체적인 가치, 형태, 통화를 이야기한다. (보물을 잃은 지 오래인데 어떻게 이런 세부 사항을 알고 있는지 궁금하게 생각한 적은 없는가?)

4를 측정할 수 없는 기계

한 번 칼질하기 전에 두 번 재라는 말은 훌륭한 조언이지만 측정 장치가 우리가 측정한다고 생각하는 것을 측정하지 않는 경우라면 도움이 되지 않을 것이다. 측정이나 도구의 한계 때문에 속는 일은 놀라울 정도로 흔하다.

1986년 체르노빌 원자로 폭발 직후의 혼란 속에서 현장의 선량계線量計는 시간당 3.6뢴트겐을 기록했다. 현지 주민 대피를 정당화시키지 못하는 수준이었다. 그런데, 3.6은 그 장치의 최대 측정치였다. 그 측정치는 그 상황에 대한 공식적인 성명에 보고되었다. 원전 사고 시에 그런 장치에 의존하는 것은 주방 저울로 몸무게를 재고 감량 목표를 달성했다는 결론을 내리는 것과 다를 바 없다. 결정적인 시간을 흘려보내고 더 나은 장치가 용융熔融 위험을 알렸을 때는 재난을 막는 데 훨씬 더 많은 노력과 시간을 투여해야만 하는 상태였다.[10]

체르노빌 문제는 '거짓 음성false negative'의 한 형태다. 실제로 문제가 있는데도 문제가 없다고 안심시키는 측정치인 것이다. 낮은 뢴트겐 수치가 방사선 위험이 낮다는 증거로 잘못 취급됐다. 기기가 정밀한 수치를 제공한다 해도 그 한계를 알지 못할 때에는 거짓 음성의 위험을 경계해야 한다. 예를 들어, 코로나 확진이나 암 재발 여부를 검사할 때는 제대로 된 음성 보고서라면 '존재하지 않음'이 아닌 '검출되지 않음'과 같은 문구를 사용한다. 검사로 극미량의 바이러스나 암의 경미한 초기 징후를 감지할 수 없기 때문이다.

극도로 민감한 완벽한 검사 없이는 어떤 것이 완전히 없다는 것을 증명할 수 없기 때문에 '존재하지 않음'이라는 결론을 내리는 것은 부적절하다. 검사 자체가 민감하지 않다면 결과가 음성으로 나오더라도 실제로는 감염되어 있을 수 있다(예를 들어, 최근에 바이러스에 노출되어 검사로 검출될 만큼 바이러스가 충분히 많지 않은 경우).

팬데믹 초기 몇 개월 동안의 비상 상황에서는 바로 사용할 수 있는 도구들의 정확성과 한계를 고려하지 못한 실패 사례가 많이 있었다. 예를 들어, 영국 정부의 코로나 대시보드는 2020년 9월 25일부터 10월 2일까지 일주일간 수행된 15,841건의 양성 테스트 결과를 반영하지 못했다. 결과적으로 영국 국민은 확진자 수가 지난주에 비해 얼마나 증가했는지 알지 못했다.

수정된 수치는 평탄한 추세를 상승세로 바꾸어 놓았다. 이 문제는 단순 실수가 아닌 측정 도구의 오류였다. 영국 공중보건국PHE은 검사를 수행한 민간 기업으로부터 결과 기록 파일을 수집해 액셀 템플릿으로 자동 병합한 다음 NHS를 비롯한 다른 기관에 보냈다. 하지만 이 파일은 총 65,536행이란 제한이 있는 구형 액셀 '.xls' 형식을 사용했다(현 버전인 '.xlsx'는 최대 1,048,576행). 스프레드시트가 최대치에 도달하자 새로운 테스트 결과는 더 이상 추가되지 않았다. 실제 수치는 훨씬 더 많았지만 보고된 사례의 수는 액셀 버전의 3.6뢴트겐(액셀의 행 제한)이란 한계에 도달

한 것이다.[11]

소수점 네 자리까지

어떤 주장을 매력적으로 보이게 하는 후크가 바로 그 주장을 의심하게 만드는 요소인 경우가 종종 있다.

바바러 프레드릭슨과 마르시알 로사다는 2005년에 발표한 한 논문(이 논문은 이후 과학 문헌에서 3,700회 이상 인용되었다)에서, '임계 긍정 비율critical positivity ratio'라는 것을 발견했다고 보고했다. 그들의 분석에 따르면 부정적 감정 경험에 대한 긍정적 감정 경험의 비율이 2.9013을 초과하는 사람들은 번성하는 반면, 비율이 낮은 사람은 힘든 삶을 산다. 부정적 정서 경험보다 긍정적 정서 경험을 더 많이 한 사람이 더 잘 산다는 논란의 여지가 없는 개념이 시선을 끄는 과학적 뉴스가 된 것은 성공을 예측하는 이 정밀한 수치 때문이었다. 소수점 이하 네 자리에 이르는 임계 긍정 비율의 정밀성은 논문의 저자들이 인간의 경험을 지배하는 정량적 자연법칙을 발견했다는 것을 의미했다. 이는 심리학에서 흔치 않은 일이었다.[12]

소수점 네 자리에 이를 정도로 정밀하게 측정할 수 있는 인간의 행동은 거의 없다. 그렇게 정밀한 수치를 보았을 때는, 그 주장을 뒷받침하기 위해 얼마만큼의 증거가 필요할지 자문해보아야 한다. 많은 증거가 필요하지 않을까? 비율이 2.9012도 2.9014도 아닌 정확히 2.9013이어야 한다는 것을 알려면 각각의 개인으로부터 얼마나 많은 경험을 수집해야 할까? 정답은 '아주 많이'다. 비율이 2.9014(또는 그 이상)가 아닌 2.9013이어야 한다는 것을 알기 위해서는 한 사람당 최소 8만 개의 부정적 경험과 약 23만 2천 개의 긍정적인 경험을 축적해야 한다. 그것도 모든 경험이 분명히 긍정적이거나 부정적인 것으로 구분되어야 하며, 계산에 오류가 전혀 없어야 하고, 모든 사람에 대해 그 비율이 동일해야만 한다. (잘못된 가정은 터무니없는 결론으로 이어질 수 있다는 점을 기억하라!)

로사다와 프레드릭슨은 비교적 적은 수의 표본에 대한 관찰을 바탕으로 이런 주장을 했다. 60개 기업의 임원 8명으로 구성된 팀 간의 상호작용이 대상이었다. 데이터가 너무 적기 때문에 2.9013이 똑같이 정밀한 수천 개의 다른 비율보다 더 정확하다고 결론을 내리는 것은 수학적으로 불가능하다. 만약 저자들이 이 비율이 "약 3 대 1이지만 1대 1 정도로 낮을 수도 있고 5 대 1 정도로 높을 수도 있다"라는 결론을 내렸더라면 우리는 그 연구 결과에 주목했을까?[13]

로사다와 프레드릭슨은 정확한 수치를 내세운 주장으로 자신들의 연구가 실제보다 과학적으로 엄격한 것 같은 인상을 주었다. 누군가가 매우 정밀한 주장을 해서 이득을 얻는 경우라면, 이의가 제기되었을 때 그 주장을 철회하고 근사치를 내놓는다면(이 경우 '3 근처의 어디쯤'으로 주장을 완화시키는 근사치), 합격점을 줘서는 안

된다.

긍정 비율을 '임계'라고 부르는 것은 두 가지 다른 상태(번성과 고생) 사이의 엄격한 경계를 더 강조한다. 범주적 경계에서 잘못된 쪽에 있는 것이 중요한 문제가 되기 때문이다. (우리 군이 이웃 국가를 침략했는지 아닌지와 같이) 경계를 정확하게 정하는 데 주의를 기울여야 하는 이유가 여기에 있다.

정밀한 답을 얻는 데 얼마나 많은 데이터가 필요한지 인식하지 못하는 것은 과학계 밖에서 훨씬 더 흔한 문제다. 트위터는 몇 년 동안 규제 당국에 제출한 자료에서 봇에 의해 운영되는 계정이 전체 계정의 5퍼센트 이하라고 추정했다. 일론 머스크는 2022년 4월 440억 달러에 이 소셜 미디어 기업을 인수하는 데 합의하고 한 달도 지나지 않아 "스팸/가짜 계정이 실제로 사용자의 5퍼센트 미만이라는 계산을 뒷받침하는 세부 정보가 나올 때까지 거래가 일시적으로 보류되었다"는 트윗을 올렸다.

이 비율을 완벽하게 확인하려면 2억 1,400만 명이 넘는 일일 순 사용자를 봇과 비봇으로 정확하게 분류해야 한다. 하지만 머스크는 다른 프로세스를 제안했다. "이를 확인하기 위해 우리 팀은 @twitter 팔로워 100명의 무작위 표본을 추출할 것이다. 다른 사람들도 같은 과정을 반복해 결과를 확인해볼 것을 권한다." 짧은 법정 공방 끝에 머스크는 결국 트위터를 인수했지만 봇 분쟁은 아직 계속되고 있다. 머스크의 방법으로 봇 분쟁을 해결할 수 있을까?[14]

무작위 표본을 사용해 실제 봇의 비율을 추정한다는 아이디어는 타당하다. 모든 계정을 평가하는 것보다 훨씬 효율적인 방법이다. 하지만 표본 추출이란 곧 측정 정확도를 고려해야 한다는 의미다. 머스크가 무작위로 100개의 계정을 뽑아 봇을 네 개만 찾았다면, 일일 사용자 2억 1,400만 명 중 1,070만 명(5퍼센트) 미만이 봇이라고 확신해야 할까?

논의를 위해 트위터 사용자의 7퍼센트가 봇이라고 가정해보자. 머스크가 거래를 무산시키고 싶을 만큼이다. 사용자 100명의 무작위 표본을 추출하고 실제 봇 비율이 7퍼센트라고 가정하면, 머스크가 다섯 개 이하의 봇을 관찰할 확률은 29퍼센트다. 즉, 자신의 기준에 따라 잘못된 결정을 내릴 확률이 거의 30퍼센트에 달하게 된다! 봇 비율이 실제로 7퍼센트라면, 머스크가 실수로 5퍼센트 미만의 봇을 관찰하지 않았다고 99퍼센트 확신하려면 계정이 600개 이상인 표본이 필요할 것이다. 더 정확한 답을 얻으려면 더 많은 데이터가 필요하다.

만약 머스크가 440억 달러를 들여 5퍼센트 이상이 봇인 플랫폼을 사들이는 것이 아니라는 99.99퍼센트의 확신을 원하고 실제 봇 비율은 5.1퍼센트라면, 그가 말한 것의 3천 배가 넘는 33만 2,600개 이상의 계정을 표본으로 삼아야 한다. 더구나 이런 추정치는 봇 탐지 방법이 완벽하게 민감한 코로나 테스트나 긍정적 경험과 부정적 경험을 완벽하게 분류하는 기계에서처럼 오류가 없는지에 크게 좌우된다. 테스트가 불완전하다면 그 표본의 계정 수

는 훨씬 더 많아질 것이다.[15]

정확도와 정밀도의 차이

프레드릭슨과 로사다의 임계 긍정 비율은 사실 그들이 만든 수학적 모델을 통한 예측 값일 뿐, 충분히 큰 규모의 인간 감정 경험 표본을 분석해 도출한 값이 아니다. 그러나 주장 자체와 마찬가지로 모델 가정도 이치에 맞지 않았다. 로사다는 유체의 행동을 모델링하는 데 사용되는 방정식을 480명의 기업 임원을 대상으로 한 이전 연구의 관찰 결과에 적용했다고 한다.

닉 브라운, 앨런 소칼(인문학 저널을 속인 앨런 소칼과 같은 사람), 해리스 프리드먼이 설명했듯이, 인간 감정 모델링에 사용되는 종류의 변수는 이런 방정식들을 적용하는 데 필요한 엄격한 기준에 부합하지 않는다. 설령 그런 기준을 충족시키더라도, 프레드릭슨과 로사다는 모델을 자의적인 방식으로 조정하고 수정해 로사다가 임원 대상 연구에서 관찰했다고 보고한 수치들과 어느 정도 근접한 예측치를 도출했다. 이후 프레드릭슨과 로사다는 이 모델의 결과를 마치 인간 본성의 보편적인 법칙인 것처럼 발표했다.[16]

브라운과 동료들은 프레드릭슨과 로사다의 접근 방식을 '루빅스 큐브가 5초 만에 기적적으로 풀리는 동영상'에 비유했다. 마지막을 보면 정돈된 큐브를 뒤섞은 전체 시퀀스를 거꾸로 재생한 결과라는 것이 드러나는 동영상 말이다.

이런 비판에 대해 프레드릭슨은 자신이 로사다의 모델링에 의존했음을 인정하고 "그 이후로 의문을 갖게 되었다"라고 말했다. 원본 논문을 게재한 저널은 "특정 긍정성 비율에 대한 모델 기반 예측"을 비롯한 논문의 모델링 측면을 과학 문헌에서 공식적으로 폐기한다는 정정 공지를 냈다.[17]

부분적으로, 긍정 비율의 오류는 수학적 모델을 현실에 대한 정확한 설명인 것처럼 취급한 결과다. 모델은 현실을 충분히 단순화해 과학자, 기업, 정책 입안자가 구체적인 예상과 예측을 한 뒤 현실과 비교해 확인할 수 있도록 해주는 도구다. 모델이 복잡하거나 정밀해야만 유효한 것은 아니다.

예를 들어, "미국 주식 시장의 수익률은 연 7퍼센트다"라는 모델은 지금 1천 달러를 투자하면 10년 후에는 1,967.15달러의 가치가 있을 것이라는 구체적인 예측을 한다. 이 모델이 정확하다고 해도 (금융 시장의 선천적인 노이즈와 일관성 부족 때문에) 우리는 정확히 그 금액이 될 것이라고 예상해서는 안 된다. 다만 시작했던 것보다 더 큰 금액이 될 확률이 높을 것이다.

정밀성에는 그것만의 장점이 있다. 다른 모든 것이 동일하다면 정밀한 예측을 하는 모델은 모호한 예측을 하는 모델보다 낫다. 새로운 마케팅 캠페인의 결과로 매출이 **얼마나** 늘어날지 정확하게 예측하는 모델은 **단순히** 매출이 늘어날 것이라고 예측하는 모델보다 낫다. 내일 날씨가 비로 시작했다가 갠다는 것을 안다면 좋겠지만, 비가 오후 2시 있을 야외 결혼식 무렵에 그친다는 것을 안다면 더 좋을 것이다.

하지만 정밀한 모델이 데이터나 실제 결과의 관찰을 통해 검증할 수 있는 것보다 더 정밀한 예측을 제공하는 경우라면 오해의 여지가 있다. 기상 모델이 정확하지 않아 하루 종일 비가 내린다면 정밀한 예측은 무용지물이다.

정확도와 정밀도는 종종 혼동되지만 근본적으로 다른 개념이다. 정확한 측정 도구는 평균적으로 정답에 가까운 답을 내놓는다. 정밀한 측정 도구는 옳고 그름에 관계없이 상세하고 일관된 답을 내놓는다. 2.9013이 정밀한 최적의 긍정 비율이라는 주장은 진실보다는 '트루시니스truthiness'[사실 여부에 관계없이 내면적으로 자신이 믿고 싶은 바를 진실로 인식하려는 성향 또는 심리상태를 뜻하는 신조어]에 가깝다. 정밀한 주장이지만 그 정밀성이 정확하다는 그릇된 인상을 줄 수 있는 것이다.

단 두 명의 유권자

주제가 여론과 정치적 선호에 대한 것일 때는 정확하다는 그릇된 인상이 특히 문제가 된다. 여론조사는 후보자와 정책에 대한 정밀한 지지율을 보여주고, 불확실성을 나타내기 위해 오차 범위까지 공개한다. 그러나 잘못된 가정에서 시작되었을 때의 예상치는 놀라울 정도로 부정확할 수 있다.

여론조사는 모든 사람을 조사하지 않으면서도 광범위한 집단(선거 당일 유권자)에 대한 정량적인 것을 알아내려는 과학적 시도다. 어떤 식으로든 한 번의 설문조사로 전국 모든 유권자를 조사할 수 있다면 여론조사의 대표성을 걱정할 필요가 없을 것이다. 하지만 작은 하위 집합만을 조사해 광범위한 사람들에 대해 무언가를 주장하고 싶을 때라면, 조사에 포함시킨 사람들과 제외된 사람들이 **관련된 모든 방식에서** 유사해야 한다.[18]

정치 여론조사에서는 이런 '대표성' 문제를 절대 완벽하게 해결할 수 없다. 여론조사에 응답하는 집단은 인종, 성별, 연령, 학력, 지역, 정치적 성향, 모르는 번호의 전화에 기꺼이 응답하는 성향, 기타 속성의 모든 조합에 있어 모집단 분포와 결코 완벽하게 일치할 수 없다. 여론조사 기관이 전화를 건 모든 사람이 전화를 받고 질문에 응답했다고 가정해보자. 천문학적으로 희박한 확률을 충족시켰다고 해도 사회의 일부 계층은 과소 대표되고 다른 일부는 과대 대표되는 것이 불가피하다.

전문 여론조사 기관은 여론조사가 전체로서의 인구를 대표하도록 하기 위해, 가중치 방식을 사용해 표본의 인구통계학적 구성을 조정한다. 고령의 백인 응답자가 불균형하게 많으면 그들의 응답을 적게 계산하고, 젊은 흑인 유권자 비율이 너무 낮으면 그들의 응답을 더 많이 계산하는 식으로 말이다. 하지만 같은 두 개의 여론조사라도, 심지어 같은 조사 기관에서 추출한 두 개의 표본에

같은 날 같은 설문조사를 실행했다 해도 약간은 다른 예측이 나올 수 있다.[19]

2016년 미국 대통령 선거 캠페인 기간 동안 〈로스앤젤레스 타임스〉와 서던캘리포니아대학교는 데이브레이크Daybreak라 불리는 추적 여론조사를 실시했다. 대부분의 정치 여론조사가 새로운 예측을 내놓을 때마다 새로운 무작위 표본을 조사하는 것과 달리, 데이브레이크 여론조사는 '패널'로 알려진 3천 명의 동일 집단에게 매일 투표 선호도를 질문했다.

데이브레이크 여론조사의 목표는 표본 변경으로 인한 노이즈에 오염되지 않은 투표 선호도 추정치를 내놓는 것이었다. 이 조사는 3천 명의 표본에 가중치를 부여해 인구 통계와 최대한 일치시키고 매일 자신의 선호도를 밝힐 의향이 있는 사람들을 모집했다. 데이브레이크와 같은 패널의 단점은 패널의 원래 구성이 어떤 식으로든 특이할 경우 그 특이성이 여론조사 내내 유지된다는 점이다.[20]

결과에서 나타났듯이, 데이브레이크 여론조사에는 젊은 흑인이 두 명뿐이었다. 한 명은 힐러리 클린턴 지지자였고 다른 한 명은 도널드 트럼트 지지자였다. 누가 이길지에 대한 전체 예측에서 이 두 사람의 가중치는 동일했다. 하지만 그 결과인 50 대 50은 미국 대선에서 젊은 흑인이 투표하는 전형적인 방식을 대표하지 못한다. 젊은 흑인들은 압도적으로 민주당 후보를 지지하는 경향이 있다. 미국에는 트럼프에게 투표하는 젊은 흑인 남성이 너무 적기 때문에 젊은 흑인 유권자 100퍼센트가 클린턴을 지지하리라고 예측하는 것이 50퍼센트가 클린턴을 지지하리라고 예측하는 것보다 대표성이 강했을 것이다.

이 표본 '집단'에는 그런 유권자가 두 명뿐이었기 때문에 그 두 명은 조사 결과에 지나치게 큰 영향을 미쳤다. 각각의 의견은 가장 과대 대표된 집단(아마도 고령 백인 유권자)에 비해 거의 300배, 평균적인 유권자에 비해서는 약 30배 높은 비중으로 계산된다. 특정한 날 트럼프 지지자 한 명이 응답하지 않을 경우, 이 조사의 최상위 예측은 클린턴 쪽으로 약 1퍼센트 기울고, 그가 응답하면 트럼프 쪽으로 1퍼센트 기운다.[21]

얼마나 많은 사람이 필요한가?

여론조사, 시장조사, 봇/비봇 분류, 과학 실험에서 표본의 크기는 카메라의 감지기나 망원경의 거울 크기와 같다. 표본과 감지기가 클수록 작은 차이까지 감지할 수 있다. 정밀한 주장(긍정적 경험 대 부정적 경험의 비율이 2.9103이라는 임계 긍정 비율이나 트위터에 봇이 5퍼센트 미만이라는 주장)에는 그런 정밀한 측정이 가능할 만큼 충분히 큰 감지기가 필요하다.

마찬가지로 클린턴에 대한 90퍼센트의 선호도를 측정하기 위해서는 두 명으로는 턱없이 부족하다. 심리학과 기타 사회과학 분야의 많은 연구에서는 경험적 질문에 대한 신뢰할 수 있는 답을 내놓을 만한 강력한 망원경이 부족하다.[22]

혹시 달걀을 좋아하는 사람들이 달걀을 좋아하지 않는 사람들보다 달걀 샐러드를 자주 먹는지 궁금했던 적이 있는가? 우리 두 사람은 그런 궁금증을 가져본 적이 없다. 하지만 의사 결정 과학자인 조 시몬스와 그의 동료들의 연구는 그 답이 '예스'라는 것을 확인했다. 정말이다.

여기에서 중요한 질문은 "이런 결론에 이르기 위해 그들이 조사해야 하는 사람은 몇 명인가?"다. 몇 사람에게 질문을 하고 처음 세 사람이 우연히 달걀을 좋아하지만 달걀 샐러드는 좋아하지 않을 경우 우리는 "정말 희한한 일을 발견했어!"라며 스스로를 오도하기 쉽다.

달걀을 좋아하는 사람들과 달걀을 좋아하지 않는 사람들 사이에서 달걀 샐러드에 대한 선호도의 명백한 차이가 존재한다고 하더라도, 동일한(혹은 더 큰) 차이를 발견할 확률이 80퍼센트 이상이려면 매번 47명 이상을 대상으로 조사를 해야 한다. 10명을 상대로 시험하는 것은 아무에게도 시험하지 않은 것보다 아주 조금 나을 뿐이다.[23]

이것이 시몬스가 그런 명백한 관계에 대한 설문을 수행함으로써 주장하고자 한 것이다. 얼마 되지 않는 데이터를 가지고 "달걀을 좋아하는 사람들은 달걀 샐러드를 좋아할 가능성이 높다"보다 놀랍거나 결정적이거나 논쟁적인 결론을 이끌어내고자 한다면,

증거가 충분하지 않을 수 있다는 것을 알아야 한다. 이런 경우에는 정밀하다는 그릇된 감각에 속을 수 있다. 아이들의 장난감 망원경을 들여다보고 토성에 달이 없다는 결론에 이르는 꼴이 되는 것이다.

최근 두 번 가까운 도시로 차를 몰고 갔을 때 구글 지도가 더 빨리 도착할 수 있는 대체 경로를 제안했다고 상상해보자. 제안을 받아들였지만 두 번 모두 바로 정체 구간을 만나 원래의 예상 시간보다 늦게 도착했다. 우리도 이런 경험을 해봤기 때문에 앞으로는 이런 추천을 거부하거나 내비게이션 앱을 바꾸고 싶다는 생각을 했다. 하지만 두 번의 연속적인 오류가 수년간 사용해온 도구에 대한 결론을 이끌어 내기에 충분한 증거일까? (오류가 아니었을 수도 있다. 당신이 계획한 경로를 택했어도 늦었을 가능성이 있지 않은가.)

우연히 인덱스 펀드의 수익률을 능가하는 좋은 주식 두 개를 고른 것이 지속적으로 시장을 이길 수 있다는 충분한 증거가 될까? 두 번의 슈퍼볼에서 승자를 맞혔다면 직장을 그만두고 프로 스포츠베팅계에 뛰어들겠는가? 최근의 경험이라는 작은 표본에 따르는 것은 데이터를 사용하는 최악의 방법이다. 신뢰할 수 있는 결론을 내릴 수 있는 충분한 증거를 가질 수 있는 가능성은 0에 가깝다. 하지만 속기에 충분한 증거는 항상 존재한다.

답이 정밀하게 틀렸을 때

정밀성의 매력에 대해 주의를 기울이면 사람들이 정밀하지만 불가능한 수치를 아무렇지도 않게 제시하는 경우를 많이 발견할 것이다. 2022년 5월 8일 더블헤더doubleheader(두 팀이 같은 날 계속해서 두 경기를 치르는 것) 1차전에서 뉴욕 양키스의 2루수 글레이버 토레스는 승기를 잡는 홈런을 날려 원정팀 텍사스 레인저스를 꺾었다. 끝내기 홈런은 야구 선수의 시즌 하이라이트라 할 수 있을 것이다.

하지만 레인저스의 크리스 우드워드 감독은 그날의 경기를 마치고 기자들에게 토레스의 활약에 찬물을 끼얹는 발언을 했다. "야구장이 작은 덕분이었죠. 여기가 아닌 다른 99퍼센트의 야구장들에서라면 쉽게 잡을 수 있는 타구였는데 요행히 리틀리그 야구장에서 우익으로 쳤기 때문에 홈런이 가능했던 겁니다." 우드워드의 발언에 대해 질문을 받은 양키스의 애런 분 감독은 웃으며 "그의 계산이 틀렸어요. 99퍼센트는 불가능해요. 야구장은 30개뿐인걸요."[24]

표본 유권자가 단 두 명뿐일 때 후보자 한 명에 대한 지지율이 90퍼센트가 될 수 없는 것과 마찬가지로, 야구장이 100개 이상 존재하지 않는 한 그 홈런이 야구장들 99퍼센트에서 아웃될 수 없다. (불가능하게 정밀한 비율이나 평균을 내놓는) 이런 실수는 놀라울 정도로 흔하며 야구 감독만 그러는 것도 아니다.

닉 브라운과 제임스 헤더스는 과학 문헌에서 이런 식의 실수를 여럿 발견한 후, 이런 형태의 그릇된 정밀성을 확인하는 간단한 알고리즘을 개발했다. 그들은 여기에 GRIM이라는 신랄한 이름을 붙였다. 세분화 관련 평균 불일치Granularity-Related Inconsistency of Means의 줄임말이다. GRIM 테스트는 참여한 사람(혹은 경기장) 수를 고려했을 때 실제로 특정 평균 또는 백분율이 가능한지를 확인한다.[25]

크리스 우드워드의 99퍼센트 발언은 큰 효과를 내려고 과장한 것이겠지만, 그렇다 해도 크게 잘못된 말이었다. 토레스의 공은 369피트(약 112.5미터)를 날아갔으므로 사실 메이저리그 야구장 30곳 중 26곳에서 홈런이었을 것이다(1퍼센트가 아니라 86퍼센트 이상). GRIM은 숫자를 적절히 반올림하는 방법을 잘못 이해해서 생기기도 하지만, 더 심각한 문제 때문일 때도 있다. 그럴듯하게 들리는 백분율이나 평균이 실제로는 불가능한 경우다.

유권자 두 명의 90퍼센트 또는 야구장 30곳의 99퍼센트와 같은 것은 불가능한 평균이라는 것을 쉽게 알 수 있다. 동전을 정확히 10번 던지면 앞면이 5.5번 나올 수는 없다. 하지만 GRIM 오류가 그렇게 명료하게 드러나지 않는 수치들이 있다.

11명의 사람들에게 1~7점 척도 안에서 행복도를 평가하도록 한 결과 평균 점수가 3.86임을 발견했다는 과학 논문을 상상해보라. 이 값은 충분히 합리적인 것처럼 보이지만, 조금만 더 계산해보면 3.86에 가장 가까운 값이 3.81818이나 3.90909이며, 어느 쪽

을 반올림해도 3.86이 되지 않는다는 것을 알 수 있다.[26]

GRIM이 등장하기 전까지는 아무도 과학 논문에 보고된 평균값이 수학적으로 가능한지(산수만으로 충분하다) 체계적으로 확인할 생각을 하지 않았다. 브라운과 헤더스는 저명한 심리학 저널에 실린 수많은 논문 속의 평균값에 GRIM을 적용해 예상보다 훨씬 더 많은 오류를 발견했다. 테스트가 가능한 정도의 충분한 정보가 있는 논문 중 약 절반에 한 가지 이상의 GRIM 오류가 있었고, 다수의 오류가 있는 논문이 20퍼센트 이상이었다.

이런 논문의 원 데이터를 검토한 브라운과 헤더스는 많은 오류가 부주의로 인한 것임을 발견했다. 하지만 통계적 결론에 상당한 수정을 요할 정도로 중대한 오류도 여럿 있었다. 이쯤이면 이런 패턴에 익숙해졌을 것이다. 과학 기사의 잘못된 결론과 노골적인 사기는 언제 어떻게 발견될까? 사람들이 헤드라인 뒤에 있는 한두 개의 문을 열고 세부 사항(이 경우 산수)이 주장을 뒷받침하지 않았음을 알아챌 때다.[27]

외삽법의 함정

정밀성에 끌리는 우리의 성향은 우리를 모델과 소량의 데이터 표본을 통한 추론에 속게 만드는 것처럼, 미래에 대한 예측에서도 부적절한 확신을 갖게 한다. 미국 교통국은 당해 연도의 국내 차량의 전체 주행거리를 추정해 20년 후까지의 도로 교통량을 예측하는 보고서를 의회에 정기적으로 제출한다.

이 보고서는 해마다 교통량이 꾸준하게 증가할 것이라고 예측했다. 하지만 증가세는 1990년대 후반에 들어 약화되기 시작했고, 실제로 2000년대 초에는 교통량이 약간 감소했다. 위스콘신대학교의 스마트교통 이니셔티브State Smart Transportation Initiative 책임자, 에릭 선드퀴스트는 2013년 이들 예측을 분석해, 이 모델이 1980년대에 유효한 추세를 기반으로 만들어진 이후 업데이트되지 않았다는 사실을 발견했다.

이렇게 시대에 뒤떨어진 모델을 사용하는 데 따른 재정적·사회적 비용은 매우 크다. 미래 교통량을 과소 예측하면 도로가 막히고 허물어진다. 이 모델처럼 과대 예측하면 불필요한 건설에 자원을 낭비하게 된다.[28]

정치적 예측이 대표성 있는 표본을 기반으로 해야만 정확한 것처럼, 미래(혹은 모든 새로운 데이터)를 예측하는 모델은 유사한 데이터를 사용해 모델 자체를 보정해야만 유용하다. 이전에 본 것과 동일한 사례에 대한 미래 예측은 비교적 안전하다. 하지만 본 것을 넘어서는 외삽exprapolation/外插〔과거의 추세가 장래에도 그대로 지속되리라는 전제 아래 과거의 추세선을 연장해 미래 일정 시점에서의 상황을 예측하고자 하는 미래예측 기법〕은 재앙이 될 수 있다.

외삽의 위험성을 보여주는 예로 우리가 수업에 자주 사용하는 것은 100미터 달리기에 대한 예측이다. 지난 100년 동안 세계 기록이 단축되어왔는데, 여성 경기의 단축 폭이 더 가팔랐다. 1922년 100미터 기록은 남성이 10.4초, 여성이 12.8초로 남성이 2.4초 앞서 있었다. 2022년 현재 남성과 여성의 기록은 9.58초와 10.49초로 차이는 불과 0.91초다.

〈네이처〉에 발표된 과학 논문에서는 1900년 이후 남녀 100미터 달리기 올림픽 기록의 선형적 향상(남성은 연평균 0.011초, 여성은 연평균 0.017초 단축)을 미래로 외삽해, 2156년에는 여성의 기록이 8.079초, 남성의 기록이 8.098초로 여성이 남성을 앞설 것이라고 예측했다. 하지만 우리는 이런 선형적 추세가 수그러들지 않고 미래까지 이어질 수는 없다는 것을 알고 있다. 선형 추세대로라면, 2636년에는 100미터 달리기를 시작하기 전에 완주할 수 있을 것이고, 이런 기적은 여성이 남성보다 몇 년 먼저 달성할 것이다![29]

선형 추세의 외삽도 상당히 위험하지만, 더 복잡한 패턴을 외삽하는 것은 더 문제가 된다. 직관적으로도 이해하지 못한다는 것이 그 이유다. 고속도로를 달리는 차를 보면서 얼마나 가속하는지(속도의 변화) 판단하는 것보다 얼마나 빠르게 이동하는지(위치의 변화) 확인하는 것이 더 쉽다. 작은 수(우려를 자아내기에는 너무 작은 수, 혹은 알아채기로 힘들 정도로 작은 수)에서 시작하는 수치는 우리가 직관적으로 깨닫는 것보다 빠르게 불안감을 유발하는 수치에 도달할 수 있다. 코로나 감염자가 기하급수적으로 확산한다는 예측이 그랬다.

복리 이자가 부를 증폭시키듯이, 기하급수적(구어체로는 '바이러스적viral') 성장은 영향력을 증폭시킨다.

예를 들어, 마을 주민 10명이 코로나 확진 판정을 받고서 10일 후 확진자가 100명 더 생긴다고 가정해보자. 이는 하루에 10명씩 증가하는 선형 추세로, 날짜를 X축으로 하고 총 확진자 수를 Y축으로 하는 그래프에서 오른쪽으로 올라가는 직선이 될 것이다.

이제 어느 날 10건의 새로운 코로나 확진 사례가 발생했다고 가정해보자. 다음 날에는 11건, 셋째 날에는 12건, 넷째 날과 다섯째 날에는 각각 13건과 14건의 새로운 사례가 발생했다. 매일 신규 확진자 수가 증가하는 이 모습만으로, 10일 후에는 총 145건, 13일째에는 200건이 넘을 것이라고 직관적으로 파악하기는 어려울 것이다. 이런 식으로 증가하면 변화율은 낮지만(매일 한 건씩 증가) 결과적으로 10일 후에는, 매일 동일한 신규 사례가 발생할 때보다 45퍼센트 더 많은 사례가 발생한다. 그래프는 오른쪽으로 갈수록 기울기가 증가하면서 상승하는 곡선을 그린다. 이는 확진자 수가 같은 양만큼 증가하는 데 걸리는 시간이 점점 짧아진다는 것을 의미한다.

기하급수적인 성장의 경우, 정밀한 예측을 위해서는 수학을 동원해야 한다. 하지만 시간이 지나면서 비율이 증가하고 있는지 확인하고, 그렇다면 문제가 감당할 수 없는 수준에 이르기까지 긴 시간이 걸리지 않으리란 것을 알기만 하면, 기하급수적인 증가에 기습당하는 일은 피할 수 있다.

간단한 경험 법칙이 좋은 효과를 발휘한다. 단기간에 두 배가

된 것들을 찾는 것이다. 다시 두 배가 되기까지의 시간이 단축됐다면 특히 경계해야 한다. 세기에 한 번 있을까 말까 한 팬데믹을 발견할 수도, 일생일대의 사업 기회를 발견할 수도 있다.

장밋빛 예측의 실체

미국에는 코로나로 인한 공식 사망자가 비교적 적었던 2020년 5월 초, 트럼프 행정부는 공중 보건을 위한 각종 규제 조치를 해제했다. 자체 태스크포스의 권고와 6월 1일까지 20만 명의 사망자가 나올 것이란 전문가들의 예측에 반해 내려진 조치였다. 백악관은 5월 15일까지 일일 사망자가 0명으로 떨어질 것이라 예측한 자체 '큐빅cubic' 모델을 내세우며 정책을 정당화했다.[30] 트럼프 행정부의 모델을 만든 것은 감염병 전문가나 역학자가 아닌 케빈 해셋이라는 경제 고문이었다. 데이터 집합에 다양한 형태의 추세선을 자동으로 맞출 수 있는 액셀의 여러 함수를 시도해보다가 장밋빛 예측을 내놓는 함수를 발견한 것 같다.[31]

큐빅 모델은 방향을 두 번 바꾼다. 높게 시작해서 하락했다가 이후 상승하고는 다시 떨어진다. 혹은 낮게 시작해서 상승했다가 이후 하락하고는 다시 상승한다. 곡선의 시작점이 데이터가 끝나고 외삽이 시작될 때 곡선 진행 방향을 좌우하는 것이다.

사망자가 0으로 떨어진다는 큐빅 모델의 예측은 팬데믹 초기의 일일 사망자 수에서 나타난 변동 패턴을 감소 추세로 취급한 데 따른 것이다. 이것을 미래로 외삽하면 뒤이은 사망자 수 증가 추세가 결국 역전되고 감소 추세로 이어진다고 말이다. 그러나 초기의 변동을 일일 사망자 증가 추세로 취급하면 외삽을 통해 사망자가 크게 늘 것이라 예측하는 결과가 나온다. 우리 모두 알고 있는 것과 같이, 팬데믹이 곧 끝난다는 해셋의 예측은 틀렸다. 2020년 5월 중순 현재 미국의 일일 사망자는 약 1,500명에 달한다.[32]

지나치게 희망적인 예측을 한 것은 트럼프 행정부만이 아니었다. 일리노이대학교는 2020년 가을 학기 시작 전, 전체 학기 동안 '최악의 경우' 어바나-샴페인 캠퍼스에서 총 700명의 환자가 발생할 것이며, 캠퍼스 내 감염자가 한번에 100명을 넘지 않고, 몇 주 안에 일일 확진자가 한 자리 수로 떨어질 것이라고 예측했다.

누군가 예측이 최악의 시나리오라고 주장할 때는 경계해야 한다. 거의 항상 더 나쁜 시나리오가 존재하기 때문이다. 실제로 이 대학 캠퍼스에서는 11월 말까지 3,923명의 확진자가 나와 하루 평균 신규 확진자 수가 40명에 가까웠다. 백악관의 큐빅 모델과 달리 이 대학교는 엄격한 수학적 모델을 사용했지만 큐빅 모델과 마찬가지로 결함이 있는 시작을 가정하고서 잘못된 결론을 도출했다.[33]

총 700명이라는 예측은 학부생들이 검사를 철저하게 받고 접촉자 추적 규정을 완벽하게 따르고, 양성이라는 결과를 24시간 이내에 통보받는다는 가정에서 나온 것이었다. 시끌벅적한 파티로 유명한 대형 공립대학이라는 것을 고려하면, 규정 준수율이 100퍼센트에 훨씬 못 미쳤고, 학기 초의 결정적인 시간 동안에는 검사 결과 통보가 24시간보다 훨씬 지연되었다는 것이 놀라운 일도 아니다.

문제는 모델이 아니라 모델을 해석하고 사용하는 방식이었다. 이 예측의 가장 큰 패착은 아마도 부적절한 정밀성일 것이다. 대학은 700명이라는 수치가 방대한 가능성 중 하나에 불과하며, 700명이라는 예측이 규정 준수와 테스트 결과 통보라는 중대한 가정에 의존하고 있다는 사실을 전혀 암시하지 않았다. 좀 더 현실적인 가정을 사용했을 때 동일한 모델이 내놓은 추정치는 3천~8천 명이었다.[34]

우리가 걸려들기를 바라는 사람들은 정밀한 약속을 한다. 그 약속에 매력을 느끼지 못할 때라면 그런 정밀함이 설득적이라고 생각지 않을 것이다. 불가능하게 정밀한 임계 긍정 비율을 평가한 검토자와 편집자는 긍정적인 경험을 많이 한 사람들이 번성할 가능성이 높다는 기본적인 전제를 받아들였고 정량적 법칙을 도출할 수 있는 심리학의 힘을 믿고 싶었을 것이다.

학기 내내 원격 학습을 하게 되는 상황을 피하고 싶었던 일리노이대학교 관리자들은 700명이라는 정밀한 '최악'의 추정치를 기껍게 받아들이고 그에 따라 조치를 취했다. 트럼프 행정부는 코로나가 실제보다 작은 문제이기를 원했고 따라서 사망자 0으로의 급속한 하락세라는 정밀한 예측을 받아들였다.

몇 주만 기다리면 코로나 사망자가 0명이 된다는 것은 사실로 믿기에는 너무 좋은 시나리오였고, 역사도 그렇게 말하고 있다. 찰스 폰지가 90일 안에 50퍼센트의 수익률을 약속한 것처럼, 너무 좋기에 사실일 리 없는 일들은 지나치게 정밀하면서 동시에 지나치게 인상적이다.

이 장에서는 잘못된 가정을 기반으로 하는 모델에서 도출된 그릇된 추론, 작은 표본에 근거한 지나친 일반화, 미래 사건에 대한 지나치게 완벽한 예측 등 정당화되지 않은 정밀한 주장에 얼마나 쉽게 현혹될 수 있는지를 살펴봤다. 다음 장에서는, 어떻게 효능에 대한 주장, 즉 혜택이나 효과가 비용이나 원인에 비례하지 않는 제안에 속아 넘어가는지를 설명할 것이다.

8

작은 원인이 큰 결과를 부른다는 '효능'

작은 것을 조작하면 작은 변화만 생긴다

브라질에 있는 나비 한 마리의 날갯짓이 텍사스에 토네이도를 일으킬 수 있다는 상투적인 문구가 있다. 효능은 우리에게 큰 설득력을 발휘한다. 하지만 실제에서라면 큰 효능이 작은 원인에서 비롯된다는 주장은 경계해야 한다.

2021년 미국의 소셜 미디어 인플루언서 캐롤라인 캘러웨이가 에센셜 오일 브랜드를 런칭하면서 60만이 넘는 인스타그램 팔로워를 대상으로 대대적인 마케팅을 펼쳤다. 캘러웨이는 자극적인 주장과 행사 홍보를 하고서 실현하지 못하는 경우가 많은 것(백만 달러 단위 계약금을 받은 뒤 책을 쓰지 않고, 전국 워크숍 투어를 시작했으나 장소를 마련하지 못하는 등)으로 오명을 얻었으나 매번 어떻게든 난관을 타개하고 다음 일로 넘어갔다.

그녀는 누구의 돈도 가로채지 않은 것으로 보인다. 출판사에 계약금을 반환했고 워크숍 참가자들에게는 참가비를 환불했다. 따라서 가장 지독한 의미에서의 사기꾼은 아니다. 하지만 그녀는 자신의 평판에 대해서 대단히 잘 알고 있었다. 자신의 새 제품에 스네이크 오일Snake Oil이라는 이름을 붙일 정도였다.[1] 〔이후 설명이 나오겠지만 스네이크 오일이란 기적적인 효능이 있다고 주장하는 사기성 또는 기만적인 제품이라는 뜻을 가지고 있다. 캘러웨이가 자신의 오명을 잘 알고 있고 그것을 역설적으로 이용했다는 의미다.〕

1918년 스페인독감 팬데믹 동안 유행한 레이 피어스 박사의 먹기 편한 알약Pleasant Pellet부터 20세기 중반의 전두엽 절제술, 코로나 팬데믹 기간의 황산하이드록시클로로퀸과 이버멕틴까지, 곤경에 처한 사람들은 종종 입증되지 않은 위험한 치료법에 의지한다. 이런 '기적의 약' 중에는 다른 질병에 효과가 있는 것들도 있다.

하이드록시클로로퀸은 표준 항말라리아제고 이버멕틴은 효과적인 구충제다. 그러나 그 이외의 대안적인 용도에 대해서는 고독한 천재가 그 유용성을 발견했다는 창업 일화, 무작위 임상 실험이 아닌 개인적 증언에 근거한 증거, 엄청나게 다양한 질병 치료에 전례 없는 효과가 있다는 검증할 수 없는 주장 등 사이비 과학의 특징이 보인다.[2]

기적의 치료법

기적의 치료법에 대한 주장은 오늘날에도 흔하지만, 19세기 후반 특허약의 시대에는 가히 절정에 이르렀었다. 1880년대 대륙횡단 철도 건설은 중국 이민자들에게 크게 의존했다. 이 고된 육체 노동은 그들이 찾을 수 있는 유일한 일감인 경우가 많았다. 아스피린조차 발견되지 않았던 현대 의학 이전 시대에는 노동자들이 관절과 근육의 통증을 가라앉힐 수 있는 방법이 거의 없었다. 중국 노동자들은 전통 의학에 의존했다. 뱀 기름이었다. 당시 뱀 기름은 전 세계에서 사용됐다. 주로 근육 이완제나 관절 통증을 완화하는 마취제로 쓰였다. 중국은 주로 물뱀, 유럽은 독사, 아메리카 원주민 부족은 방울뱀을 사용했다.[3]

뱀 기름이 지금 누리고 있는 명성을 얻는 데 가장 중요한 역할을 한 인물은 아마도 '방울뱀 왕Rattlesnake King'으로 알려진 클라크 스탠리일 것이다. 스탠리는 1893년 시카고에서 열린 세계컬럼비안박람회에 부스를 차리고 뱀을 다루면서 '아메리카 카우보이의 삶과 모험: 극서부에서의 진정한 삶'이라는 제목의 53쪽짜리 책자를 나눠줬다. 이 책자에는 카우보이 생활의 자랑거리를 이야기하는 첫 번째 섹션과 그가 박람회에서 판매한 뱀 기름 연고의 놀랍고 광범위한 건강상 혜택을 선전하는 두 번째 섹션이 나란히 자리하고 있었다.

스탠리는 뱀 기름 치료법을 홍보하기 위해 사이비 과학의 대본을 충실히 따랐다. 그는 1870년대에 2년간 애리조나주 왈피의 모키 인디언(현 호피Hopi 부족)과 살면서 고대 뱀 기름 치료 비법을 배웠다고 주장했다. 그의 광고에 따르면, 자신의 뱀 기름 연고는 다른 치료제보다 훨씬 효과가 뛰어나 "의료 전문가조차 놀라게 한 효능으로 통증을 없앤다." 그는 친구들에게 뱀 기름을 사용해보았으며, 뱀 기름이 "류머티즘, 신경통, 좌골 신경통, 요통, 힘줄 수축,

치통, 염좌, 부종, 동상, 오한, 타박상, 인후통, 동물, 곤충, 파충류에 물린 상처"를 치료했고, "독을 없애고, 통증을 완화하며, 부기를 가라앉히고, 상처를 치유한다"라고 주장했다. 그는 뱀 기름을 "통증을 없애는 뛰어난 화합물"이자 "모든 통증을 치료하는 것으로 알려진 가장 강력하고 가장 좋은 연고"라고 선전했다.

현대의 대부분 국가들은 의료 광고를 엄격하게 규제하고 의약품은 질병 치료제로 판매되기 전에 모두 약효와 안전성 시험을 거치지만, 1906년 이전 미국에는 이런 규정이 없었고 전통적인 치료법의 광범위한 효능을 주장하는 일이 흔했다. 댄은 1800년대 후반과 1900년대 초반의 약병을 수집해두고 있는데, 이 약병들은 규제되지 않은 다양한 치료법, 즉 엄청나게 다양하고 서로 관련이 없는 일련의 질환에 효험이 있다고 주장하는 치료법의 다양한 표본을 제시하고 있다.

워커파마컬컴퍼니의 하이모사는 "류머티즘, 신경통, 통풍, 요통, 좌골 신경통과 모든 류마티스성 질환을 치료하는 화합물(알코올 20퍼센트)"이었다. 핸드 박사의 플레전트 피직은 "변비로 고통받는 유아, 어린이, 성인의 변비 완화를 위해 만들어졌다. 임신 중, 해산 후, 심한 변비에 특히 효과가 좋다. 간을 자극하고, 장을 튼튼하게 하며, 배앓이를 없앤다(알코올 6퍼센트)"며, 세인트제이콥스 오일은 "류머티즘, 신경통, 요통, 화상, 염좌, 부기, 타박상, 티눈, 건막류, 가정에서 일어나는 각종 사고, 말과 소의 모든 질병에 효과가 좋은 독일식 치료제(알코올 없음!)"로 홍보되었다. FDA가 의약품이 아닌 식품으로만 규제하는 보충제와 비타민 시장에서는 오늘날에도 이와 유사한 주장을 찾아볼 수 있다.[4]

클라크 스탠리는 느슨한 규제 기준을 이용해 매사추세츠와 로드아일랜드에 공장을 두고 뱀 기름 사업을 성공적으로 구축했다. 몇 년 후인 1906년 '순수 식품·의약품 법Pure Food and Drug Act'이 통과된 후에야 그의 제품에 대한 조사가 시작되었다. 1917년, 그는 기만적인 광고로 20달러(현재 약 475달러)의 벌금형에 처해졌다.

그러나 벌금이 부과된 속임수는 좌골 신경통에서 인후염에 이르기까지 모든 것을 치료할 수 있다는 주장이나 발견에 얽힌 미심쩍은 이야기, 효과가 없는 치료법에 대한 과장 광고가 아니었다. 그가 벌금을 물게 된 것은 뱀 기름 연고에 실제 뱀 기름이 들어 있지 않았기 때문이다![5]

뱀 기름은 스탠리가 광고한 것과 같은 만병통치약은 아닐지라도 통증 완화에 유용할 수 있겠지만, 그에 대한 혹은 그에 반하는 과학적 증거는 많지 않다. 그러나 증거가 없는 상황에서 제품의 효과를 과장하고 그들이 주장하는 효과가 있을 수 없는 메커니즘에 기반한 치료법을 홍보한 뱀 기름 영업사원들은 명성을 얻을 자격이 충분하다.

"유효 성분이 무엇인가요?"라는 질문을 통해 극적인 효능에 대한 기만적인 주장을 알아차릴 수 있는 경우가 많다. 제품이나 치료법의 어떤 부분이 효과를 내는지, 혹은 우리가 들은 것 외에 다른 활성 성분이 있을 수 있는지 자문하면 실제보다 더 효과적인 것처럼 보이는 이유를 알 수 있다.

예를 들어, 대부분의 동종요법 치료제에는 활성 성분이 극소량만 포함되어 있으며, 인지된 효과는 위약 효과와 자연 회복에 의한 것이다. 에너지 장을 탐지하고 조작해 (때로는 먼 거리에서) 질병을 진단하고 치료한다는 레이키 등의 '에너지 요법'도 마찬가지다. 이런 에너지 장의 존재나 치료자가 에너지 장에 영향을 미칠 수 있는 능력은 과학적으로 입증된 적이 없다.

제품이나 서비스가 실제로 광고만큼 강력하다면 세상이 어떻게 달라질지 생각해보는 방법도 있다. 심령술사가 모든 카지노를 파산시키지 않고 모든 복권에 당첨되지 않았다는 사실은 미래를 보는 초자연적인 능력이 그들의 예측에 관여하지 않는다는 것을 의미한다.

사람을 엄청나게 똑똑하게 만드는 작은 훈련

과장된 과학적·의학적 주장으로 벌금이 부과된 사람은 클라크 스탠리가 처음이 아니며, 그가 마지막이 되지도 않을 것이다.

2016년 인기 '두뇌 훈련' 프로그램인 루모시티 제작업체 루모스랩은 미국 연방거래위원회FTC에 200만 달러 벌금을 냈다. "루모시티는 전 세계 교실에서 학생들에게 활력을 불어넣는다" "건강한 성인도 루모시티 트레이닝의 혜택을 누릴 수 있다" 등 광고 문구로 제품의 강력하고 '입증된' 효능에 대한 근거가 박약한 주장을 편 것에 책임을 지고 광고도 바꾸겠다고 약속했다. 러닝Rx와 캐럿뉴로테크놀로지와 같은 다른 두뇌 훈련 게임 회사들도 사기성 광고로 인한 FTC와의 분쟁을 합의로 해결했다.[6]

우리 모두가 노화로 인한 인지 기능 저하를 피하고 싶어 한다. 누구나 집중력을 향상시키고 이름, 사건, 열쇠를 둔 위치를 잘 기억하기를 원한다. 인지 훈련 업계는 정신적 기능 저하에 대한 치료법을 찾았다고 주장하지만, 사실 스탠리가 사용하던 것과 같은 마케팅 술책에 의지하고 있다. 회사 웹사이트는 창업자가 치료법을 발견했다고 선전하고, 제품의 효과에 대한 개인적 증언에 의존하며, 상당히 사소한 개입으로 보기 드물게 광범위한 혜택을 얻을 수 있다고 주장한다.

이들 기업이 증거로 광고하는 연구를 포괄적으로 검토한 우리는 인지 과제를 연습하는 것이 실제 인지 능력을 향상시키거나 건강한 사람을 더 똑똑하게 만든다는 아이디어를 거의 뒷받침하지 못한다는 것을 발견했다.[7]

나비가 수천 마일 밖에서 토네이도를 발생시킬 수 있다는 개념은 "작은 변화가 큰 차이를 만든다"는 말의 원형原型이다. 이는 관심, 클릭, 공유, 기타 홍보에 뒤따르는 보상들을 낳는 일들의 보편적인 본보기가 되었다. 예외적으로 실제로 효과가 있는 몇 가지 작지만 강력한 개입이 있다. 백신과 항생제는 가히 유니콘에 가까운 가치 있는 존재다. 단 한 번의 주사나 단기간의 약 복용으로 즉각적인 죽음이냐 수십 년의 생존이냐를 결정지으며, 사회와 문명 전체의 건강과 수명에 엄청난 긍정적 효과를 낳을 수 있다.

하지만 이런 것들은 생각보다도 훨씬 드물며, 대부분의 경우 라이프 핵life hack(생활의 일부분을 더 쉽고 효율적으로 만드는 도구나 기술)은 삶을 바꾸지 놓지 못한다. 큰 효과는 큰 개입의 결과다.[8]

프라이밍이라는 용의자

지나치게 강력한 효과라는 매력이 얼마나 강한지 그것을 꿰뚫어 보아야 마땅한 사람들의 인지적 방어마저 뚫고 들어간다. 인지적 약점을 입증한 것으로 유명한 노벨상 수상자 대니얼 카너먼마저 여기에 포함된다. 카너먼은 그의 베스트셀러 《생각에 관한 생각Thinking, Fast and Slow》의 4장에서 거의 눈에 띄지 않는 미묘한 영향이 우리의 생각과 행동을 크게 변화시킬 수 있다는 것을 보여주는 일련의 연구에 대해 설명한다.[9]

예를 들어 한 연구에서는 '레이디 맥베스 효과'를 이야기한다. 혐오감을 유발하는 짧은 영상을 시청한 후 실제로 손을 씻으면 그 경험을 '씻어내고' 도덕적 위반을 덜 심각하게 판단하게 된다는 것이다. 또 다른 연구는 휴게실에 눈 그림을 걸어두면 공용 커피 머신 사용자들의 자발적인 기여가 늘어나는 것을 발견했다.

가장 유명하고 영향력 있는 실험은 대학생들에게 일련의 단어들로 문장을 만들게 하는 것이었다. 일부 참가자에게 주어진 단어 세트는 절반이 '주름' '잘 잊는' '플로리다'와 같이 노인과 관련된 단어였다. 이 과제를 완료한 후 학생들은 실험실을 나와 엘리베이터로 걸어갔다. 실험은 아직 끝난 것이 아니었다.

연구진은 노인과 관련된 단어에 대해 생각했던 사람들이 무의식적으로 노인처럼 더 천천히 걷게끔 '프라이밍priming'(하나의 자극에 노출되면 의식적인 지침이나 의도 없이도 그것이 후속 자극에 대한 반응에 영향을 미치는 현상)되어 있을 것이란 가설을 테스트하기 위해 학생들 모르게 그들이 걷는 시간을 측정했다.

과연, '프라이밍'된 학생들은 엘리베이터까지 약 10미터를 걷는 데 평균 1초가 더 걸렸다. 이 발견은 큰 반향을 일으켰다. 우리 주변 세상의 미묘하고 눈에 띄지 않는 특징이 그런 강력한 영향력을 가진다면, 행동과 결정에 대한 우리의 통제력이 직관적으로 생각하는 것보다 훨씬 작다는 것이다.[10]

회의적인 독자들이 이런 발견을 받아들이기 힘들 것이라고 생각한 카너먼은 이 증거가 얼마나 강력하다고 생각하는지 확실하게 강조했다. "집중해야 할 점은 불신은 선택지가 아니라는 것이다. 이 결과는 만들어낸 것도, 통계적 우연도 아니다. 이런 연구의 주된 결론이 사실임을 받아들이는 것 외에 다른 선택지는 없다. 더 중요한 것은 이런 결론들이 당신에게도 적용된다는 것을 받아들여야 한다는 점이다." 이런 연구 결과가 '만들어낸' 것이 아니라는 그의 말이 옳을지도 모르겠다. 그러나 카너먼이 은유 중심의 프라이밍 결과에 의심의 여지가 없다고 주장한 이후 수년 동안 많은 연구들이 독립적으로 실험 재현 시도를 해왔지만 뚜렷한 시간 변화는 발견되지 않았다.

카너먼은 2011년 책이 발표되고(또 한 독립 실험에서 원래의 연구보다 더 엄격한 방법으로 노인 프라이밍 연구를 재현하는 데 실패하고) 얼마 되지 않아 프라이밍 연구자들에게 서로의 연구를 재현해 과학의 기초를 강화하라고 당부하는 편지를 썼다. "여러분이 몸담은 분야는 이제 심리학 연구의 무결성에 대한 의심이 필요한 전형이 되었습니다. 저는 여러분이 힘을 합쳐 이 혼란에 대응해야 한다고 믿습니다."

이 서한에 대한 반응은 대부분 침묵이었지만 간혹 부정과 저항도 있었다. 예를 들어 사회심리학자 노버트 슈워츠는 과학 저널 기자 에드 용과의 인터뷰에서 "기후 변화 논쟁의 심리학 버전이라고 생각할 수 있다. 이 영역의 연구에 정통한 대다수 심리학자들의 합의는 소수의 끈질긴 프라이밍 회의론자들의 주장에 묻히고 있다"라고 주장했다. 과학에서, 비평가를 기후 변화를 부정하는 사람들과 비교하는 것은 야비한 짓이다.[11]

6년 후, 영향력 있는 노인-걷기 연구 논문의 대표 저자인 존 바그가 미묘한 요인들이 일상의 행동과 생각에 미치는 영향이 크다는 내용의 책을 출간했다. 그는 여기에서 이런 프라이밍 효과를 새로운 형태의 심리치료에 이용할 수 있다는 제안까지 내놓았다.

그의 책에는 자신의 연구와 다른 사람들의 연구를 재현하지 못한 문제를 해결하려고 노력한 흔적이 전혀 없다. 그는 이런 문제를 무시했다. 그는 (자신의 노인 프라이밍 효과 연구를 포함해) 다른 연구자들이 재현하는 데 실패한 연구들을 제외시키고, 비슷한, 아직 재현되지 않은 유사한 연구들을 포함시켰다.

그가 포함시킨 연구의 대부분은 그가 책에서 제외한 것과 동일한 과학 논문에서 나온 연구들이다. 아무런 사전 지식 없이 바그의 책을 읽는다면, 이 책에서 주로 다루는 과학 분야가 "심리학 연구의 무결성에 대한 의심이 필요한 전형"이라는 사실을 전혀 알지 못했을 것이다.[12] 바그가 책을 출간한 해에 카너먼은 자신의 편지가 미친 영향에 대해 이야기했다. "저는 이 연구의 저자들이 힘을 모아 더 강력한 증거를 통해 자신들의 주장을 강화하기를 바랐지만, 그런 일은 일어나지 않았습니다."

만약 이런 사회적 프라이밍 효과가 우리의 일상적인 생각 및 행동을 좌우할 정도로 강력하다면, 그 지지자들은 잘 통제된 실험실 연구에서 어려움 없이 실험을 재현할 수 있었어야 한다. 하지만 그들은 독립적 · 직접적 재현(초등학교 교과서에도 나오는 과학의 기본 원리)이 자신의 분야와 무관하다고 주장하는 데 더 공을 들였다.[13]

온기 효과에 불을 지피다

사회적 프라이밍에 대한 연구 결과를 발표했던 연구자 중에서는 카너먼에게 도전장을 낸 사람이 거의 없지만, 외부의 사람들은 달랐다. 많은 심리학자들과 마찬가지로 우리도 노인 프라이밍 연구의 놀라운 결과에 강한 흥미를 느꼈다.

우리 분야인 인지심리학에서 프라이밍은 이미 확립된 현상이다. 하지만 인지심리학에서의 프라이밍은 한 단어나 이미지를 보는 것이 잠시 후 동일하거나 관련된 단어나 이미지를 보거나 처리하는 능력을 약간 향상시킨다는 개념이다. 인지심리학의 핵심 원리는 프라이밍과 대상 간의 의미 차이가 커짐에 따라 프라이밍이 약해진다는 것이다. 연관성이 약하고 개념적 비약이 많을수록 효과는 약해진다.

몇 분 동안 뒤섞인 문장을 읽으면 무의식적으로 노화에 대한 일반적인 생각으로 확산되고 노화와 걷는 속도까지 연결되어 얼마 후 다른 장소에서 천천히 걷게 된다는 것은, 수십 년에 걸친 엄격한 프라이밍 연구를 통해 우리가 알게 된 사실에 비추어 받아들이기 어려운 개념이다.[14] 그럼에도 불구하고 바그가 극히 드문 나비효과 중 하나를 발견했을 가능성도 없지는 않다. 우리는 은유적 프라이밍의 힘을 액면 그대로 받아들이거나 제쳐놓는 대신 직접 확인해보기로 마음먹었다.

우리는 학생들과 함께 동일한 프라이밍 논리를 따르는 바그 그룹의 비교적 최근의 연구를 재현해보기로 했다. 2008년 〈사이언스〉에 발표된 그들의 연구는 신체적으로 따뜻함을 경험하면 따뜻함이라는 개념이 활성화되고 대인관계의 따뜻함 등 다른 의미의 따뜻함이 프라이밍되면서 다른 사람을 '더 따뜻하다'고 판단하게 된다는 아이디어를 실험했다.

이 논문은 두 가지 실험에서 각각 큰 효과를 보고했다. '성격의 따뜻함'을 1~7점 척도로 평가하는 과제에서 따뜻한 커피 컵을 든 사람들의 점수는 차가운 커피 컵을 든 사람들보다 약 0.5점 더 높았다. 또한 따뜻한 치료 팩을 잠시 들고 있던 사람들은 차가운 치료 팩을 들고 있던 사람들보다 더 친사회적인 행동을 했다. 우리는 참가자 수가 세 배 이상 많다는 점 이외에는 두 실험의 절차를 최대한 비슷하게 따랐다. 우리의 실험에서는 따뜻한 것을 들고 있는 일이 그 직후 사람들의 생각이나 행동에 미치는 영향은 거의 없는 것으로 드러났다.[15]

과학 저널 편집자인 댄은 소규모 개입의 강력한 효과에 대한 비슷한 주장을 면밀히 조사하는 독립 연구팀들의 재현 연구를 감독했다. 대부분 주장을 지지하지 못했다. 그중 하나인 토마스 스크룰과 로버트 와이어의 1979년 연구는 이런 프라이밍 효과에 대한 연구가 시작되는 데 도움을 주었다. 이 연구는 이후의 연구자들이 따를 수 있는 레시피를 제공했고, 2,400회 이상 인용되었다.

대학생 참가자들은 우선 일련의 단어를 재배열해 문장을 만들었다(몇 년 후 바그가 노인 프라이밍을 위해 사용한 것과 같은 과제). 이후 그들은 주인공이 적대적으로 해석할 가능성이 있는 방식으로 행동하는 짧은 이야기를 읽었다. 일부 참가자들에게는 적대적인 행동을 묘사하는 문장을 만들 수밖에 없는 단어들이, 다른 참가자들에게는 중립적인 문장을 만들 수 있는 단어들이 주어졌다.

주인공의 적대성을 0~10점 척도로 평가하게 하자 적대적인 문장을 만들도록 학습시킨 참가자들의 점수가 3점 더 높았다. 일반적인 통계 척도로 환산했을 때, 이런 적대감 평가의 차이는 남성과 여성의 키, 혹은 은퇴 전 기대 근무 연수와 같은 명백한 차이보다 두 배 이상 컸다. 그러나 댄이 편집한 프로젝트의 경우, 총 7천 명 이상 참가자를 대상으로 그 연구 설계를 재현하려는 22번의 시도(모두 표준화된 프로토콜을 사용한)에서 적대감 평가의 평균 상승폭이 0.08점에 불과했다.[16]

2017년 토론토대학교의 울리히 시맥은 대니얼 카너먼의 책에서 논란의 여지가 없는 증거로 인용한 프라이밍 연구들 각각을 분석하고 본래의 연구 대부분이 주장하는 것만큼의 통계적 증거를 제공하지 않는다는 것을 발견했다. 따라서 2011년부터 독립 연구소에서 수행한 재현 연구들은 노화와 관련된 문장을 만든 후라도 천천히 걷지 않고, 손을 씻는다고 해서 도덕적 판단 기준이 완화되지 않으며, 십계명을 외우게 하는 것이 사람들을 더 정직하게 만들지 않고, 깜빡이는 화면으로 돈의 이미지를 보여주는 것이 사람들을 더 이기적으로 만들지 않는다는 것을 발견했다.[17]

카너먼은 나중에 자신이 "터무니없이 적은 표본을 대상으로 한,

증거가 부족한 연구 결과"를 지나치게 신뢰하는 잘못을 저질렀고, 놀라운 효능에 눈이 멀었다고 인정했다. "저는 제가 인용한 놀랍고 명쾌한 연구 결과를 지나치게 신뢰한 나머지 마땅한 지식을 모두 갖고 있었음에도 불구하고 깊이 생각하지 않았습니다." 카너먼이 처음 소셜 프라이밍 연구에서 느낀 견실함은 실은 모래로 쌓은 성의 견실함이었다.

6년간 연구 재현 실패를 목격한 카너먼은 자신의 견해를 수정했다. 그는 행동 프라이밍 효과의 크기가 "내 책에서 이야기한 것만큼 크고 강력하지 않다"라고 말하며, 자신과 같은 연구자들은 "기억에 남는 결과라고 해서 증거가 부족한 연구를 자기 주장의 근거로 삼는 일을 경계해야 한다"라고 경고했다. 수십 년 전 소규모 연구 결과를 믿는 것의 위험성을 지적하는 유명한 논문을 썼던 노벨상 수상자조차 프라이밍의 효능에 현혹되었다고 인정한 것이다.[18]

프라이밍 현상에 조금만 회의적으로 접근했더라면 카너먼도 그 효과가 믿기 힘들 정도로 크다는 사실을 깨달았을 것이다. 그가 인용한 한 연구는 교실과 학교 사물함 사진을 보여주면 사람들이 학교 기금을 늘리자는 안건에 찬성표를 던질 가능성이 높아진다고 주장했다. 프라이밍 효과는 학교 기금 문제의 지지도에서 자녀가 있는 사람과 없는 사람 사이의 차이보다 더 클 정도로 강력했다!

같은 논리로, 재현할 수 없는 온기 프라이밍 연구에도 의구심을 가졌을 것이다. 원래 논문에서는 따뜻한 치료 팩을 들고 있는 것이 관대함에 미치는 영향이 고소득층과 저소득층의 기부 금액 차이보다 거의 50퍼센트 더 크다고 보고했다. 만약 이것이 사실이라면 비영리 단체들은 더운 여름날 모금 행사를 하지 않겠는가.[19]

유권자가 될 것인가,
투표할 것인가

그들의 연구 결과가 옳다면 사소한 프라이밍이 판단, 평가, 보행 속도에 미치는 강력한 영향을 보여주는 연구들은 과학적으로 대단히 중요할 것이다. 하지만 현실에서는 뒤섞인 단어로 문장을 만들거나, 성격 조사에서 사람의 따뜻함을 수치로 평가하는 것과 같은 심리학 실험 과제를 수행하라는 요구를 받는 경우가 드물다.

하지만 이와 유사한 '가벼운 터치'라는 개입을 통해 복잡한 사회 문제를 해결하는 방법을 모색한 연구들이 있다. 연구자들은 이런 개입의 대부분이 전통적인 집중 개입과 관련된 효과보다 실제적이고 중요한 결과에 훨씬 더 큰 효과를 냈다고 주장했다.

미국처럼 유권자가 양극화되어 있는 경우, 투표에서의 성공 여부는 유권자가 지지 후보를 바꾸도록 설득하는 것보다 이미 해당 후보를 지지하는 사람들을 투표장으로 보내는 데 달려 있다. 투표율이 조금만 상승해도 큰 영향이 있기 때문에 선거 캠페인은 그들의 후보를 지지할 가능성이 높은 유권자를 투표장으로 이끌기 위한 정교한 기술을 개발해왔다. 하지만 투표율을 높이는 것은 쉽지 않은 일이다.

강력한 메시지 전달 기법도 효과가 제한적이다. 예를 들어, 호별 방문 유세에 대한 여러 연구를 분석한 결과, 투표율 상승 효과는 평균 4.3퍼센트로, 23명을 방문했을 때 약 한 명의 유권자를 더 확보할 수 있었다. 별도의 메타 분석 결과는 투표에 대한 사회적 압력을 가하는 다이렉트 메일direct mail(상품 등의 광고나 선전을 위해서 특정 고객층 앞으로 직접 우송하는 서신·카탈로그 등의 인쇄물)이 투표율을 2.3퍼센트 높인다는 것을 보여주었다. 자원봉사자 전화의 투표율 상승 효과는 2.9퍼센트, 대행업체 전화는 0.8퍼센트, 자동 전화는 0.1퍼센트에 그쳤다.[20]

이런 검증된 논리적 접근법이 높은 비용에도 불구하고 미미한 효과를 내는 상황이라면, 극적으로 더 큰 혜택을 주장하는 개입에 회의적인 태도를 취하는 것이 타당하지 않겠는가. 따라서 2011년 사람들이 자신을 '유권자'로 생각하도록 프라이밍된 사람의 투표율이 투표의 중요성에 대해 생각하도록 프라이밍된 사람의 투표율보다 높다는 가설을 내세우는 논문이 있다고 들었을 때 우리는 몹시 회의적이었다.[21]

이 논문은 2008년 대선을 앞두고 캘리포니아에서 실시한 실험을 보고했다. 이 실험에서 "다가오는 선거에서 **유권자가 되는 것**이 당신에게 얼마나 중요합니까?"라는 질문을 받은 참가자의 투표율이 "다가오는 선거에서 **투표하는 것**이 당신에게 얼마나 중요합니까?"라는 질문을 받은 참가자의 투표율보다 13.7퍼센트 더 높았다고 한다. 뉴저지 선거에서 유권자를 대상으로 한 별도의 실험에서는 정체성을 프라이밍하는, '유권자가 되는' 버전의 질문을 받은 사람들의 투표율이 '투표하는' 버전의 질문을 받은 사람들의 투표율보다 11.9퍼센트 높았다.

설문조사 항목의 문구를 이렇게 미묘하게 변경하는 것만으로도 유권자를 직접 찾아가 투표를 독려하는 것보다 세 배에 달하는 효과를 거둘 수 있다는 것이다.[22] 이것이 사실이라면, '유권자가 되는'이라는 문구는 정치 참여를 이끌어내는 묘약이다. 이 실험 참가자들이 연구 시점과 선거일 사이에 듣고 보았을 '투표소로 가자'는 메시지 세례보다 훨씬 큰 힘을 가진 묘약이다.

지금쯤이면 독자도 반전을 예상할 것이다. 안타깝게도 이것은 반전이라고 할 수도 없다. 정확히는 흔히 예상되는 결과다.

2016년에 같은 저널에 훨씬 큰 규모의 연구 결과가 발표됐다. 미시간, 미주리, 테네시 예비선거에서 투표할 것인지 질문받은 유권자와 유권자가 될 것인지 질문받은 유권자의 투표 가능성이 거의 같다는 내용이었다. 또한 두 그룹 모두 투표에 영향을 미치지 않아야 하는 통제 조건인 식료품 쇼핑에 대한 질문을 받은 그룹보다 투표할 가능성이 높지 않았다. 달리 말해, 투표에 관한 어떤 질문도 투표 가능성에 영향을 주지 않은 것이다. 반면, 좀 더 전형적인 투표 독려 메시지는 투표율을 약 2.1퍼센트 높였고, 이는 전화

통화 효과에 대한 이전 연구와 일치한다.[23]

마케팅, 소비자 행동, 그리고 '넛지'라고 알려진 응용행동과학 분야의 사회심리학자와 연구자들은 이런 종류의 미묘한 개입이 중요한 실제 행동과 판단에 미치는 영향을 연구하는 것을 좋아한다. 이런 개입이 효과가 있다면 적은 비용으로 실질적인 이득을 얻을 수 있을 테니까. 하지만 실제 효과는 거의 항상 작거나 전혀 없었다.

다른 영역에서도 2011년의 한 연구가 미묘한 표현 차이가 갖는 큰 효과를 보고한 적이 있었다. 누군가가 '총을 쏘고 있었다'는 표현이 누군가가 '총을 쐈다'는 표현보다 범죄 고의성을 더 높게 판단하게 만든다는 것이다. 이후 12개의 독립적인 재현 실험은 아주 적은 효과를, 그것도 반대의 효과를 발견했다. 미묘한 표현이 행동에 미치는 영향력에 대한 증거가 부족한 것이 정치 캠페인에서 이를 이용하는 것을 막지는 못했다. 2022년 미국 대선을 앞두고 우리 두 사람 모두 '유권자가 되는' 일의 중요성을 강조하는 엽서를 받았다.[24]

'사실이기에는 너무 강력한' 여러 가지 주장들이 학업 성취도나 학교 폭력에서의 인종 간 격차와 같은 복잡한 사회 문제를 빠르고 간단하게 해결할 수 있다고 홍보한다. 예를 들어, 2011년 〈사이언스〉에 게재된 한 논문은 교실에서의 한 시간에 걸친 개입을 통해 백인 대학생과 흑인 대학생의 평점 격차가 79퍼센트 감소했다고 보고했다. 마찬가지로 가벼운 자기 긍정 개입이 정학 처분에 있

어 흑인과 백인 중고등학생 사이의 인종적 격차를 감소시켰다고 한다.[25]

열렬한 지지자들이 '현명한 개입'이라고 묘사하는 이런 활동들은 광범위한 관심을 받는다. 최소한의 노력으로 엄청난 효과를 낸다고 말하기 때문이다. 많은 비용이 드는 학교의 인력, 커리큘럼, 조직의 변화 대신 일회적인 간단한 교실 활동으로 말이다. 그들은 이런 개입으로 오랫동안 누적된 인종적·사회적·구조적 불평등, 즉 학업 성취도 저하의 주원인들이지만 훨씬 더 광범위한 개입으로도 개선되지 않은 문제에 빠르게 대응할 수 있다고 주장한다.

단 한 번의 짧은 경험으로 큰 이점을 얻을 수 있다는 새로운 연구 결과를 접하면, 그 '유효 성분'을 같은 문제를 해결하려는 목적의 다른 기존 접근 방식들과 비교해야 한다는 것을 잊지 말라. 복잡한 문제는, 해결 가능하다 해도 다중적인 해법이 필요한 것이 보통이며, 한번에 문제를 해결하는 '비책'이 존재하는 경우는 드물다. 이 원칙에 반하는 주장을 만났을 때는 가장 강력한 수준의 증거를 요구해야 한다.[26]

분명히 말하지만, 우리는 이런 연구가 사기라거나 고의적인 기망 행위라고 말하는 것이 아니다. 다만 이런 연구나 이와 유사한 연구에 회의적인 시각을 가져야 한다고 말하고 있는 것이다.

아무리 책임감 있고 투명하게 수행된 연구라도 그릇된 답을 내놓을 수 있다. 출판사, 미디어를 비롯한 우리 모두가 믿기 힘든 강력한 결과를 보여주는 연구에 끌린다. 실험실에서 단어를 통해 이루어지는 프라이밍 연구와 달리, '현명한 개입' 연구에 필요한 자원과 접근권을 가진 연구팀은 상대적으로 소수다. 이는 이해관계가 없는 독립 연구팀이 이런 연구를 재현하는 경우가 거의 없다는 뜻이다. 재현 연구가 이루어지더라도 훨씬 덜 인상적인 결과가 도출되는 경향이 있다. 이런 재현 연구가 없는 상황이라면 불확실성을 유지하는 것이, 늘 그렇듯, 가장 바람직한 태도다.

그런 태도를 고수하는 것은 쉽지 않은 일이다. 작은 개입을 통한 큰 효과의 발견은 널리 홍보되고 거의 즉각적으로 대중의 의식에 편입되는 반면, 신중한 과학적 평가에는 시간이 걸리기 때문이다. 발표 초기에 흥미를 끄는 그런 연구 결과들은 그 후 몇 년 동안 수천 번의 비판을 겪고도 사라지지 않는다.

정밀성에 대한 논의에서 언급했듯이, 확실한 결론을 내리려면 생각보다 훨씬 더 많은 데이터가 필요한 것이 보통이다. 다음은 그런 몇 가지 예다.

- 2003년에 단 17명의 참가자를 대상으로 한 연구가 1인칭 슈팅 비디오 게임을 하는 것이 실험실에서의 인지 과제 성적을 높였음을 보여주였다. 이 연구는 〈네이처〉에 게재되어 3,500회 이상 인용되었으며, 800만 회 이상 조회된 TED 강연을 비롯해 광범위한 언론 보도가 그 뒤를 이었다. 다른 연구소들의 독립적인 재현 연구는 일반적으로 훨씬 낮은 효과를 발견했으며, 발표 편향 문제를 수정하기 위한 메타 분석에서는 효과가 거의

혹은 전혀 없는 것으로 나타났다.[27]

- 2010년 42명의 참가자를 대상으로 한 연구에 따르면, 두 가지 다른 '파워 포즈'를 각 1분씩 취한 참가자들은 대조 그룹에 비해 테스토스테론 수치가 증가하고, 코르티솔 수치가 감소하며, 위험에 대한 내성이 커지고, 강한 힘을 느꼈다고 보고했다. 이 연구는 〈심리과학〉에 게재되었으며 1,400회 이상 인용되었다. 파워 포즈에 관한 TED 강연의 조회 수는 6,700만 회가 넘었다. 후속 연구는 이 연구의 핵심 결과인 호르몬 변화나 위험 내성에 대한 증거를 발견하지 못했고, 첫 연구의 제1저자는 이후 이 연구 결과를 부인했다.[28]
- 1980년대 말부터 1990년대 초에 걸쳐 일련의 연구와 과학 논문들이 '숙달 지향mastery orientation'(현재는 '성장형 사고방식growth mindset'이라고 알려져 있다)이 역경을 극복하는 데 이롭다는 아이디어를 내세웠다. 2006년 출간된 책과 2014년 TED 강연(조회 수 1,400만 명 이상)을 통해 이 연구는 주류로 편입되었다. 심리학자 스튜어트 리치가 지적했듯이, 지지자들은 성장형 사고방식의 엄청난 효과를 주장했다. 성장형 사고방식을 갖는 것은 '기본 인권'에 해당하며 이스라엘과 팔레스타인 분쟁 해결에도 도움이 된다는 것이다. 그러나 최근의 메타 분석은 성장형 사고방식을 주입시키기 위해 설계된 단기 개입이 사고방식 운동의 주된 초점인 학업 성취도에 실질적인 영향을 미친다는 증거가 거의 없음을 보여준다.[29]

연구 결과가 발표된 초기에 뉴스 헤드라인, 인기 도서, TED 강연이 이를 다루면, 과학자들이 그 한계를 파악하고 난 후에도 광범위한 믿음이 지속된다. 그렇기 때문에 한 연구팀이 내놓는 믿기 어려운 결과 하나(또는 일련의 결과)가 정책을 주도하는 경우가 거의 없는 것이다.

영맨 테스트

'원라이너one-liner(짤막한 농담)의 왕'이라고 알려진 코미디언 헤니 영맨은 이런 농담을 자주 했다. "누군가 '아내분은 어때요?'라고 물으면 저는 '뭐와 비교해서요?'라고 되묻습니다." 이 장의 사례들은 마케터, 정치인, 심지어 일부 과학자들이 우리를 현혹하기 위해 사용하는 기본적인 방법들 중 하나를 강조한다.

의도적이든 아니든 그들은 제품, 서비스, 치료, 정책, 개입의 효과나 영향을 과장한다. 우리는 결과를 다른 것과 비교하지 않고 단독으로 평가할 때 속게 된다. 제품이나 치료의 효과가 사실이기에는 너무 좋은 것이 아닌지 확인하려면 영맨의 농담을 떠올리고 이렇게 자문하라. **"뭐와 비교해서?"**

지금 제시되는 것의 효능을 같은 영역에 있는 다른 것의 효능과 비교하라. 투표율에 대한 것이라면, 설문조사 문구를 미묘하게 변경했을 때의 효과를 홍보 전화나 호별 방문과 같은 좀 더 강도 높은 활동의 효과와 비교하라. 단기 개입의 효과에 대한 것이라면, 지속적인 개입 시에도 의미 있는 효과를 낸다고 알려진 두드러진 요인들을 살피고 그 영향이 얼마나 큰지 확인하라.

예를 들어, 투표 독려 개입의 효과(5.3퍼센트)를 버락 오바마가 대선 후보일 때 흑인 유권자의 투표율(2008년과 2012년 61.4퍼센트)과 그가 후보가 아닐 때 흑인 유권자의 투표율(2004년과 2016년 56.1퍼센트) 차이와 비교하는 것이다. 행동 의사 결정에 대한 오랜 연구에 따르면, 사람들은 한 번에 두 가지 이상의 선택지를 볼 수 있을 때 선택지를 더 정확하게 평가한다.[30]

그 주장이 사실이라면 세상이 어떻게 달라질지 상상해보는 방법도 있다. 자신이 유권자라는 것을 일깨우는 말로 투표율을 극적으로 높일 수 있다면, 정치인들은 이미 수십 년 전에 그 사실을 알아차리지 않았을까? '총을 쐈다'가 아니라 '총을 쏘고 있었다'라고 묘사하는 것만으로 유죄 판결이 늘어난다면 검찰은 매번 그 표현을 사용하지 않을까? 신체적 감각과 특정 단어에 대한 찰나의 노출이 우리의 행동에 그토록 큰 영향을 준다면, 생계를 위해 우리에게 영향을 주고자 하는 사람들은 지금쯤 우리의 행동을 완전히 통제하고 있지 않을까?

폭력적인 게임이 살인자를 만들까?

새로운 미디어 형태와 기술 앞에서 나타나는 도덕적 공황(어떤 상황이나 사건이 사회의 안녕을 위협한다는 두려움이 퍼지는 현상)은 최소 고대 그리스까지 거슬러 올라간다. 문자 언어의 발명부터 인쇄된 책, 로큰롤 음악의 가사, 인터넷에 이르기까지, 예나 지금이나 일부에서는 이런 사회적 변화를 도덕적 기준이 낮아지고 있다는 증거로 여기며 '요즘 아이들'이 보고, 사용하고, 가지고 노는 것들을 비난한다. 1950년대에는 엘비스 프레슬리의 춤이 문란함을 부추긴다는 이유로 부모들이 청소년들이 엘비스 프레슬리를 보지 못하게 해야 한다는 말이 있었다. 2000년대에는 구글과 파워포인트가 우리를 '멍청하게' 만든다는 말이 있었고, 요즘에는 스마트폰과 소셜 미디어가 사회적 고립, 우울증, 자살과 같은 최근의 추세에 책임이 있다는 말이 있다.[31]

기술 사용과 미디어 소비에서의 변화가 실제로 어떤 결과로 이어지는지는 측정하기가 대단히 어렵다. 사회과학자들이 폭력적인 게임을 하는 것이 실제 폭력을 유발한다는 대중의 믿음을 확인하기 위해 실험한다고 가정해보자.

실험윤리위원회는 실험 참가자가 연구 보조원들을 얼마나 자주 폭행했는지 측정하는 데 동의하지 않을 것이다. 따라서 이 분야의 연구자들은 공격적인 행동으로 간주되는 것을 측정하기 위해 단순화된 실험 과제를 사용한다. 사람들이 게임에서 상대방에게 불쾌한 소음을 더 크게, 더 오래 내는지를 측정하는 식이다. 이렇게 하면서 연구자들은 '실험실 내에서의 공격성'을 증가시키는 것이 현실 세계의 공격성도 증가시킨다고 가정한다.[32]

지나치게 정밀한 주장에 속지 않으려면 측정하는 척도를 파악하는 일이 중요하다는 것은 이미 언급했다. 척도에 대한 감각은 효능을 평가하는 데에도 필수적이다. 예를 들어, 보고된 효과가 그 척도를 사용해 측정할 수 있는 가장 큰 효과보다 큰지 확인해 볼 수 있다.

조 힐가드는 이 논리를 적용해 비디오 게임이 공격성에 미치는 영향에 대한 2013년의 저명한 연구를 비평한 바 있다. 비판의 대상이 된 연구의 참가자들은 두 그룹 중 하나에 무작위로 배정되었다. 사흘 연속으로 매일 총 한 시간 동안 한 그룹은 폭력적인 게임을, 다른 한 그룹은 비폭력적인 게임을 했다. 이후 참가자들은 다음에 일어날 일을 써보라는 요청을 받고, 게임 상대에게 불쾌한 소음을 들려줄 기회를 얻었다. 폭력적인 게임을 한 참가자는 더 공격적인 내용의 글을 쓰고 상대에게 더 많은 소음을 들려줬다. 훨씬 더 많이.

힐가드에게는 연구 결과가 타당해 보이지 않았다. "사흘간 한 시간씩 폭력적 게임을 하는 것이 공격적인 사고와 행동에 그렇게 극적인 변화를 유발한다면, 우리는 친구나 학생들이 새로운 폭력적 비디오 게임을 구매할 때마다 그것을 알아차릴 수 있을 것이다." 경찰이 경계 태세를 취할 것이고, 새로운 게임이 출시된 후 며

칠간은 모두가 게임하는 사람들을 멀리해야 한다는 것을 터득했을 것이다.[33]

비디오 게임이 이야기 완성과 소음 공격 측정에 미치는 가장 그럴듯한 영향이 무엇인지 궁금해진 힐가드는 직접 새로운 연구를 진행했다. 그는 사람들을 무작위로 배정해 폭력적인 게임과 비폭력적인 게임을 보여준 후, 게임 주인공이 어떤 행동을 할지 묘사해 이야기를 완성하도록 했다.

방금 본 '헤비 레인'의 에단이 차분하게 건축 스케치를 한다고 쓴 참가자도 있었고, '그랜드 테프트 오토 V'의 마이클에 대해 글을 쓴 참가자도 있었다. 그들은 방금 마이클이 스트립 클럽에서 20명을 살해하는 것을 보았다. 극도로 폭력적인 마이클에 대한 참가자들의 글은 '평범한 사람'에 대해 묘사하라는 지시를 받았던 원래 연구 참가자들의 글보다 덜 공격적이었다. 즉, 원래 연구의 효과는 가장 큰 효과를 보일 만한 지시(많은 사람을 죽인 살인범이 할 일에 대한 묘사)로 인한 것보다 컸다. 따라서 우리는 그 연구의 효과를 신뢰할 수 없다.[34]

우리는 과학에 인류 복지에서의 게임체인저가 될 수 있는 치료법, 개입, 도구를 발견할 수 있는 잠재력이 있다고 믿는다. 과거에도 이런 잠재력이 여러 차례 발휘되긴 했지만, 활자 인쇄술, 원자력, 인터넷과 같은 돌파구는 한 세대에 한 번 있을까 말까 한 사건이다. 이 장에서 우리는 모호한 결과가 나온 과학적 연구, 특히 믿을 수 없을 정도로 강력한 효과가 있다는 주장에 초점을 맞췄다.

이런 연구들은 수백 또는 수천억 달러에 달하는 직접 비용과 기회 비용이 누적된 개입, 정책, 관행의 기반으로 역할했다. 제품이나 프로세스가 놀라울 정도로 광범위하거나, 독특하거나, 비용에 비례하지 않는 효능을 가지고 있다는 이야기를 들으면, 우리의 속임수 탐지기를 작동시켜야 한다. 노벨상 수상자조차 근거가 부족한 효능 주장에 넘어갈 수 있다면 우리도 얼마든지 그럴 수 있다.[35]

덜 받아들이고 더 확인하라

친구가 건넨 쿠키라면 그 쿠키에 독이 들었는지 확인하지 않는다. 우리는 사람들이 거짓보다는 진실을 이야기할 것이라고 가정하는 우리의 경향을 진단하면서 우리가 속는 이유를 탐색했다. 우리는 이 진실 편향이 합리적이고 또 필요하다고 말했다. 의심을 보편화한다면 사기는 절대 당하지 않겠지만 우리 일상의 상호작용 대부분은 간단하고 직설적이기 때문에 극단적인 회의주의는 비생산적이다.

누구나 속을 수 있다. 아마 우리가 깨닫는 것보다 더 다양한 방법으로, 우리가 기꺼이 인정하는 것보다 더 자주 말이다. 우리는 여덟 개의 장에서 우리를 쉽게 속아 넘어가게 만드는 인지 패턴들을 설명했다. 사기꾼이 이용하는 우리의 사고 습관과 믿지 말아야 할 것을 믿도록 유도하기 위해 사용하는 후크 등이다.

일단 받아들이고 확인은 이후에 하려는, 그마저도 하지 않을 수 있는 인간의 기본 성향은 사기 피해자가 될 수밖에 없는 전제 조건이지만, 적절한 시기에 질문을 던지는 법을 배우면 속아 넘어갈 위험을 줄일 수 있다.

그러나 질문을 얼마나 열심히 던지는지에는 사람마다 차이가 있다. 회의적인 사람이 있는가 하면 잘 믿는 사람이 있다. 모든 투자자가 메이도프, 테라노스, 비트커넥트에 속은 것은 아니다. 모든 미술품 수집가가 노들러 갤러리의 위작을 구입한 것은 아니다. 회사 CEO를 사칭한 사람의 전화를 받은 모든 사람이 돈을 송금한 것은 아니다.

그럼 우리 중 누가 피해자가 될 가능성이 가장 높을까? 내가 표적이 되는 때를 어떻게 알 수 있을까? 속지 않으려면 어떻게 해야 할까? 이 세 가지 중요한 질문을 던지며 속임수에 대한 분석을 마무리할까 한다.

"순 헛소리야"

사회적 상호작용이 이루어지려면 진실 편향뿐만 아니라 우리와 소통하는 사람들이 진실이든 아니든 실질적인 무언가를 말하고 있다는 좀 더 일반적인 가정이 있어야 한다. 이런 관습의 힘은 우리가 헛소리에 지나지 않는 주장에 종종 속는 이유를 설명한다.

철학자 해리 프랭크퍼트는 '헛소리bullshit'라는 용어를 그럴듯하고 마음을 끌지만 진정한 의미는 결여된 콘텐츠라고 정의한다.

"감정은 숙련된 노동자가 아니다"라는 어니스트 말리의 시구를 생각해보라. 헛소리는 진실이나 거짓과는 관계가 없다. 프랭크퍼트는 "헛소리를 하는 사람은 사실 혹은 자신이 사실로 받아들이는 것에 대해서라면 우리를 속이고 있지 않을 수도 속일 의도가 없을 수도 있다. 그가 반드시 우리를 속이고자 하는 부분은 자신의 사업에 대한 것이다. 그는 자기 진술의 진리값truth value[어느 명제의 내용이 참인지 거짓인지를 나타내는 값]에는 실상 큰 관심을 두지 않는다."

프랭크퍼트는 현실과의 일치라는 제약에서 벗어나면 헛소리는 더 표현력이 커지고 재미있어지기 마련이라 '헛소리 예술가'도 존재할 수 있다고 말한다.[1] 심리학자 고든 페니쿡과 동료들은 특히 호감 가는 헛소리 형태에 '심오함을 가장하는 헛소리pseudo-profound bullshit'라는 이름을 붙였다. 이 헛소리의 특징은 과학, 영성, 지성을 연상시킬 만큼 충분히 모호하되 실제 과학적·논리적 명제와 부합되지는 않는 길고 어려운 단어들이다.

페니쿡은 심오함을 가장하는 헛소리를 진실로 받아들일 가능성이 다른 사람보다 높은 사람이 있는지가 궁금했다. 페니쿡이 이끄는 연구진은 2015년의 한 연구에서 '헛소리 수용성 척도bullshit receptivity scale'를 고안했다. 뉴에이지 작가 디팩 초프라의 트윗에 있는 말들을 뽑아 문법에는 맞지만 그 외에는 임의적인 문장으로 재배열한 웹사이트를 만든 것이다. 이런 사이비 초프라이즘("숨겨진 의미가 비할 바 없는 추상적 아름다움을 변환시킨다"나 "전체성은 무한한 현상을 고요하게 한다" 같은 진술)은 초프라의 실제 트윗들과 놀랄 만큼 비슷해 보였다. 참가자들은 진짜와 가짜를 구분하는 데 어려움을 겪었다.[2]

페니쿡의 연구는 의사 결정에서 직관적 판단을 신뢰한다고 답한 사람과 인지 추론 과제에서 성적이 좋지 않은 사람이 사이비 초프라이즘을 심오하다고 판단할 가능성이 더 높다는 것을 보여주었다. 즉, 그런 사람들이 헛소리에 더 수용적인 것이다. 참가자들은 초프라의 실제 트윗이 무작위로 만들어진 트윗보다 조금 더 심오하다고 평가했지만, 앞서와 같은 개인적 특성은 진짜 초프라이즘과 사이비 초프라이즘 모두를 심오하게 평가하는 예측 인자가 되었다.

즉, 직관에 더 많이 의존하고 분석적 사고에 숙련되지 않은 사람일수록 참도 거짓도 아닌 말도 안 되는 진술에 깊은 인상을 받는 경향이 있는 것이다. 우리는 다른 사람에 대한 자신의 직감을 믿고 직관만으로 신속하고 자신감 있는 결정을 내릴 수 있다고 확신하는 성공한 사람들을 많이 만나봤다. 이런 사람들은 속기가 더 쉽다.

여기에서 헛소리라는 문제의 핵심에 이르게 된다. 헛소리는 실제 진실과 관계가 없고 따라서 평가하기가 어렵다. 너무 모호하게 진술되어서 "틀렸다고 할 수조차 없는" 주장과 마찬가지로, 헛소리는 허위라고 할 수조차 없다.

진실 편향을 유지하기 위해 이 책의 서두에서 우리가 제안했던 질문, "정말일까?"라는 질문을 스스로에게 던졌을 때 구체적인 증거를 통해 한 방향으로 확신할 수 없다면 당신이 다루고 있는 것은 헛소리일 수 있다. 그렇다면 **"허위라고는 할 수 있을까?"**라는 질문을 해야 한다. 추상적이고 복잡한 단어들을 단순하고 구체적인 단어들로 대체해 이해하기 힘든 주장을 쉽게 이해할 수 있는 주장으로 전환시켜보라.

예를 들어, "전체성은 무한한 현상을 진정시킨다"라는 진술을 테스트하려면 무한한 현상을 상상해보는 것이다. 파이와 같이 소수점 이하의 숫자가 반복 없이 영원히 이어지는 무리수를 말이다. 이후 '전체성'이 여기에 적용되는지 생각해보라. 가능하다면, 파이에 시끄러워서 고요하게 할 만한 구체적인 감각이 있을까? 진리값을 부여할 수 있는 구체적인 해석을 바로 떠올릴 수 없다면 헛소리일 가능성이 높다. 이에 대해 더 자세히 알고 싶다면 잭 핸디의 글을 참조하라.

전문지식 대 속임수

전문가는 훌륭한 헛소리 탐지기다. 적어도 자신의 전문 분야에서는 말이다. 전문지식은 눈에 보이는 것을 무비판적으로 받아들이는 일을 막을 수 있는 최고의 방어책이다. 루퍼트 머레이의 2005년 다큐멘터리 〈신원불명 백인 남성Unknown White Male〉이 그 생생한 예다.

2003년 7월 3일, 사진학과 학생 더그 브루스는 코니아일랜드로 향하는 뉴욕시 지하철에 타고 있는 자신을 발견했다. 머리에 멍이 있고 욱신거리는 두통이 있었다. 전날 저녁부터 무슨 일이 있었는지 어떻게 거기에 있게 됐는지 기억이 전혀 나지 않았다. 더그는 자신이 왜 거기에 있는지, 심지어 누구인지도 모른다는 사실을 깨달았다. 그는 신원을 알 수 있는 단서를 찾기 위해 배낭을 뒤졌지만 아무것도 찾지 못하자 도움을 청하기 위해 경찰서로 갔다. 경찰서에서 병원으로 옮겨진 그는 퇴행성 기억상실증 진단을 받았다. 결국 그는 가지고 있던 종이에 적힌 번호로 전화를 걸었고, 몇 주 전에 만났던 한 여성이 병원으로 와 그를 맨해튼의 아파트로 데려다주었다.

머레이의 영화는 자신의 정체성과 과거뿐만 아니라 눈과 파도 같은 단순한 감각적 경험에 대한 기억까지 되찾으려는 더그의 시도를 기록한다. 그는 스페인에 있는 가족, 런던에 있는 친구들, 파리에 있는 예전 집을 찾아갔다. 그는 기억상실증에 대한 명확한 설명이나 증상의 해결책을 찾지 못한 채 학교에 다시 다니고, 패션모델과 연애를 시작하고, 삶과 그 모든 (새로운) 경이에 대해 덜 냉소적인, 좀 더 어린아이 같은 관점을 갖게 되었다.

〈신원불명 백인 남성〉은 관객이 더그의 상실감과 혼란을 함께 경험할 수 있도록 하는 카메라 앵글, 사운드 디자인, 시간 전환, 시각 효과 등 매력적인 스타일을 갖추고 있다.

우리가 심리학 수업 시간에 이 영화를 보여주면 대다수의 학생들은 더그의 기억 상실이 진짜라고 확신한다. 더그가 기억 상실을 겪기 전후에 알고 지냈던 영화 속 등장인물 모두처럼 말이다. 그럴 수밖에 없다. 우리의 연구에 따르면 일반 대중의 약 75퍼센트가 기억상실증을 자신의 정체성을 잊어버리는 것이라고 생각하기 때문이다.[3]

하지만 기억이나 신경과학 전문가들은 더그의 이야기를 받아들이지 않는 것이 보통이다. 이런 종류의 기억 장애가 거의 발생하지 않는다는 것을 알고 있기 때문이다. 드물게 과거나 자아감을 잊어버리는 경우, 물리적 뇌 손상이 쉽게 드러나며 자기인식은 빠르게 회복되는 경향이 있다.

기술과 사실은 좀처럼 상실되지 않는다. 사고 직전의 몇 시간 또는 며칠을 기억하지 못할 수 있지만, 기억은 형성된 시기가 빠를수록 사라질 가능성이 낮다. 실제 기억상실증 환자의 경우 회복하는 데 시간이 더 오래 걸리는(때로는 회복하지 못하는) 능력은 **새로운 기억**을 형성하는 능력이다. 더그는 새로운 기억 형성에 아무런 어려움이 없었다. 사실, 기억에 다시 추가하고 싶은 과거와 잊어버리고 싶은 과거를 선택할 수 있는 그의 능력은 영화 내러티브의 정서적 핵심이다.

대부분의 다큐멘터리 영화 제작자는 선전원이 아니다. 그들은 의도적으로 관객을 호도하지 않는다. 마찬가지로 자서전과 회고록은 역사가, 기억 전문가, 기자가 설득하기 위해서가 아니라 저자의 팬과 추종자의 관심을 끌기 위해 만들어진다.

하지만 다큐멘터리 제작자는 무엇을 보여주고 무엇을 생략할지, 무엇을 강조하고 무엇을 지나는 말로 언급할지, 심지어 어떤 종류의 사운드트랙을 넣을지 선택함으로써 자신의 메시지를 전달한다. 사실, 머레이의 영화는 더그의 이야기에서 그가 계속 꾀병을 부리고 있다는 것을 암시하는 정보를 제외시켰을 수도 있다.[4]

인지과학자인 우리는 〈신원불명 백인 남성〉의 주 관객층이 아니다. 우리에게 이 영화는 기억 작동 방식을 사람들이 어떻게 오해하고 있는지 입증하는 사례이지, 기억이 실제로 어떻게 고장 나는지에 대한 사례 연구가 아니다.

어떤 주제든 전문가는 초보자보다 더 많은 패턴을 인식하고 해석할 수 있고, 따라서 언제 의심해야 하는지 더 예민한 감각을 갖고 있다. 전문가들은 그런 지식 덕분에 주제에 대해 잘 아는 것처럼 행동하는 사기꾼을 찾아낼 수 있다. 체스 마스터들이 월드오픈에 출전한 존 폰 노이만이 체스를 잘하지 못한다는 것을 추론한 것도 바로 이런 방식이었다.

하지만 전문가라고 속임수에 면역이 있는 것은 아니다. 그들의 전문지식 자체는 부분적으로 일이 어떻게 돌아가야 하는지에 대한 강한 기대감으로 이루어지며, 숙련된 사기꾼은 그런 기대를 충족시키는 데 주의를 기울여 오히려 그것을 악용할 수 있다. '존 드류'는 존 마이어트가 그린 위작들의 출처에 대한 문서를 조작해 전문가들이 찾을 것이라고 예상하는 바로 그곳에 가져다두었다. 디데릭 스타펠은 그 분야의 전문가들이 보리라고 예상하는 것에 부합하는 결과를 만들어내 수많은 동료 심사를 통과했다. 누군가를 속이려는 의도는 아니었지만, 트래프턴 드류와 그의 동료들은 영상의학과 전문의들이 CT 스캔 이미지에서 종양(보리라고 예상한 것)을 찾는 데 너무 능숙한 나머지, 장난스럽게 삽입된 종양 크기의 고릴라를 놓치는 경우가 많다는 사실을 보여주었다.[5]

알지 못하는 사이에 자신의 전문 분야에서 멀리 벗어난 전문가들은, 그들의 기대를 충족시키는 사기꾼에게 이용당할 수 있다. 진정한 전문가는 그런 사기에 속지 않는다. 기술업계의 일부 리더들은 범용 인공지능, 즉 광범위한 지적 행동에서 인간의 능력에 필적하는 개체의 개발이 임박했다는 주장을 반복하곤 한다. 정교한 연산 모델 개발 분야에서 그들의 갖고 있는 전문지식은 진짜다. 하지만 그것은 어떤 모델의 아웃풋을 범용 지능의 행동으로 여길 수 있는지 평가하는 데 필요한 전문지식이 아니다.

이런 예측을 하는 사람들은 챗GPT나 DALL-E와 같은 새로운 머신 러닝 모델이 자연어를 구사하고 아름다운 그림을 잘 만들어내는 몹시 인상적인 사례들에 휘둘리는 것처럼 보인다. 그러나 이런 시스템들은 적절한 프롬프트가 주어질 때만 최선의 아웃풋을 내놓는 경향이 있다. 지지자들은 유사한 프롬프트에 그들이 비참하게 무너지는 경우를 무시한다. 지적인 대화처럼 보였던 것이,

입력된 대량의 텍스트를 처리해서 데이터 세트 가운데 통계적으로 가장 관련성이 높은 항목에 접근한 봇과의 잡담 시간으로 판명되는 경우가 종종 있다. 봇의 코드에는 진실이라는 개념이 포함되어 있지 않기 때문에 봇은 진실을 말하는 데 전념하지 않는다. 게리 마커스가 '스테로이드를 맞은 자동 완성 기능autocomplete on steroid'이라고 부르는 기술에 사람들이 반응하는 방식은 근본이 되는 모델의 지능에 대해서보다는 사람들이 표면적인 패턴에서 깊고 의미 있는 원인을 추론하는 방식에 대해서 더 많은 것을 말해주는지도 모르겠다.

이런 시연이 너무나 매력적인 나머지, 2022년 구글의 한 직원이 자사의 대화형 언어 모델 LaMDA이 '지각'을 갖게 되었으며 법적 인격체(회사의 변호사뿐 아니라)가 될 자격이 있다고 주장해 헤드라인을 장식한 적도 있다. 인간의 전문지식은 인공지능의 기존 사례와 마찬가지로 범용이 아니고 제한적이라는 점을 유념해야 한다. 전문지식이 큰 이점을 제공하는 것은 작은 영역에서다.[6]

그들은 우연히 다가온다

일단 사기 수법이 노출되고 해부된 뒤에는 무지하고 잘 속는 사람만 사기에 걸려든 것처럼 보이기 마련이다. 헛소리 수용성이 우리를 취약하게 만들고 전문지식이 우리를 보호한다면, 사기꾼은 누구를 표적으로 삼아야 할지 어떻게 파악할까? 정교한 사기는 개인이나 단체를 정확하게 겨냥할 수도 있지만, 대부분의 경우 사기꾼들은 피해자에게 의존해 그들의 신원을 파악한다.

인터넷을 오래 사용한 사람이라면 '나이지리아 왕자'의 이메일을 받아봤을지도 모르겠다. "나는 우연히 당신을 찾은 것이 아니다"라는 흥미를 돋우는 대사로 시작하는 이 메일은 자신에게 소액을 먼저 보내면 거액을 은행 계좌에 입금하겠다고 제안한다. 2006년 〈뉴요커〉는 아프리카 출신의 '캡틴 조슈아 음보테'가 잃어버린 5,500만 달러의 재산을 되찾는 데 도움을 달라는 메일을 받은 매사추세츠의 한 50대 심리치료사 이야기를 보도했다. 그는 이후 1년 반에 걸쳐 8만 달러를 잃었으며, 이 사기극에 부도 수표를 현금화하고 일부 자금을 전달하는 일이 포함되어 있었기 때문에 은행 사기로 2년의 징역형까지 선고받았다. 이 딱한 사람은 지적인 데다 나쁜 의도가 아니었던 것 같지만 어쨌든 사기에 심하게 걸려들었다. 그만이 2000년대의 이 사기 피해자는 아니다. 네덜란드 회사 울트라스캔에 따르면, 나이지리아 왕자라는 단 한 종류의 선급금 사기로 2009년에 발행한 피해액만 총 93억 달러에 달한다.[7]

노련한 정치인들이 그렇듯이 선급금 사기꾼들도 좋은 위기를 놓치지 않는다. 러시아가 우크라이나를 침공하고 한 달 후인 2022년 3월 24일, 댄은 '사업 문제'라는 솔깃한 제목의 이메일을 받았다. 자신을 '바렌 샤니'라고 밝힌 사람이 구두법이 틀린 영어로 댄이 '설득력 있는 사업 프로젝트'를 제안하면 러시아의 부호들을 대표해 최대 2억 유로까지 투자하겠다는 내용이었다.

댄은 사기 피해자가 되지 않는 방법에 관한 책의 출판과 관련해 동업을 제안해볼까 잠시 고려했다. 결국 그는 답장을 보내지 않았다. 투자금을 받기 전 어느 시점엔가 제재로 인해 이 부호들의 해외 자금이 동결되어서(어쩐 일인지 2억 유로의 '투자금'은 제외하고) 댄에게 소액의 경비를 지불하는 데 도움을 달라고 할 것이 뻔하다고 생각했기 때문이었다.

표면적으로 합법적인 질문을 하는 다른 많은 피싱 시도와 달리, 이 '난데없는' 이메일은 속이 뻔히 보이는 터무니없는 제안을 한다. 정보 보안을 연구하는 코맥 헐리는 2012년 논문의 제목을 "나이지리아인을 사칭하는 사기꾼들은 왜 나이지리아 출신이라고 할까?"로 정했다.[8] 헐리는 그런 명백함이 그 사기의 핵심이라고 설명한다. 전 세계에 스팸을 보내는 데에는 비용이 거의 들지 않는다. 하지만 피해자를 끌어들이는 데 필요한 모든 후속 조치에는 많은 비용이 든다. '캡틴 음보테' 배후에 있는 사기꾼은 피해자가 돈을 송금하기까지 6개월 동안 사냥감을 찾아다녔다. 사기꾼들은 처음부터 "이것은 그 유명한 나이지리아 사기의 또 다른 사례다"라고 선언함으로써 의심을 가질 만한 사람들을 걸러내고 일대일 상호작용을 진전시키는 것이 가장 손쉬운 사람들만 선택했다.

아이러니하게도 이메일을 받는 사람 중 스팸이라는 사실을 아는 사람의 비율이 높을수록 사기꾼에게는 더 유리하다. 응답한 사람이 돈을 송금할 가능성이 더 높아지기 때문이다. '캡틴 음보테'는 이런 이메일을 즉시 스팸으로 인식하는 사람들이 쉽게 수신을 거부하도록 만들어 자신의 귀중한 시간을 낭비하지 않기를 원한다.

선발의 달인

심령술사, 마술사, 최면술사 기타 공연자들은 비슷한 선발 과정을 거쳐 자신을 확인시켜줄 최고의 자원자를 뽑는다. 자신의 설득 기법에 영향을 받지 않을 관객을 무대로 부르고 싶어 하는 최면술사는 없다. 그래서 공연을 하는 대부분의 최면술사는 그리 미묘하다고 할 수 없는 여과 장치를 만드는 것으로 루틴을 시작한다.

예를 들어, 최면술사는 청중 모두에게 눈을 감고 팔을 앞으로 뻗은 자세로 잠시 명상을 하도록 한다. 그러고는 "왼손 검지에는 헬륨 풍선을 묶여 있고 오른손은 벽돌을 들고 있다고 상상해보십시오"라는 식의 이야기를 한다. 이렇게 구조화된 상상을 몇 분간 한 후라면 청중 중 가장 분위기에 잘 따르는 사람들은 왼손은 하늘로, 오른손은 땅으로 향한 모습으로 있을 것이다. 최면에 걸릴 가능성이 가장 높은 사람들이 무대로 초대되며, 무대에서는 최면술사가 무엇을 시키든 그대로 할 사람이 남을 때까지 선발 과정이 계속된다.

겉보기에는 미심쩍은 사업 모델도 영리한 선발 전술을 적용하면 효과를 낼 수 있다. '세미나'(사실은 재무 관리자를 위한 세일즈 피치나 부동산 투자 강좌)에 참석하면 무료 저녁 식사나 기타 이득을 제공하겠다는 제안을 받은 적이 있는가? 콘도 구매에 대한 사업 설명을 듣는 데 동의하면 무료 여행을 보내주겠다는 제안은? 첫 메시지에 답하는 사람은 적극적인 영업에 설득당할 가능성이 더 높다는 것을 의미한다. 자동차 보증을 연장하겠다거나(보증 기간 연장은 현명한 재정적 선택인 경우가 드물다) 집을 즉시 현금으로 구입하겠다(시장에 내놓고 가장 좋은 제안을 받아들이는 것이 낫지 않을까?)는 자동 녹음 전화도 같은 원리다.

비주류 단체들은 같은 종류의 선발 과정을 통해 구성원들을 정화하는 과정을 거쳐 단순한 공동체나 운동 조직에서 광신적인 종교 집단으로 바뀐다. 2011년 세상의 종말을 예언한 기독교 라디오의 목사 캠핑을 추종하는 사람들이 휴거가 임박했다고 믿은 것은 캠핑이 처음부터 그렇게 설득해서일까?

그들은 캠핑이 점점 믿기 어려운 이야기를 하고 심지어 지상 지옥이 시작되는 정확한 날짜와 시간까지 밝힌 후까지 남아 있던 헌신적인 핵심 하위 집합이었을 가능성이 더 높다. 교사들이라면 〈둔즈베리〉(미국 만화가 게리 트뤼도의 신문 연재만화)에서 아무리 터무니없는 말을 해도 학생들이 의심 없이 받아 적는다는 것을 본 교수가 경악하는 에피소드를 보며 공감할 것이다. 사이비 교주들에게 이 만화는 성공의 레시피다.[9]

키스 라니에르는 자기 계발 코스를 제공하는 다단계 마케팅 조직 넥시움의 창업자였다. 하지만 그는 여성들을 유인해 성노예로 삼고 그들의 몸에 자기 이니셜로 낙인을 찍은 것으로 악명이 떨쳤다. 그는 스스로를 세계에서 가장 똑똑한 사람이라고 선언했기 때문에 자의로 그를 따른 사람들은 이미 그에게 경외심을 느꼈을 것이다. 라니에르 집단의 초기 구성원이었던 토니 내털리는 이후 "기네스 세계기록의 관심을 끌 정도로 똑똑한 사람은 그가 사람들에게 전할 만한 위대한 지혜를 갖고 있을 것이라고 생각해서 믿었다"라는 글을 남겼다. 외부에서 보기에는 지긋지긋한 홍보처럼 보이는 것도 그룹의 응집에 있어서는 나쁘다고만은 할 수 없었다. 넥시움의 리더들은 부정적인 뉴스 보도로 인해 제기된 의문을 오히려 동요하는 사람들을 찾아내고 가장 열렬한 신도들만 남게 하는 도구로 이용했다.[10]

정치인, 전문가 또는 자칭 선도적 사상가의 말에 계속 동의하는 자신을 발견한다면, 그들이 당신이 극단적이거나 말도 안 되는 결론에 도달하도록 의도하고 있지는 않은지 자문해보고, 그런 결론에 이르기 전에 발을 빼도록 하라.

사기꾼은
모든 정보에 집중한다

인터넷 사기를 줄이기 위한 대부분의 노력은 사용자를 교육하거나 알고리즘으로 사기 이메일을 걸러내 사기꾼에게 응답하는 사람의 수를 줄이는 데 중점을 둔다. 그러나 불가피하게 이런 차폐물을 빠져나가는 공격이 있고 일부 인터넷 초보자들은 이런 공격의 희생양이 된다.

헐리의 분석은 나이지리아인 사칭 사기를 사기꾼의 관점에서 바라봄으로써 좀 더 효과적으로 대응할 수 있는 방법을 제시한다. 사기 이메일에 응답은 하지만 돈을 보내지 않는 사람의 수를 늘려 사기꾼들이 비생산적인 상호작용에 시간을 낭비하게 만듦으로써 그들의 수익을 줄이는 것이다. 이런 '스캠 베이터scam baiter'(사기꾼 탄압자)는 이미 존재한다. 사기를 다루는 나이지리아 법의 이름을 딴 웹사이트 '419이터419 Eater'에서는 사기 관련 정보와 도움을 주며, 코미디언들은 사기꾼들과 채팅을 하면서 사기 행각에 대한 자료를 수집한다. 스캠 베이터가 많을수록 사기꾼이 상호작용에서 얻는 평균 수익이 낮아지고 사기를 계속할 유인이 줄어든다.[11]

중대한 이해관계가 걸린 상황에 처했을 때라면, 사기꾼은 우리와 다른 관점과 다른 목표를 가지고 있다는 것을 기억해야 한다. 우리는 눈에 보이는 정보에만 집중하고 보이지 않는 정보에는 관심을 두지 않는 경향이 있는 반면, 사기꾼은 모든 정보에 집중한다. 따라서 제의가 아무리 매력적이라도 잠시 멈춰서 속임수를 피하는 데 도움이 되는 세 가지 질문을 던져야 한다.

첫째, **"왜 나인가?"**라고 자문하라. 내가 정말 그들의 유일한 설득 대상인지, 사람들이 자원하게끔 하는 대대적인 시도에 내가 휩쓸리고 있는 것은 아닌지 생각해보라.

둘째, **"내가 무엇을 하고 있는가?"**라고 자문함으로써 나의 행동과 판단이 나의 목표가 아닌 대화 상대의 목표를 반영하고 있는 것은 아닌지 생각해보라. 그들이 내게 원하는 일이 내가 지금 해야 할 일과 정확히 일치할 가능성이 있을까?

셋째, **"내가 어떻게 여기까지 왔을까?"**라는 질문으로 내가 속을 가능성이 높은 상황이나 장소에 있는지 평가하라. 사기꾼이 적은 노력으로 나와 같은 많은 사람에게 접근할 수 있거나 잠재적인 사기꾼이 가득한 환경이라면 주의해야 한다. 예를 들어, 크루즈 여행 중 선상에서 '희귀 미술품'이라는 상점을 발견했다고 상상해보라. 창문을 들여다보면 피카소나 달리와 같은 유명 예술가 작품의 한정판 '지클레이giclée'(고성능 잉크젯 프린터로 출력한 예술 작품)를 판다는 것이 드러난다. 저런 유명한 예술가의 작품을 벽에 걸어두면 멋지겠다!

무엇이든 사기 전에, 배에 탄 이유가 예술품에 투자하기 위해서가 아니라는 것, 걸작은 크루즈 선상 쇼핑몰이 아닌 경매나 고급 갤러리에서 판매된다는 것, 당신은 간판을 보는 수천 명의 사람들 중에서 몇 명의 피해자를 선발해 돈을 버는 사기에 사람들이 어떻게 넘어가는지 이제 알고 있다는 것을 기억하라. 낌새가 이상하거나 왜 의심스러운지 구체적인 이유를 생각해낼 수 있다면 큰 기회를 놓쳤다는 걱정 없이 그 상점을 외면할 수 있을 것이다.[12]

받은 편지함이나 소셜 미디어 피드에 새로운 암호화폐 거래소에 대한 흥미로운 광고가 있다면, 그 광고의 수신인이 정말 당신

인지 불특정 다수인지 확인하라. 이후 광고의 안내에 따른다면 무엇을 할지 자문하라. 나이와 재정 상황을 고려할 때 그런 고위험 자산에 돈을 투자하는 것이 타당한가? 마지막으로 이것이 이런 종류의 투자에 적합한 수단인지 자문하라. 더 믿을 만한 기존 금융회사가 아닌 **가짜** 신생 회사에 투자하는 이유는 무엇인가? 이 간단한 사고 과정을 따랐다면 2022년 암호화폐 시장이 폭락하고 고공 행진을 하던 몇몇 기업이 고객 자산과 함께 사라졌을 때 일반 투자자들이 수십억 원의 손실을 입는 일은 없었을 것이다.

당신의 첫 반려동물 이름과 당신이 살았던 거리명의 조합으로 포르노 스타의 이름을 만들어보라는 페이스북 광고를 우연히 발견했다면, 그런 정보들을 공개 페이지에 올리라고 하는 이유가 무엇인지 자문해봐야 한다. 사람들에게 재미를 주고 싶었던 것일까, 아니면 다른 저의가 있는 것일까? 우리가 입력한 이름으로 누군가 다른 일을 하는 것은 아닐까? 이 활동에 참여한 사람들의 정보를 모으려는 어떤 단체의 조직화된 시도에 넘어가고 있는 것일 수도 있다. 당신은 비밀번호를 복구할 때의 가장 일반적인 두 가지 질문에 답을 제공하는 셈이다.

사기를 피하기 위해 취할 수 있는 추가적인 단계는 '실수 확인 blunder check'을 거치는 것이다. 체스 선수는 종종 전략과 전술에 대해 깊이 생각하면서 많은 가능한 수와 맞수를 평가하지만, 가장 명백한 실수를 놓치는 때가 종종 있다. 코치들은 그런 모든 생각을 마친 후 잠시 시간을 내 판을 훑어보고 "내가 단순한 실수를 하고 있지는 않은가?"라고 자문하면 이런 실수를 피하는 데 도움이 된다고 조언한다. 당신도 중요한 결정을 내리기 전에 같은 질문을 해보라.

의사 결정 과학자 게리 클라인은 이런 질문과 유사한 '사전 부검premortem'이란 절차에 대해 설명한다. 프로젝트를 시작하거나 거래에 동의하거나 큰 투자를 하기 전에 "이 일이 끔찍하게 잘못된다면 가장 큰 이유는 무엇일까?"라고 자문하라. 거래가 잘못된 후라면 어떤 사기의 징후를 발견할 수 있을지 상상해보고 거래를 진행하기 전에 그런 징후를 찾아보라.[13]

그 순간에 몰입해서 외부인으로서의 객관성이 결여되면 스스로 실수 확인이나 사전 부검을 하기가 어렵다. 그렇다면 다른 사람에게 확인을 요청하는 것을 고려해보라. 중대한 실수를 저지르기 전에 '레드팀'이 그것을 발견해내듯이, 이해관계가 없는 사람은 우리가 심각하게 생각하지 않거나 심지어는 고려조차 하지 않았던 우려나 의혹을 제기할 수 있다.

2016년에 프랑스의 한 와인 회사의 소유주는 장 이브 르 드리앙 프랑스 국방부 장관을 사칭하는 사람의 연락을 받았다. 전화를 한 사람은 해외에 억류 중인 인질을 구출하는 데 30만 유로를 지원해달라고 요청했다. 소유주가 그자의 말에 따르기 직전, 친구가 들어와서 스카이프 대화를 잠깐 듣고는 "이거 사기야"라고 말했다. 외부인의 한마디로 다시 생각해본 덕분에 이 와인 회사 소유주는 '가짜 르 드리앙'으로 인해 약 9천만 달러를 잃은 수십 명의

부유한 피해자 대열에 합류하는 상황을 모면했다.[14]

물론 친구에게 조언을 구하는 방법이 효과를 보려면 당신이 조언에 반응해서 의견을 바꾸는 데 마음이 열려 있어야 한다. 패션 회사 창업자이자 억만장자 레슬리 웩스너는 2019년 사기꾼이자 성범죄자인 제프리 엡스타인이 4,600만 달러를 '가로챘다'라고 인정했다(사람들은 실제로는 그보다 훨씬 많다고 생각한다). 웩스너는 엡스타인에게 재정과 관련된 광범위한 권한을 부여하기 전, 자신의 회사 부회장으로부터 그가 사기꾼이라는 경고를 들었는데도 상황을 객관적으로 파악할 수 있는 사람의 조언보다 자신의 직감을 믿기로 선택했다.[15]

손실을 받아들여야 할 때

크리스는 지난번 타겟 매장에서 쇼핑을 하고 8달러짜리 일회용 전동 칫솔의 보증을 연장하겠느냐는 질문을 받았다. 그는 웃었고 계산원도 웃었다. 이제 대부분의 사람들은 소형 가전에 대한 보증 연장이 유리한 거래가 아니라는 것을 안다. 사기를 방지하는 일에 대해서도 같은 방식으로 생각해야 한다. 사기를 당하지 않도록 보증하는 데 드는 비용과 사기를 당했을 때 겪을 고통이 적절한 균형을 이루고 있는가?

많은 대기업은 소소한 소송을 해결하는 데 드는 비용을 예산에 포함시켜 둔다. 그들은 그 비용을 유감스럽지만 필요하다고 생각한다. 싸우지 않고 합의한다는 것은 속았을 수도 있다는 사실을 인정하는 것으로, 도덕적으로는 모순되지만 재정적으로는 현명한 일일 수 있다. 마찬가지로, 도난을 방지하려는 매장은 재고를 모두 안전하게 잠가두어야 하지만 그렇게 하면 너무 많은 고객을 잃을 것이다. 두 경우 모두 부정행위를 막는 데 드는 한계 비용이 이득을 넘어선다.

작은 일에 불안해하는 것보다 한 번씩은 속게 마련이라는 것을 받아들이는 것이 지갑 사정이나 마음의 평화에 더 낫지는 않은지도 생각해봐야 한다. 계산원이 할인가를 적용하지 않을 가능성이 있을까? 물론이다. 그럼 쇼핑을 할 때마다 영수증을 한 줄 한 줄 한 자리 단위까지 확인하는 것이 가치 있는 일일까? 아마 그렇지는 않을 것이다.

많은 조직이 확인에 드는 비용과 그 혜택의 적절한 균형을 찾지 못한다. 사기 예방에 드는 비용에 그만 한 가치가 있는지 계산을 해보지 않는 것이다. 심지어 사기 자체로 발생하는 비용보다 사기 방지를 위한 정책을 수립하고 규정 준수를 강제하느라 더 많은 돈을 쓸 수도 있다. 종종 위법 행위를 방지하거나 줄이기 위해 새로운 규칙을 만드는 사람들은 조치를 취하는 것처럼 보이는 데에서 이익을 얻고는, 이런 정책을 따르는 데 관련된 비용과 노력은 극히 일부만 부담한다.

로드 블라고예비치는 버락 오바마가 대통령에 당선된 후 새로운 상원의원을 임명할 수 있는 자신의 권한을 이용해 이득을 취하려 한 혐의로 유죄 판결을 받은 인물이다. 그보다 훨씬 앞서 그는 주지사로서 일리노이주 '공무원·직원 윤리법Officials and Employees Ethics Act'에 서명했다. 이 법은 약 17만 5천 명의 주 공무원과 임명직 공무원에게 매년 한 시간씩 온라인 윤리 교육을 이수하도록 하고 있다. 이 교육은 채용 및 구매 규정부터 재직 이후의 정부에 대한 로비 제한, 근무시간 기록 카드에 대한 부정행위까지 온갖 것들을 다룬다. 윤리 교육은 유용해 보인다.

1년에 한 번씩 모두에게 정직한 공무원이 되어야 한다고 상기시키는 일에 반대할 사람이 어디 있겠는가? 그러나 이런 교육에는 매년 생산성 손실로 인한 수백만 달러의 비용이 발생한다. 교육 과정을 개발·적용하고, 교육 이수가 필요하다는 것을 상기시키고, 교육 불이행에 대한 처벌을 시행하는 등의 비용은 헤아리지 않고도 말이다.[16] 의무적인 윤리 교육이 그만 한 비용을 들일 가치가 있는지 판단하려면 알아야 할 것이 몇 가지 있다.

첫째, 직원 교육을 통해 부주의로 인한 위법 행위를 막을 수 있을까? 그렇다면 그런 위법 행위로 인해 발생하는 비용은 얼마나 될까?

둘째, 교육을 통해 고의적인 위법 행위를 없앨 수 있을까? 예를 들어, 상원의원 자리를 팔기 위해 뇌물을 요구하려는 유형의 사람이 공급업자로부터 받아도 되는 선물과 받지 말아야 할 선물에 대한 한 시간짜리 교육을 이수한 후에는 뇌물 수수 가능성이 낮아질까?

셋째, 모든 직원이 윤리 교육 과정을 이수했다고 주장하면 주정부가 재정적으로나 다른 방식으로 얻는 이익이 있을까?

마지막으로, 그 자금을 감사나 조사와 같은 다른 일에 투자하면 연례 교육보다 더 많은 부정행위를 막을 수 있지 않을까? 이런 의문이 제기되었는지는 모르겠지만 어쨌든 그런 문제에 대한 답변은 공개되지 않았다. 하지만 이런 문제 제기와 답변이 없다면 윤리 교육을 의무화하는 것이 가치 있는 일인지 어떻게 판단할 수 있을까?[17]

조직에서 부정행위를 억제하거나 적발하기 위한 조치를 취하는 과정에서 의도치 않게 부정행위를 피할 수 있는 로드맵을 제공하는 경우가 있다. 2022년 3월, 예일뉴헤이븐 병원의 응급의학과 관리자였던 제이미 페트론은 8년 동안 4천만 달러 이상을 횡령한 혐의를 인정했다. 예일대학교 의과대학은 최대 1만 달러까지의 구매는 허가받은 직원이 비교적 쉽게 처리할 수 있고 금액이 그 이상이 되면 추가 감독을 받아야 하는 시스템을 갖고 있었다.

페트론은 의대생들이 사용한다면서 컴퓨터, 아이패드 기타 장비를 주문할 때 각 구매 금액이 한도액에 미치지 않도록 조정했다. 이후 그녀는 장비를 뉴욕에 있는 한 회사로 배송시켜 재판매하고 수익금을 자신의 회사로 송금했다. 예일대학교는 손실 범위를 제한하기 위해 상한액을 두었지만, 이 상한액 덕분에 페트론과 같은 사람이 벌이는 수천 건의 사기 구매는 조사를 받지 않았다.

예일대학교는 내부 고발자가 예일대 관계자에게 페트론이 주문한 컴퓨터 장비를 자신의 차에 싣고 있었다는 사실을 제보한 후에야 그녀의 과거 구매 주문에 대한 조사에 나섰다.[18]

비슷한 이유로, 미국의 은행들은 1만 달러 이상의 현금 예금을 연방 정부에 신고해야 한다. 예일대 병원과 달리 은행은 사람들이 큰 금액 거래를 여러 개의 소액 거래로 쪼개는 것을 감지하는 자동화 시스템을 갖추고 있다. 이런 방식으로 예금을 '구조화 structuring'하는 것은 불법이다. 예금을 나눠 한도액을 넘지 않는 행위의 유일한 논리적 이유는 자금 세탁과 같은 다른 불법 행위를 숨기기 위한 것이기 때문이다.[19]

대부분의 조직은 은행이 사기를 막기 위해 사용하는 것과 같은 시스템을 시행할 자원이 없다. 예일대학교가 횡령범에게 4천만 달러를 빼앗기기를 바랐을 리는 없다. 그렇다면 그런 일이 다시 발생하지 않도록 할 수 있을까? 페트론과 같은 사람이 그렇게 빠른 시간 안에 그렇게 많은 돈을 훔치는 것을 힘들게 만들기 위해 추가 조사 기준을 1천 달러로 낮출 수는 있을 것이다. 하지만 그렇게 하려면 전체 조직과 직원들, 심각한 구매 사기를 저지르지 않는 대다수 직원들을 관리하기 위한 요식 체계가 필요할 것이다.

일리노이주의 공무원·직원 윤리법과 마찬가지로, 사기를 막기 위한 조치가 직원의 효율과 사기에 장·단기적으로 부정적인 영향을 미칠 수 있다. 그것은 중학교에서 한 명의 말썽쟁이 때문에 학급 전체에 벌을 주는 것의 성인 버전이다.

정해진 한도가 있으면 그것을 악용하려 시도하는 사람들이 있다. 앞서 벤포드의 법칙으로 세금 탈루를 밝히는 방법에 대해 이야기했다. 사람들은 50달러 단위를 조금 넘기기보다는 바로 아래로 소득을 신고해 세금을 조금이라도 낮추려 할 가능성이 높았다. 마찬가지로 미국 CDC의 접촉자 추적 시 최소 시간 15분 때문에 코로나 감염 위험이 있는 일부 사람들이 위험하다는 안내를 받지 못하리란 것을 분명히 알고 있었다. 하지만 접촉자를 추적하려면 특정한 기준이 설정되어야 하고 어떤 기준이든 그 의도에서 벗어나는 사람은 있을 수밖에 없다. 예를 들어 몬태나 빌링스의 학교들은 학생들의 자리 배치를 15분마다 바꿔 CDC의 기준은 충족시켰지만 오히려 교실 내 바이러스 확산의 가능성을 높였다.[20]

부정행위를 방지하기 위한 새로운 규칙을 제정하는 것으로 규제 강화의 악순환이 시작될 수도 있다. 랜스 암스트롱과 같은 프로 사이클 선수들이 수년간 투르 드 프랑스를 비롯한 대회에서 도핑으로 적발되지 않은 이유는 당시의 검사에는 걸리지 않고도 규칙을 위반하는 방법을 알고 있었기 때문이다. 새로운 검사로 약물이 검출되면 부정행위를 저지르려는 라이더들은 약물을 다른 것으로 바꿨다. 언제 검사할지 알면 여전히 효과가 있지만 검사 시간에 소변에는 나타나지 않도록 약물 복용 시간을 맞췄다. 테스토스테론과 같이 체내에서 자연적으로 생성되는 물질의 수치를 증폭시키는 도핑 방법도 사용하기 시작했다. 이는 검사를 해도 테스토스테론 수치가 예상 기준선에 비해 너무 높은지 판단하기가 애매하다는 의미다. 검사와 회피의 경쟁이 계속되면서 과거 샘플에 대한 새로운 분석으로 수년 전에 발생한 부정행위가 적발되기도 했다.

하지만 어떤 규제든 그것을 피하는 방법은 항상 존재해왔고 앞으로도 그럴 것이다. 성공적인 부정행위의 경제적 인센티브가 있는 한, 새로운 규칙과 새로운 회피 방법의 끊임없는 순환은 불가피한 결과다. 하지만 사기가 끊임없이 진화하고 있다는 사실이 당신이 피해자가 되어야 한다는 의미는 아니다.[21]

실패할 염려가 없는 방법?

앞서 전념이라는 유형의 신뢰에 대해서 설명했다. 특정한 사람이나 집단이 언제나 진실을 말할 것이고 우리의 이익을 위해 행동할 것이라는 끈질긴 가정을 말이다. 신뢰는 친숙함과 기타 사회적 요인들을 통해 강화되거나 가속될 수 있는 가정이다.

산업 분야, 사회, 공동체마다 평균적인 신뢰의 수준은 다르다. 약 10년 전까지만 해도 심리학 분야가 그랬던 것처럼 신뢰 수준의 평균이 지나치게 높을 때가 있었다. 그 결과, 오해의 소지가 있고, 재현할 수 없으며, 근거가 없고, 때로는 사기성 짙은 주장이 넘쳐났다. 반대로 모든 거래가 현금으로 이루어지고 사람들이 돈을 빌릴 수 없는 사회에서처럼 신뢰 수준이 너무 낮은 경우도 있다. 사기는 훨씬 줄어들겠지만 상거래, 성장, 진보가 지나치게 둔화될 것이다.

균형이 필요하다. 우리는 사기꾼에게 유리한 기회를 최소화하는 동시에 신뢰할 수 있는 사람들과 별다른 장애 없이 서로 믿고 상호작용을 할 수 있어야 한다.

우리는 이 책을 준비하면서 각계각층의 사기와 사기꾼에 대해 연구했다. 책과 기사를 읽고, 다큐멘터리를 보고, 팟캐스트를 듣고, 인터뷰를 하고, 데이터를 분석했다. 이제 우리는 전보다 더 자주 속임수를 알아본다. 우리가 이렇게 속임수의 세계에 몰입된 상태이기 때문에, 적어도 지금은, 우리의 관점이 보편적인 인간의 행동과 경험을 대표하지 못한다는 것도 알고 있다. 우리 모두는 우리가 가장 많이 경험하거나 듣는 것을 바탕으로 기준, 즉 흔한 것과 드문 것에 대한 기대를 발전시킨다. 예를 들어, 매년 여름 상어의 공격에 대한 이야기를 많이 듣지만 그것이 상어의 공격이 흔한 일이란 의미는 아니다.

이제 이 책을 거의 다 읽은 당신의 생각은 사기의 위험에 집중되어 있을 것이다. 하지만 다행히 우리는 일상에서 폰지 사기꾼이나 예술품 위조범을 많이 만나지 않는다. 사기의 위험은 항상 존재하지만, 장기적인 사기나 대규모 사기는 드물고, 대부분의 상호작용은 정직한 사람들 사이에서 이루어진다. 그리고 사기를 당하더라도 그 결과는 미미한 경우가 많다.

우리가 대규모 사기에 대해 상세히 다룬 이유는 그런 사기가 흔해서가 아니라 그런 사건들이 좀 더 일상적인 상황에서도 쉽게 속을 수 있는 인지 메커니즘을 보여주기 때문이다. 악명 높은 사기꾼들이 우리의 습관과 후크를 어떻게 이용했는지 이해하면 우리가 마주칠 **가능성**이 있는 종류의 사기들도 더 잘 감지할 수 있다.

이 책에 담긴 아이디어와 이야기가 '중간 단계'의 사기, 즉 피하기 위한 노력이 가치가 있을 만큼 중대하고, 주의할 가치가 있을 만큼 흔한 사기에 더 집중하는 데 도움이 되기를 바란다. 우리 연구자들에게는 이런 종류의 속임수를 쓰는 사람이 데이터를 만드는 과학적 협력자일 수 있다. 소규모 자영업자의 경우에는 자금을 빼돌리는 직원일 수 있다. 미술품, 스포츠 기념품, 디자이너 의류, 골동품을 구매하고자 한다면 진위에 주의를 기울여야 한다. 그리고 우리 모두는 허위 광고, 가짜 뉴스, 정치적 거짓말에 속을 수 있다.

사기의 결과가 심각할 가능성이 있을 때는 더 많은 것을 확인하는 것 외에도 사기꾼처럼 생각하려 노력해야 한다. 우리를 속여 큰 이익을 얻으려는 사람이라면 자신이 믿을 만한 사람이란 것을 납득시키기 위해 무슨 일이든 할 것이다. 위조품이라는 것을 알고도 그것을 수백만 달러에 파는 사람에게는 그 출처를 속이는 데 많은 시간, 돈, 노력을 들일 유인이 있다. 하지만 유람선에서 지클레이를 판매하는 사람은 그렇게 전력을 다할 필요가 없다. 그들은 확인하지 않고 물건을 구매할 사람들을 찾을 수 있다는 기대를 가질 수 있다.

위험 평가에 더 익숙해지면 개인적으로나 직업적으로 큰 피해를 입는 사기를 피하는 선제적 조치를 취할 수 있다. 모건스탠리, 피델리티, 뱅가드와 같은 대형 회사에 투자하는 경우라면, 일생 모은 돈을 날리지 않을까 확인하는 데 많은 시간과 노력을 들일 필요가 없다. 하지만 암호화폐와 같이 규제가 없는 새로운 시장에 투자를 고려하고 있다면 신중하게 확인해야 한다.

수학과 컴퓨터 과학에 대한 수준 높은 이해를 갖춘 블록체인 전문가가 아닌 한, 암호화폐에 투자한다는 것은 당신이 친숙함이란 후크에 영향을 받아, 무리를 따라가면 부를 얻을 거란 희망을 품고 있을 가능성이 높다는 것을 의미한다. 암호화폐 시장이 (다시) 폭락한다면 후회할까? 그런 일이 일어나지 않으리란 실제적인 증거가 있는가? 만약 여러분이 돈을 투자한 회사가 규제가 없는 금융 분야에서 불가피하게 나타나는 폰지 사기 같은 명백한 사기로 밝혀진다면 어떨까?

소규모 회사나 자금 관리자를 고용해 투자하는 것처럼 일상적인 업무를 할 때에도 철저하게 확인하는 것이 합리적이다. 그들과 한동안 일을 한 후에도 계속 그렇게 하는 것이 좋다. 삶의 다른 모든 영역에도 동일한 논리가 적용된다.

이번에는 처음 설명했던 인지 습관인 집중으로 돌아가보자. 지금까지 수백 건의 과거 사례를 바탕으로 사기의 패턴과 이에 대한 우리의 취약성을 설명했지만, 한 번도 탐지되지 않은 사례에 대한 정보는 우리 손에 없다. 우리가 논의한 사례들보다 훨씬 더 기발해서 아직도 진행 중이거나, 들키지 않고 진행하다가 누군가 눈치 채기 전에 마무리된 사기 수법도 있을 수 있다. 완벽하게 성공한 사기에 대해서는 알 수 없기 때문에 어떤 분야든 실제 사기 비율을 파악하는 것은 불가능하다. 모든 형태의 사기를 피하는 방법에 대한 안내서를 쓰지 않은 것은 그런 책 자체가 사기이기 때문이다!

발각되지 않은 사기가 우리가 설명한 사기와 의미 있는 방식에서 차이가 있는지는 알 수 없다. 사기꾼들은 항상 우리를 속일 새로운 방법을 만들어내고 있으며, 아직 들키지 않았거나 발명되지 않은 유형의 사기도 있다. 하지만 새로운 사기 수법이라도 우리가 설명한 원리들에 의존할 가능성이 높다. 그런 인지적 성향은 우리가 효율적·효과적으로 세상을 헤쳐 나가게 하는, 우리가 버릴 수 없는 요소이기 때문이다.

여기에서 설명한 방법 중 단 하나도 사용하지 않는 수법이라면 우리의 경계심을 낮출 수 없을 것이다. 현재 사기꾼들이 이런 성향을 어떻게 이용하는지 아는 것이 새로운 사기 앞에서 비판적 사고를 할 수 있는 원동력이 될 것이다.

우리는 "누구나 가끔은 속는다"라는 인용문으로 이 책을 시작했다. 우리 모두가 속는다는 제임스 매티스의 말은 옳다. 적절한 상황에서 적절한 속임수를 만나면 누구나 넘어갈 수 있다. 우리가 확실히 하고자 노력한 것은 바로 '가끔'이라는 부분이다. 우리는 우리에게 도움이 되는 네 가지 사고 습관과 이성적인 사람들에게 상당히 매력적으로 다가오는 네 가지 후크에 대해 설명했고, 이 모든 것이 어떻게 우리에게 불리하게 사용될 수 있는지 보여주었다. 속지 않기 위한 전략도 제시했다. 하지만 항상 의문을 제기하고, 항상 더 깊이 파고들고, 항상 판단을 보류하고, 모든 단서를 추적할 수는 없다.

수용과 확인 사이의 적절한 균형을 찾는 것은 쉽지 않은 일이다. 속이기 힘든 사람이 된다는 것은 **모든** 속임수를 피한다는 의미가 아니다. 속임수가 언제 발생할 수 있는지 인지하고 중요한 순간에 그것을 피하는 것을 의미한다. 세상을 사는 동안 이 책 속의 아이디어를 염두에 둠으로써 최악의 속임수에 당하는 일을 피하는 데 도움이 되기를 바란다. 하지만 삶이 사기로 가득 차서 즐길 수 없다고 판단하지는 말라. 그것은 더 어리석은 결론이 될 것이다.

| 감사의 말 |

10년 전, 이 주제에 대한 책을 써야겠다고 생각하고는 그간 아이디어와 사례를 수집해왔다. 그 대부분은 우리의 노트와 서류철에 잠들어 있다. 에이전트 짐 레빈의 설득에 집필을 포기한 여러 책의 제안서들과 함께 말이다. 짐의 통찰과 길잡이가 없었다면 우리는 이 책을 쓰지 못했을 것이다. 우리 스스로를 속이지 않게 도와준 그에게 감사를 전한다. 레빈그린버그로스탄 문학에이전시의 다른 팀원들, 특히 세계 저작권 판매를 모두 맡아준 마이클 나둘로에게도 감사드린다.

베이직북스에서 이 프로젝트를 맡아 우리의 목표에 부합하는 구조와 구성을 찾을 수 있도록 도와준 편집자 T. J. 켈러허와 출판인 라라 하이머트에게도 감사드리고 싶다. 특히 두 개의 초고를 편집하고 책의 구성에 대해 조언하고 문장을 살펴봐준 티스 타카기에게도 감사를 전한다. 조던 사이먼스와 제프리 올은 초고를 모두 읽고 전체에 걸쳐 상세하고 통찰력 있는 논평을 해주었다. 두 사람은 우리에게는 완벽하게 명료하지만 독자에게는 혼란스러울 수 있는 구절을 찾아 수정하도록 도왔다. 팻 사이먼스는 최종본에 가까운 책을 읽고 대대적인 교열을 했다. 덕분에 최종본은 훨씬 읽기 쉬워졌다. 마지막으로, 매의 눈을 가진 교정자 캐시 리차즈는 오타와 불명확한 문구를 많이 지적해주었다. 이 책이 독자의 마음에 든다면 이렇게 책을 개선해주신 이들 덕분이다. (마음에 들지 않았다면 우리를 탓하길 바란다.)

상가 성, 타마라 요르지예바, 마이클 베넷, 특히 제프리 올이 이 책의 연구에 큰 도움을 주었다. 또한 유용한 논의에 참여해주신 조너선 시걸과 프로노이 사르카르에게도 감사드린다.

우리는 이 책을 쓰기 훨씬 전에 호주 호바트에 있는 올드앤뉴아트 박물관에서 전시회를 공동 기획하고 전시 카탈로그에 실릴 두 편의 에세이를 썼다. 데이비드 월시, 피파 모트, 제인 클락, 베스 홀 등 올드앤뉴아트 박물관의 여러 전문가들과의 논의는 예술품 사기에 관한 정보를 얻는 데 큰 도움이 되었다.

우리는 이 책의 아이디어를 개발하는 과정에서 다양한 분야의 많은 전문가들과 이야기를 나누었고 그들은 자신의 전문 분야에 대해 알려주었다. 그중에는 사기 혐의에 대해 비공식적으로 이야기한 이들도 있었고, 더 잘 알려진 사례에 대해 익명으로 개인적인 통찰을 제시한 이들도 있었다. 그들의 의견은 논의의 틀을 잡는 데 매우 유용했다. 도움을 주신 모든 이들에게 깊은 감사를 전한다.

우리는 집필 과정에서 여러 전문가와 소통하면서 중요한 정보를 얻고, 오해를 바로잡고, 정확성을 기할 수 있었다. 오류가 남아 있다면 충분히 주의 깊게 듣지 않은 우리의 잘못이다. 맥스 베이저먼, 빌 브루어, 조앤 바이어스, 수전 클랜시, 게리 델, 대니얼 에델먼, 셰인 프레드릭, 제니퍼 골벡, 조슈아 하트, 다이애나 렌리크스, 조 힐가드, 데이비드 레이브슨, 보스 린퀴스트, 앤드류 메트릭, 스콧 마이어스, 케네스 노먼, 피터 패긴, 론 렌싱크, 캐이티 로스스타인, 제이미 쇼블린, 조 시몬스, 데이비드 스머던, 래리 테일러, 오사 빅포르스, 마이크 윌킨스, 캐서린 우드, 르네 질렌버그, 롤프 즈완에게 감사드린다. 닉 브라운과 매트 톰킨스는 각기 여러 단락을 읽고 상세하게 피드백했다.

우리 두 사람 모두 이 책을 만드는 긴 과정 동안 지지, 격려, 이해를 아끼지 않은 가족, 친구, 동료에게 깊은 감사의 마음을 갖고 있다. 댄은 특히 캐시 리처드, 조던 사이먼스, 엘릭스 사이먼스, 데이비드 사이먼스, 팻 사이먼스, 폴 사이먼스에게, 크리스는 미셸 메이어, 칼렙 메이어-차브리스, 대니얼 차브리스, 지식저항 프로젝트Knowledge Resistance Project의 회원들에게 감사를 전하고자 한다.

마지막으로 이 책의 주제에 대한 호기심을 북돋우고, 프로젝트를 진행하는 동안 의욕을 잃지 않게 도와준, 사람들을 속여온 모든 이들에게 감사를 전한다.

| 주 |

서문. 누구나 가끔은 속는다

1 제임스 매티스와 주디 우드러프의 인터뷰 인용: *PBS News-Hour*, September 2, 2019[https://www.youtube.com/watch?v=5LZlJmb8cmY].

2 테라노스의 이야기와 엘리자베스 홈즈의 형사 재판에 대한 다음의 두 팟캐스트는 이 책에서 논의하고 있는 사건의 측면에 대한 녹취록과 재판 증언을 광범위하게 인용하고 있다. 'The Dropout'(*ABC News*, 2021–2022)[https://abcaudio.com/podcasts/the-dropout/], 'Bad Blood: The Final Chapter'(John Carreyrou, 2021–2022)[https://podcasts.apple.com/us/podcast/bad-blood-the-final-chapter/id1575738174]. J. Carreyrou, *Bad Blood: Secrets and Lies in a Silicon Valley Startup*(New York: Knopf, 2018)가 이 이야기를 설명하고 있다. 테라노스의 설립자 엘리자베스 홈즈는 2022년 초 15주에 걸친 재판 끝에 투자자 사취와 관련된 네 가지 혐의에서 유죄 판결을 받았고[https://www.justice.gov/usao-ndca/pr/theranos-founder-elizabeth-holmesm-found-guilty-investro-fraud], 135개월의 징역형을 선고받았다[https://www.justice.gov/usao-ndca/pr/elizabeth-hol-holmes-sentenced-more-11-years-defrauding-theranos-investors-hundreds]. 그녀의 남자 친구이자 테라노스의 COO였던 라메시 발와니 역시 2022년 12개 혐의에서 유죄 판결을 받았다[https://www.washingtonpost.com/technology/2022/07/07/theranos-trial-verdict/].

3 P. Pagin, "The Indicativity View," in *The Oxford Handbook of Assertion, ed. S. Goldberg*(New York: Oxford University Press, 2020); D. Sperber, "Epistemic Vigilance," *Mind & Language 25*(2010): 359–393[https://doi.org/10.1111/j.1468-007.2010.01394.x]; T. R. Levine, *Duped: Truth-Default Theory and the*

Social Science of Lying and Deception(Tuscaloosa: University of Alabama Press, 2020). 진실 편향과 '잘 속는 것'이 일반적으로는 유용한 인지 시스템 내의 버그에서 비롯된다는 주장은 H. Mercier, *Not Born Yesterday: The Science of Who We Trust and What We Believe*(Princeton, NJ: Princeton University Press, 2020)를 참조하라.

4 길버트 치클리와 '사장 사기'는 다음 팟캐스트와 뉴스에 설명되어 있다: Evan Ratliff, 'Persona: The French Deception'(Wondery, 2022)[https://wondery.com/shows/persona/]; E. Kinetz, T. Goldenberg, D. Estrin, R. Satter, "AP Investigation: How Con Man Used China to Launder Millions," *AP News*, March 28, 2016[https://apnews.com/article/business-middle-east-israel-europe-africa-7500da6eb1d94e1dbb7e5650d1c20bd6].

5 최근 마리아 코니코바, 댄 데이비스, 조지 애컬로프, 로버트 실러, 유진 솔티스, 에드워드 밸리슨과 같은 작가들이 이런 주제들을 잘 다루었다. 우리는 다음의 책들을 추천한다. M. Konnikova, *The Confidence Game: Why We Fall for It... Every Time*(New York: Viking, 2016); D. Davies, *Lying for Money: How Legendary Frauds Reveal the Workings of the World*(New York: Scribner, 2021); G. A. Akerlof, R. J. Shiller, *Phishing for Phools: The Economics of Manipulation and Deception*(Princeton, NJ: Princeton University Press, 2015); E. Soltes, *Why They Do It: Inside the Mind of the White-Collar Criminal*(New York: PublicAffairs, 2016); E. J. Balleisen, *Fraud: An American History from Barnum to Madoff*(Princeton, NJ: Princeton University Press, 2018).

6 C. F. Chabris, D. J. Simons, *The Invisible Gorilla and Other Ways Our Intuitions Deceive Us*(New York: Crown, 2010).

7 사기의 증가: "The True Cost of Fraud Study," *LexisNexis*, 2022[https://risk.lexisnexis.com/insights-resources/research/us-ca-true-cost-of-fraud-study]; "Investment Scam Complaints on the Rise—Investor Alert," *US Securities and Exchange Commission*, December 14, 2020[https://www.investor.gov/introduction-investing/general-resources/news-alerts/alerts-bulletins/investor-alerts/investment-0]. 내부 거래 장려: S. Kolhatkar, *Black*

Edge: Inside Information, Dirty Money, and the Quest to Bring Down the Most Wanted Man on Wall Street(New York: Random House, 2018). 순위 조작: D. Mayzlin, Y. Dover, J. Chevalier, "Promotional Reviews: An Empirical Investigation of Online Review Manipulation," *American Economic Review* 104(2014): 2421-2455[https://doi.org/10.1257/aer.104.8.2421]. 이 기사에 따르면 호텔 인근에 경쟁 호텔이 있는 경우, 경쟁 업체들에게 허위 부정 평가가 더 많은 경향이 있다. 학생의 부정행위를 돕는 업체: S. Adams, "This $12 Billion Company Is Getting Rich Off Students Cheating Their Way Through Covid," *Forbes*, January 28, 2021[https://www.forbes.com/sites/susanadams/2021/01/28/this-12-billion-company-is-getting-rich-off-students-cheating-their-way-through-covid]. 칫 닌자Cheat Ninja나 치킨 드럼스틱Chicken Drumstick이라는 이름으로 은밀하게 운영되는 회사는 콜오브 듀티Call of Duty나 오버워치Overwatch와 같은 인기 온라인 비디오 게임의 속임수('cheat hacks')를 개발해 약 7,600만 달러의 수익을 올렸다. J. Tidy, "Police Bust 'World's Biggest' Video-Game-Cheat Operation," *BBC News*, March 30, 2021[https://www.bbc.com/news/technology-5657449]; L. Franceschi-Bicchierai, "Inside the 'World's Largest' Video Game Cheating Empire," *Vice*, June 1, 2021[https://www.vice.com/en/article/93ywj3/inside-the-worlds-largest-video-game-cheating-empire].

8 도널드 트럼프 인터뷰 인용: *Barstool Sports*, July 23, 2020[https://www.youtube.com/watch?v=Hois8NpBiw0].

9 바이러스성 페이스북 스토리에 대한 처음의 설명과 평가: D. Mikkelson, "All 8 Supreme Court Justices Stand in Solidarity Against Trump SCOTUS Pick?," Snopes.com, March 27, 2017[https://www.snopes.com/fact-check/supreme-court-justices-stand/]. 다음 매체가 이 스토리를 확인했다: C. Wallace, "Justices Didn't Oppose Gorsuch," FactCheck.org, April 4, 2017[https://www.factcheck.org/2017/04/justices-didnt-oppose-gorsuch/].

10 17세기 스피노자는 어떤 진술이나 명제를 일시적으로나마 일단 진실이라고 받아들이지 않고는 이해할 수 없다고 주장했다. 200년 후 스코틀랜드의 철

학자 알렉산더 베인은 이런 글을 남겼다. "우리는 무엇이든 모든 일을 진실이라고 믿는 데에서 시작한다." 20세기 심리학자이자 대니얼 길버트와 철학자 에릭 맨델바움은 믿음에 대한 이런 '스피노자 모델Spinozan model'의 주요 지지자였다. B. Spinoza, *The Ethics and Selected Letters*, ed. S. Feldman, trans. S. Shirley(1677; repr., Indianapolis, IN: Hackett, 1982); A. Bain, *The Emotions and the Will*(London: Longmans, Green, 1859); D. T. Gilbert, "How Mental Systems Believe," *American Psychologist* 46(1991): 107－119[http://doi.org/10.1037/0003-066X.46.2.107]; E. Mandelbaum, "Thinking Is Believing," *Inquiry: An Interdisciplinary Journal of Philosophy* 57(2014): 55－96[http://doi.org/10.1080/0020 174X.2014.858417]. 이런 일반적 개념과 일치하게, 한 연구의 독자들은 문장이 거짓이나 불확실하다고 판단하는 것보다 참이라고 판단하는 것이 0.5초 더 빠른 것으로 밝혀졌다. S. Harris, S. A. Sheth, M. S. Cohen, "Functional Neuroimaging of Belief, Disbelief, and Uncertainty," *Annals of Neurology* 63(2008): 141－147[https://doi.org/10.1002/ana.21301].

11 C. N. Street, D. C. Richardson, "Descartes Versus Spinoza: Truth, Uncertainty, and Bias," *Social Cognition* 33(2015): 227－239[https://doi.org/10.1521/soco.2015.33.2.2].

12 트위터 실험: G. Pennycook et al., "Shifting Attention to Accuracy Can Reduce Misinformation Online," *Nature* 592(2021): 590－595[https://doi.org/10.1038/s41586-021-03344-2] Study 7. 페니쿡 연구진은 2017년부터 2020년까지 2만 6천 명의 참가자를 대상으로 이런 종류의 총 20개 실험을 진행했다. 그들은 정확성에 대한 프롬프트는 전반적으로 거짓 이야기 공유를 약 10퍼센트 줄였지만 진실 이야기 공유를 증가시키지는 않았다고 보고했다. G. Pennycook, D. G. Rand, "Accuracy Prompts Are a Replicable and Generalizable Approach for Reducing the Spread of Misinformation," *Nature Communications* 13(2022): 2333[https://doi.org/10.1038/s41467-022-30073-5]를 참조하라.

13 IRS는 소액의 세금 체납으로 시민을 체포하지 않으며 혹 그렇다 하더라도 지

역 경찰을 동원하지 않을 것이다. 인도에 기반을 둔 대규모 콜센터 사기를 통해 수천만 달러를 편취한 혐의로 2016년 미국과 해외에서 수백 명이 기소·체포된 사건을 잘 설명하고 있는 자료로 다음을 참조하라. "Scam Likely," Season 4 of the podcast Chameleon(Campside Media, 2022)[https://www.campsidemedia.com/shows/chameleon-scam-likely]; US indictment of 61 people and entities[https://www.justice.gov/opa/pr/dozens-individuals-indicted-multimillion-dollar-indian-call-center-scam-targeting-us-victims].

14 빈저민 윌코미르스키 사건: S. Maechler, *The Wilkomirski Affair: A Study in Biographical Truth*(New York: Schocken, 2001); "Fragments of a Fraud," *Guardian*, October 14, 1999[https://www.theguardian.com/theguardian/1999/oct/15/features11.g24]. 벨 깁슨의 암 치유 스토리: B. Donnelly, N. Toscano, *The Woman Who Fooled the World: Belle Gibson's Cancer Con, and the Darkness at the Heart of the Wellness Industry*(London: Scribe, 2018).

15 메이도프 출처: SEC 조사관 데이비드 코츠와의 인터뷰, H. Markopolos, *No One Would Listen: A True Financial Thriller*(New York: Wiley, 2010) 오디오북의 부록; Markopolos, 82에 인용된 Michael Ocrant; "Roundtable Discussion with Bernard Madoff," October 20, 2007[https://www.youtube.com/watch?v=ab1NTIlO-FM] 영상에 인용된 메이도프. 자신감의 작용에 대한 더 자세한 내용은《보이지 않는 고릴라》3장을 참조하라.

16 릭 싱어는 2019년 3월 12일 공갈 공모, 자금 세탁 공모, 미국 정부에 대한 사기 공모, 사법 방해 혐의에 대해 유죄를 인정하고 법무부 조사에 협조하기로 합의했다[https://www.justice.gov/usao-ma/investigations-college-admissions-and-testing-bribery-scheme]. 〈월스트리트 저널〉에서 이 대학 입시 부정 사건을 다룬 기자들이 내용을 자세히 설명하고 있다: M. Korn, J. Levitz, *Unacceptable: Privilege, Deceit, and the Making of the College Admissions Scandal*(New York: Portfolio/Penguin, 2020). 싱어가 합법적인 사업의 이례였다는 것을 언급하고 넘어가야 하겠다. 싱어와 같은 '보장' 없이도, 고등학생들이 좋은 대학에 들어가는 방법을 찾게 돕는 컨설턴트와 조언자는 많다. 주제

가 죽음이나 세금이 아닌 한, 누군가가 '보장'이라는 단어를 사용한다면 의심을 할 필요가 있다. 그것은 적은 확인이 아닌 더 많은 확인을 촉구하는 단어다.

17 *Flawed Science: The Fraudulent Research Practices of Social Psychologist Diederik Stapel*, Joint Report of the Levelt Committee, Noort Committee, and Drenth Committee investigating Stapel, November 28, 2012[https://www.rug.nl/about-ug/latest-news/news/archief2012/nieuwsberichten/stapel-eindrapport-eng.pdf]을 참조하라.

18 가장 터무니없고 널리 알려진 저널리즘 사기에는 단순한 윤색에서 더 나아가 사람, 장소, 사건을 비롯한 허구를 만들어내고 그것을 바로 보도하는 일이 포함된다. 예를 들어, 스티븐 글래스는 〈뉴리퍼블릭〉에 27개의 기사(이후 철회됨)를 기고하는 과정에서 기억에 남을 만한 여러 인물과 장면을 창조해냈다. 그중에는 한 회사('Jukt Microelectronics')의 '성인' 경영진과 마주 앉아 회사의 시스템을 해킹하지 않는 대가로 현금과 각종 특전을 요구한 17세의 해커도 있었다. 기사의 사실과 출처에 대한 의심이 불거질 때마다 글래스는 그 거짓을 뒷받침하는 메모와 자료를 조작했다. 팩트 체커로서의 경험을 바탕으로 실제 기자들이 가지고 있으리라고 예상되는 종류의 문서를 정확하게 구현한 것이다. B. Bissinger, "Shattered Glass," *Vanity Fair*, September 5, 1998[https://www.vanityfair.com/magazine/1998/09/bissinger199809]를 참조하라. 듀크대학교신문에 따르면, 글래스는 자신의 조작된 기사에 돈을 지불한 일부 잡지를 상대로 한 보상을 언급했다고 한다. 이 기사는 그가 잘못을 인정하고 현재 후회하고 있다고 전한다. A. Ramkumar, "Discredited Journalist Stephen Glass Reveals $200,000 Repayments to 4 Magazines," *Chronicle*, March 28, 2016[https://www.dukechronicle.com/article/2016/03/discredited-journalist-stephen-glass-reveals-200000-repayments-to-4-magazines].

19 〈와이어드〉는 뉴욕대학교 과학저널리즘 교수 찰스 세이프에게 레러의 블로그에 대한 독립적인 조사를 의뢰했다: C. Seife, "Jonah Lehrer's Journalistic Misdeeds at Wired.com," Slate, August 31, 2012[https://slate.com/technology/2012/08/jonah-lehrer-plagiarism-in-wired-com-an-investigation-into-plagiarism-quotes-and-factual-inaccuracies.html]. 〈와이어드〉는 사설

에서 레러의 블로그 게시물이 〈와이어드〉의 저널리즘 기준에 부합하지 않는다고 결론지었다: E. Hansen, "Violations of Editorial Standards Found in wired Writer's Blog," *Wired*, August 31, 2012[https://www.wired.com/2012/08/violations-of-editorial-standards-found-in-wired-writers-blog/]. 레러는 기사재단Knight Foundation에서 강연료를 받고 강연을 했으며 그 자리에서 자신의 일부 죄에 대해 사과했다. 이 버전의 강연·사과는 그의 웹사이트에서 찾을 수 있다: Joah Lehrer, February 2012. Lehrer's made-up quote from Teller: S. Myers, "Another False Quotation Found in Jonah Lehrer's 'Imagine,'" *Poynter*, August 10, 2012[https://web.archive.org/web/20140722023144/http://www.poynter.org/latest-news/mediawire/184700/another-false-quotation-found-in-jonah-lehrers-imagine-penn-teller/]. 페스팅거의 연구에 대한 레러의 왜곡된 인용은 그의 책 *Imagine: How Creativity Works*(Boston: Houghton Mifflin, 2012)에서 찾아볼 수 있다. 그보다 앞선 블로그 게시물에서도 찾을 수 있다: J. Lehrer, "The Psychology of Conspiracy Theories," *Wired*, August 4, 2010[http://www.wired.com/wiredscience/2010/08/the-psychology-of-conspiracy-theories]. 세스 누킨은 블로그 게시물에서 이 점을 지적한다: S. Mnookin, "Jonah Lehrer's Missing Compass," *Panic Virus*, August 3, 2012[https://web.archive.org/web/20120803193135/http://blogs.plos.org/thepanicvirus/2012/08/03/jonah-lehrers-missing-compass/].

20 레러의 표절과 조작이 드러났을 때, 그의 책을 낸 출판사들은 그의 책 두 권을 매대에서 없앴다. 하지만 레러는 이미 그때 작가로서 입지를 다진 후였기 때문에 계속해서 책을 내고 그 명성으로 수익을 얻었다. 표절이 적발된 후 레러가 출판한 책들: S. Benartzi, J. Lehrer, *The Smarter Screen: Surprising Ways to Influence and Improve Online Behavior*(New York: Portfolio, 2015); J. Lehrer, *A Book About Love*(New York: Simon & Schuster, 2016); J. Lehrer, *Mystery: A Seduction, a Strategy, a Solution*(New York: Simon & Schuster, 2021). 아이러니하게도 레러의 최신작 《미스터리》의 주요 지지자인 요한 하리Johann Hari는 레러보다 먼저 표절과 잘못된 인용 기법이 폭로된 인물이었다. 그는 《미스터리》를 '엄정하다'라고 묘사하고 있다. 우리는 대학 교수로서의 역할에서뿐 아

니라 그 밖에도 표절에 대한 경험이 있다. 우리가 앞서 출간한 책은 롤프 도벨리Rolf Dobell의 《명확하게 생각하는 기술The Art of Thinking Clearly》(2012)에 도용된 부분까지 헤아린다면 250만 부가 훨씬 넘게 팔렸다[http://blog.chabris.com/2013/09/similarities-between-rolf-dobellis-book.html]. 2013년 도벨리는 자신의 웹사이트에 올린 글을 통해 인용 표시 없이 우리 책을 직접 인용했다고 인정했다[https://www.dobelli.com/book-corrections/].

21 FTX의 서비스 약관은 다음에 설명되어 있다: B. Dale, F. Salmon, "FTX's Terms-of-Service Forbid Trading with Customer Funds," *Axios*, November 13, 2022[https://www.axios.com/2022/11/12/ftx-terms-service-trading-customer-funds]. FTX의 내파 사건은 다음에 요약되어 있다: A. Osipovich et al., "They Lived Together, Worked Together and Lost Billions Together: Inside Sam Bankman-Fried's Doomed FTX Empire," *Wall Street Journal*, November 19, 2022[https://www.wsj.com/articles/sam-bankman-fried-ftx-alameda-bankruptcy-collapse-11668824201].

22 속임수에 대한 연구에서는 아이러니가 많이 발견된다. 일례로 유명 회계법인 어니스트앤영은 회계감사관이 윤리 시험에서 부정을 저질렀다는 이유로 1억 달러의 벌금을 냈다: K. Gibson, "Ernst & Young Hit with $100 Million Fine After Auditors Cheat on Ethics Exam," *CBS News*, June 28, 2022[https://www.cbsnews.com/news/sec-fines-ernst-young-100-million-uditors-cheat-on-ethics-exam/]. 몇몇 심령술사들은 인스타그램에서 그들의 계정 정보를 도용해 '가짜' 심령술 요금을 청구하는 사람들로 인해 피해를 입었다: A. Merlan, "Psychics and Tarot Readers Are Under Siege by Instagram Scammers and Online Fatigue," *Vice*, June 18, 2022[https://www.vice.com/en/article/n7zb88/psychics-and-tarot-readers-are-under-siege-by-instagram-scammers-and-online-fatigue]. 그리고 표절에 관한 글에서 표절이 발견되기도 했다: R. A. Posner, *The Little Book of Plagiarism*(New York: Pantheon Books, 2007), 8.

1. 관심 있는 것에만 '집중'할 때

1 〈존 에드워드 크로스 컨트리〉는 WE TV에서 2006년부터 2008년까지 세 시즌에 걸쳐 방영되었다[https://www.imdb.com/title/tt0848540/]. 이 대화는 크리스가 그 프로그램의 한 에피소드의 일부를 글로 옮긴 것이다.

2 A. Corneau, "Kim Kardashian Realizes Marriage Is Over via Psychic Medium John Edward," *Us Weekly*, January 23, 2012[https://www.usmagazine.com/entertainment/news/kim-kardashian-realizes-marriage-is-over-via-psychic-medium-john-edward-2012231/]. 존 에드워드를 조롱하는 〈사우스 파크〉 시즌 6, 15화(2002)는 위키피디아 페이지까지 갖고 있다[https://en.wikipedia. org/wiki/The_Biggest_Douche_in_the_Universe].

3 멘탈리스트는 바람잡이를 이용한다: J. Hitt, "Inside the Secret Sting Operations to Expose Celebrity Psychics," *New York Times Magazine*, February 26, 2019[http://www.nytimes.com/2019/02/26/magazine/psychics-skeptics-facebook.html].

4 이 속임수는 해리 하딘이 만든 것으로, 출판물에서 공식적으로 처음 다루어진 것은 T. N. Downs, *The Art of Magic*, ed. J. N. Hilliard(Chicago: Arthur P. Felsman, 1921), 80-85[https://archive.org/details/cu31924084451008/page/n87/mode/2up?q=princess+card]에서였다. 공주 카드 트릭의 다양한 이형은 정신병성 경험을 모델링하는 방법으로도 사용된다. 그 사례는 T. Ward, P. A. Garety, M. Jackson, E. Peters, "Clinical and Theoretical Relevance of Responses to Analogues of Psychotic Experiences in People with Psychotic Experiences With and Without a Need-for-Care: An Experimental Study," *Psychological Medicine* 50(2020): 761-770[http://doi.org/10.1017/S0033291719000576]을 참조하라.

5 A. Abad-Santos, "This Is What Happens When Talk-Show Psychics Talk About Kidnap Cold Cases," *Atlantic*, May 7, 2013[https://www.theatlantic.com/national/archive/2013/05/sylvia-browne-cleveland-kidnapper/315507/]; "Celebrity Psychic Told Berry's Mom Her Daughter Was Dead," *CBS News*, May 9, 2013[https://www.cbsnews.com/news/

celebrity-psychic-told-berrys-mom-her-daughter-was-dead/]. 실비아 브라운과 같은 심령술사들이 극적인 실패를 경험하는 이유는, 미제 사건에 대한 구체적 예측이 발각되지 않고 넘어갈 것이라고 가정하는 데 있다. 아무도 거기에 이의를 제기할 수 없다는 그릇된 판단을 하는 것이다. 크리스는 수업 시간에 실비아 브라운이 신고자의 사망한 아버지에 대해 아무것도 맞히지 못하는 동영상을 보여주곤 했는데, 다음 해에 유트브를 다시 방문했더니 동영상은 사라져 있었다.

6 보스턴 다이내믹스의 파쿠르 영상: "More Parkour Atlas," September 24, 2019[https://www.youtube.com/watch?v=_sBBaNYex3E].

7 이미지 인식 심층 신경망에 대한 '1픽셀 공격'은 J. Su, D. V. Vargas, K. Sakurai, "One Pixel Attack for Fooling Deep Neural Networks," *IEEE Transactions on Evolutionary Computation* 23(2019): 828–841[doi.org/10.1109/TEVC.2019.2890858]를 참조하라.

8 테라노스 눌 프로토콜 시연: T. De Chant, "Theranos Devices Ran 'Null Protocol' to Skip Actual Demo for Investors," *Ars Technica*, October 20, 2021[https://arstechnica.com/tech-policy/2021/10/theranos-devices-ran-demo-apps-that-blocked-error-messages-during-investor-pitches/]. 폭스바겐 배기가스 스캔들: J. Lanchester, "Fraudpocalypse," *London Review of Books*, August 4, 2022[https://www.lrb.co.uk/the-paper/v44/n15/john-lanchester fraudpocalypse].

9 우리는 이 사례를 강연과 강의에서 10년 이상 사용해왔다. 이것은 통계적 사고에 대해서는 다음의 뛰어난 저서와 최근의 인기 있는 과학 서적 여러 권에서도 논의되었다. Jordan Ellenberg, *How Not to Be Wrong: The Power of Mathematical Thinking*(New York: Penguin, 2014). 발드의 상세한 이야기와 아이콘이 된 비행기 이미지는 위키피디아 "Abraham Wald"[https://en.wikipedia.org/wiki/Abraham_Wald]에 설명되어 있다; '검은 목요일'에 대한 더 자세한 이야기는 "Boeing B-17 Flying Fortress," Wikipedia[https://en.wikipedia.org/wiki/Boeing_B-17_Flying_Fortress]에서 찾을 수 있다.

10 데이브 루빈의 트윗, November 12, 2021[https://twitter.com/RubinReport/

status/1459163836905234437].

11 M. Gladwell, *The Tipping Point: How Little Things Can Make a Big Difference* (Boston: Little, Brown, 2000). 우리는 《보이지 않는 고릴라》에서 이 사례를 더 상세히 비판한다. 던컨 와츠는 그의 책에서 이 사례를 분석한다: Duncan Watts, *Everything Is Obvious**: **Once You Know the Answer*(New York: Crown Business, 2011).

12 성공에서 우연의 역할이 과소평가되는 데 대한 논의는 N. N. Taleb, *Fooled by Randomness: The Hidden Role of Chance in Life and in the Markets*, 2nd ed. (New York: Random House, 2008); R. H. Frank, *Success and Luck: Good Fortune and the Myth of Meritocracy*(Princeton, NJ: Princeton University Press, 2016)를 참조하라.

13 유니콘 기업이 될 가능성에 대한 추론 연구: G. Lifchits, A. Anderson, D. G. Goldstein, J. M. Hofman, D. J. Watts, "Success Stories Cause False Beliefs About Success," *Judgment & Decision Making* 16(2021)[http://journal.sjdm.org/21/210225/jdm210225.pdf]. 이 연구에 소정의 당첨금이 있었다는 것은(소수의 참가자가 1달러를 더 받았다) 이 연구가 '인센티브 양립성incentive compatible'이 있는 연구였다는 사실보다 중요성이 훨씬 떨어진다. 경제학에서 유래한 이 용어는 사람들의 인센티브가 자신의 진정한 신념을 드러내는 것과 양립 가능한 상황을 의미한다. 이 경우 걸려 있는 금액도 적었지만, 참가자들이 자신이 생각하기에 성공 가능성이 가장 높다고 생각되는 창업자를 선택하지 않을 이유가 없었다. '내기'와 당첨금이 아니었다면 더 많은 사람들이 무작위로 혹은 다른 방식으로 대답할 수도 있었을 것이다.

14 J. Wai, S. M. Anderson, K. Perina, F. C. Worrell, C. F. Chabris, "The Most Successful and Influential 'Outlier' Americans Come from a Surprisingly Narrow Range of Elite Educational Backgrounds," *PLoS ONE*, 2022의 '그림 1'을 참조하라. 2015년 '유니콘' 목록은 S. Austin, C. Canipe, S. Slobin, "The Billion Dollar Startup Club," *Wall Street Journal*, February 18, 2015[https://www.wsj.com/graphics/billion-dollar-club/]에 발표되었다.

15 철학자 오사 빅포르스의 주장: *The Epistemology of Democracy*, ed. H.

Samaržija, Q. Cassam(London: Routledge, 2023), "The Dangers of Disinformation."

16 브라운의 유죄 선고: J. Nickell, "Psychic Sylvia Browne Once Failed to Foresee Her Own Criminal Conviction," *Skeptical Inquirer*, November–December 2004[https://web.archive.org/web/20050727083155/http://www.findarticles.com/p/articles/mi_m2843/is_6_28/ai_n6361823]. 심령술의 성과 검토: R. Saunders, "The Great Australian Psychic Prediction Project," *Skeptic* 41(2021): 20–31[https://www.skepti s.com.au/wp-content/uploads/magazine/The%20Skeptic%20Volume%2041%20(2021)%%20No%204%20(Cover).pdf]; R. Palmer, "The Great Australian Psychic Prediction Project: Pondering the Published Predictions of Prominent Psychics," *Skeptical Inquirer*, March–April 2022[https://skepticalinquirer.org/2022/02/the-great-australian-psychic-prediction-project-pondering-the-published-predictions-of-prominent-psychics/].

17 이 논리에서, 가치가 100배 오를 주식('10배 오를 주식'보다도 몇 배 더 나은)을 고르는 법에 대한 대중 대상의 금융 서적들이 성행했다. C. W. Mayer, *100-Baggers: Stocks That Return 100-to-1 and How to Find Them*(Baltimore, MD: Laissez-Faire Books, 2015); T. W. Phelps, *100 to 1 in the Stock Market: A Distinguished Security Analyst Tells How to Make More of Your Investment opportunities*(New York: McGraw-Hill, 1972) 등이 그 예다.

18 헤지펀드 매니저 클리포드 애스네스는 아마존 같은 것 하나만 찾으면 투자자로서 성공할 수 있다는 생각의 또 다른 오류를 지적한다. 미래 가치가 그만큼 성장하지 않을 운명인 다른 주식들을 팔면서도 내내 그 주식은 붙잡고 있는 천리안이 있어야 하는 것이다[https://twitter.com/cliffordasness/status/1529635310677655553?s=21&t=XxESK_H6RnNusIgcyn5zQQ].

19 "Great Moments in Intuition: A Timeline," *O: The Oprah Magazine*, August 2011[https://www.oprah.com/spirit/a-history-of-intuition-intuition-timeline].

20 S. Shane, J. Preston, A. Goldman, "Why Bomb Suspect's Travels Didn't Set

Off More Scrutiny," *New York Times*, September 23, 2016[https://www.nytimes.com/2016/09/24/nyregion/how-ahmad-khan-rahami-passed-through-a-net-meant-to-thwart-terrorists.html]. 이 기사가 라하미의 여행 패턴이 테러와 연관이 있다고 말하지 않으면서 그의 여행 패턴을 기록하고 있다는 점에 유의하라.

21 이 생각과 전화의 사례는 끌어당김의 법칙과 그 지지자들에 대한 다음의 에세이에 있다: C. F. Chabris, D. J. Simons, "Fight 'The Power,'" *New York Times*, September 26, 2010[https://www.nytimes.com/2010/09/26/books/review/Chabris-t.h tml].

22 M. Lindstrom, "You Love Your iPhone. Literally," *New York Times*, September 30, 2011[https://www.nytimes.com/2011/10/01/opinion/you-love-your-iphone-literal ly.html]; 45명의 신경과학자들이 서명한 이 반응도 참조하라: R. Poldrack, "The iPhone and the Brain," *New York Times*, October 4, 2011[https://www.nytimes.com/2011/10/05/opinion/the-iphone-and-the-brain.html?_r=1].

23 니콜라의 영상은 유튜브에서는 사라졌지만 인터넷 아카이브에서는 아직 확인할 수 있다: "Nikola Motor Company—Nikola One Electric Semi Truck in Motion"[https://web.archive.org/web/20201004133213/https://www.youtube.com/watch?v=IAToxJ9CGb8]. T. B. Lee, "Nikola Admits Prototype Was Rolling Downhill in Promotional Video," *Ars Technica*, September 14, 2020[https://arstechnica.com/cars/2020/09/nikola-admits-prototype-was-rolling-downhill-in-promotional-video/]. 니콜라는 대표성이 없고, 이 경우에는 날조되기까지 한 자율 주행의 사례를 보여주고 독점적인 인공지능 기술을 언급함으로써, 보는 사람들이 무엇을 놓치고 있는지 의문을 갖기 힘들게 만들었다. 2021년 7월 니콜라의 첫 제품이 아직 시장에 나오지 않은 때, 미국 정부는 트레버 밀턴을 사기 혐의로 기소했다. 상장하는 과정에서 주가를 올리기 위해 니콜라의 제품과 사업에 대해 거짓말을 한 것이 혐의의 주된 내용이었다[https://www.justice.gov/usao-sdny/pr/former-nikola-corporation-ceo-trevor-milton-charged-securities-fraud-scheme]. 밀턴

은 2022년 10월 유죄를 선고받았다: J. Ewing, "Founder of Electric Truck Maker Is Convicted of Fraud," *New York Times*, October 14, 2022[https://www.nytimes.com/2022/10/14/business/trevor-milton-nikola-fraud.html]. SEC도 투자자 사취 혐의로 니콜라를 기소했고, 니콜라는 이 문제를 해결하기 위해 1억 2,500만 달러의 지불하는 데 합의했다[https://www.sec.gov/news/press-release/2021-267]. 니콜라와 사기 수사에 대한 자세한 내용은 다음을 참조하라: A. Rice, "Last Sane Man on Wall Street," *New York*, January 20, 2022[https://nymag.com/intelligencer/2022/01/nathan-anderson-hindenburg-research-short-selling.html].

24 래리 테일러가 고용과 직원 유지율의 개선 사이에 그럴듯한 연관성을 찾았다고 하더라도, 그의 개입이 개선의 원인이었다는 증거는 없다. 기업의 성과는 의학적 치료를 평가하는 무작위 통제 실험과는 다르다. 테일러가 컨설팅한 업체의 성공과 비교할 '위약 컨설팅' 업체도 없다. 계약을 목표로 사업을 설명하는 회사들이 이런 종류의 데이터를 내놓을 리는 없다. 하지만 그런 종류의 데이터만이 그 회사가 얼마나 효과적인지를 정확히 드러내준다는 것을 유념해야 한다.

25 E. Yong, "America Is Zooming Through the Pandemic Panic-Neglect Cycle," *Atlantic*, March 17, 2022[https://www.theatlantic.com/health/archive/2022/03/congress covid spending bill/627090/].

26 댄은 자신의 이력서에 '진전 없음'이라는 항목을 두고 어떤 이유에서든 보류되어 있는 프로젝트와 논문을 기록한다.

27 베세머의 실패 이력서는 이 회사의 웹사이트에서 찾을 수 있다[https://www.bvp.com/anti-portfolio]. E. *Newcomer*, "The Anti-Portfolio," Newcomer, July 27, 2021[https://www.newcomer.co/p/the-anti-portfolio]는 이에 대해 상세히 논의하고 있다. 버전원Version One 역시 실패 이력서를 만든다[https://versionone.vcthe-version-one-anti-portfolio-the-opportunities-wemissed/]. 아직까지 우리는 극적인 투자 실패를 담긴 이력서는 보지 못했다. 하지만 그런 것들은 분명 잊기 훨씬 힘들 것이다.

2. '예측'한 일이 벌어질 때

1 "CBS News Admits Bush Documents Can't Be Verified," Associated Press, September 20, 2004[https://www.nbcnews.com/id/wbna6055248]. CBS 뉴스 대표 앤드류 헤이워드는 "현재 우리가 알고 있는 것에 근거하면, CBS 뉴스는 그 문서의 진위 여부를 입증할 수 없으며, 이는 보도에서 해당 문서의 사용을 정당화할 수 있는 유일하게 수용 가능한 저널리즘 기준입니다. 우리는 그 문서를 사용하지 말았어야 합니다"라고 말했다. 댄 래더는 이렇게 덧붙였다. "지금 알고 있는 것을 그때도 알았더라면 저는 그 이야기가 그렇게 방영되도록 승인하지 않았을 것이고, 해당 문서를 절대 사용하지 않았을 것입니다. 그 실수에 대해 깊이 사죄드립니다." "Dan Rather Statement on Memos," *CBS News*, September 20, 2004[https://web.archive.org/web/20041230094523/http://www.cbsnews.com/stories/2004/09/20/politics/main644546.shtml]를 참조하라. 다음도 참조하라. "Killian Documents Controversy," Wikipedia[https://en.wikipedia.org/wiki/Killian_documents-controversy].

2 M. Z. Barabak, "Gov. Bush Denies Illegal Drug Use in Last 25 Years," *Los Angeles Times*, August 20, 1999[https://www.latimes.com/archives/la-xpm-1999-aug-20-mn-1962-story.html]. 부시는 1990년대 말 20여 년 동안 약물을 사용하지 않았다고 주장했다. 일부 기자들은 여기에 반박했지만 말이다. 약물과 알코올 사용 질문에 대한 답변 시 문구들은 자유로운 해석의 여지가 남지 않게끔 신중하게 선택되었다. 그는 40세 이전 과음을 했다는 것에 대해서는 인정한 바 있다.

3 글꼴과 식자 전문가인 톰 피니는 그 메모들이 현대 워드 프로세스상의 마이크로소프트 타임스로만 글꼴을 이용해서 제작되었다고 결론지었다[https://www.thomasphinney.co m/about/]. 호주의 데스크톱Desktop도 2004년 같은 결론에 이르렀다; "Killian Documents Authenticity Issues," Wikipedia[https://en.wikipedia.org/wiki/Killian_documents_authenticity-issues]를 참조하라. 피니의 분석: T. Phinney, "Bush Guard Memos Used Times Roman, Not Times New Roman," *Typekit*, August 3, 2006[https://blog.typekit-com/2006/08/03/bush_guard_memo/]. 폭스 뉴스에서 해니티가 진행한

인터뷰는 다음에서 찾을 수 있다, "Killian: CBS Docs Smear My Father," September 15, 2004[https://www.foxnews.com/transcript/killian-cbs-docs-smear-my-father].

4 손버그 보고서: D. Thornburgh, L. D. Boccardi, *Report of the Independent Review Panel on the September 8, 2004* 60 Minutes Wednesday *Segment "For the Record" Concerning President Bush's Texas Air National Guard Service*, January 5, 2005[http://wwwimage.cbsnews.com/htdocs/pdf/complete_report/CBS_Report.pdf]. 최종 보고서는 이 위원회가 확인한 보도상의 많은 결함을 근거로 CBS가 "킬리언의 모든 문서의 명확한 진위 여부를 확인하지 못했고", 정보원인 빌 버켓의 배경을 적절히 조사하지 않았으며 주장을 확증하는 데 실패했다는 결론을 내렸다. S. Kiehl, D. Zurawik, "CBS Fires 4 Executives, Producers over Bush-National Guard Report," *Baltimore Sun*, January 11, 2005[https://www.baltimoresun.com/entertainment/tv/bal-te.to.cbs11jan11-story.html]를 참조하라.

5 J. Carreyrou, *Bad Blood: Secrets and Lies in a Silicon Valley Startup*(New York: Knopf, 2018). 캐리루는 기사를 제출한 후 가능한 빨리 발표하고 싶었지만 편집자가 "이 이야기는 폭탄과 다름없기 때문에 보도에 이르기 전에 충분히 방탄 작업을 해야 한다"라고 설명하면서 "인내심을 가지라"고 조언했다고 한다.

6 H. Arendt, "Lying in Politics: Reflections on the Pentagon Papers," *New York Review of Books*, November 18, 1971[https://www.nybooks.com/articles/1971/11/18/lying-in-politics-reflections-on-the-pentagon-pape/].

7 레드팀의 역사와 관행: M. Zenko, *Red Team: How to Succeed by Thinking Like the Enemy*(New York: Basic Books, 2015); B. G. Hoffman, *Red Teaming: How Your Business Can Conquer the Competition by Challenging Everything*(New York: Crown Business, 2017). 오사마 빈 라덴 작전에서의 레드팀 이야기는 P. Bergen, *Manhunt: The Ten-Year Search for Bin Laden from 9/11 to Abbottabad*(New York: Crown, 2012)의 191-199에서 찾을 수 있다.

8 C. Ansberry, N. Subbaraman, J. R. Brinson, "Why Cloth Masks Might Not Be Enough as Omicron Spreads," *Wall Street Journal*, January 11, 2022[https://

www.wsj.com/articles/cloth-face-mask-omicron-11640984082]. 이 표는 직장 환경 보건 해법에 초점을 맞춘 조직 ACGIH[https://www.acgih.org/pandemic-task-force]가 만든 것이다. 'SARS-COV-2 전염 예방을 위한 마스크의 효과'라는 지침을 개발한 이 특수 임무팀은 "산업 위생사, 기타 보건 및 안전 전문가, 관리자를 위한 자료집과 자원 개발에 집중하는 일단의 자원봉사자"로 구성되어 있다. 이들은 감염병이나 전염병학에 대한 전문 지식이 없는 것으로 보인다. 한 구성원은 산업위생학 석사 학위를 가지고 있으며, 다른 한 구성원은 환경과학 학사 학위를 가진 산업 위생사이고, 세 번째 구성원은 컨설턴트이자 공인 위생사다. 이들이 만든 '보호 시간' 시각 자료의 조회 수는 현재까지 수백만 회에 이른다.

9 '보호 시간'은 다음과 같이 계산된다. 두 사람이 밀착 테스트를 거치지 않은 N95 마스크를 착용할 경우, 이 표는 각 마스크의 여과율이 90퍼센트라고 가정해서 바이러스 입자의 10퍼센트가 통과한다고 본다. 두 개의 마스크의 투과율 0.1과 0.1을 곱하면 0.01이 나온다. 불명확 이유에서 이 확률의 역수(100)를 구해 15/60(분/한 시간)에 곱한다. 이 계산은 15분과 마스크의 입자 투과 수준에 대한 가정에만 의존한 것이다.

10 "Scientific Brief: SARS-CoV-2 Transmission," *Centers for Disease Control and Prevention*, May 7, 2021[https://www.cdc.gov/coronavirus/2019-ncov/science/science-briefs/sars-cov2-transmission.html].

11 오해의 소지가 있는 과학적 커뮤니케이션에 대한 깊이 있는 논의는 C. T. Bergstrom, J. D. West, *Calling Bullshit: The Art of Skepticism in a Data-Driven World*(New York: Random House, 2020)를 참조하라.

12 Kahan et al. study: D. Kahan, E. Peters, E. Dawson, P. Slovic, "Motivated Numeracy and Enlightened Self-Government," *Behavioural Public Policy* 1(2017): 54-86[doi.org/10.1017/bpp.2016.2]. 카한과 피터스는 또 다른 1,600명의 표본을 대상으로 이 연구를 재현했다: D. Kahan, E. Peters, "Rumors of the 'Nonreplication' of the 'Motivated Numeracy Effect' Are Greatly Exaggerated," *Yale Law & Economics Research Paper* No. 584, August 26, 2017[http://dx.doi.org/10.2139/ssrn.3026941]. 사람들이 그런 '분할표'

를 어떻게 읽는지에 대한 정보는 W. C. Ward, H. M. Jenkins, "The Display of Information and the Judgment of Contingency," *Canadian Journal of Psychology* 19(1965): 231－241[https://doi.org/10.1037/h0082908]; R. E. Nisbett and L. Ross, Human Inference: Strategies and Shortcomings of Social Judgment(Englewood Cliffs, NJ: Prentice-Hall, 1980)를 참조하라.

13 '추론의 동기 부여'라는 개념은, 우리가 추론의 기술을 적용하는 것은 그렇게 하도록 동기가 부여될 때뿐이라는 아이디어다. 동기가 더 많이 부여되는 것은 우리가 가진 증거에서 끌어낸 옳은 결론이 무엇인지 파악할 때보다 이미 가지고 있는 신념을 방어할 때라는 아이디어를 말한다: Z. Kunda, "The Case for Motivated Reasoning," *Psychological Bulletin* 108(1990): 480－98[https://doi.org/10.1037/0033-2909.108.3.4 80]. 일부 학자들은 이 아이디어에서 한 발 더 나아가 우리 추론 능력의 주된 목적은 논쟁에서 이기고 다른 사람을 우리 편으로 끌어들이는 것이기 때문에 논리적 인지 능력은 사회적 목적을 달성하기 위해 존재한다고 주장한다: H. Mercier, D. Sperber, *The Enigma of Reason*(Cambridge, MA: Harvard University Press, 2017).

14 J. H. Anderson, "Let's Shed the Masks and Mandates-Omicron Stats Show We Can Stop Living in Fear," *New York Post*, January 9, 2022[https://nypost.com/2022/01/09/omicron-stats-show-we-dont-need-mask-mandates-or-vaccine-requirements/]. 〈뉴욕 포스트〉 기사에 사용된 분석: J. H. Anderson, "Do Masks Work? A Review of the Evidence," City Journal, August 11, 2021[https://www.city-journal.org/do-masks-work-a-review-of-the-evidence]. 방글라데시에서 이루어진 마스크에 대한 무작위 연구: J. Abaluck et al., "Impact of Community Masking on COVID-19: A Cluster-Randomized Trial in Bangladesh," *Science* 375(2021), eabi9069[doi.org/10.1126/science.abi9069].

15 A. Gampa, S. P. Wojcik, M. Motyl, B. A. Nosek, P. H. Ditto, "(Ideo) Logical Reasoning: Ideology Impairs Sound Reasoning," *Social Psychological and Personality Science* 10(2019): 1075－1083[https://doi.org/10.1177/1948550619829059]. 이 논문의 다른 두 연구는 논리 퍼즐과 달리 좀 더 자연스러

운 말로 표현된 주제의 경우에도 이 패턴이 유지된다는 것을 보여주었다. 예시된 삼단논법은 Open Science Framework[https://osf.io/a496s/]에 게시된 연구 자료 1에서 찾을 수 있다.

16 스프레드시트에 대한 설명: J. Cassidy, "The Reinhart and Rogoff Controversy: A Summing Up," *New Yorker*, April 26, 2013[https://www.newyorker.com/news/john-cassidy/the-reinhart-and-rogoff-controversy-a-summing-up]. 잘못된 분석이 포함된 베스트셀러는 C. M. Reinhart, K. S. Rogoff, *This Time Is Different: Eight Centuries of Financial Folly*(Princeton, NJ: Princeton University Press, 2009)다. 스프레드시트 오류와 라인하트-로고프 분석에서 기대 주도 편향의 가능성에 대한 다른 비판이 보고된 논문은 T. Herndon, M. Ash, R. Pollin, "Does High Public Debt Consistently Stifle Economic Growth? A Critique of Reinhart and Rogoff," *Cambridge Journal of Economics 38*(2014), 257-279[https://doi.org/10.1093/cje/bet075]이다. 라인하트와 로고프는 액셀 오류는 인정했지만 데이터 분석에 대한 다른 문제는 반박했다: M. Gongloff, "Reinhart and Rogoff's Second Response to Critique of Their Research," *Huffington Post,* April 17, 2013[https://www.huffpost.com/entry/reinhart-rogoff-research-response_b_3099185].

17 B. Mellers, R. Hertwig, D. Kahneman, "Do Frequency Representations Eliminate Conjunction Effects? An Exercise in Adversarial Collaboration," *Psychological Science* 12(2001): 269-275[https://doi.org/10.1111/1467-9280.00350].

18 "Driscoll Middle School Trick Play," YouTube[https://www.youtube.com/watch?=0UIdI8khMkw]. 이렇게 표준을 따르지 않는 것은 규칙 위반이 아니다. 하지만 일부 전문 해설자들은 이런 것을 싫어한다: F. Deford, "Middle School Trick Play Is No Laughing Matter," *Sports Illustrated*, November 17, 2010[https://www.si.com/more-sports/20 10/11/17/driscoll-middleschool]. 이 경우 이 속임수의 일부는 부코치의 조치에서 비롯되었고, 전문가들은 코치가 다른 중학생들을 이런 식으로 속인 것이 스포츠맨십에 어긋난다고 느꼈다.

19 1999년 "Gorillas in Our Midst" 영상은 유튜브[https://www.youtube.com/

watch?v=vJG698U2Mvo]에서 볼 수 있다. 댄의 2010년 "Monkey Business Illusion" 역시 유튜브[https://www.youtube.com/watch?v=IGQmdoK_ZfY]에서 시청할 수 있다. D. J. Simons, C. F. Chabris, "Gorillas in Our Midst: Sustained Inattentional Blindness for Dynamic Events," *Perception* 28(1999): 1059-1074[doi.org/10.1068/p281059]; D. J. Simons, "Monkeying Around with the Gorillas in Our Midst: Familiarity with an Inattentional-Blindness Task Does Not Improve the Detection of Unexpected Events," *i-Perception* 1(2010): 3-6[doi.org/10.1068/i0386]를 참조하라.

20 캐논의 프로젝트는 'Decoy(미끼)'라고 불렸으며 'The Lab(실험실)'이라는 더 큰 프로젝트의 일부였다[https://www.youtube.com/watch?v=F-TyPfYMDK8].

21 몬탈반은 실제로도 그 원리를 잘 알고 있는 것으로 밝혀졌다. 1980년대에 그는 일련의 크라이슬러 자동차 광고에 출연했다. 이 광고에서 그는 다른 사치스러운 특징 중에서도 '고급 코린트식 가죽'을 선전했으나 코린트식 가죽이라는 것은 존재하지 않는다: "Corinthian Leather," Wikipedia[https://en.wikipedia.org/wiki/Corinthian_leather].

22 D. A. Stapel, S. Lindenberg, "Coping with Chaos: How Disordered Contexts Promote Stereotyping and Discrimination," *Science* 332(2011), 251-253[doi.org/10.1126/science.1201068], 철회 안내[doi.org/10.1126/science.1201068]; A. K. Leung et al., "Embodied Metaphors and Creative 'Acts,'" *Psychological Science 23*(2012): 502-509[doi.org/10.1177/0956797611429801]; L. E. Williams, J. A. Bargh, "Experiencing Physical Warmth Promotes Interpersonal Warmth," *Science* 322(2008), 606-607[doi.org/10.1126/science.1162548]; A. Dijksterhuis, A. Van Knippenberg, "The Relation Between Perception and Behavior, or How to Win a Game of Trivial Pursuit," *Journal of Personality and Social Psychology* 74(1998): 865-877[https://doi.org/10.1037/0022-3514.74.4.865]; S. W. Lee, N. Schwarz, "Bidirectionality, Mediation, and Moderation of Metaphorical Effects: The Embodiment of Social Suspicion and Fishy Smells," *Journal of Personality and Social Psychology* 103(2012):

737–749[https://doi.org/10.1037/a0029708].

23 스타펠은 〈실험사회심리학협회〉로부터 상(Career Trajectory Award)을 받았다. 하지만 그의 사기 행각이 드러난 후 이 수상은 무효화되었다: "Career Trajectory Award Recipients," *Society of Experimental Social Psychology*[https://www.sesp.org/content.asp?admin=Y&contentid=146]. 최종 조사 보고서도 참조하라: Levelt Committee, Noort Committee, Drenth Committee, "Flawed Science: The Fraudulent Research Practices of Social Psychologist Diederik Stapel," November 28, 2012[https://www.rug.nl/about-ug/latest-news/news/archief2012/nieuwsberichten/stapel-eindrapport-eng.pdf]. 사건의 개요는 다음을 참조하라: Y. Bhattacharjee, "The Mind of a Con Man," *New York Times Magazine*, April 26, 2013[https://www.nytimes.com/2013/04/28/magazine/diederik-stapels-audacious-academic-fraud.html]. 심리학자 요엘 인버Yoel Inbar는 팟캐스트 'Two Psychologists, Four Beers'의 "The Replication Crisis Gets Personal" 에피소드에서 스타펠 사건에 대한 직접 경험을 설명한다[https://www.fourbeers.com/4]. 스타펠의 회고록, *Faking Science: A True Story of Academic Fraud*은 2012년 네덜란드에서 출간되었고 2016년 니콜라스 브라운을 통해 번역되었다[http://nick.brown.free.fr/stapel/FakingScience-20161115.pdf].

24 완싱크의 연구: B. Wansink, D. R. Just, C. R. Payne, "Can Branding Improve School Lunches?," *Archives of Pediatric and Adolescent Medicine 166*(2012): 967–968[https://doi.org/10.1001/archpediatrics.2012.999]; 철회 안내: *JAMA Pediatrics* 171(2017), 1230[doi.org/10.1001/jamapediatrics.2017.4603]. 라쿠어의 연구: M. McNutt, "Editorial Retraction," *Science* 348(2015): 1100[doi.org/10.1126/science.aac6638]. 하우저의 연구: M. D. Hauser, D. Weiss, G. Marcus, "retracted: Rule Learning by Cotton-Top Tamarins," *Cognition* 117(2010): 106[https://doi.org/10.11016/j.cognition.2010.08.013]. "Findings of Research Misconduct," *Office of Research Integrity, US Department of Health and Human Services*, September 10, 2012[https://grants.nih.gov/grants/guide/notice-files/not-od-12-149.html]도 참조하라.

25 하버드와 NIH의 조사 보고서 "Findings of Scientific Misconduct," December 13, 2001[https://grants.nih.gov/grants/guide/notice-files/not-od-02-020.html]에 따르면, "루지에로 박사는 데이터를 조작함으로써 과학적 부당 행위에 참여했다." 철회된 루지에로의 논문에 대한 자료: K. M. Ruggiero, J. P. Mitchell, N. Krieger, D. Marx, M. L. Lorenzo, "retracted: Now You See It, Now You Don't: Explicit Versus Implicit Measures of the Personal/Group Discrimination Discrepancy," *Psychological Science* 11(2000): 511-514[https://doi.org/10.1111/1467-9280.00298]; K. M. Ruggiero, D. M. Marx, "retracted: Less Pain and More to Gain: Why High-Status Group Members Blame Their Failure on Discrimination," *Journal of Personality and Social Psychology* 77(1999): 774-784[https://doi.org/10.1037/0022-3514.77.4.774].

26 완전히 다른 전문 분야에 있는 농구의 전설 코비 브라이언트도 2012년 이 패턴을 지적했다. 제레미 린이 NBA 진출 두 번째 시즌에 예상치 못하게 스타덤에 오른 일을 설명할 때였다. "아마도 우리가 주의를 기울이지 않았다는 것을 의미할 겁니다. 갑자기 나타난 것처럼 같지만, 돌이켜보면 그런 기술의 수준은 처음부터 거기에 존재했을 것입니다. 사람들이 알아채지 못했을 뿐이죠." 린의 경우, 그의 재능이 저평가되었던 것은 일반적인 NBA 선수들의 배경과 달리 아이비리그를 졸업한 아시아계 미국인이기 때문이었을 가능성이 높다. 코비 브라이언트의 인용문과 2012년 린의 활약을 정리한 목록은 K. Peters, "Jeremy Lin Proving That He's the Real NBA Deal," Palo Alto Online, February 16, 2012[https://www.paloaltoonline.com/news/2012/02/16/jeremy-lin-proving-that hes-the-real-nba-deal]에서 찾을 수 있다.

27 리트랙션 워치의 순위표[https://retractionwatch.com/the-retraction-watch-lea derboard/].

28 L. L. Shu, N. Mazar, F. Gino, D. Ariely, M. H. Bazerman, "Signing at the Beginning Makes Ethics Salient and Decreases Dishonest Self-Reports in Comparison to Signing at the End," *Proceedings of the National Academy of Sciences* 109(2012): 15197-15200[https://doi.org/10.1073/

pnas.1209746109]; 철회 안내, September 13, 2021[https://doi.org/10.1073/pnas.2115397118].

29 정직 선언의 인용: US Form 1040 for tax year 2019. 주행거리계 연구는 영리한 접근법을 사용했다. 회사가 수고스럽게 진짜 주행거리를 확인하기 위해 수천 대의 자동차를 조사할 필요가 없었기 때문이다. 주행거리를 길게 보고하는 것이 운전자의 이익에 반하기 때문에 우선 서명하는 윤리적인 '자극'이 반드시 더 솔직한 반응으로 이어질 것이라고 상정할 수 있다.

30 시몬스와 동료들은 그들의 블로그 'blog Data Colada', "Evidence of Fraud in an Influential Field Experiment About Dishonesty", August 17, 2021[https://datacolada.org/98]에 허위 데이터를 발견했다는 사실을 밝혔다. 원 데이터에 대한 조사는 원 저자들 일부가 자신의 연구 결과를 재현해내지 못한 데에서 시작되었다: A. S. Kristal, A. V. Whillans, M. H. Bazerman, D. Ariely, "Signing at the Beginning Versus at the End Does Not Decrease Dishonesty," *Proceedings of the National Academy of Sciences* 117(2020): 7103–7107[http://doi.org/10.1073/pnas.1911695117]. 우리 두 사람은 댄 애리얼리와 개인적인 친분이 있다. 크리스는 2000년대 초 애리얼리와 연구 프로젝트를 함께 진행했고, 애리얼리는 우리 전작에 추천사를 써주었으며, 우리에게 저작권 대리인을 소개해준 것도 애리얼리였다. 대니얼은 여러 연구와 복제 작업에 관해 그와 수차례 서신을 주고받았다. 긴 세월 동안 우리 두 사람은 행동과학을 일상생활에 적용하는 그의 능력에 깊은 인상을 받았다. 대니얼은 우연히 애리얼리가 연관된 오래전 연구를 다시 진단하고 복제 가능성과 방법론적 세부 사항 일부에 문제를 제기하는 다른 작업들에 관여했다. 예를 들어 대니얼은 십계명을 나열하게 하는 것이 부정행위를 줄인다는 애리얼리의 유명한 연구를 대규모로 재현하는 시도에서 편집자 역할을 했다. 신중하게 검증된 프로토콜을 사용한 많은 연구소의 시도가 있었으나 부정행위 감소를 발견하지는 못했다. 더 자세한 내용은 S. M. Lee, "A Famous Honesty Researcher Is Retracting a Study over Fake Data," *BuzzFeed News*, August 20, 2021[https://www.buzzfeednews.com/article/stephaniemlee/dan-ariely-honesty-study-retraction]를 참조하라. 애리얼리는 주행거리계 사기 사건에 대한 응답에서,

문제의 데이터가 보험사에서 직접 자신에게 전달되었으며, 그는 "데이터 수집과 분석이 최고의 기준에 부합하도록 보장하기 위한 새로운 정책 개발"을 약속했다. 정직함을 자극하는 것이 실제에서 시험하기 힘들다는 점에 주목할 필요가 있다. 하지만 최근 한 연구진이 북유럽 국가 보험 계약자들을 대상으로 서명을 먼저 하는 것이 정직한 보고를 늘리는지를 시험했다. 주행거리계 사기 연구와 달리 서명을 먼저 하는 것의 이점은 발견되지 않았다: J. B. Martuza, S. R. Skard, L. Løvlie, H. Thorbjørnsen, "Do Honesty-Nudges Really Work? A Large-Scale Field Experiment in an Insurance Context," *Journal of Consumer Behaviour* 21(2022): 927-951[https://doi.org/10.1002/cb.2049].

31 냄새가 나는 정확한 테스트[https://macartan.shinyapps.io/fish/].

32 링컨 대통령과 케네디 대통령 사이의 우연의 일치와 유사점을 찾는 유명한 그래픽과 비슷하다. 자신에게도 충분한 선택지를 부여하면 흥미로운 패턴을 발견할 수 있다. 위키피디아가 이를 잘 요약하고 있다: "Lincoln-Kennedy Coincidences Urban Legend"[https://en.wikipedia.org/wiki/Lincoln%E2%80%93Kennedy_coincidences_urban_legend].

33 카드 이름 대기: J. A. Olson, A. A. Amlani, R. A. Rensink, "Perceptual and Cognitive Characteristics of Common Playing Cards," Perception 41(2012), 268-286[https://doi.org/10.1068/p7175]. 동전 던지기: 정상적인 동전을 다섯 번 던지면 다섯 번 모두 앞면이나 뒷면이 나올 확률이 6퍼센트다. 하지만 사람들이 만드는 배열에서는 연속적으로 앞면 혹은 뒷면이 나오는 경우가 그보다 훨씬 적다.

34 J. Golbeck, "Benford's Law Applies to Online Social Networks," *PLoS ONE* 10(2015): e0135169[https://doi.org/10.1371/journal.pone.0135169].

35 J. Golbeck, "Benford's Law Can Detect Malicious Social Bots," *First Monday* 24(2019)[https://doi.org/10.5210/fm.v24i8.10163]. 봇 자체가 팔로워 수를 벤포드 법칙에 일치시키는 네트워크를 구성하는 것은 어렵지 않을지도 모르지만, 그 봇들이 팔로우하는 계정 역시 팔로우 수가 벤포드의 법칙을 따르도록 하는 것은 대단히 어려울 것이다.

36 2020년 미국 대통령 선거에 벤포드 법칙을 잘못 적용한 것에 대한 라디오

랩의 논의: Latif Nasser, “Breaking Benford,” November 13, 2020[https://radiolab.org/episodes/breaking-benford].

37 M. J. Nigrini, *Benford's Law: Applications for Forensic Accounting, Auditing, and Fraud Detection*(Hoboken, NJ: Wiley, 2012).

38 J. Levitt, *Contemplating Comedy*(Conrad Press, 2020). 자신의 예상에 속지 않는 것은 미래의 일을 예측하는 기술에서 빠질 수 없는 중요한 요소다. P. E. Tetlock and D. Gardner, *Superforecasting: The Art and Science of Prediction* (New York: Crown, 2015)을 참조하라.

3. 강한 신념에 '전념'할 때

1 쇼블린의 러스트파우스트 창작물에 대한 런던과 뉴욕 첫 전시 리뷰는 다음에서 찾을 수 있다: A. Jones “It's Only Mock ‘n’ Roll but We Like It,” *Independent*, May 1, 2006[https://www.independent.co.uk/arts-entertainment/music/features/it-s-only-mock-n-roll-but-we-like-it-6102224.html]; “Art in Review; Lustfaust—A Folk Anthology, 1976-1981,” *New York Times*, July 21, 2006[https://www.nytimes.com/2006/07/21/arts/art-in-review-lustfaust-a-folk-anthology-19761981.html]. 쇼블린은 우리와의 짧은 이메일 인터뷰에서 1970년대에 러스트파우스트를 보았다고 회고한 사람들에 대해서 이야기해주었다. 2006년 전시회 이후 쇼블린은 그 밴드가 그가 만들기 전에 실제로 존재했다는 의심의 여지가 없는 확신을 더 많은 사람에게 주면서 밴드를 ‘부활’시켰다.

2 피오나 브룸의 만델라 효과에 대한 첫 웹사이트[https://mandelaeffect.com/].

3 만델라 효과와 관련된 기억 메커니즘에 대한 좋은 설명은 다음을 참조하라: M. Triffin, “Your Whole Life Is a Lie: It's BerenstAin Bears, Not BerenstEin Bears,” *Yahoo Health*, August 13, 2015[https://www.yahoo.com/lifestyle/your-whole-life-is-a-lie-its-berenstain-bears-126604020432.html]. 〈굿하우스키핑〉은 이 ‘효과’의 사례로 50가지를 정리했다: “50 Mandela Effect Examples That Will Make You Question Everything,” May 25, 2022[https://www.goodhousekeeping.com/life/entertainment/28438966/mandelaeffect-examples/]. 이 아이디어를 기반으로 한 〈만델라 이펙트〉(감독 데이비드 가이 레비, 2019)라는 과학 픽션 영화도 있다. 이 효과를 쉽게 설명할 수 있는 사례로, 기억의 오류가 아닌 우주의 대규모 장애 조짐으로 진지하게 다룬 자가 출판 문헌, S. Eriksen, *The Mandela Effect: Everything Is Changing*(CreateSpace, 2017)와 T. S. Caladan, *Mandela Effect: Analysis of a Worldwide Phenomenon*(CreateSpace, 2019)이 있다. 이 현상에 대한 최근의 심리학적 연구는 D. Prasad, W. A. Bainbridge, "The Visual Mandela Effect as Evidence for Shared and Specific False Memories Across People," *Psychological Science*, 2022[https://doi.org/10.1177/09567976221108944]를 참조하라.

4 기억에 대한 잘못된 믿음의 증거: D. J. Simons, C. F. Chabris, "Common(Mis) Beliefs About Memory: A Replication and Comparison of Telephone and Mechanical Turk Survey Methods," *PLoS One* 7(2012): e51876[https://doi.org/10.1371/journal.pone.0051876]. 아이러니하게도, 기억에 대한 정반대의 그릇된 확신, 즉 뭔가를 했음을 기억하지 못한다면 그 일은 절대 하지 않은 것이라는 생각은 2020년 중국으로부터 배송받은 씨앗과 연관해 일종의 사기나 더 심각한 일에 걸려들었다고 믿은 탓일 것이다. 사람들은 우편으로 배송된 씨앗을 받고 깜짝 놀라서 생물학전이라거나 아마존의 사기라는 등의 가능성 있는 여러 설명을 만들었지만, 가장 신빙성이 있는 설명은, ①씨앗을 온라인으로 사고, ②자신들이 씨앗을 구매한 회사가 중국 회사라는 것을 알지 못한 채로 있다가, ③팬데믹으로 인해 길어진 배송 기간 동안 자신들이 씨앗을 구매한 사실을 잊어버렸다는 것이다. C. Heath, "The Truth Behind the Amazon Mystery Seeds," *Atlantic*, July 15, 2021[http://www.theatlantic.com/science/archive/2021/07/unsolicited-seeds-china-brushing/619417/].

5 중세가 존재하지 않았다는 주장: J. Elledge, "Did the Early Medieval Era Ever Really Take Place?," July 4, 2022[https://jonn.substack.com/p/did-the-early-medieval-era-ever-really]. 와이오밍이 존재하지 않는다는 주장: J. Goodrick, "Growing Online Theory Says Wyoming Doesn't Exist," *AP News*, November 22, 2020[https://apnews.com/article/wyoming-coronavirus-pandemic-gillette-d7d2bbf5e2040b4e1e5498c8131bc376]. 심지어 일부 과

학자들은 세상에 대한 진실이 설명할 수 없는 미지의 힘에 의해 시간에 흐름에 따라 본질적으로 사라졌다고 주장하기도 한다. J. Lehrer, "The Truth Wears Off," *New Yorker*, December 5, 2010[https://www.newyorker.com/magazine/2010/12/13/the-truth-wears-off] 참조; 반론은 J. Lehrer, C. F. Chabris, "Jonah Lehrer Interviews Christopher Chabris," *Creativity Post*, August 1, 2012[https://www.creativity.com/article/jonah_lehrer_interviews_christopher_chabris].

6 이에 대한 더 자세한 내용은 유튜브 영상[https://www.youtube.com/watch?v=dQw4w9WgXcQ]를 참조하라.

7 다음 게시글에 올린 익명의 댓글: S. Alexander, "Kolmogorov Complexity and the Parable of Lightning," Slate Star Codex, October 23, 2017[https://slatestarodex.com/2017/10/23/kolmogorov-complicity-and-the-parable-of-lightning/].

8 M. Heffernan, *Willful Blindness: Why We Ignore the Obvious at Our Peril*(New York: Bloomsbury, 2011).

9 R. Revsbech et al., "Exploring Rationality in Schizophrenia," *BJPsych Open* 1(2015): 98–103[doi.org/10.1192/bjpo.bp.115.000224]; D. Mirian, R. W. Heinrichs, S. M. Vaz, "Exploring Logical Reasoning Abilities in Schizophrenia Patients," *Schizophrenia Research* 127(2011): 178–180[https://doi.org/10.1016/j.schres.2011.01.007].

10 N. Merchant, "US Intel Predicted Russia's Invasion Plans. Did It Matter?," *AP News*, February 24, 2022[https://apnews.com/article/russia-ukraine-vladimir-putin-business-europe-8acc2106b95554429e93dfee5e253743]; "2 in 5 Russians Believe War with Ukraine Likely—Poll," *Moscow Times*, December 14, 2021[https://www.themoscowtimes.com/2021/12/14/2-in-5-russians-believe-war-with-ukraine-likely-poll-a75816]; M. Mirovalev, "Why Most Ukrainians Don't Believe Biden's Warnings, Distrust West," *Al Jazeera*, February 21, 2022[https://www.aljazeera.com/news/2022/2/21/why-ukrainians-dont-believe-in-war-with-russia-distrust-west]; V. Hopkins,

N. MacFarquhar, S. Erlanger, M. Levenson, "100 Days of War: Death, Destruction, and Loss," *New York Times*, June 3, 2022[https://www.nytimes.com/2022/06/03/world/europe/russia-ukraine-war-100-days.html].

11 크리스는 27개 문항 테스트를 이용해 사람들이 생각하는 미래의 돈 액수에 대한 할인율을 추산했다. 참가자들은 자신들이 선택한 결과 중 하나를 임의로 골라 돈을 받기 때문에 현재의 적은 액수와 미래의 큰 액수 중에 어느 것을 선호하는지 솔직하게 대답할 유인을 갖고 있었다. 이 연구는 다음에서 찾을 수 있다: C. F. Chabris, D. I. Laibson, C. L. Morris, J. P. Schuldt, D. Taubinsky, "The Allocation of Time in Decision-Making," *Journal of the European Economic Association* 7(2009), 628–637[https://doi.org/10.1162/JEEA2009.7.2-3.628]; C. F. Chabris, D. I. Laibson, C. L. Morris, J. P. Schuldt, D. Taubinsky, "Individual Laboratory-Measured Discount Rates Predict Field Behavior," *Journal of Risk and Uncertainty* 37(2008): 237–269[https://doi.org/10.1007/s11166-008-9053-x]. 할인율은 사람들이 돈을 받기 위해 달리 뭔가를 하지 않아도 지정된 날짜에 은행 계좌에 돈이 입금될 것이라고 믿을 때 더 의미 있는 척도이며, 사람들이 생각하는 할인율을 엄격하게 추산하는 것은 이 예시보다 더 복잡할 수 있다는 점을 유의하라.

12 N. Augenblick, J. M. Cunha, E. D. Bó, J. M. Rao, "The Economics of Faith: Using an Apocalyptic Prophecy to Elicit Religious Belief in the Field," *Journal of Public Economics* 141(2016): 38 49[https://doi.org/10.1016/j.jpubeco.2016.07.004]. 이 저자들은 단 52명의 참가자만을 시험했다(휴거의 예언을 믿는 사람들 23명과 제칠일안식일예수재림교회 신자 29명); 강력한 결론을 이끌어내기에 작은 규모의 표본이지만, 이 경우에는 두 그룹의 차이가 엄청났다. 휴거를 믿는 사람들 23명 중 22명이 휴거 날짜 이후의 500달러를 거절했지만 제칠일안식일예수재림교회 신자는 29명 모두 500달러를 선택했다.

13 퓨리서치 설문조사: Pew Research Center, "Jesus Christ's Return to Earth," July 14, 2010[https://www.pewresearch.org/fact-tank/2010/07/14/jesus-christs-return-to-earth/]; D. Cohen, *Waiting for the Apocalypse*(New York:

Prometheus Books, 1983), p. 72.

14 P. Johansson, L. Hall, S. Sikström, A. Olsson, "Failure to Detect Mismatches Between Intention and Outcome in a Simple Decision Task," *Science* 310 (2005): 116 - 119[https://doi.org/10.1126/science.1111709]. 맛에 대한 선호에서도 같은 선택맹 현상이 일어난다: L. Hall, P. Johansson, B. Tärning, S. Sikström, T. Deutgen, "Magic at the Marketplace: Choice Blindness for the Taste of Jam and the Smell of Tea," *Cognition* 117(2010): 54 - 61[https://doi.org/10.1016/j.cognition.2010.06.010]. 선택맹에 대한 또 다른 연구에서는 연구진이 총선 전 스웨덴 두 개 도시 유권자들에게 주요 연합 정당과 관련된 입장에 어느 정도 동의하거나 반대하는지 평가하도록 했다. 연구자들은 조작한 클립보드를 사용해, 유권자들에게 자신의 평가가 반대편과 더 비슷하게 보이는 수정된 버전을 보여주었다. 참가자의 92퍼센트는 이 변경된 요약 점수를 자신의 것처럼 받아들였고 거의 절반은 선거에서 지지할 연합 정당을 바꿀 용의가 있다는 의사를 표시했다. L. Hall, T. Strandberg, P. Pärnamets, A. Lind, B. Tärning, P. Johansson, "How the Polls Can Be Both Spot On and Dead Wrong: Using Choice Blindness to Shift Political Attitudes and Voter Intentions," *PLoS One* 8(2013): e60554[https://doiorg/10.1371/journal.pone.0060554]. 유권자들이 이런 문제에 대해 이토록 친숙하지 못하고 특정한 입장과 후보에 대해 전혀 헌신하지 않는 것을 상상하기 힘들다면 다음을 고려해보라: 2016년 미국 대통령 선거 다음 날 아침, 우리는 샌드위치 가게에서 어떤 후보가 출마했는지, 누가 이겼는지, 왜 두 사람에게 관심을 가져야 하는지 생각해내려 하는 두 직원의 대화를 우연히 들었다.

15 이런 일반적인 생각은 판단에서의 프레이밍 효과에 대한 연구에 의해서도 뒷받침된다. P. Slovic, "The Construction of Preference," *American Psychologist* 50(1995): 364 - 371[https://doi.org/10.1037/0003-066X.50.5.364].

16 E. Trouche, P. Johansson, L. Hall, H. Mercier, "The Selective Laziness of Reasoning," *Cognitive Science* 40(2016): 2122 - 2136[https://doi.org/10.1111/cogs.12 303].

17 The Magic of Consciousness Symposium, Association for the Scientific Study of Consciousness, 2007[https://web.archive.org/web/20070519203333/http://assc2007.neuralcorrelate.com/index.php?module=pagemaster&PAGE_user_op=view_page&PAGE_id=7].

18 일부 사기꾼들은 같은 경향, 즉 오랜 추론을 재검토하지 않고 그대로 믿는 경향을 이용한다. 그들은 큰돈을 훔치기 위한 사전 작업으로 몇 건의 합법적인 거래를 시작한다.

19 프랭크 케이시의 이 이야기는 J. Campbell, *Madoff Talks: Uncovering the Untold Story Behind the Most Notorious Ponzi Scheme in History*(New York: McGraw-Hill, 2021), 126-128와 연관되어 있다.

20 퇴화된 시점의 반대는 정본 시점이다. 정본 시점은 다른 문제와 차별화시키는 데 가장 유용한 정보를 보여주는 물체의 시점이다. 보통 45도 측면이나 45도 위에서 보는 시점이다. 왜상歪像 작품, 즉 단 하나의 시점에서만 실제 장면이나 물체처럼 보이는 그림이나 조각은, 같은 방식이지만 반대의 효과를 낸다. 대상을 하나의 결정적인 시점에서만 보면, 우리는 퇴화된 시점을 갖게 된다. 다른 시점에서는 그것이 얼마나 왜곡되어 있는지를 깨닫지 못하는 것이다.

21 J. Kirby, "What to Know About the 'Raw Water' Trend," *Vox, January* 4, 2018[https://www.vox.com/science-and-health/2018/1/4/16846048/raw-water-trend-silicon-valley]. 천연 선호에 대한 더 자세한 내용은 A. Levinovitz, *Natural: How Faith in Nature's Goodness Leads to Harmful Fads, Unjust Laws, and Flawed Science*(Boston: Beacon Press, 2020)를 참조하라.

22 파올로 마키아리니의 형사 판결에 대한 이야기는 다음에서 찾을 수 있다: G. Vogel, "Disgraced Italian Surgeon Convicted of Criminal Harm to Stem Cell Patient," *Science* 376(2022): 1370-1371[https://doi.org/10.1126/science.add6185]. 이 사건에 대한 더 자세한 내용은 E. Ward, C. Anderson, "A High-Flying Italian Surgeon's Fall from Grace," *New York Times*, June 17, 2022[https://www.nytimes.com/2022/06/17/world/europe/macchiarini-windpipe-surgeon-deaths.html]; A. Ciralsky, "The Celebrity Surgeon Who Used Love, Money, and the Pope to Scam an ABC News Producer," *Vanity Fair*, January 5, 2016[https://www.vanityfair.com/news/2016/01/ celebritysurgeon-nbc-news-producer-scam]를 참조하라. 마키아리니에 대한 보스 린퀴스트 감독의 영화 〈치명적인 실험Fatal Experiments〉은 2016 스웨덴 텔레비전과 BBC에서 방영되었다.

23 헛소리 비대칭의 원리: 선구적 경제학자 프레데릭 바스티아는 《경제학 소피즘Economic Sophisms》(1845)에서 이 아이디어의 초기 버전을 만들어냈다: "우리는 토론에서 상대방이 우리보다 현저한 우위를 점하고 있다는 사실을 인정해야 한다. 그들은 아주 적은 단어로 반쪽짜리 진실을 발표할 수 있으며, 그것이 불완전하다는 것을 입증하기 위해 우리는 길고 건조한 논문에 의존해야만 한다." 이에 앞서 조너선 스위프트는 이런 글을 남겼다. "거짓은 날아가고, 진실을 절뚝거리며 그 뒤를 좇는다. 따라서 사람들이 속지 않는 것은 이미 늦어버린 뒤다. 판은 끝났고 이야기는 이미 먹혀들었다." *Examiner[afterw.] The Whig Examiner*[by J. Addison](United Kingdom: n.p., 1710). '읽기 힘든' 연구: A. L. Alter, D. M. Oppenheimer, N. Epley, N. Eyre, "Overcoming Intuition: Metacognitive Difficulty Activates Analytic Reasoning," *Journal of Experimental Psychology: General* 136(2007): 569–576[https://doi.org/10.1037/0096-3445.136.4.569]. 이 연구는 말콤 글래드웰의 《다윗과 골리앗》, 대니얼 카너먼의 《생각에 관한 생각》, 애덤 알터의 《만들어진 생각, 만들어진 행동》에서 우호적으로 인용되었다. 재현 시도: A. Meyer et al., "Disfluent Fonts Don't Help People Solve Math Problems," *Journal of Experimental Psychology: General* 144(2015): e16[https://doi.org/10.1037/xge0000049].

24 S. Benartzi, J. Lehrer, The Smarter Screen: Surprising Ways to Influence and Improve Online Behavior(New York: Portfolio, 2015), 127. 시간 역전 추단법은 앤드류 겔먼의 블로그 게시물, "The Time-Reversal Heuristic—a New Way to Think About a Published Finding That Is Followed Up by a Large, Preregistered Replication(in Context of Claims About Power Pose)," *Statistical Modeling, Causal Inference, and Social Science*, January 26, 2016[https://statmodeling.stat.columbia.edu/2016/01/26/more-power-posing/]에서 제안된 것이다.

25 L. Magrath, L. Weld, "Abusive Earnings Management and Early Warning Signs," *CPA Journal*, August 2002, 50-54. 케네스 레이에 대한 기소는 기대치를 상회하기 위해 사용된 조작의 본질을 설명한다[https://www.justice.gov/archive/opa/pr/2004/July/04_crm_470.htm]; 그는 2006년 유죄 판결을 받았다[https://www.justice.gov/archive/opa/pr/2006/May/06_crm_328.html]. SEC가 코카콜라에 취한 조치[https://www.sec.gov/litigation/admin/33-8569.pdf].

26 컬럼비아대학교 순위에 대한 타데우스의 분석: M. Thaddeus, "An Investigation of the Facts Behind Columbia's U.S. News Ranking," *Department of Mathematics*, Columbia University, February 2022[https://www.math.columbia.edu/~thaddeus/ranking/investigation.html]. 컬럼비아대학교의 대응: A. Hartocollis, "U.S. News Ranked Columbia No. 2, but a Math Professor Has His Doubts," *New York Times*, March 17, 2022[https://www.nytimes.com/2022/03/17/us/columbia-university-rank.html]. 타데우스는 컬럼비아대학교 공과대학의 순위도 조사했다: "The U.S. News Ranking of Columbia's Online Engineering Programs," *Department of Mathematics*, Columbia University, April 2022[http://www.math.columbia.edu/~thadeus/ranking/engineering.html]. 〈US 뉴스〉 순위 변화와 다른 부정확한 데이터: R. Morse, "U.S. News Rankings Update: Find Out About the Schools That Misreported Data to U.S. News," July 7, 2022[https://www.usnews.com/education/articles/us-news-rankings-updates]; A. Hartocollis, "U.S. News Dropped Columbia's Ranking, but Its Own Methods Are Now Questioned," *New York Times*, September 12, 2022[https://www.nytimes.com/2022/09/12/us/columbia-university-us-news-ranking.html]. 비슷한 사건으로, 템플대학교 경영대학원 학장은 학교 순위를 높일 목적으로 5년간 데이터를 조작해, 유죄 판결을 받았다: A. Lukpat, "Former Temple U. Dean Found Guilty of Faking Data for National Rankings," *New York Times*, November 29, 2021[https://www.nytiimes.com/2021/11/29/us/temple-university-moshe-porat-fraud.html]. 시험 성적을 선택적으로 제출하는 대학 입학 조건의 영향:

H. Wainer, *Uneducated Guesses: Using Evidence to Uncover Misguided Education Policies*(Princeton, NJ: Princeton University Press, 2011), ch. 1.

27 B. I. Koerner, "The Cheating Scandal That Ripped the Poker World Apart," *Wired*, September 21, 2020[https://www.wired.com/story/stones-poker-cheating-scandal/].

28 J. Maysh, "How an Ex-Cop Rigged McDonald's Monopoly Game and Stole Millions," *Daily Beast*, July 28, 2018[https://www.thedailybeast.com/how-an-ex-cop--rigged-mcdonalds-monopoly-game-and-stole-millions].

29 파이어 페스티벌 사건: G. Bluestone, *Hype: How Scammers, Grifters, and Con Artists Are Taking Over the Internet—and Why We're Following*(Toronto, ON: Hanover Square Press, 2021). 'Office of Justice Programs' 웹사이트 내 보고서의 재범: "White Collar Crime and Criminal Careers," 1993[https://www.ojp.gov/ncjrs/virtual-library/abstracts/white-collar-crime-and-criminal-careers](이 페이지에 링크된 보고서의 PDF)와 'Oversight' 웹사이트: N. L'Heureux, "The Value of Identifying the Repeat Offender," March 22, 2021[https://www.oversight.com/blog/the-value-of-identifying-the-repeat-offender]. 출소하자마자 또 사기를 치는 사기꾼의 또 다른 사례는 J. Bullmore, "Château La Thief," Air Mail, May 14, 2022[https://airmail.news/issues/2022-5-14/chateau-lathief]를 참조하라.

30 올랜도 미술관의 전시 웹사이트[https://web.archive.org/web/20220609201252/https://omart.org/exhibitions/heroes_monsters_jean_michel_basquiat_the_venice_collection_thaddeaus_mumford_jr/]. FBI의 급습: B. Sokol, M. Stevens, "F.B.I. Raids Orlando Museum and Removes Basquiat Paintings," June 24, 2022[https://www.nytimes.com/2022/06/24/arts/design/fbi-orlando-museum-basquiat.html]. 기자 브렛 소콜이 발견을 둘러싼 여러 가지 문제에 대한 두 건의 긴 기사를 썼다: "In Orlando, 25 Mysterious Basquiats Come Under the Magnifying Glass," *New York Times*, February 16, 2022[https://www.nytimes.com/2022/02/16/art/design/basquiat-painting-orlando-mumford-museum.html]와 "F.B.I. Investigates Basquiat Paintings Shown at Orlando Museum of Art," *New York Times*, May 29, 2022[https://www.nytimes.com/2022/05/29/arts/design/fbi-basquiat-paintings-orlando-museum.html].

31 J. Settembre, "Forget West Elm Caleb—We Were Duped by 'Psycho' Dating Nightmare Long Island Kevin," *New York Post*, July 12, 2022[https://nypost.com/2022/07/12/singles-warn-long-island-kevin-is-worse-than-west-elm-caleb/].

4. 경험을 통해 '효율'을 추구할 때

1 J. Benjamin, H. Scott, *Winning the World Open: Strategies for Success at America's Most Prestigious Open Chess Tournament*(Alkmaar, the Netherlands: New in Chess, 2021).

2 존 폰 노이만 사건은 1993년 여러 체스 잡지에서 다루어졌다. 특히 J. Watson, "Yermolinsky Wins World Open… but von Neumann Steals the Show," *Inside Chess* 6(1993): 3-10; D. Vigorito, "1993 World Open," *Chess Horizons*(September-October 1993): 23-24; J. Benjamin, "Yerminator on Top of the World… Open," *Chess Chow*(July-August 1993): 5-14; M. Shibut, "Macon a Contribution to Chess Theory," *Chess Chow*(September-October 1993): 3-4를 참조하라. 우리는 그 대회에 참석했던 몇몇 사람과의 인터뷰로 이들 설명을 보충했다.

3 크리스는 1989년부터 1995년까지 '하버드컵'이라는 이름으로 일련의 인간 대 컴퓨터 토너먼트를 공동 조직했다. 1992년에는 다섯 명의 그랜드마스터에 맞서 다섯 개의 컴퓨터 프로그램이 3점을 얻었다. 따라서 폰 노이만이 컴퓨터의 수를 정확히 전송하고 받았고 발각되지 않았더라면 그는 전체 1위로 수천 달러의 상금을 받을 수 있었을 것이다. 이 토너먼트들은 여러 논문에서 다루어졌다. 특히 C. F. Chabris, "The Harvard Cup Man-Versus-Machine Chess Challenge," *ICGA Journal* 16(1993): 57-61[https://doi.org/10.3233/ICG-1993-16113]; C. F. Chabris, D. Kopec, "The 4th Harvard Cup Human Versus Computer Chess Challenge," *ICGA Journal* 16(1993):

232–241[https://doi.org/10.3233/ICG-199 3-16410]을 참조하라.

4 폰 노이만은 토너먼트 마지막 날 밤 복귀해서 사기가 아님을 증명하기 위해 누구와든 게임을 하겠다고 제안했다. 대회가 끝난 후 주변에 있던 지역 마스터 매컨 시벗이 선발되어 게임을 시작했지만 폰 노이만은 세 수 이후 깊은 생각에 잠겼다. 구경꾼들이 떠나기 시작했고 그가 몇 시간이든 버틸 것이라고 생각한 시벗 역시 일어나 경기장을 떠났다.

5 Guardian Sport, "Chess Grandmaster Admits to Cheating with Phone on Toilet During Tournament," *Guardian*, July 13, 2019[https://www.theguardian.com/sport/2019/jul/13/igors-rausis-cheating-phone-tournament-scandal]. 휴대전화를 들고 화장실에 있는 라우시스의 사진: S. Dorn, "Chess Grandmaster Allegedly Caught Cheating on Toilet During Tournament," *New York Post*, July 13, 2019[https://nypost.com/2019/07/13/chess-grandmaster-allegedly-caught-cheating-on-toilet-during-tournament.] 2022년 9월 세계 챔피언이 부정행위를 저지른 것으로 의심하는 그랜드마스터에게 진 후 그의 커리어에서 처음으로 엘리트 토너먼트에서 탈락했다. A. Therrien, "Magnus Carlsen and Hans Niemann: The Cheating Row That's Blowing Up the Chess World," *BBC News*, September 23, 2022[https://www.bbc.com/news/world-63010107]을 참조하라. 매그너스 칼슨은 이후 트위터에 성명을 발표했다[https://twitter.comMagnusCarlsen/status/1574482694406565888].

6 부정행위를 하는 사람들이 계획의 일부로 화장실을 자주 이용한다는 것은 흥미로운 일이다. 라우시스는 체스에서 이 전략을 시도한 최초의 사람이 아니며(사실 화장실을 부정행위에 이용하는 것을 흔한 일이다. 이렇게 잘 알려져 있는데도 불구하고 토너먼트 중 화장실에 대한 모니터는 여전히 허술하다), 우리는 시험 때 '학습 자료'를 화장실에 숨겨두는 학생들이 더 많이 있다고 확신한다. 부정행위를 발견하는 데 도움을 주는 질문은 '증거를 찾을 가능성이 가장 낮은 곳은 어디인가?'다(솔로조가 마이클 콜레오네와 식사를 하기 전에 이런 질문을 했더라면 영화 〈대부 2〉는 존재하지 않았을 것이다). 화장실, 탈의실, 그와 비슷한 공간은 사생활 규범 때문에 부정행위자에게 비교적 안전한

장소가 된다. 사실 라우시스가 부정행위를 했다는 것을 입증하는 사진은 현지 법을 위반하고 촬영된 것으로 보인다. 하지만 사진을 찍은 사람은 기소되지 않았다.

7 X. Gabaix, D. I. Laibson, "Shrouded Attributes, Consumer Myopia, and Information Suppression in Competitive Markets," *Quarterly Journal of Economics* 121(2006): 505 – 540[https://doi.org/10.1162/qjec. 2006. 121.2.505]. 프린터 생산비는 최초의 레이저 프린터의 경우 3천~7천 달러였으나 1980년대 중반 이래 극적으로 하락해왔다.

8 수수료가 가려져 있을 때 고객들은 더 많은 돈을 지불한다: M. Luca, "The Sinister Logic of Hidden Online Fees," *Wall Street Journal*, November 23, 2022[https://www.wsj.com/articles/the-sinister-logic-of-hidden-online-fees-11669229205].

9 광고 사례: 딜대시[https://www.youtube.com/watch?v=DaKsZC0whYc]와 퀴비드[https://www.youtube.com/watch?v=TCowafeg_-U]. 딜대시 광고에 작게 쓰인 내용에는 "낙찰자의 54퍼센트 이상이 즉시 구매가의 90퍼센트 이상을 절약한다"는 분석하기 어려운 통계도 포함되어 있다.

10 N. Augenblick, "The Sunk-Cost Fallacy in Penny Auctions," *Review of Economic Studies* 83(2016): 58 – 86[doi.org/10.1093/restud/rdv037].

11 K. Mrkva, N. A. Posner, C. Reeck, E. J. Johnson, "Do Nudges Reduce Disparities? Choice Architecture Compensates for Low Consumer Knowledge," *Journal of Marketing* 85(2021): 67 – 84[https://doi.org/ 10.1177/ 0022242921993186].

12 다른 구매의 경우에는 1만 달러가 고민이 되는 큰 금액이지만, 집을 사는 경우에는 거래를 성사시키기 위해 제시가를 1만 달러 올리는 것을 대수롭지 않게 생각할 수 있다. 하지만 집을 살 때 더 지불하는 1만 달러는 다른 구매에서 지출하는 1만 달러와 똑같은 가치를 지닌다! 더구나 융자로 집을 사는 경우라면, 융자 종료 시의 실제 비용은 훨씬 더 커질 것이다. 역사적으로 가장 좋은 조건인 5퍼센트 이자율을 적용해도, 집값이 1만 달러 오르는 것은 30년 동안 1만 9천 달러의 지출에 해당한다. 반면 5퍼센트의 기대 수익률로 투자할 경

우, 그 1만 달러는 30년 후 약 4만 3천 달러가 된다. 따라서 기회비용을 생각하면, 구매액이 1만 달러 늘어나지 않을 경우 융자 기간이 끝난 시점에 당신의 재산에는 약 6만 달러의 차이가 생기게 된다.

13 J. Liu, "How a Prolific Art Forger Got a New York Gallery Show," *Hyperallergic*, April 11, 2022[https://hyperallergic.com/723112/how-a-prolific-art-forger-got-a-new-york-gallery-show/].

14 노들러 갤러리 사건은 〈뉴욕 타임스〉 연재 기사를 비롯해 언론에서 광범위하게 보도되었다. 그 개관은 M. H. Miller, "The Big Fake: Behind the Scenes of Knoedler Gallery's Downfall," *ARTnews*, April 25, 2016[https://www.artnews.com/art-news/artists/the-big-fake-behind-the-scenes-of-knoedler-gallerys-downfall-6179/]를 참조하라. 이 책의 설명은 주로 팟캐스트 'Art Fraud'(iHeart Radio, 2022)와 이 사건에 대한 두 개의 다큐멘터리 영화, 배리 에이브리치 감독의 〈당신의 눈을 속이다: 세기의 미술품 위조 사건Made You Look: A True Story About Fake Art〉(2020)과 다리아 프라이스 감독의 〈추상화를 위한 노력Driven to Abstraction〉(2019)을 기반으로 한다.

15 로잘레스는 아홉 가지 혐의에 대해 유죄를 인정했다.[https://www.justice.gov/usao-sdny/pr/art-dealer-pleads-guilty-manhattanfederal-court-80-million-fake-art-scammoney]; 그녀의 공범으로 의심받고 있는 사람들은 총 10개 혐의로 기소되었다[https://www.justice.gov/usao-sdny/pr/three-defendants-charged-manhattan-federal-court-connection-33-million-art-fraud-scheme].

16 예술품 사기 탐지 경우에 전문가 문서 분석이라는 배경에서 위작이 진품으로 보이는 현상과 '직감'의 가치에 대한 좀 더 자세한 논의는 D. J. Simons, C. F. Chabris, "The Trouble with Intuition," *Chronicle of Higher Education*, May 30, 2010[https://www.chronicle.com/article/the-trouble-with-intuition/]를 참조하라.

17 마이어트-드류 사건은 L. Salisbury, A. Sujo, *Provenance: How a Con Man and a Forger Rewrote the History of Modern Art*(New York: Penguin, 2009)에서 잘 다루고 있다. 다른 정보원으로는 "UK Art Fraudster Found Guilty," *BBC*

News, February 12, 1999[http://news.bbc.co.uk/1/hi/uk/278413.stm]; "UK Art Fraudster Jailed," *BBC News*, February 15, 1999[http://news.bbc.co.uk/2/hi/uk_news/279937.stm]이 있다. 늘 그렇듯이 이것은 많은 사례 중 하나에 불과하다. 2010년 포르투갈 경찰은 노르웨이인 커플에게 비슷한 수법으로 새로운 작품과 가짜 문서를 만든 혐의를 적용했다. D. Alberge, "An Eclectic Art Fraud in Portugal," *Wall Street Journal*, November 24, 2010[https://www.wsjcom/articles/SB10001424052748704369304575632801638081746].

18 S. Cain, "'Milli Violini': I Was a Fake Violinist in a World-Class Miming Orchestra," *Guardian*, May 27, 2020[https://www.theguardian.com/books/2020/may/27/milli-violini-fake-violinist-miming-orchestra-jessica-chiccehitto-hindman-memoir-sounds-like-titanic]; J. Hindman, *Sounds Like Titanic: A Memoir*(New York: W. W. Norton, 2019).

19 K. Rothstein, "Scam Season Comes for the Orchestra," *Vulture*, February 14, 2019[https://www.vulture.com/2019/02/a-famous-composer-faked-his-way-through-live-performances.html].

20 PBS 순회 공연의 예시 영상: "Tim Janis, beautiful america full PBS Special" [https://www.youtube.com/watch?v=Nu_KwMEl-Kw&t=1460s]. 이 영상 말미에는 힌드만이 공연자 중 한 명으로 언급된다.

21 R. Catlin, "The Long Musical Arm of Tim Janis," *Hartford Courant*, November 26, 2001[https://www.courant.com/news/connecticut/hc-xpm-2001-11-27-01112707 07-story.html].

22 "A Fake Orchestra Performance in 'Sounds Like Titanic,'" NPR.com, February 9, 2019[https://www.npr.org/2019/02/09/692955821/a-fake-orchestra-performance-in-sounds-like-titanic].

23 기사들에 대한 공식 소셜 미디어 게시물, 검색 엔진 결과 텍스트, "내용 전체를 읽은" 사람들보다 훨씬 더 많은 수의 사람들에게 도달하는 다른 많은 요약문과 태그 라인은 대개 다른 사람들, 즉 온라인 참여를 높이는 데 전문가인 다른 사람들이 작성하며, 이들은 기사 이외에 다른 것을 읽지 않는다.

24 스미스터스 사건에 대한 공식 보고서: R. A. Zwaan, P. J. F. Groenen, A. J. van der Heijden, R. te Lindert, "Rapport onderzoekscommissie Wetenschappelijke integriteit: Onderzoek naar mogelijke schending van de wetenschappelijke integriteit"("Report of the Scientific Integrity Investigation Committee: Investigation into possible violation of scientific integrity"); A. J. van der Heijden, P. J. F. Groenen, R. Zeelenberg, R. te Lindert, "Report of the Smeesters Follow-up Investigation Committee," January 27, 2014(영어 번역은 리네 질런버그가 댄에게 제공). 사건에 대한 스미스터스의 인터뷰: "Smeesters' Side of the Story," *Erasmus Magazine*, September 11, 2012 [https://www.erasmusmagazine.nl/en/2012/09/11/smeesters-side-of-the-story/].

25 J. Liu, D. Smeesters, D. Trampe, "Effects of Messiness on Preferences for Simplicity," *Journal of Consumer Research* 39(2012): 199–214[https://doi.org/10.1086/662139]

26 상품 크기에 따라 제시가를 조정하는 것(자동차의 경우 1천 달러 단위로 제시하고 셔츠의 경우 5달러 단위로 제시하는 것)이 반드시 합리적인 일은 아니다. 당신이 구매 가치를 따져 절약하는 돈은 가격이 33달러이든 3만 3천 달러이든 동일한 가치를 지닌다.

27 U. Simonsohn, "Just Post It: The Lesson from Two Cases of Fabricated Data Detected by Statistics Alone," *Psychological Science* 24(2013): 1875–1888[https://doi.org/10.1177/0956797613480366]. 원래의 연구는 네덜란드에서 이루어졌다. 따라서 액수는 달러가 아니었다. 하지만 같은 원리가 적용된다.

28 M. Enserink, "Rotterdam Marketing Psychologist Resigns After University Investigates His Data," *Science*, June 25, 2012[doi.org/10.1126/article.27200].

29 시몬손 인터뷰: E. Yong, "The Data Detective," Nature 487(2012): 18–19 [https://doi.org/10.1038/487018a].

30 G. Spier, *The Education of a Value Investor*(New York: Palgrave Macmillan, 2014). 파머맥 이야기는 53–57쪽에서 찾을 수 있다. 파머맥에 대한 잘못된 초기 판단에서 교훈을 얻은 스피어는 자기 펀드의 돈을 투자하기 전에 중국의 배터리·자동차 제조업체(BYD Auto)를 1년 넘게 조사했다(125–126쪽).

31 공매도는 주식을 빌려서 파는 것이다. 따라서 가격이 하락하면 낮은 가격에 사서, 주식을 빌려준 사람에게 돌려줄 수 있기 때문에 이익을 보게 된다.

32 이 이야기와 교훈을 "의견을 갖기 위해서는 일을 해야 한다"라는 유용한 문구를 통해 기억할 수 있다. 그 가치는 블로그 'arnam Street' [https://fs.blog/the-work-required-to-have-an-opinion/]의 "The Work Required to Have an Opinion"라는 제목의 에세이에 강조되어 있다.

33 제드 로스스타인 감독의 다큐멘터리 영화 〈더 차이나 허슬〉(2018)이 이 이야기와 그와 유사한 많은 이야기들을 담고 있다. 오리엔트에 대한 보고서[https://www.muddywatersresearch.com/research/orient-paper-inc/initiating-coverage-onp/].

34 M. Levine, "Caesars and the $450M 'And,'" *Bloomberg*, May 13, 2014 [https://www.bloomberg.com/opinion/articles/2014-05-13/caesars-and-the-450-million-and]. 레빈은 어떻게 그 채권의 약정들이 시저스엔터테인먼트 오퍼레이팅컴퍼니가 소량의 주식을 판매함으로써 훨씬 많은 양의 부채를 탕감할 수 있는가를 정확하게 설명한다. 2014년 모기업인 시저스엔터테인먼트 코퍼레이션은 약 600만 달러 가치의 자회사 신주를 팔아 세 가지 사건 중 하나를 촉발시켰다. 4억 5천만 달러 가치의 손실을 우려한 채권단은 그제야 106쪽을 모두 읽을 강력한 유인이 생겼다. 그들은 거기에 나열된 세 가지 사건이 'and(그리고)'로 연결되어 있다는 것, 즉 세 가지 사건이 모두 발생해야 보증이 종료됨을 암시한다는 것을 발견했다. 하지만 시저스는 그 목록을 일련의 대안들로 취급해 A나 B나 C면 족하다고 취급했다. 그로 인한 논쟁은 그해 말 시저스가 파산하면서 고려할 가치가 사라졌다.

35 T. Rogers, M. I. Norton, "The Artful Dodger: Answering the Wrong Question the Right Way," *Journal of Experimental Psychology: Applied* 17(2011): 139-147[htt ps://doi.org/10.1037/a0023439].

36 '위약 정보'는 복사기를 중심으로 한 유명한 사회심리학 실험의 제목에서 비롯된 말이다. 이 연구 논문의 저자는 복사기 앞에 서 있는 사람들에게 접근해 당장 복사 몇 장을 해달라는 부탁으로 그들을 방해했다. 위약 정당화("복사가 필요해서요")를 덧붙이는 것도 관련된 정당화("급해서 그런데요")만큼이나 설

득력이 있었다고 한다. 이 결과가 확실한지, 위약 정보가 실제로 효과가 있는지는 확실하지 않지만, 이 개념은 염두에 둘 가치가 있다. E. Langer, A. Blank, B. Chanowitz, "The Mindlessness of Ostensibly Thoughtful Action: The Role of 'Placebic' Information in Interpersonal Interaction," *Journal of Personality and Social Psychology* 36(1978): 635-642[https://doi.org/10.1037/0022-3514.36.6.63 5]. '때문에'라는 위약 정당화를 추가하는 것이 설득 효과를 내지 않는 무작위 임상 실험의 예는 M. R. Heino, K. Knittle, A. Haukkala, T. Vasankari, N. Hankonen, "Simple and Rationale-Providing SMS Reminders to Promote Accelerometer Use: A Within-Trial Randomised Trial Comparing Persuasive Messages," *BMC Public Health* 18(2018): 1-16[https://doi.org/10.1186/s12889-018-6121-2]을 참조하라. '부정이 아닌 부정'이라는 문구는 〈워싱턴 포스트〉 편집장 벤 브래들리가 한 말로 워터게이터 사건 동안 닉슨 행정부와 언론과의 상호작용에서 나왔다고 한다.

37 L. Gilbert, "Rothko Specialist and Son Testify They Never Authenticated Fake Painting in Knoedler Trial," *Art Newspaper*, February 2, 2016[https://www.theartnewspaper.com/2016/02/02/rothko-specialist-and-son-testify-they-never-authenticated-fake-painting-in-knoedler-trial]; C. Moynihan, "In Knoedler Art Fraud Trial, Expert Testimony on Fakes Weighs Heavily," *New York Times*, February 1, 2016[https://www.nytimes.com/2016/02/02/arts/in-knoedler-art-fraud-trial-expert-testimony-on-fakes-weighs-heavily.html].

38 S. A. Clancy, *Abducted: How People Come to Believe They Were Kidnapped by Aliens*(Cambridge, MA: Harvard University Press, 2005)의 4장을 참조하라. 사람들은 1962년 100여 년 전부터 외계인을 만났다고 보고했지만 그들에게 납치당했다고 말한 적은 없었다. 외계인 납치는 TV와 영화의 묘사와 관련된 새롭고 독특한 현상이었다. 1962년 이전에 납치되었다는 주장을 한 사람들이 있었지만 그들은 1962년 이후까지 그 주장을 이어가지 않았다.

39 S. Zito, "Who Is Kathy Barnette?," *Washington Examiner* May 11, 2022 [https://www.washingtonexaminer.com/opinion/who-is-kathy-barnette].

40 더 많은 사례는 A. Gawande, *The Checklist Manifesto: How to Get Things*

Right(New York: Metropolitan Books, 2009)를 참조하라.

41 W. Berger, *The Book of Beautiful Questions*(New York: Bloomsbury, 2018)도 참조하라.

42 이 질문은 심리학자 제프리 밀러가 트위터에서 제안한 것이다.

43 D. A. Redelmeier, E. Shafir, P. S. Aujla, "The Beguiling Pursuit of More Information," *Medical Decision Making* 21(2001): 376–381[https://doi.org/10.1177/0 272989X0102100504]. 혈압 연구에 대한 설명은 C. F. Chabris, D. J. Simons, "Four Ways That Information Can Lead Us Astray," *American Express*, May 18, 2010[https://www.americanexpress.com/en-us/business/trends-and-insights/articles/four-ways-that-information-can-lead-us-astray-christopher-chabris-and-daniel-simons/]의 내용을 개작한 것이다.

5. 예외가 없는 '일관성'

1 United States of America v. Satish Kurjibhai Kumbhani, 일명 'Vindee' 혹은 'VND' 혹은 'vndbcc' 피고. 기소장은 2022년 2월 25일 미국 캘리포니아주 남부지방법원에 접수[https://storage.courtlistener.com/recap/gov.uscourts.casd.727918/gov.uscourts.casd.727918.1.0_1.pdf]; 보도 자료[https://www.justice.gov/opa/pr/bitconnect-founder-indicted-global-24-billion-cryptocurrency-scheme]. 글렌 아르카노는 투자자를 사취하는 음모에 가담한 혐의를 인정했다[https://www.justice.gov/opa/pr/56-million-seized-cryptocurrency-being-sold-first-step-compensate-victims-bitconnect-fraud].

2 비트코인에 대한 최초의 출판물은 S. Nakamoto, Bitcoin: A Peer-to-Peer Electronic Cash System, October 31, 2008[bitcoin.org/bitcoin.pdf]이다. F. Schär, A. Berentsen, Bitcoin, Blockchain, and Cryptoassets: A Comprehensive Introduction(Cambridge, MA: MIT Press, 2020)도 참조하라.

3 S. Williams, "The 20 Largest Cryptocurrencies by Market Cap," *The Motley Fool*, December 15, 2017[https://www.fool.com/investing/2017/07/20/the-

20-largest-cryptocurrencies-by-market-cap.aspx].

4 T. Frankel, *The Ponzi Scheme Puzzle*(Oxford, UK: Oxford University Press, 2012); 폰지의 원래 사기에 대한 간단한 설명은 1장을 참조하라. 폰지의 경력과 수법에 대한 더 긴 설명과 분석은 다음 책에서 찾을 수 있다. D. Davies, *Lying for Money: How Legendary Frauds Reveal the Workings of the World*(New York: Scribner, 2021): 75-79. 폰지 이전에도 비슷한 수법이 있었고 소설에 묘사된 적도 있었지만, 그의 사기극 규모가 가장 컸고(1920년 당시 1,500만 달러, 이 글을 쓰는 현재 시세로 약 2억 2천만 달러) 가장 널리 알려졌기 때문에 이후 이런 성격의 모든 사기(많은 경우 중요한 차이가 있었지만)의 원형이 되었다.

5 다단계 마케팅 조직에서, 사업가들은 다른 사업가들을 모집해 그들 대신 물건을 판매하게 함으로써 그 수입의 일부를 창립자에게까지 이르는 상위 단계에 지불하게 한다. 코네티컷에서 진행된 전형적인 기프팅 클럽 피라미드 사기는 미국 정부의 조사를 받았고 여러 건의 유죄 선고가 내려졌다[https://www.justice.gov/usao-ct/pr/two-guilford-women-sentenced-federal-prison-overseeing-gifting-tables-pyramid-scheme].

6 폰지 사기 최근 사례에 대한 정보와 기록의 데이터베이스는 Ponzitracker [https://www.ponzitracker.com/about]과 Ponzi Scheme Database[https://dachshund-cheetah-cxaa.squarespace.com/ponzi-database/]를 참조하라. 셀시어스의 정보 출처: J. Oliver, K. Shubber, "Celsius Chief Feels the Heat After Blocking Withdrawals," *Financial Times*, June 18-19, 2022[https://www.ft.com/content/18b6fb80-44dd-40ed-b5ea-3f3bf2814c7d]; H. Lang, "Crypto Lender Celsius Network Reveals $1.19 Bln Hole in Bankruptcy Filing," *Reuters*, July 14, 2022[https://www.reuters.com/business/finance/crypto-lender-celsius-network-reveals-119-billion-hole-bankruptcy-filing-2022-07-14/]. 복잡한 암호화폐 금융 세계에서 셀시어스는 사기와 유사한 방식으로 활동하다 2022년 6월에 청산된 싱가포르 기반의 기업(Three Arrows Capital)과 연루되어 문제가 된 많은 업체 중 하나였다. J. Wieczner, "The Crypto Geniuses Who Vaporized a Trillion Dollars," *New York*, August

15, 2022[https://nymag.com/intelligencer/article/three-arrows-capital-kyle-davies-su-zhu-crash.html]를 참조하라.

7 메이도프 체포 전날인 2008년 12월 10일, 그가 사기극에 사용한 은행 계좌의 최종 잔액은 2억 2,200만 달러였다. J. Campbell, *Madoff Talks*(New York: McGraw-Hill, 2021): 16.

8 메이도프의 '헤지펀드 수익률'은 페어필드센트리Fairfield Sentry 헤지펀드에서 발표한 1991~2007년 수익률을 기반으로 한다. 이 펀드는 그 기간 동안 클라이언트의 돈을 모두 메이도프에게 투자했다(그동안 상당한 관리 비용과 실적 수수료를 챙겼다). C. Bernard, P. P. Boyle, "Mr. Madoff's Amazing Returns: An Analysis of the Split-Strike Conversion Strategy," *Journal of Derivatives* 17(2009): 62-76[https://doi.org/10.3905/jod.2009.17.1.062]를 참조하라.

9 이런 식의 편향은 클 수 있다: 프데드릭은 실험을 통해 대학생의 1/3 이상이 100만 달러를 15퍼센트의 확률로 받는 것보다 500달러를 확실하게 받는 편을 선호한다는 것을 발견했다. 100만 달러를 15퍼센트 확률로 받는 것은 기대 가치가 300배 높지만(0.15×1,000,000=150,000=300×500) 일어나지 않을 확률이 85퍼센트이고 확실한 옵션에 비해 500달러의 손실을 의미한다. S. Frederick, "Cognitive Reflection and Decision Making," *Journal of Economic Perspectives* 19(2005):25-42[https://doi.org/10.1257/089533005775196732] 34쪽의 그림 3a를 참조하라.

10 메이도프의 사기를 발견하고 자서전《아무도 들으려 하지 않는다No One Would Listen》을 집필한 해리 마르코폴로스는 처음에는 자신의 책이 루마니아어와 러시아어로 번역되는 것에 흥분했다. 하지만 이후 자신의 책이 사기를 탐지하고 피하기 위한 안내서가 아닌 메이도프 수법의 청사진으로 이용된다는 것을 깨달았다. Campbell, *Madoff Talks*의 마지막 장을 참조하라.

11 2018년 2월 8일까지 5년 동안 S&P 500 주식의 일일 고점과 저점의 평균차는 1.91퍼센트였다(중간값 1.61퍼센트). 이 계산은 C. Nugent, "S&P 500 Stock Data, 2013-18," *Investor's Exchange API, Kaggle*, February 2018[https://www.kaggle.com/datasets/camnugent/sandp500]를 기반으로 한다.

12 이 그래프는 일반인들에게 네 가지 펀드 중 친구에게 추천할 펀드가 무엇인

지 물은 2015년의 실험에서 비롯된 것이다. 65퍼센트는 이름을 숨긴 메이도프 펀드를 선택했다. 그래프에는 불가능할 정도로 일관적인 실적을 보이는 이 펀드의 전략이 비밀이고 감사는 소규모의 알려지지 않은 업체에 의해 이루어진다는 글이 함께 있었는데도 말이다(둘 다 사기의 가능성이 있다는 경고 신호이며 메이도프 펀드와 클라이언트의 돈을 메이도프에게 건네 투자하게 한 많은 펀드들에게 이 둘 모두가 해당되었다). 우선 의심스러워 보이는 펀드가 있는지 생각해보라는 지시를 받은 별개의 참가자 그룹의 경우, 메이도프의 펀드를 피할 가능성이 더 높아지긴 했지만 여전히 51퍼센트는 그 펀드를 선택했다. T. Zhang, P. O. Fletcher, F. Gino, M. Bazerman, "Reducing Bounded Ethicality: How to Help Individuals Notice and Avoid Unethical Behavior," *Organizational Dynamics* 44(2015): 310-317[https://doi.org/101016/j.orgdyn.2015.09.009].

13 아, 케인스는 이런 이야기는 전혀 하지 않았다: "When the Facts Change, I Change My Mind. What Do You Do, Sir?," *Quote Investigator*, July 22, 2011[https:/quoteinvestigator.com/2011/07/22/keynes-change-mind/] (https://archive.ph/wip/5E7jd 수록).

14 체리파킹: Chess.com, October 10, 2022[https://www.chess.com/article/view/online-chess-cheating]. 가장 유명한 온라인 부정행위 사례는 크리스가 경험한 라지르의 경우와 놀라울 정도로 비슷했다: P. Doggers, "Cheating Controversy Results in Most-Watched Chess Stream in History," Chess.com, March 23, 2021[https://www.chess.com/news/view/most-watched-chess-stream-in-history-dewa-kipas]. 프로 체스 선수와 그랜드마스터의 부정행위가 적발된 경우도 있다. 2021년의 온라인 '잉글리시챔피언십'에서 공동 선두에 있던 선수가 토너먼트가 끝나기 전 쫓겨났다. 아메리칸이글팀과 그 팀의 최고 선수 티그런 L. 페트로시안은 2020년 온라인 프로체스리그 챔피언 결정전에서 승리한 후 실격 처리되었다. L. Barden, "Chess: Keith Arkell Captures Online British Title After Rival Is Disqualified," *Guardian*, August 13, 2021[https://www.theguardian.com/sport/2021/aug/13/chess-keith-arkell-captures-online-british-title-after-rival-is-disqualified]; PROChessLeague,

"Saint Louis Arch Bishops 2020 PRO Chess League Champions; Armenia Eagles Disqualified," Chess.com, October 1, 2020[https://www.chess.com/news/view/saint-louis-arch-bishops-2020-pro-chess-champions].

15 예를 들어, 사건에 대한 동일한 정보를 갖고 있음에도 불구하고 피고에 대한 판사들의 선고는 달라진다. 그런 일이 일어나면 적어도 한 명의 피고는 부당한 선고를 받게 된다. 사법 시스템에서 이런 유형의 노이즈는 측정과 완화가 필요하다. D. Kahneman, O. Sibony, C. Sunstein, *Noise: A Flaw in Human Judgment*(New York: Little, Brown Spark, 2020).

16 "Performance Record of Clubs in the Premier League," Wikipedia[https://en.wikipedia.org/wiki/Performance_record_of_clubs_in_the_Premiee_League]; "Leicester City F.C.," Wikipedia[https://en.wikipedia.org/wiki/Leicester_City_F.C.#Premier_League_champions_(2015%E2%80%9316)].

17 JP모건체이스의 보고서. Management Task Force Regarding 2012 CIO Losses, January 16, 2013, 128-129[https://ypfs.som.yale.edu/node /2821]; A. Ahmed, "The Hunch, the Pounce and the Kill," *New York Times*, May 27, 2012[https://www.nytimes.com/2012/05/27/business/how-boaz-weinstein-and-hedge-funds-outsmarted-jpmorgan.html]; E. Owles, "Timeline: The London Whale's Wake," *New York Times*, March 27, 2013[https://archive.nytimes.com/www.nytimes.com/interactive/2013/03/27/business/dealbook/20130327-jpmorgan-timeline.html].

18 M. De Vita, "Analysis: Madoff's Returns vs. the Market," *The Club No One Wanted to Join: Madoff Victims in Their Own Words*, ed. E. Arvedlund, A. Roth(Alexandra Roth Book Project, 2010), 212-219. 우리는 1991년부터 2007년까지 드비타De Vita의 16개 펀드와 (페어필드센추리에 보고된) 메이도프 펀드의 연간 변동성(수익률의 표준 편차)을 계산하기 위해 동일한 과거 성과 데이터를 입수했다. 샤프지수Sharpe ratio, 즉 변동성 대비 수익률로서, 무위험 자산(일반적으로 미국 재무부 채권)과 비교한 수익률은 메이도프의 경우 3.02였고 비폰지 펀드의 경우 보통 0.5 미만이었다.

19 애거시의 〈언스크립티드〉 인터뷰, "Andre Agassi Interview | Beat Boris

Becker by Observing His Tongue," YouTube[https://www.youtube.com/watch?v=ja6HeLB3kwY](https://archive.ph/2yofY 수록)의 인용을 우리가 옮겨 적었다. 이 이야기는 A. Pattle, "Andre Agassi Reveals He Looked at Boris Becker's Tongue for Serve Clues in Rivals' Clashes," *Independent*, April 30, 2021[https://www.independent.co.uk/sport/tennis/andre-agassi-boris-becker-tongue-serve-b1840198.html]에 등장한다.

20 일부 프로 포커 선수는 선글라스와 모자를 쓰고 심지어는 후드의 지퍼를 다 올려 얼굴을 완전히 가림으로써 얼굴 표정이나 호흡 패턴이 드러나지 않게 한다. 크리스 퍼거슨은 선수들에게 모든 결정에 동일한 시간을 사용하도록 훈련하라고, 그렇지 않다면 적어도 가장 사소한 결정에조차 최소한의 시간을 정해 상대가 '타이밍에 의한 텔'을 눈치 채지 않도록 하라고 충고한다. 조너선 리틀은 이를 "불필요한 동작은 절대 하지 말라"라고 간단히 설명한다: Jonathan Little, *Secrets of Professional Tournament Poker: The Essential Guide*(D&B Poker, 2021). 혀를 통한 텔을 애거시가 알아차렸다는 것을 베커가 알았다면 베커는 그 정보를 사용해 애거시를 속일 수 있었을 것이다. 중앙으로 가는 서브를 예상하도록 혀를 위치시킨 뒤 실제로는 사이드라인으로 서브를 하는 식으로 말이다.

21 브리지 윤리 규칙하에서 파트너는 그런 불법적인 추론을 이용하는 것이 허용되지 않는다: "Ethics and Discipline," American Contract Bridge League [https://acbl.org/ethics/]. 그렇게 했을 경우, 상대는 그 팀을 부정행위로 고발할 수 있다. 팀이 그런 소통으로 혜택을 보았는지 결정하는 것이 본질적으로 어렵기 때문에 브리지 토너먼트는 다른 형태의 커뮤니케이션을 막는 조치를 취했다. 선수들이 테이블에 놓는 입찰 카드를 사용하는 것은 입찰을 크게 말로 할 때 쉽게 할 수 있는 부정행위를 피하기 위한 방법이었다. 선수들은 'a spade'라고도 말할 수 있고 'one spade'라고도 말할 수 있기 때문에 그 차이를 사용해서 파트너에게 자신들의 카드에 대한 불법적인 정보를 제공할 수 있다. 어조를 달리함으로써도 같은 일을 할 수 있다.

22 브리지 게임 부정행위 논의의 출처: 대니얼 시반 감독의 〈더티 트릭스Dirty Tricks〉(2021); R. Tenorio, "How a Cheating Scandal Brought Down the

Michael Jordan of Bridge," *Guardian*, May 5, 2021[https://www.theguardian.com/sport/2021/may/05/lotan-fish er-bridge-cheating-scandal-2015-documentary]; D. Owen, "Dirty Hands," *New Yorker*, February 28, 2016 [https://www.newyorker.com/magazine/2016/03/07/the-cheating-problem-in-professional-bridge]; J. Colapinto, "Is the Competitive Bridge World Rife with Cheaters?," *Vanity Fair*, February 29, 2016[https://www.vanityfair.com/culture/2016/02/competitive-bridge-cheating-scandal]; "Fantoni and Nunes Cheating Scandal," Wikipedia[https://en.wikipedia.org/wiki/Fantoni_and_Nunes_che ating_scandal]; "Cheating in Bridge," Wikipedia[https://en.wikipedia.org/wiki/Cheati ng_in_bridge]; "Fisher and Schwartz Cheating Scandal," Wikipedia[https://en.wikipe dia.org/wiki/Fisher_and_Schwartz_cheating_scandal]. 부정행위를 하는 팀이 더 교활하게 경기하고자 한다면, 두 사람이 의미가 없다는 것을 알 때 종종 텔을 이용하면서 불법적인 신호인 텔을 효과적으로 가릴 수 있을 것이다.

23 쉰과 사카이에 대한 이 단락의 글 중 일부는 우리가 기획해 호주 호바트 소재 올드앤뉴아트 뮤지엄에서 열린 전시회 카탈로그를 위해 쓴 것이다: D. J. Simons, C. F. Chabris, "Fooling Ourselves Most of the Time," in *Gorillas in Our Midst*(Hobart, Australia: Museum of Old and New Art, 2019), 17-44. 동일한 카탈로그에는 큐레이터 제인 클락이 예술계에서 가짜와 위조의 역사에 대해 쓴 에세이도 포함되어 있다.

24 A. Amore, *The Art of the Con*(New York: Palgrave Macmillan, 2015). 사람들이 완벽한 사본과 비교했을 때에도 진본에 그토록 가치를 두는 이유에 대한 논의는 P. Bloom, *How Pleasure Works: The New Science of Why We Like What We Like*(New York: W. W. Norton, 2010)를 참조하라.

25 사카이는 이 사기 사건에 대한 유죄를 인정하고 41개월형을 선고받았다[http://www.justice.gov/usao/nys/pressreleases/July05/sakhaisentence.pdf].

26 L. Cassuto, "Big Trouble in the World of 'Big Physics,'" *Guardian*, September 18, 2002[https://www.theguardian.com/education/2002/sep/18/science.highereducation].

27 쇤은 해고로 이어진 루슨트테크놀로지스의 조사 보고서에 대한 반응으로, 실수는 인정했지만 사기는 아니라고 주장했다: "비록 실수는 저질렀지만 저는 누군가를 오도하거나 다른 사람의 신뢰를 악용하고자 한 적이 없습니다. 이런 실수에 비추어 신뢰성이 부족하다는 것은 알고 있지만, 그럼에도 불구하고 저는 보고된 과학적 효과가 실제이고, 흥분되고, 연구의 가치가 있었다고 진심으로 믿고 있습니다." Lucent Technologies, "Report of the Investigation Committee on the Possibility of Scientific Misconduct in the Work of Hendrik Schön and Coauthors," September 2022[https://media-bell-labs-com.s3.amazonaws.com/pages/20170403_1709/misconduct-revew-report-lucent.pdf].

28 렌싱크와 동료들의 깜박임 과제에 대한 최초의 연구: R. A. Rensink, J. K. O'Regan, J. J. Clark, "To See or Not to See: The Need for Attention to Perceive Changes in Scenes," *Psychological Science* 8(1997): 368–373[https://doi.org/10.1111/j.1467-9280.1997.tb00427.x]. 우리는 우리의 책《보이지 않는 고릴라》2장에서도 변화맹에 대해 논의하고 있다. 렌싱크의 유사성 감지 연구는 R. A. Rensink, "Change Blindness: Implications for the Nature of Visual Attention," *Vision and Attention*, ed. M. Jenkin, L. Harris(New York: Springer, 2001), 169–188에 설명되어 있다.

29 새로운 것인 척을 하기 위해 데이터를 복제하는 행위는 해명이 불가능한 일이며, 이미지 편집으로 데이터를 바꾼 것은 속이려는 고의가 있는 선택이다. 그것은 과학적 부정행위다. 일부 이미지 복제는 이미지 조작과 달리 단순히 부주의함을 반영하는 것일 수 있다. 댄은 실수로 동일한 데이터 수치를 두 곳에 복제한 논문의 공저자였다. 그는 두 개의 다른 이미지 파일을 업로드하는 대신 동일한 이미지 파일을 업로드했고 그 실수가 그대로 최종 출판되었다. 그것은 분명한 실수였다. 두 수치는 다른 조건에서 이루어진 다른 실험의 것이어야 하기 때문에 수치는 분명히 달라야 했다. 하지만 댄과 공동 저자 모두 그 점을 놓쳤고, 논문의 편집자도 마찬가지였다. 누구나 실수를 저지른다. 그리고 과학 문헌에는 그런 실수를 교정할 수 있는 메커니즘이 있다. 빅의 논문 공장 발견은 D. Chawla, "A Single 'Paper Mill' Appears to Have Churned

Out 400 Papers," *Science*, February 27, 2020[https://doi.org/10.1126/science.abb4930]; E. M. Bik, F. C. Fang, A. L. Kullas, R. J. Davis, A. Casadevall, "Analysis and Correction of Inappropriate Image Duplication: The *Molecular and Cellular Biology* Experience," Molecular and Cellular Biology 38(2018): e00309-18[https://doi.org/10.1128/MCB.00309-18]에 설명되어 있다.

30 770이 반복적으로 등장하고 서로 다른 참가자를 대상으로 실험했다고 알려진 두 논문에서 18가지 결과 측정 항목 중 17개에서 동일한 결과를 보고된 것은 닉 브라운의 블로그 게시물에 기록되어 있다[http://steamtraen.blogspot.com/2017/03/strange-patterns-in-some-results-from.html]. 다른 연구에 동일한 결과를 보고하는 방법의 좀 더 미묘한 변형으로, 단일 연구의 다른 결과를 여러 논문에서 보고하는 '살라미 슬라이싱salami slicing'이 있다. 비디오 게임이 인지 능력을 향상시킨다고 주장하는 연구들에서 이런 기만행위가 있었을 수 있다는 조사는 J. Hilgard, G. Sala, W. R. Boot, D. J. Simons, "Overestimation of Action-Game Training Effects: Publication Bias and Salami Slicing," *Collabra: Psychology* 5(2019): 30[https://doi.org/10.1525/collabra.231]를 참조하라.

31 코넬대학교는 조사 결과 전체를 발표하지는 않았지만 학장이 성명을 냈다: "Statement of Cornell University Provost Michael I. Kotlikoff," Cornell University[https://statements.cornell.edu/2018/20180920-statement-provost-michael-kotlikoff.cfm]. 마이클 코틀리코프가 닉 브라운과 완싱크 연구를 조사한 다른 사람들에게 보내는 서한[https://www.documentcloud.org/documents/5028990-BrownandFellowSignatories-11-05-18.h tml]에는 조사를 통해 '데이터 위조'와 '이중 발표'를 비롯한 '여러 건의 연구 부정행위'가 발견되었다는 내용이 담겨 있다.

32 J. Förster, M. Denzler, "Sense Creative! The Impact of Global and Local Vision, Hearing, Touching, Tasting and Smelling on Creative and Analytic Thought," *Social Psychology and Personality Science* 3(2012): 108 – 117[https://doi.org/10.1177/1948550611410890].

33 "Suspicion of Scientific Misconduct by Dr. Jens Förster," *Retraction Watch*,

September 3, 2012[http://retractionwatch.files.wordpress.com/2014/04/report_foerst er.pdf]를 참조하라. 리트랙션 워치는 LOWI 보고서와 번역도 제공한다: "Förster Report Cites 'Unavoidable' Conclusion of Data Manipulation," *Retraction Watch*, May 7, 2014[https://retractionwatch.com/2014/05/07/forster-report-cites-unavoida ble-conclusion-of-data-manipulation]; 인용문은 해당 번역에서 가져온 것이다. 레이프 넬슨과 우리 시몬손은 그들의 블로그(Data Colada)의 "가짜 데이터 콜라다Fake-Data Colada"[http://datacolada.org/21]라는 제목의 게시물에 설명된 일련의 시뮬레이션 및 분석을 통해 10만 건의 시뮬레이션에서 어느 것도 푀스터의 보고만큼 일관되며 선형적인 결과를 내지 않았다는 것을 보여주었다. 그의 다른 연구에서도 의심스러울 정도로 일관된 동일한 패턴이 나타났다.

34 에버넬의 발견과 후속 조사는 K. Kupferschmidt, "Researcher at the Center of an Epic Fraud Remains an Enigma to Those Who Exposed Him," *Science*, August 17, 2018[https://www.science.org/content/article/researcher-center-epic-fraud-remainsenigma-those-who-exposed-him]에 설명되어 있다.

35 무작위적인 것이 균등해야 한다는 믿음(특히 단기적으로)은 그 유명한 '도박꾼의 오류'이며, 작은 표본이 그 표본이 속한 집단과 일치해야 한다는 믿음은 A. Tversky and D. Kahneman, "Belief in the Law of Small Numbers," *Psychological Bulletin* 76(1971): 105 – 110[https://doi.org/10.1037/h0031322]에서 설명하는 '작은 수의 법칙'이다. 무작위 실험을 모든 기준선 차이가 0이 아닌 이상 무효라고 생각하는 것도 오류이지만, 사기꾼들이 그렇게 보이는 결과를 조작하는 이유는 일부 연구자들이 그렇게 믿고 있기 때문일 것이다.

36 M. J. Bolland, A. Avenell, G. D. Gamble, A. Grey, "Systematic Review and Statistical Analysis of the Integrity of 33 Randomized Controlled Trials," *Neurology* 87(2016): 2391 – 2402[https://doi.org/10.1212/WNL.0000000000003387]. 미국신경학회의 보도 자료 "Study Suggests Probable Scientific Misconduct in Bone Health Studies," November 9, 2016[https://www.aan.com/PressRoom/Home/PressRelease/1501](https://archive.ph/wip/

Uev5F 수록)에 따르면, "사토는 뇌졸중 후와 파킨슨병 환자의 고관절 골절을 줄이는 치료법의 효과에 대해 보고한 허위 신경학 논문들의 조작을 인정하며 모든 책임을 받아들였다. 사토는 공저자 중 누구도 부정행위에 가담하지 않았으며 단지 명예를 위해 이름을 올렸을 뿐이라고 밝혔다. 사토는 세 가지 연구의 철회를 요청했다." 사기 연구에서 종종 발생하듯이, 데이터 세트에 의심스러운 패턴이 하나 있으면 다른 패턴도 존재하기 마련이다. 예를 들어, 사토의 데이터에서는 각 조건의 참가자 수가 지나치게 일정했다. 진정한 무작위 배정에서는 치료군과 통제군에 포함되는 사람 수에 얼마간의 차이가 있는 것을 예상해야 한다. 앞서 살펴본 것처럼 동전을 100번 던졌을 때 정확히 앞면 50개와 뒷면 50개가 나오는 경우는 거의 없다(8퍼센트에 불과). 반면 앞면이나 뒷면이 60개 이상 나올 확률은 5.5퍼센트가 넘는다. 사토의 '무작위 배정'은 근본적으로 매번 앞면 50개와 뒷면 50개에 해당하는 결과를 만들었다. 볼랜드팀이 평가한 30개의 사토 연구 중 각 그룹에 동일한 수의 참가자가 있는 연구가 27개나 됐다. 이는 도저히 믿을 수 없는 결과다. 사토 연구에서는 기준 실험의 표본 크기와 결과가 지나치게 일관적일 뿐만 아니라, 다른 사람들을 대상으로 실험했다고 주장하는 여러 논문에 중복되는 일부 글과 통계가 존재했다.

37 칼라일의 방법: J. B. Carlisle, "Data Fabrication and Other Reasons for Non-random Sampling in 5087 Randomised, Controlled Trials in Anaesthetic and General Medical Journals," Anaesthesia 72(2017): 944-952[https://doi.org/10.1111/anae.1398]. 2022년 9월 5일 현재, 철회된 후지이의 논문은 총 183건이다. 철회 리더보드[https://retractionwatch.com/the-retraction-watch-leaderboard/]의 다음 두 사람, 요하임 볼트(164건)와 히로노부 유에시마(123건) 역시 마취과 의사다. 사토는 110건으로 4위에 올라 있다. 철회 건수가 가장 많은 상위 네 명이 모두 마취과 출신이라는 사실은 이 분야에 특별히 사기가 많다는 것을 의미하지 않는다. 그런 결론을 내렸다면 당신은 스스로를 속이고 있는 것이다. 두드러지는 것만 보았지 드러나지 않은 것은 보지 않았기 때문이다. 다른 분야에도 놀라운 수준의 사기가 존재하지만 마취학 연구 분야는 칼라일의 영향으로 그것이 더 많이 노출되어 있는 것일 수도 있다.

38 맥도날드는 매장별, 심지어는 국가별로도 대단히 일관적이어서 〈이코노미스트〉가 각 나라의 평균 봉급으로 빅맥을 얼마나 살 수 있는지를 측정해 여러 국가의 생활수준을 비교하는 지표를 만들었을 정도다[https://www.economist.com/big-mac-index].

6. 어디서 보고 들은 것 같은 '친숙함'

1 아틸레스는 미심쩍은 행동을 한 전력이 있다. 커트 앤더슨의 보고에 따르면 "2017년 그는 탤러해시의 한 술집에서 두 명의 흑인 의원들과 대화를 나누던 중 인종 비하 발언을 한 후 주 상원의원직을 사임했다. 그 후 아틸레스가 자신의 정치위원회에서 받은 돈으로 플레이보이 모델이자 후터스 여직원이었던 이를 컨설턴트로 고용한 사실이 드러났다." C. Anderson, "Ex-Florida Senator Charged in Fake Candidate Scheme," *AP News*, March 18, 2021[https://apnews.com/article/miami-senate-elections-florida-elections-e8b70ce3270bd170e37a71ca80b5aaae]. 이 선거 이야기의 출처는 D. Kam, "Florida Democrats Call for New State Senate Elections Amid Ongoing Campaign Fraud Case," *Orlando Weekly*, March 22, 2021[https://web.archive.org/web/20210418060352/https://www.orlandoweekly.com/Blogs/archives/2021/03/22/florida-democrats-call-for-new-state-senate-elections-amid-ongoing-campaign-fraud-case]; K. Shepherd, "Ex-Florida State Senator Paid Bogus Candidate to 'Siphon Votes,' Police Say, in Race GOP Narrowly Won," *Washington Post*, March 19, 2021[https://www.washing tonpost.com/nation/2021/03/19/florida-fraud-artiles-rodriguez-election/]다.

2 A. Fins, "Palm Beach County Ghost Candidate Exposes 'Lies' Behind Florida Election Reform, Voter Groups Say," *Palm Beach Post*, August 31, 2021[https://www.palmbeachpost.com/story/news/politics/2021/08/31/palm-beach-county-ghost-candidate-pleads-guilty-election-case/5593843001/]; G. Fox, "Deception and Dark Money: Court Documents Show Scheme of Ghost Candidates in Florida Senate Races," *WESH*, August 5, 2021[https://www.wesh.com/article/scheme-ghost-candidates-floridasenate-races/37236133].

3 J. Garcia, A. Martin, "Big Business-Linked Group Gave Over $1 Million to Dark-Money Entity Promoting 'Ghost' Candidates," *Orlando Sentinel*, November 18, 2021[https://www.orlandosentinel.com/news/os-ne-lets-preserve-the-american-dream-senate-ghost-candidates-20211118-fhplycqaijcixkrr3nipee5qne-story.html].

4 이름 친숙성 효과에 대해서는 N. Cooper, F. Maier, H. Fineman, "LaRouched in Illinois: How to Shred a Ticket," *Newsweek*, March 31, 1986, 22를 참조하라; T. Rische, "What's in a Name? Favoritism, Prejudice," *Los Angeles Times*, April 2, 1986[https://www.latimes.com/archives/la-xpm-1986-04-02-me-2428-story.html]도 참조하라.

5 C. S. O'Sullivan, A. Chen, S. Mohapatra, L. Sigelman, E. Lewis, "Voting in Ignorance: The Politics of Smooth-Sounding Names," *Journal of Applied Social Psychology* 18(1988): 1094–1106[https://doi.org/10.1111/j.1559-1816.1988.tb01195.x]. 마샤 매트슨과 테리 수전 파인은 1996년 플로리다 마이애미 데이드카운티의, 정보가 별로 없는 다운밸럿 선거에서 이름이 투표에 어떤 영향을 주었는지 조사했다. 비교적 잘 알려지지 않은 57명의 후보가 지역 자문 및 지역구 위원회의 초당파적 자리 15개에 출마했다. 잘 알려지지 않은 후보들 중에서는 보통 더 많은 돈을 지출한 후보들이 더 좋은 성적을 얻었다. (성별에 따라 차이는 있었지만) 전반적으로 히스패닉계 이름을 가진 후보의 성적이 히스패닉계 이름이 아닌 후보보다 떨어졌다. M. Matson, T. S. Fine, "Gender, Ethnicity, and Ballot Information: Ballot Cues in Low-Information Elections," *State Politics and Policy Quarterly* 6(2006): 49–72[https://doi.org/10.1177/153244000600600103]를 참조하라. 마찬가지로 정보가 많지 않은 스위스의 선거에서 유권자들은 스위스식이 아닌 이름에 반대 투표를 할 가능성이 높았다: L. Portmann, N. Stojanović, "Electoral Discrimination Against Immigrant-Origin Candidates," *Political Behavior* 41(2019): 105–134[https://doi.org/10.1007/s11109-017-9440-6].

6 L. L. Jacoby, C. Kelley, J. Brown, J. Jasechko, "Becoming Famous Overnight:

Limits on the Ability to Avoid Unconscious Influences of the Past," *Journal of Personality and Social Psychology* 56(1989): 326–338[https://doi.org/10.1037/0022-3514.56.3.326].

7 C. D. Kam, E. J. Zechmeister, "Name Recognition and Candidate Support," *American Journal of Political Science* 57(2013): 971–986[doi:10.1111/ajps.12034]. 선거, 특히 다운밸럿이나 초당파 선거에서 후보 목록의 맨 처음에 등장하는 것은 상당한 이점이 될 수 있다. 오하이오주에서 치러진 일련의 선거 데이터를 기반으로 하면, 목록의 마지막보다 맨 위에 위치하는 것이 평균 2.33퍼센트 유리하다. 많은 선거에서 다른 요인이 더 큰 기여를 할 가능성이 높기 때문에 투표용지에서의 이름 위치가 실제로 선거 결과에 얼마나 자주 영향을 미치는지는 명확하지 않다. 투표용지에서의 이름 위치에 따른 전반적인 영향을 제거하기 위해 이름 위치를 다양하게 변경하는 경우도 있다. 그 효과에 대한 데이터와 논의는 J. M. Miller, J. A. Krosnick, "The Impact of Candidate Name Order on Election Outcomes," *Public Opinion Quarterly* 62(1998): 291–330[https://doi.org/10.1086/297848]를 참조하라.

8 이런 종류의 친숙함에 큰 효과를 기대해서는 안 된다는 점에 유의하라. 벽보의 힘은 그리 강하지 않고, 투표에서의 선택에는 다른 많은 요인이 영향을 미친다. 편재하는 광고 형태의 비교적 작은 영향력은 이름 친숙도 효과와 같은 더 미묘한 프라이밍 효과의 실제 효과를 과장하지 않도록 유의해야 하는 이유를 보여준다. D. P. Green et al., "The Effects of Lawn Signs on Vote Outcomes: Results from Four Randomized Field Experiments," *Electoral Studies* 41(2016): 143–150을 참조하라.

9 A. R. Pratkanis, A. G. Greenwald, M. R. Leippe, M. H. Baumgardner, "In Search of Reliable Persuasion Effects: III. The Sleeper Effect Is Dead: Long Live the Sleeper Effect," *Journal of Personality and Social Psychology* 54(1988): 203–218[https://doi.org/10.1037/0022-3514.54.2.203]; G. T. Kumkale, D. Albarracín, "The Sleeper Effect in Persuasion: A Meta-Analytic Review," *Psychological Bulletin* 130(2004): 143–172[https://doi.org/10.1037/0033-2909.130.1.143].

10 M. Wilson, "Ray's Pizza, 'The' Ray's Pizza, Will Close on Sunday," *New York Times*, October 24, 2011[https://cityroom.blogs.nytimes.com/2011/10/24/rays-pizza-the-rays-pizza-will-close-on-sunday/]; J. Tierney, "In a Pizza War, It's 3 Rays Against the World," *New York Times*, March 25, 1991[https://www.nytimes.com/1991/03/25/nyregion/in-a-pizza-war-it-s-3-rays-against-the-rest.html]. 레이피자의 미니 체인은 현재 아주 맛있는 갈릭 나트를 판매한다.

11 J. Torchinsky, "It's Infiniti's 30th Anniversary So Let's Remember When It Had a Vision," *Jalopnik*, November 8, 2019[https://jalopnik.com/its-infinitis-30th-anniversary-so-lets-remember-when-it-1839724145]; A. Rodriguez, "Why Did a Lumber Company Make the Most Emotionally Gripping Ad to Air During Super Bowl 51?," *Quartz*, February 6, 2017[https://qz.com/903902/84-lumbers-super-bowl-51-comme rcial-the-story-behind-the-most-emotionally-gripping-ad-of-the-night]. 우리가 추정한 84럼버의 광고 비용은 길이(90초)와 수년간 슈퍼볼 기간 동안의 광고 비용에 대한 일반적인 보도를 기초로 한 것이다: M. Williams, "Super Bowl Commercial Cost in 2022: How Much Money Is an Ad for Super Bowl 56?," *Sporting News*, February 13, 2022[https://www.sportingnews.com/us/nfl/news/super-bowl-commercials-cost-2022/v9ytfqzx74pjrcdvxyhevlzd]. 프로축구에는 광고를 위한 중간 휴식이 없다. 따라서 후원사들은 선수의 운동복 앞에 자신들의 이름과 로고를 넣어 인지도를 높인다.

12 D. Davies, *Lying for Money: How Legendary Frauds Reveal the Workings of the World*(New York: Scribner, 2021), 30. 존 로우와 1MDB 사건은 〈월스트리트 저널〉에서 이 사건을 보도한 톰 라이트와 브래들리 호프의 책에 상세히 설명되어 있다: *Billion Dollar Whale: The Man Who Fooled Wall Street, Hollywood, and the World*(New York: Hachette Books, 2018). 금융 사기에 대해서 공부하는 사람이라면 라이트와 호프의 이야기를 읽고 사상 최대의 전면적인 절도 사건에 대해 상세히 알아보는 것이 좋을 것이다. 존 로우는 기소되었다 [https://www.justice.gov/opa/pr/malaysian-financier-low-taek-jho-also-

known-jho-low-and-former-banker-ng-chong-hwa-also-known]. 골드만삭스의 투자 은행가였던 로저 응은 뇌물과 자금 세탁 계획에 참여한 죄로 유죄 선고를 받았다[https://www.justice.gov/opa/pr/former-goldman-sachs-investment-banker-convicted-massive-bribery-and-money-laundering-scheme]. 골드만삭스와 마찬가지로 골드만삭스의 팀 라이스너도 이 사건에서 유죄를 인정했으며 말레이시아 총리는 말레이시아에서 유죄 판결을 받았다 M. Goldstein, "The Key to a $4 Billion Fraud Case: A Banker Who Says He 'Lied a Lot,'" *New York Times*, March 13, 2022[https://www.nytimes.com/2022/03/13/business/tim-leissner-roger-ng-goldman-sachs.html].

13 N. Lafond, "Ex-Sinclair News Director: Promos 'Equivalent to a Proof-of-Life Hostage Video,'" *TPM*, April 4, 2018[https://web.archive.org/web/20220823073109/https://talkingpointsmemo.com/livewire/former-sinclair-news-director-promos-proof-life-hostage-videos].

14 A. Weiss, "Confessions of a Former Sinclair News Director," *Huffington Post*, April 3 2018[https://www.huffpost.com/entry/opinion-weiss-sinclair-television-propaganda_n_5ac2c6d4e4b09712fec38b95]; E. Stewart, "Watch: Dozens of Local TV Anchors Read the Same Anti-'False News' Script in Unison," *Vox*, April 2, 2018[https://www.vox.com/policy-and-politics/2018/4/2/17189302/sinclair-broadcast-fake-news-biased-trump-viral-video].

15 M. Hall, "USA Today Wrapped Its Newspaper with a Fake Cover About 'Hybrid Babies' with Antlers to Advertise a New Netflix Show," *Insider*, June 5, 2021[https://archive.today/2021.06.05-022641/https://www.insider.com/usa-today-fake-cover-hybrid-babies-netflix-show-2021-6]. 사설을 사들인 보빌Mobil 광고는 뉴욕 타임스가 자체 보도했다: W. D. Smith, "Advertising," August 22, 1975[https://www.nytimes.com/1975/08/22/archives/advertising-mobil-finds-speaking-out-pays-ftc-fuelclaim-bar.html]. 이 조사 연구는 1985년부터 2000년까지 보빌의 뉴욕 타임스 광고 콘텐츠를 분석한다: C. Brown and W. Waltzer, "Every Thursday: Advertorials by Mobil Oil on the Op-Ed Page of The New York Times," *Public Relations Review* 31(2005): 197 – 208[doi.org/10.1016/j.pubrev.2005.02.019].

16 D. Henriques, *The Wizard of Lies: Bernie Madoff and the Death of Trust*(New York: St. Martin's Griffin, 2017).

17 E. L. Henderson, D. J. Simons, D. J. Barr, "The Trajectory of Truth: A Longitudinal Study of the Illusory Truth Effect," *Journal of Cognition* 4(2021): 1 – 23[https://doi.org/10.5334/joc.161].

18 선거일이 가까워질수록 그런 반복이 유권자들에게 효과를 낸다는 사실이 주인공의 의욕을 꺾고, 그는 한 행사장에서 다른 행사장으로 이동하면서 자신의 슬로건을 맹렬히 조롱하기 시작한다: "The Candidate 1972 Robert Redford," YouTube[https://www.youtube.com/watch?v=b0Dvqxmj5Ps]. 착각적 진실의 첫 발견: L. Hasher, D. Goldstein, T. Toppino, "Frequency and the Conference of Referential Validity," *Journal of Verbal Learning and Verbal Behavior* 16(1977): 107 – 112[https://doi.org/10.1016/S0022-5371(77)8001 2-1]. 착각적 진실에 대한 연구의 증가: 핸드슨, 웨스트우드, 댄이 2020년 수행한 체계적 문헌 조사의 일환으로 검토한 93편의 논문 중 절반 이상이 2010년에서 2019년 사이에 발표된 것이었다. E. L. Henderson, S. J. Westwood, D. J. Simons, "A Reproducible Systematic Map of Research on the Illusory Truth Effect," *Psychonomic Bulletin & Review* 29(2022): 1065 – 1088[https://doi.org/10.3758/s13423-021-01995-w]을 참조하라.

19 V. Bergengruen, "How 'America's Frontline Doctors' Sold Access to Bogus COVID-19 Treatments—and Left Patients in the Lurch," *Time magazine*, August 26, 2021[https://time.com/6092368/americas-frontline-doctors-covid-19-misinformation/]. 블로그 'Astral Codex Ten'에 이버멕틴 연구들에 대한 상세한 분석이 있다: "Ivermectin: Much More Than You Wanted to Know," November 16, 2021[https://astralcodexten.substack.com/p/ivermectin-much-more-than-you-wanted]. '실시간 메타 분석'이란 것은 존재하지 않지만, 전통적인 메타 분석은 문헌의 모든 관련 연구를 결합해 전체 효과의 규모에 대한 정량적 추정치를 제공하는 것이다. 이 추정치에 포

함된 모든 연구가 합법적이라면 메타 분석은 향후 연구 계획의 기초가 될 수 있다. 오해의 소지가 있는 연구나 사기성 연구가 포함되는 경우 메타 분석은 다른 연구자들로 하여금 실제보다 효과가 더 크다고 생각하도록 오도할 수 있다. 예를 들어, 사토의 사기성 연구는 계속해서 문헌에 영향을 미치고 있다: J. Brainard, "'Zombie Papers' Just Won't Die: Retracted Papers by Notorious Fraudster Still Cited Years Later," *Science*, June 27, 2022[https://www.science.org/content/article/zombie-papers-wont-die-retracted-papers-notorious-fraudster-still-cited-years-later], 넛지 효과에 대한 메타 분석은 브라이언 완싱크의 잘못된 연구가 다수 포함되어 있어 잘못된 결론에 도달했다: S. Mertens, M. Herberz, U. J. J. Hahnel, and T. Brosch, "The Effectiveness of Nudging: A Meta-Analysis of Choice Architecture Interventions Across Behavioral Domains," *Proceedings of the National Academy of Sciences* 119(2022): e2107346118[https://doi.org/10.1073/pnas.2107346118]을 참조하라; 이 논문은 처음 발표된 이후 상당한 수정 사항이 통합되었음에 유의하라.

20 테라노스 이사회의 구성에 대한 정보는 IJ. Carreyrou, *Bad Blood: Secrets and Lies in a Silicon Valley Startup*(New York: Knopf, 2018)에서 찾을 수 있다. 주가 하락을 예상하고 공매도하는 주식에 대한 인용문은 공매도 대상 기업, 즉 유명인을 이사회에 영입함으로써 사업 관행에 모호한 요소가 있어 주가가 하락할 것으로 예상되는 기업을 전문적으로 식별하는 한 투자자가 컨퍼런스에서 한 말이다. 이사회 구성에 대한 학술적 연구는 Z. Li, M. Rainville, "Do Military Independent Directors Improve Firm Performance?," *Finance Research Letters* 43(2021): 101988[https://doi.org/10.1016/j.frl.2021.101988]를 참조하라.

21 경험 많은 작가들은 추천사가 출판 사업의 일부라는 것을 알고 있으며, 보통 판매와 마케팅에 도움이 되도록 추천사를 작성한다. 이것이 추천사를 액면 그대로 받아들일 수 없는 또 다른 이유다.

22 긍정적인 평가, 지지, '좋아요'의 수는 순서에도 큰 영향을 받으며, 첫 번째 평가가 긍정적이라면 수백 개의 새로운 평가가 들어온 후라도 총 평가

가 좋을 가능성이 높다. 이는 첫 번째 반응이 긍정, 중립, 부정 등으로 완전히 무작위로 생성된 경우에도 마찬가지다. L. Muchnik, S. Aral, S. J. Taylor, "Social Influence Bias: A Randomized Experiment," *Science* 341(2013): 647–651[https://doi.org/10.1126/science.1240466].

23 K. Grind, T. McGinty, S. Krouse, "The Morningstar Mirage," *Wall Street Journal*, October 25, 2017[https://www.wsj.com/articles/the-morningstar-mirage-1508946687].

24 아킬리 인터랙티브는 ADHD 치료를 위한 비디오 게임을 FDA에 승인받았고, 즉시 웹사이트에 'FDA 승인 완료'라는 홍보를 시작했다[https://web.archive.org/web/20220906030421/https://www.akiliinteractive.com/]. FDA가 훨씬 덜 엄격한 승인 프로세스를 사용하는데도, 그 게임이 처방약이라는 생각을 노골적으로 연상시킨다. 이 제품은 "FDA에 제공된 데이터와 정보가 일반 대조군 또는 일반 및 특수 대조군이 안전성과 효과를 합리적으로 보증하기에 적절한지, 장치의 잠재적 이점이 잠재적 위험보다 큰지" 확인하는 드노보De Novo 시판 전 검토 경로를 통해 승인되었다: "FDA Permits Marketing of First Game-Based Digital Therapeutic to Improve Attention Function in Children with ADHD," *US Food and Drug Administration*, June 15, 2020[https://www.fda.gov/news-events/press-announcements/fda-permits-marketing-first-game-based-digital-therapeutic-improve-attention-function-children-adhd]. 비디오 게임에는 큰 위험이 없으며(게임 플레이에 소비하는 시간에 대한 기회비용만 있을 뿐), 효과에 대한 객관적인 증거는 게임 자체의 요소와 유사한 주의력 테스트에서 성과가 개선된 결과다. 과제를 연습하면 일반적으로 매우 유사한 과제에 대한 수행 능력은 향상되지만, 실제 주의력 향상에 도움이 되더라도 그 효과가 크지 않을 수 있다.

25 T. Abdollah, M. Biesecker, "Hackers Apparently Fooled Clinton Official with Bogus Email," *AP News*, October 29, 2016. 원래의 이메일은 위키리크스[https://web.archive.org/web/20220919052534/https://wikileaks.org/podest-emails/emailid/34899]에서 찾을 수 있다.

26 'f'가 아닌 'ph'를 사용한 것은 'phone phreaking'이라고 알려진 초기 해

킹 형태에서 'ph'가 반복적으로 사용된 것을 암시할 수도 있다: "Phishing," Wikipedia[https://en.wikipedia.org/wiki/Phishing].

27 S. Cain, "Literary Mystery May Finally Be Solved as Man Arrested for Allegedly Stealing Unpublished Books," *Guardian*, January 5, 2022[https://www.theguardian.com/books/2022/jan/06/literary-mystery-may-finally-be-solved-as-man-arrested-for-allegedly-stealing-unpublished-books].

28 비즈니스 이메일 사기: Federal Bureau of Investigation, "Business Email Compromise"[https://www.fbi.gov/how-we-can-help-you/safety-resources/scams-and-safety/com mon-scams-and-crimes/business-email-compromise]. 링크를 클릭한 의료기관 종사자: W. J. Gordon et al., "Assessment of Employee Susceptibility to Phishing Attacks at US Health Care Institutions," *JAMA Network Open* 2(2019): e190393[https://doi.org/10.1001/jamanetworko pen.2019.0393]; A. Baillon, J. de Bruin, A. Emirmahmutoglu, E. van de Veer, B. van Dijk, "Informing, Simulating Experience, or Both: A Field Experiment on Phishing Risks," *PLoS ONE* 14 (2019): e0224216[https://doi.org/10.1371/journal.pone.0224216]. 피싱을 한 번 경험했거나 피싱의 성격을 알게 된 사람들은 비밀번호를 함부로 제공할 가능성이 낮지만, 여전히 많은 사람들이 연구진의 두 번째 시도에 넘어갔다. 인터넷 보안회사 도메인툴스가 2017년 미국 소비자를 대상으로 실시한 설문조사에 따르면 "91퍼센트가 신뢰할 수 있는 브랜드를 도용한 웹사이트 또는 이메일의 존재를 알고 있다"라고 한다: "Majority of Consumers Aware of Online Phishing Scams, Yet Still May Fall Victim This Cyber Monday," November 8, 2017[https://www.prnewswire.com/news-releases/majority-of-consumers-aware-of-online-phishing-scams-yet-still-may-fall-victim-this-cyber-monday-300551430.html].

29 "Parliament of Suckers," *Spy*, February 1993, 46-47, 51.

30 A. D. Sokal, "Transgressing the Boundaries: Toward a Transformative Hermeneutics of Quantum Gravity," *Social Text* 46/47(1996): 217-252 [https://doi.org/10.2307/466856]. Google Scholar 데이터베이스(2022년 9월

12일 현재)에 따르면, 소칼의 가짜 논문은 〈소셜 텍스트〉에 발표된 논문 중 다섯 번째로 많이 인용된 논문이며 그 횟수는 거의 2천 회에 달한다. A. Sokal, "A Physicist Experiments with Cultural Studies," *Lingua Franca* 6(1996): 62–64도 참조하라.

31 우리는 호주 호바트 올드앤뉴아트 뮤지엄에서 2019년 열린 'Gorillas in Our Midst' 전시회의 전시 노트에 어니스트 말리 사건에 대해 적었다. 이 전시회에는 호주의 유명 화가 시드니 놀런이 그린 작품이 전시되었다('Malley').

32 "'Angry Penguins' Will Be Angrier," *Mail*(Adelaide, SA), June 24, 1944 [https://trove.nla.gov.au/newspaper/article/55882811]. 스튜어트와 매컬리는 말리의 작품을 만드는 것보다 그의 배경 이야기를 날조하는 데 더 많은 시간이 걸렸다는 언급도 했다. 말리의 시는 〈재킷Jacket〉에서 찾을 수 있다[http://jacketmagazine.com/17/ern-poems.html].

33 W. James, *The Principles of Psychology*(1890; repr., Cambridge, MA: Harvard University Press, 1983), 1007.

34 일하는 곳을 바꾼다: D. Epstein, "A Technique Championed by Russian Writers(and Fraggles) Can Give You a New Perspective," *Range Widely*, November 16, 2021[https://davidepstein.bulletin.com/308221507559816/].

35 트레이더조 사례에 대한 로베르토의 논의: "Should America Be Run by Trader Joe's?," Freakonomics podcast, November 28, 2018[https://freakonomics.com/podcast/should-america-be-run-by-trader-joes/]. D. L. Ager, M. A. Roberto, "Trader Joe's," *Harvard Business School Case* 714-419, September 2013(rev. April 2014)도 참조하라.

36 ISideWith[https://www.isidewith.com/political-quiz], Britannica ProCon[https://www.procon.org/], 퓨리서치의 정치 유형학 퀴즈[https://www.pewresearch.org/politics/quiz/political-typology/] 등의 독자적인 웹사이트를 이용해서도 다양한 사안에 대한 의견에 근거해 지지해야 하는 후보나 정당을 선택하는 데 대한 좀 더 객관적이고 데이터 중심적인 아이디어를 얻을 수 있다.

37 M. Lewis, *Moneyball: The Art of Winning an Unfair Game*(New York: W.

W. Norton, 2003). 스포츠 분석의 다른 사례: Stephen Shea, "Analytics and Shot Selection," ShotTracker[https://shottracker.com/articles/analytics-shot-selection]; Next Gen Stats Analytics Team, "Introducing the Next Gen Stats Decision Guide: A New Analytics Tool for Fourth Down, Two-Point Conversions," NFL.com, September 7, 2021[https://www.nfl.com/news/introducing-the-next-gen-stats-decision-guide-a-new-analytics-tool-for-fourth-do].

7. 숫자로 표기되는 '정밀성'

1 아이보리 비누 광고 예: "Ivory Soap—99 44/100 Pure—As Real as Ivory—Commercial—1988," YouTube[https://www.youtube.com/watch?v= t5FJfmOy4Ro].

2 A. Orben, A. K. Przybylski, "The Association Between Adolescent Well-Being and Digital Technology Use," *Nature Human Behaviour* 3(2019): 173-182[https://doi.org/10.1038/s41562-018-0506-1]. 이런 상관관계도 마찬가지다. 거기에서 개입 효과에 대한 인과적 결론을 도출하는 것은 적절하지 않다. 예를 들어, 사람들이 행복감이 높기 때문에 더 많이 잘 수 있는 것이 참이고 그 역은 참이 아닐 수도 있다. 또는 더 힘이 되는 가족이 있기 때문에 행복지수가 높고 그래서 더 잘 자는 것일 수도 있다. 기술 사용의 효과도 마찬가지다. 기술 사용의 부정적인 영향을 주장하는 사람들은 종종 상관관계에서 인과관계를 추론한다.

3 '99.44퍼센트가 많은가 적은가?'도 좋은 질문이지만, '정확히 무엇이 99.44퍼센트인가?' '이 맥락에서 '순도'란 무엇인가?' '순도가 중요한가?' '나는 순도 높은 비누가 더 좋은 비누라는 것을 정말로 알고 있는가?' 등의 질문도 그에 못지않게 중요하다. 정밀한 수치나 주장은 애초에 그렇게 정밀하게 측정된 대상이 우리가 정말 중요하게 고려해야 할 대상인지 생각하는 일에서 주의를 분산시키는 데 사용된다.

4 폴의 프레젠테이션 영상: "Viral Moment: Rand Paul Goes Off in epic Rant About Government Waste," YouTube[https://www.youtube.com/

watch?v=jbUOoMtxX9A&t=140s]. 이 보조금을 뒷받침하는 과학적 근거는 "Cocaine and the Sexual Habits of Quail, or, Why Does NIH Fund What It Does?," *The Scicurious Brain, Scientific American*, December 28, 2011[https://blogs.scientificamerican.com/scicurious-brain/cocaine-and-the-sexual-habits-of-quail-or-why-does-nih-fund-what-it-does/]를 참조하라.

5 K. Yamagishi, "When a 12.86% Mortality Is More Dangerous Than 21.14%: Implications for Risk Communication," *Applied Cognitive Psychology* 11(1997): 495-506[https://doi.org/10.1002/(SICI)1099-0720(199712)11:6〈495::AID-ACP481〉3.0.CO;2-J].

6 P. Bump, "The Various Dishonesties in Rand Paul's Cocaine-Quail Presentation," *Washington Post*, May 28, 2021[https://www.washingtonpost.com/politics/2021/05/28/various-dishonesties-rand-pauls-cocaine-quail-presentation/]. 폴은 톰 코번 상원의원의 불평을 그대로 베낀 것으로 보인다. 코번이 이 보조금을 낭비적인 지출을 조롱하는 데 사용했을 때는 보조금이 아직 존재하고 있는 동안이었다. 코번은 2012년 금액을 356,933달러로 적고 달러 수치 옆에 첨자로 '140'을 붙였다. 폴이나 그의 직원은 코번의 이전 예시를 사용해 포스터를 만들 때 첨자를 소수로 처리한 것 같다. 이 버전의 포스터는 2021년 5월 29일 폴의 연설 45초 지점에서 등장한다: "Rand Paul's half an hour rant on wasteful government programs," YouTube[https://www.youtube.com/watch?v=DsNDd29azGU&t=45s]. 2018년 2월 그가 보여줬던 것과 같은 버전으로 보인다.

7 이 부분의 일부 표현은 C. F. Chabris, D. J. Simons, "Obama and the Oil Spill: In the Abstract," *Huffington Post*, November 17, 2011[https://www.huffpost.com/entry/obama-and-the-oil-spill-i_b_619595]를 수정한 것이다.

8 T. Erikson, *Surrounded by Idiots: The Four Types of Human Behaviour*(London: Vermilion, 2019); D. J. Pittenger, "Cautionary Comments Regarding the Myers-Briggs Type Indicator," *Consulting Psychology Journal: Practice and Research* 57(2005): 210-221[https://doi.org/10.1037/1065-9293.57.3.210].

9 M. Thomas, D. H. Simon, V. Kadiyali, "The Price Precision Effect: Evidence from Laboratory and Market Data" Study 5, *Marketing Science* 29(2010): 175–190[doi.org/10.1287/mksc.1090.0512]. 이 아이디어대로, 사람들이 정량적 사실을 추정할 때 시작 값이 근사치가 될수록(0이 더 많게 끝날수록) 시작점에서 멀어지면서 더 큰 조정이 이루어진다: C. Janiszewski, D. Uy, "Precision of the Anchor Influences the Amount of Adjustment," *Psychological Science* 19(2008): 121–127[https://doi.org/10.1111/j.1467-9280.2008.02057.x].

10 3.6뢴트겐: S. Plokhy, Chernobyl: The History of a Nuclear Catastrophe(New York: Basic Books, 2018), 107–113. 멜트다운 연료봉이 용기나 콘크리트 등과 엉겨 붙어서 원자로 내부에 침전된 코륨corium은 약 일주일에 걸쳐 응고되어 현재 '코끼리 발elephant's foot'으로 알려진 11톤의 방사성 물질 덩어리가 되었다. 데이비드 골든버그의 보고서에 따르면, 이것은 처음에는 시간당 1만 뢴트겐 이상의 방사능을 방출했는데, 이는 근처에 있는 사람을 몇 분 안에 죽일 수 있는 양이었다. 코끼리 발은 15년이 지난 후에도 여전히 시간당 800뢴트겐 이상의 방사선을 방출했다. D. Goldenberg, "The Famous Photo of Chernobyl's Most Dangerous Radioactive Material Was a Selfie," Atlas Obscura, January 24, 2016[https://www.atlasobscura.com/articles/elephants-foot-chernobyl].

11 영국의 실수: L. Kelion, R. Cuffe, "Covid: Test Error 'Should Never Have Happened'—Hancock," *BBC News*, October 5, 2020[https://www.bbc.com/news/uk-54422505]. 양성 결과가 나온 사람들은 테스트 결과를 제대로 받았다는 것에 유의하라. 하지만 보고 오류는 수만에 가까운 밀접 접촉자들이 그들이 노출되었다는 것을 알지 못했다는 의미다. 이런 종류의 실수는 과거의 시스템이 더 큰 용량이나 한계를 예상하지 못한 상태에서 설계되었거나 그런 변화를 수용하는 데 많은 비용이 드는 경우에 발생할 가능성이 높다. 낡은 소프트웨어가 날짜 값에서 연도를 표시할 때 두 자리만 할당해 발생한 'Y2K 버그'를 해결하기 위해 정부와 민간 조직이 사용한 비용은 미국에서만 1천억 달러에 달한다. R. Chandrasekaran, "Y2K Repair Bill: $100 Billion," *Washington Post*, November 18, 1999[https://www.washingtonpost.com/wpsrv/WPcap/1999-11/18/077r-111899-idx.html]를 참조하라. 크리스 그로스코프는 당신의 데이터 세트에 이런 종류의 문제가 있을 수 있다는 경고 신호를 담은 뛰어난 안내서를 만들었다. C. Groskopf, "The Quartz Guide to Bad Data," Quartz, December 15, 2015[https://qz.com/572338/the-quartz-guide-to-bad-data/]; 최신 버전은 'Github'에서 찾을 수 있다[https://github.com/Quartz/bad-data-guide].

12 B. L. Fredrickson, M. F. Losada, "Positive Affect and the Complex Dynamics of Human Flourishing," *American Psychologist* 60(2005): 678–686[https://doi.org/10.1037/0003-066X.60.7.678]; 현재 이 논문의 인용 횟수는 3,700회다.

13 우리의 계산: 우리에게 총 312,105개의 경험이 있고 이 중 232,105개가 긍정적 경험, 8만 개가 부정적 경험이라면 '긍정 : 부정'의 비율은 '2.9013 : 1'이 된다. 이 8만 개 중 하나가 부정에서 긍정으로 바뀌면 비율은 2.90136이 되고 반올림하면 2.9014가 된다. 따라서 비율의 '실제' 값이 2.9014이 아닌 2.9013이라는 것을 알려면 수십만 개의 경험을 정확하게 측정하고 코드화해야 한다.

14 머스크는 2022년 5월 13일 트윗을 했다[https://twitter.com/elonmusk/status/1525291586669531137]; "Twitter Announces First Quarter 2022 Results," April 28, 2022[https://s22.q4cdn.com/826641620/files/doc_financials/2022/q1/Final-Q1%e2%80%9922-e arnings-release.pdf].

15 트위터상에서 봇이 얼마나 퍼져 있는지 확인하기 위해 머스크가 제안한 방법에는 몇 가지 다른 문제가 있다. 그는 @twitter 계정의 팔로워를 표본으로 추출할 것을 제안했지만, 이들이 반드시 전체 트위터 계정 집합을 대표한다고 할 수 없다. 예를 들어, 우리 두 사람은 현재 @twitter를 팔로우하고 있지 않으며, 우리는 봇이 @twitter를 사람보다 더 많이 팔로우하는지 또는 덜 팔로우하는지 알지 못한다. 둘째, 머스크는 @twitter를 팔로우하는 처음 1천 개의 계정을 건너뛰고 그 이후를 열 번째 계정마다 확인하자고 제안했다. 처음 1천 명의 사용자를 제외하더라도 그의 표본은 여전히 트위터 얼리어답터에 치우칠 것이다. 그리고 일정한 간격의 표본 추출은 무작위가 아니다. 마지막으로, 그는 다른 사람들도 자신의 방법대로 결과를 비교해볼 것을 제안했다. 원칙적으로 독립적인 조사가 동일한 결론에 도달하는 것이 좋지만, 머스크와 정확하

게 같은 방법을 적용한다고 해서 독립적인 조사가 되는 것은 아니다! 다른 사람들이 머스크의 방법을 모방하기보다 독특하지만 비슷하게 유효한 독립적인 방법을 개발하는 것이 더 나을 것이다. 사회과학에서 정밀성을 확보하는 것(인간처럼 행동하는 개체로 이루어진 대규모 집단의 본질을 규명하려 노력하면서 머스크가 하고 있는 일)은 생각만큼 간단하지 않을 때가 많다.

16 M. Losada, "The Complex Dynamics of High Performance Teams," *Mathematical and Computer Modelling* 30(1999): 179–192[https://doi.org/10.1016/S0895-7177(99) 00189-2]. N. J. L. Brown, A. D. Sokal, H. L. Friedman, "The Complex Dynamics of Wishful Thinking: The Critical Positivity Ratio," *American Psychologist* 68(2013): 801–813[https://doi.org/10.1037/a0032850]. 이 비평은 로사다가 로렌츠 방정식을 부적절하게 적용한 방법을 설명한다.

17 프레드릭슨의 정정 공지는 2013년 〈아메리칸 사이콜로지스트American Psychologist〉[https://doi.org/10.10.1037/0003-066X.60.7.678]에 발표되었다. 초록의 결론 문장이 결함 있는 모델을 전제로 했음에도 불구하고 이 논문의 다른 측면들은 철회되지 않았다.

18 이런 대표성의 문제는 머스크가 트위터의 봇을 확인하려 했을 때 직면했던 것과 같은 문제지만, 100개의 계정이라는 그의 표본은 사용자 전체 스펙트럼을 대표하기에는 너무 작다.

19 여론조사 기관은 심지어 동일한 조사 데이터에서 서로 다른 결론을 도출할 수도 있다. 여론조사 기관의 예측을 수집·분석하는 'FiveThirtyEight'와 같은 사이트에서는 일부 여론조사가 산출한 결과가 일관되게 공화당에 기울어져 있는 경우, 반대로 민주당에 기울어져 있는 경우가 있다는 것을 보여준다. 유능한 여론조사 기관들 사이에서 나타나는 이런 체계적 차이는 일반적으로 가중치 부여 방법에 따른 것이다. 물론 여론조사 기관은 가중치 알고리즘을 변경할 수 있으며, 항상 자신들의 가정과 절차를 공개하는 것은 아니다.

20 A. Gelman, S. Goel, D. Rivers, D. Rothschild, "The Mythical Swing Voter," *Quarterly Journal of Political Science* 11(2016): 103–130[https://doi.org/10.1561/100.00015031]. 데이브레이크 여론조사에 대한 〈뉴욕 타임

스〉의 비평: N. Cohn, "How One 19-Year-Old Illinois Man Is Distorting National Polling Averages," *New York Times*, October 12, 2016[https://www.nytimes.com/2016/10/13/upshot/how-one-19-year-old-illinois-man-is-distorting-national-polling-averages.html]. 〈로스앤젤레스 타임스〉의 대응은 반박이라는 제목하에 이루어졌지만 이 문제를 얼마간 확인했다: D. Lauter, "No, One 19-Year-Old Trump Supporter Probably Isn't Distorting the Polling Averages All by Himself," *Los Angeles Times*, October 13, 2016[https://www.latimes.com/politics/la-na-pol-daybreak-poll-questions-20161013-snap-story.html].

21 아이러니하게도 데이브레이크 여론조사는 트럼프와 클린턴의 전체 득표율에서 다른 많은 여론조사보다 더 정확했다(멈춘 시계는 항상 정확하다. 하루 두 번뿐이긴 하지만!). 그러나 사람들은 이런 여론조사를 분석해 각 후보를 지지하는 하위 그룹을 파악하기 때문에 이런 수치의 부정확성은 문제가 된다.

22 과학 연구에서 망원경 은유에 대한 논의는 U. Simonsohn, "Small Telescopes: Detectability and the Evaluation of Replication Results," *Psychological Science* 26(2015): 559 – 569[https://doi.org/10.1177/0956797614567341]을 참조하라.

23 J. Simmons, "MTurk vs. the Lab: Either Way We Need Big Samples," *Data Colada*, April 4, 2014[http://datacolada.org/18].

24 이 감독의 언급은 2022년 5월 8일 더블헤더 첫 경기에 대한 것이다: "Chris Woodward Jabs at Gleyber Torres' Walk-Off HR, Calls Yankee Stadium 'A Little League Ballpark,'" *ESPN*, May 9, 2022[https://www.espn.com/mlb/story/_/id/33886269/chris-woodward-jabs-gleyber-torres-walk-hr-calls-yankee-stadium-little-league-bal lpark].

25 반올림을 허용하는 경우 최소 67개의 야구장이 필요하다(66/67=0.98507, 반올림하면 0.99). J. Heathers, "The GRIM Test—a Method for Evaluating Published Research," *Medium*, May 23, 2016[https://jamesheathers.medium.com/the-grim-test-a-method-for-evaluating-published-research-9a4e5f05e870]; N. J. L. Brown, J. A. H. Heathers, "The GRIM Test:

A Simple Technique Detects Numerous Anomalies in the Reporting of Results in Psychology," *Social Psychological and Personality Science* 8(2017): 363-369[https://doi.org/10.1177/1948550616673876].

26 닉 브라운은 우리와의 대화에서 이 아이디어의 일반적인 버전을 제시했다: 100 미만의 표본에서 얻을 수 있는 소수 두 자리의 분수는 해당 표본의 크기와 같다. 따라서 29명이 1~7점 척도로 자신의 행복도를 보고했다면 소수점 두 자리의 유효한 조합은 29개다(유효하지 않은 조합은 71개).

27 GRIM 테스트만으로는 연구자가 부정을 저질렀다는 것을 입증할 수 없다. 하지만 한 논문에서 많은 수의 GRIM 오류를 발견한다면 결론의 유효성이 훼손될 수 있을 것이다. 보고가 엉성하다고 여겨질 정도로 수치 오류가 많다면, 연구자가 주의 깊게 연구를 수행했다고 신뢰할 만한 이유를 찾기 힘들 것이다. 예를 들어 브라운과 그의 동료 팀 반 더 지와 조던 아나야는 앞서 언급한 전 코넬대학교 교수 브라이언 완싱크의 논문들에서 여러 개의 GRIM 오류를 발견했다. GRIM이 발견된 논문 중 하나에서 완싱크는 10명에게 피자 세 조각을 먹은 후 속이 불편한 정도를 1부터 9까지의 척도로 보고하도록 했다. 그는 그 평균 점수를 2.25점으로 보고했는데, 이는 표면적으로는 합리적으로 보이지만(소수점 두 자리까지 있는 정밀한 수치다!) 10개의 정수를 평균한 점수의 소수점 둘째 자리에는 0이 포함되어야 한다. 2.20 또는 2.30이 될 수는 있지만 2.25가 될 수는 없다. 과도한 정밀도 때문에, 완싱크가 보고한 결과는 불가능해진다. 같은 논문의 다른 많은 값들도 마찬가지다. T. van der Zee, J. Anaya, N. J. L. Brown, "Statistical Heartburn: An Attempt to Digest Four Pizza Publications from the Cornell Food and Brand Lab," *BMC Nutrition* 3(2017): 54[https://doi.org/10.1186/s40795-017-0167-x]; N. Brown, "Strange Patterns in Some Results from the Food and Brand Lab," Nick Brown's Blog, March 22, 2017[https://steamtraen.blogspot.com/2017/03/strange-patterns-in-some-results-from.html]를 참조하라.

28 교통국 보고서: "Status of the Nation's Highways, Bridges and Transit: Condition and Performance"[https://www.transit.dot.gov/research-innovation/status-nations-highways-bridges-and-transit-condition-andperformance]. 선드퀴스트의 분석: E. Sundquist, "New Travel Demand Projections Are Due from U.S. DOT: Will They Be Accurate this Time?," *State Smart Transportation Initiative*, December 16, 2013[https://ssti.us/2013/12/16/new-travel-demand-projections-are-due-from-u-s-dot-will-they-be-accurate-this-time/]. 추가 논의: A. Gelman, "The Commissar for Traffic Presents the Latest Five-Year Plan," Statistical Modeling, *Causal Inference, and Social Science*, January 21, 2014[https://statmodeling.stat.columbia.edu/2014/01/21/commissar-traffic-presents-latest-five-year-plan/]; C. Williams-Derry, "Traffic Forecast Follies: The US DOT Refuses to Learn from Recent Travel Trends," *Sightline Institute*, December 23, 2013[https://www.sightline.org/2013/12/23/traffic-forecast-follies/].

29 위키피디아의 세계 기록: "Women's 100 Metres World Record Progression" [https://en.wikipedia.org/wiki/Women%27s_100_metres_world_record_progression]; "Men's 100 Metres World Record Progression"[https://en.wikipedia.org/wiki/Men%s_100_metres_world_record_progression]. 달리기의 속도뿐 아니라 속도 포착의 정밀도도 향상되었음에 주목하라. 경기 시간의 예측: A. Tatem et al., "Momentous Sprint at the 2156 Olympics?," *Nature* 431(2004): 525[https://doi.org/10.1038/431525a]. 이 논문은 이들 데이터에 가장 적합한 방정식에 대해서는 언급하지 않지만, 연간 평균 개선 정도는 이 논문에 보고된 예측 시간의 일부에서 추출할 수 있다. 원래의 논문에 대한 논평에서 2036년까지의 외삽을 통해 무슨 일이 일어날지를 이야기하고 있다: K. Rice, "Sprint Research Runs into a Credibility Gap," *Nature* 432(2004): 147[https://doi.org/10.1038/432147b]. 이런 유형의 외삽 오류는 스포츠에서 흔해 보인다. 철인 3종 경기 기록에 대한 보다 최근의 한 기사는 1987년 이래 세워진 일곱 개의 기록으로부터 선형 모델을 만들었다. 이후 "직선을 연장하면 현재의 추세로 보아 2049년까지 일곱 시간 이내에 완주하는 철인이 나올 것으로 예상된다"라고 말했다. 같은 선형 추세를 더 외삽하면 여기에서도 2494년까지 철인 코스를 출발하기도 전에 완주하는 사람이 나올 것이다. A. Hutchinson, "The Science Says a Sub-Seven-Hour Ironman Is(Sort of)

Possible," *Triathlete*, May 30, 2022[https://www.triathlete.com.triathlete.com/training/the-science-says-a-sub-seven-hour-ironman-is-sort-of-possible/]을 참조하라.

30 M. Yglesias, "The Trump Administration's 'Cubic Model' of Coronavirus Deaths, Explained," *Vox*, May 8, 2020[https://www.vox.com/2020/5/8/21250641/kevin-hasset-cubic-model-smoothing].

31 해셋이 2004년에는 다우 지수가 36,000에 이를 것이라고 예측한, 1999년 출간된 책의 공저자인 것은 우연이 아닐지도 모르겠다: J. K. Glassman, K. L. Hassett, Dow 36,000: *The New Strategy for Profiting from the Coming Rise in the Stock Market*(New York: Three Rivers Press, 1999). 다우 지수가 그 수준에 이른 것은 2021년이었다. 매우 정밀하지만 몹시 부정확한 예측의 좋은 사례다.

32 "Trends in Number of COVID-19 Cases and Deaths in the US Reported to CDC, by State/Territory," COVID Tracker, Centers for Disease Control and Prevention[https://covid.cdc.gov/covid-data-tracker/#trends_dailydeaths]에 따른 것.

33 댄은 일리노이 어바나-샴페인대학교의 팬데믹 초기 대응을 상세히 분석하는 글을 썼다: "Fall 2020 Covid Summary," dansimons.com, December 8, 2020[http://dansimons.com/Covid/fall2020summary.html]. 등록자 수는 약 33,500명이었지만, 그 학기에는 대부분의 수업이 온라인으로 진행되어 학생 대다수가 원격으로 수업을 받았다. 그 학기 동안 캠퍼스에는 2만 명에서 2만 5천 명의 학부생이 있었을 것이다. 대학의 예측에 대한 논의: "COVID-19 Briefing Series: Data Modeling," YouTube[https://www.youtube.com/watch?v=VmwK9tyNe8A&t=1734s].

34 모델 제작자는 규정과 테스트 시작 시의 다른 가정에 따라 다양한 범위의 가능한 예측을 제시했다. 그 세부 사항은 수석 모델러 나이절 골든펠드의 영상 브리핑 "COVID-19 Briefing Series: Data Modeling," YouTube[https://www.youtube.com/watch?v=VmwK9tyNe8A&t=1840]에 간략하게 언급되어 있을 뿐이며 대학 경영진을 이를 다시 언급하지 않았다. 골든펠드는 프레젠테이션에서 700명이라는 예측을 보여주는(정확하게 읽을 경우) 복잡한 그래프를 제

시했다. 그 동일한 그래프는 양성 결과 통지가 하루 지연될 경우 가을 학기에 4천 명에 조금 못 미치는 모델 예측에 이른다는 것을 보여주었다. 모델링 자체는 문제가 없어 보이지만 대학은 단 하나의 예측만을 내세웠다. 대표성이 없는 결과를 제시했고, 예상되는 최악의 시나리오라고 주장하면서, 실제 결과가 달라질 수 있다는 말은 빠뜨렸다.

8. 작은 원인이 큰 결과를 부른다는 '효능'

1 C. Flanagan, "Caroline Calloway Isn't a Scammer," *Atlantic*, September 27, 2019[https://www.theatlantic.com/ideas/archive/2019/09/i-get-caroline-calloway/598918/]. 위키피디아 'Calloway' 항목에는 그녀의 배경과 주장이 훨씬 더 상세하게 설명되어 있다: "Caroline Calloway"[https://en.wikipedia.org/wiki/Caroline_Calloway]. '에센셜 오일'이 '에센셜'로 불리는 것은 건강에 결정적이거나 중요해서가 아니라 해당 식물의 '진액essense'에서 나온 기름이기 때문이다. 수십 년에 걸쳐 많은 사람이 '에센셜'이라는 단어에 호도되어 이런 제품들이 인간의 건강에 본질적으로 중요하다고 생각하지 않았을지 의심한다. 이들 오일에 '발향 오일odoriferous oils'이란 이름을 붙이는 것이 이 문제를 바로잡는 출발점이 되지 않을까 한다.

2 T. Hsu, "A Century After Phony Flu Ads, Companies Hype Dubious Covid Cures," *New York Times*, December 24, 2020[https://www.nytimes.com/2020/12/242020/12/24/business/media/dubious-covid-cures.html]. 1918년의 인플루엔자 팬데믹 동안 신문을 비롯한 여러 곳에 그런 많은 치료제들 광고가 있었다: M. M. Phillips, D. Cole, "Coronavirus Advice Is Everywhere. It Was the Same with Spanish Flu," *Wall Street Journal*, January 22, 2021[https://www.wsj.com/story/coronavirus-advice-is-everywhere-it-was-the-same-with-the-spanish-flu-6a25d0d4]. 오늘날에도 높은 평가를 받는 의료기관과 의료 전문가들이 과학적 증거나 생리적 메커니즘이 확실하지 않은 많은 치료법을 제공 혹은 추천하고 있다.

3 중국에서 사용하는 물뱀을 포함한 일부 유형의 뱀으로 고농도 오메가-3 지방산을 함유한 오일을 만들 수 있다. 방울뱀 기름에는 그런 성분이 훨씬 적다. R.

A. Kunin, "Snake Oil," *Western Journal of Medicine* 151(1989): 208[https://www.ncbi.nlm.nih.gov/pmc/articles/PMC1026931/pdf/westjmed00120-0094a.pdf].

4 "Questions and Answers on Dietary Supplements," US Food and Drug Administration[https://www.fda.gov/food/information-consumers-using-dietary-supplements/questions-and-answers-dietary-supplements]. 효과적인 로비 탓에 FDA는 '식이보충제 건강·교육법Dietary Supplement Health and Education Act'에 의거해 보충제를 의약품으로 규제하는 것을 명시적으로 차단했다. 따라서 보충제 제조업체는 마케팅 전에 FDA에 제품의 안전성과 효능을 입증할 필요가 없다.

5 클라크 스탠리 이야기: "Clark Stanley," Wikipedia[https://en.wikipedia.org/wiki/Clark_Stanley]; "Clark Stanley's Snake Oil Liniment," Smithsonian Institution[https://americanhistory.si.edu/collections/search/object/nmah_1298331]; L. Gandhi, "A History of 'Snake Oil Salesmen,'" NPR, August 26, 2013[https://www.npr.org/sections/codeswitch/2013/08/26/215761377/a-history-of-snake-oil-salesmen].

6 미국 연방거래위원회는 루모스랩에 대한 벌금 부과 결정을 발표했다[https://www.ftc.gov/system/files/documents/cases/160105lumoslabsstip.pdf], [https://www.ftc.gov/news-events/news/press-releases/2016/01/lumosity-pay-2-million-settle-ftc-deceptive-advertising-charges-its-brain-training-program]; Carrot Neurotechnology[https://www.ftc.gov/system/files/documents/cases/160223carrotneses/160223carrotneurodo.pdf]; LearningRx[https://www.ftc.gov/system/files/documents/cases/160518learningrxorder.pdf], [https://www.ftc.gov/system/files/documents/cases/160518learningrxcmpt.pdf], [https://www.ftc.gov/news-events/news/press-releases/2016/05/marketers-one-one-brain-training-programs-settle-ftc-charges-claims-about-ability-treat-severe].

7 지나치게 강력한 개입에 대한 많은 주장은 개발되지 않은 잠재력에 대한 널리 퍼져 있는, 하지만 그릇된 직관(《보이지 않는 고릴라》 6장 참조), 즉 우리 정

신의 표면 바로 밑에 숨어 있는 잠재력을 활용하기만 하면 '빨리 똑똑해질 수 있다'는 믿음을 활용한다. 개발되지 않은 잠재력에 대한 생각이 구체화된 데에는 우리가 뇌를 10퍼센트만 사용한다는 통념이 널리 퍼진 것이 큰 몫을 했다. 우리가 뇌의 능력을 10퍼센트만 사용하는 것이 사실이라면 사용되지 않은 잠재력을 이용하는 것만으로 엄청나게 많은 일을 할 수 있을 것이다. 이 그릇된 통념은 기만적인 뇌 훈련 광고에 사람들이 쉽게 속는 이유를 설명해준다. 또한 과학자들이 모차르트의 음악을 단 10분만 들어도 IQ가 8~9점 오르거나(실제로는 그렇지 않다), 몇 분 '파워 포즈'를 취하는 것으로 테스토스테론 수치와 '삶의 결과'를 바꿀 수 있다(그렇게 할 수 없다)는 등의 나비 효과를 발견했다고 확신하는 이유도 설명해준다. 2016년에 우리와 우리 동료들이 시장에서 선두에 있는 두뇌 훈련 회사들이 인용한 모든 연구를 검토한 결과, 대부분의 연구가 설득력 있는 증거를 제시할 수 없을 정도로 결함이 많다는 사실을 발견했다. D. J. Simons et al., "Do 'Brain-Training' Programs Work?," Psychological Science in the Public Interest 17(2016): 103–186[https://doi.org/10.1177/1529100616661983].

8 말콤 글래드웰의 아마도 사회과학 사상 최고의 베스트셀러일 《티핑 포인트》의 부제는 "작은 아이디어는 어떻게 빅 트렌드가 되는가How Little Things Can Make a Big Difference"(Boston: Little, Brown, 2000)다.

9 D. Kahneman, *Thinking, Fast and Slow*(New York: Farrar, Straus and Giroux, 2011).

11 노인 프라이밍 재현 실패: S. Doyen, O. Klein, C. L. Pichon, A. Cleeremans, "Behavioral Priming: It's All in the Mind, but Whose Mind?," *PLoS ONE* 7(2012): e29081[https://doi.org/10.1371/journal.pone.0029081]. 카너먼의 서한과 슈워츠의 반응: E. Yong, "Nobel Laureate Challenges Psychologists to Clean Up Their Act," *Nature* 490(2012): 7418[https://doi.org/10.1038/nature.2012.11535].

12 J. Bargh, *Before You Know It: The Unconscious Reasons We Do What We Do*(New York: Simon and Schuster, 2017). 울리히 시맥은 바그의 책에서 인용된 연구들이 제시하는 증거를 비판적으로 검토했다: U. Schimmack, "'Before You Know It'

by John A. Bargh: A Quantitative Book Review," 2018년 11월 28일의 복제가능성 지수[https://replicationindex.com/2017/11/28/bargh-book/]. I. Shalev, J. A. Bargh, "Use of Priming-Based Interventions to Facilitate Psychological Health: Commentary on Kazdin and Blase(2011)" *Perspectives on Psychological Science* 6(2011): 488–492[https://doi.org/10.1177/1745691611416993]도 참조하라.

13 카너먼의 인용: U. Schimmack, M. Heene, K. Kesavan, "Reconstruction of a Train Wreck: How Priming Research Went Off the Rails," Replicability-Index, February 2, 2017[https://replicationindex.com/2017/02/02/reconstruction-of-a-train-wreck-how-priming-research-went-of-the-rails/comment-page-1/#comment-1454]. 1454]. 재현 비판의 예: J. Mitchell, On the Evidentiary Emptiness of Failed Replications, July 1, 2014[https://web.archive.org/web/20220415162317/https://jasonmitchell.fas.harvard.edu/Papers/Mitchell_failed_science_2014.pdf]; W. Stroebe, F. Strack, "The Alleged Crisis and the Illusion of Exact Replication," *Perspectives on Psychological Science* 9(2014): 59–71[https://doi.org/10.1177/1745691613514450]. 댄은 이 주장에 대한 반응을 발표했다: D. J. Simons, "The Value of Direct Replication," *Perspectives on Psychological Science* 9(2014): 76–80[https://doi.org/ 10.1177/1745691613514755].

14 또 우리는 바그와 그 동료들이 1996년 원래의 논문에서 보고한 별개의 두 노인 프라이밍 실험에서 놀라운 일관성을 발견했다. 두 실험에서 프라이밍 된 참가자들이 엘리베이터까지 걸어가는 데 걸린 시간이 거의 같았고, 각 실험에서 프라이밍되지 않은 참가자들(노인과 관련된 단어를 읽지 않은 사람들)이 걸린 시간은 거의 정확히 1초가 빨랐다.

15 C. F. Chabris, P. R. Heck, J. Mandart, D. J. Benjamin, D. J. Simons, "No Evidence That Experiencing Physical Warmth Promotes Interpersonal Warmth: Two Failures to Replicate Williams and Bargh(2008)," *Social Psychology* 50(2019): 127–132[https://doi.org/10.1027/1864-9335/a000361]. 독립적인 별개의 팀 역시 따뜻한 팩 연구 재현에 실패했다: D.

Lynott et al., "Replication of 'Experiencing Physical Warmth Promotes Interpersonal Warmth' by Williams and Bargh(2008)," *Social Psychology* 45(2014): 216–222[https://doi.org/10.1027/1864-9335/a000187].

16 댄이 편집한 재현 프로젝트 사례: M. O'Donnell et al., "Registered Replication Report: Dijksterhuis and van Knippenberg(1998)," *Perspectives on Psychological Science* 13(2018): 268–294[https://doi.org/10.1177/1745691618755704]; R. J. McCarthy et al., "Registered Replication Report on Srull and Wyer (1979)," *Advances in Methods and Practices in Psychological Science* 1(2018): 321–336[http://doi.org/10.1177/2515245918777487]; B. Verschuere et al., "Registered Replication Report on Mazar, Amir, and Ariely(2008)," *Advances in Methods and Practices in Psychological Science* 1(2018): 299–317[https://doi.org/ 10.1177/2515245918781032]. Srull and Wyer's study: T. K. Srull and R. S. Wyer, "The Role of Category Accessibility in the Interpretation of Information About Persons: Some Determinants and Implications," *Journal of Personality and Social Psychology* 37(1979): 1660–1672[https://doi.org/10.1037/0022-3514.37.10.1660]. 이 논문은 단어를 재배치한 후 사람들이 가상의 인물을 어떻게 생각하는지를 결과 척도로 평가하는 프라이밍 방법을 채택한 첫 논문이었다. 이 방법은 이후 연구들의 기준이 되었다. 이 연구의 제2저자 로버트 와이어는 댄에게 원래의 통계를 보고한 방식에 오류가 있었을 수 있지만 어떤 오류가 이렇게 불가능할 정도로 강력한 효과를 낼 수 있었는지는 명확치 않다고 말했다. 안타깝게도 원래의 저널 기사의 편집자와 검토자들, 그리고 자신의 연구에서 이를 인용한 수천 명의 저자들은 보고된 결과가 믿기 힘들 정도로 크다는 것을 알아채지 못했다. 스크룰과 와이어 연구를 재현한 두 번째 측정에서도 예측된 프라이밍의 증거가 없었지만 아이러니하게도 이번에는 0.08의 작은 차이가 원래 연구 결과와 반대되는 방향으로 도출되었다.

17 시맥의 재분석: U. Schimmack, "Reconstruction of a Train Wreck: How Priming Research Went Off the Rails," Replicability-Index, February 2, 2017[https://replicationindex.com/2017/02/02/reconstruction-of-a-train-wreck-how-priming-resarch-went-of-the-rails/]. 이들 연구는 약 1980년에서 2010년 사이의 전형적인 연구 관행을 따라 보통 몇 명의 참가자를 테스트하고 결과를 선별적으로 혹은 유연하게 분석했다. 원래의 '레이디 맥베스 효과' 연구: S. Schnall, J. Benton, S. Harvey, "With a Clean Conscience: Cleanliness Reduces the Severity of Moral Judgments," *Psychological Science* 19(2008): 1219–1222[https://doi.org/10.1111%2Fj.1467-9280.2008.02227.x]. 연구 재현: F. Cheung, M. B. Donnellan, "Does Cleanliness Influence Moral Judgments? A Direct Replication of Schnall, Benton, and Harvey(2008)," *Social Psychology* 45(2014): 209–215[https://doi.org/10.1027/1864-9335/a000186]. 원래의 '십계명' 연구: N. Mazar, O. Amir, D. Ariely, "The Dishonesty of Honest People: A Theory of Self-Concept Maintenance," *Journal of Marketing Research* 45(2008): 633–644[https://d oi.org/10.1509/jmkr.45.6.633]. 연구 재현: B. Verschuere et al., "Registered Replication Report on Mazar, Amir, and Ariely(2008)," *Advances in Methods and Practices in Psychological Science* 1(2018): 299–317[https://doi.org/10.1177/2515245918781032]. 원래의 돈 이미지 프라이밍 연구: K. D. Vohs, N. L. Mead, M. R. Goode, "The Psychological Consequences of Money," *Science* 314(2006): 1154–1156[https://doi.org/10.1126/science.1132491]; E. M. Caruso, K. D. Vohs, B. Baxter, A. Waytz, "Mere Exposure to Money Increases Endorsement of Free-Market Systems and Social Inequality," *Journal of Experimental Psychology: General* 142(2013): 301–306[https://doi.org/10.1037/a0029288]. 이 효과에 대한 논문의 공저자인 연구원 한 명이 이끈 재현: E. M. Caruso, O. Shapira, J. F. Landy, "Show Me the Money: A Systematic Exploration of Manipulations, Moderators, and Mechanisms of Priming Effects," *Psychological Science* 28(2017): 1148–1159[https://doi.org/10.1177/0956797617706161].

18 카너먼의 답변은 'Replicability-Index'에 대한 논평이었다.[https://replicationindex.com/2017/02/02/reconstruction-of-a-train-wreck-how-priming-research-went-of-the-rails/comment-page-1/#comment-1454]. A.

Tversky, D. Kahneman, "Belief in the Law of Small Numbers," *Psychological Bulletin* 76(1971): 105–110[https://doi.org/10.1037/h0031322].

19 J. Berger, M. Meredith, S. C. Wheeler, "Contextual Priming: Where People Vote Affects How They Vote," *Proceedings of the National Academy of Sciences* 105(2008): 8846–8849[https://doi.org/10.1073/pnas.0711988105]. 처음 이 논문은 학교에서 투표하게 된 실제 애리조나 유권자들이 교회에서 투표하게 된 유권자들에 비해 자금 지원 국민투표의 지지율이 2퍼센트 높다고 보고했다(56퍼센트 지지: 54퍼센트 지지). 프라이밍 연구는 참가자들에게 학교 사진을 포함하거나 포함하지 않은 이미지들을 평가하게 한 후 연구 후반부에 학교 자금 조달 국민투표에 찬반 '투표'를 하게 했다. 온기 프라이밍과 자선에 대한 계산은 두 번째 실험에서 뜨거운 물체와 친사회성 사이의 연관성 크기를 기반으로 했다(r의 상관관계=0.28): L. E. Williams, J. A. Bargh, "Experiencing Physical Warmth Promotes Interpersonal Warmth," *Science* 322(2008): 606–607[https://doi.org/10.1126/science.1162548]. 1,800명 미국인 대상의 이 설문에서는 소득과 비종교 자선단체 기부 사이의 관계(r=0.23)를 측정했다: N. G. Choi, D. M. DiNitto, "Predictors of Time Volunteering, Religious Giving, and Secular Giving: Implications for Nonprofit Organizations," *Journal of Sociology and Social Welfare* 39(2012): 93–120[https://heinonline.org/HOL/LandingPage?handle=hein.journals/jrlsasw39&div=19&id=&page]. 각각을 제곱해서 분산의 비율을 구하면 (0.28)^2=0.0784와 (0.23)^2=0.0529이 나오고, 이 두 값의 비율을 구하면 0.0784/.0529=1.482가 나와, 48.2퍼센트의 차이를 나타낸다.

20 Appendices A–C of D. P. Green and A. S. Gerber, *Get Out the Vote!*, 3rd ed.(Washington, DC: Brookings Institution Press, 2015).

21 C. J. Bryan, G. M. Walton, T. Rogers, C. S. Dweck, "Motivating Voter Turnout by Invoking the Self," *Proceedings of the National Academy of Sciences* 108(2011): 12653–12656[https://doi.org/10.1073/pnas.1103343108].

22 투표는 공공 기록을 조사해 측정했는데, 많은 주가 누가 투표를 했는지는 밝히지만 어떤 후보에게 투표했는지는 밝히지 않는다. 미묘한 차이를 강조하기

위해 질문의 단어('vote' 와 'be a voter')를 이탤릭체로 표기했다.

23 A. S. Gerber, G. A. Huber, D. R. Biggers, D. J. Hendry, "A Field Experiment Shows That Subtle Linguistic Cues Might Not Affect Voter Behavior," *Proceedings of the National Academy of Sciences* 113(2016): 7112–7117 [http://doi.org/10.1073/pnas.1513727113].

24 원래의 동사 시제 연구: W. Hart, D. Albarracín, "Learning About What Others Were Doing: Verb Aspect and Attributions of Mundane and Criminal Intent for Past Actions," *Psychological Science* 22(2011): 261–266[https://doi.org/10.1177/0956797610395393]. 성공하지 못한 재현: A. Eerland et al., "Registered Replication Report: Hart and Albarracín(2011)," *Perspectives on Psychological Science* 11(2016): 158–171[https://doi.org/10.1177/1745691615605826]. 주의: 단순히 원래 보고된 효과가 너무 강력하다거나 연구를 재현할 수 없다는 것이 사기 혹은 부정행위가 개입되어 있다는 의미는 아니다. 출판이라는 유인이 눈에 띄고 큰 연구 결과를 선호하기 때문에, 과도하게 강력한 효과 쪽의 우연은 출판되는 경향이 있고 반대 방향의 우연은 그렇지 않다. 우연은 그 속성상 연구진에게 아무 잘못이 없어도 발생할 수 있다.

25 G. M. Walton, G. L. Cohen, "A Brief Social-Belonging Intervention Improves Academic and Health Outcomes of Minority Students," *Science* 331(2011): 1447–1451[https://doi.org/10.1126/science.1198364]; G. D. Borman, J. Pyne, C. S. Rozek, , A. Schmidt, "A Replicable Identity-based Intervention Reduces the Black-White Suspension Gap at Scale," *American Educational Research Journal* 59(2022): 284–314[https://doi.org/10.3102/00028312211042251].

26 이들 개입이 예상대로의 효과를 발휘한다면, 학교들은 변화하는 유행을 따라가는 것처럼 계속 이전의 방식을 버리고 새로운 방식을 택할 것이다. 이런 연구와 그들의 문제에 대한 논의는 E. Yong, "A Worrying Trend for Psychology's 'Simple Little Tricks,'" *Atlantic*, September 9, 2016[https://www.theatlantic.com/science/archive/2016/09/can-simple-tricks-mobilise-voters-and-helpstudents/499109/]를 참조하라.

27 원래의 연구: C. Green and D. Bavelier, "Action Video Game Modifies Visual Selective Attention," *Nature* 423(2003): 534–537[https://doi.org/10.1038/nature0164 7]. TED 강연[https://www.ted.com/talks/daphne_bavelier_your_brain_on_video_games]. 메타 분석: G. Sala, K. S. Tatlidil, F. Gobet, "Video Game Training Does Not Enhance Cognitive Ability: A Comprehensive Meta-Analytic Investigation," *Psychological Bulletin* 144(2018): 111–139 [https://psycnet.apa.org/doi/10.1037/bul0000139]; J. Hilgard, G. Sala, W. R. Boot, D. J. Simons, "Overestimation of Action-Game Training Effects: Publication Bias and Salami Slicing," *Collabra: Psychology* 5(2019)[https://doi.org/10.1525/collabra.231].

28 원래의 연구: D. R. Carney, A. J. Cuddy, A. J. Yap, "Power Posing: Brief Nonverbal Displays Affect Neuroendocrine Levels and Risk Tolerance," *Psychological Science* 21(2010): 1363–1368. TED 강연: Amy Cuddy, "Your Body Language May Shape Who You Are," YouTube, October 1, 2012[https://www.ted.com/talks/amy_cuddy_your_body_language_may_shape_who_you_are]. 실패한 재현: E. Ranehill, A. Dreber, M. Johannesson, S. Leiberg, S. Sul, R. A. Weber, "Assessing the Robustness of Power Posing: No Effect on Hormones and Risk Tolerance in a Large Sample of Men and Women," *Psychological Science* 33(2015): 1–4[https://doi.org/10.1177/0956797614553946]. 이 연구의 제1저자 데이나 카니의 진술: "My Position on 'Power Poses'"[https://faculty.haas.berkeley.edu/dana_carney/pdf_my%20position%20on%20power%20poses.pdf].

29 초기 연구 요약: C. S. Dweck, "Motivational Processes Affecting Learning," *American Psychologist* 41(1986): 1040–1048[https://doi.org/10.1037/0003-066X.41.10.1040]. 책: C. S. Dweck, *Mindset: The New Psychology of Success*(New York: Random House, 2006). TED 강연: Carol Dweck, "The Power of Believing That You Can Improve," YouTube, December 17, 2014[https://www.ted.com/talks/carol_dweck_the_power_of_believing_that_

you_can_improve]. 리치의 논의: S. Ritchie, "How Growth Mindset Shrank," Science Fictions, October 11, 2022[https://stuartritchie.substack.com/p/growth-mindset-decline]; 리치의 과학 픽션: *How Fraud, Bias, Negligence, and Hype Undermine the Search for Truth*(New York: Metropolitan Books, 2020). 메타 분석: B. N. Macnamara and A. P. Burgoyne, "Do Growth Mindset Interventions Impact Students' Academic Achievement? A Systematic Review and Meta-Analysis with Recommendations for Best Practices," *Psychological Bulletin*(2022), 온라인 발표[https://doi.org/10.1037/bul0000352].

30 선택지를 별개로 평가하는 것과 비교해서 평가하는 것의 차이에 대한 분석은 M. H. Bazerman, D. A. Moore, A. E. Tenbrunsel, K. A.Wade-Benzoni, S. Blount, "Explaining How Preferences Change Across Joint Versus Separate Evaluation," *Journal of Economic Behavior and Organization* 39(1999): 41-58[https://doi.org/10.1016/s0167-2681(99)00025-6]를 참조하라.

31 우리는 이 에세이에서 컴퓨터와 인터넷 도구들이 인지 능력을 떨어뜨린다는 개념을 둘러싼 공황에 대해 논의했다: C. F. Chabris, D. J. Simons, "Digital Alarmists Are Wrong," *Los Angeles Times*, July 25, 2010[https://www.latimes.com/archives/la-xpm-2010-jul-25-la-oe-chabris-computers-brain-20100725-story.html]. 1924년 〈뉴욕 타임스〉의 사설에서 "그보다 더 나쁜 활동은 있을 수 없다"는 말로 십자말풀이를 비난하기도 했지만 21세기에 들어서는 사업의 상당 부분을 워드 게임에 의존하게 되었다. 플라톤의 '파이드로스'에서, 소크라테스는 "(글로 적힌 정보가) 같은 문제들에 대한 지식과 기억보다 훨씬 낫다"는 견해를 비판한다. N. Carr, *The Shallows: What the Internet Is Doing to Our Brains*(New York: W. W. Norton, 2010), 54-55; N. Carr, "Is Google Making Us Stoopid?," *Atlantic*, July 1, 2008[https://www.theatlantic.com/magazine/archive/20008/07/is-google-making-us-stupid/306868/](잡지 표지에 'stoopid'라는 철자가 사용되었다).

32 '두뇌 훈련' 혜택에 대한 연구들도 마찬가지다. 그런 연구들의 거의 모두가 자의적인 컴퓨터 기반 실험실 과제로 성과를 측정하며 실제 세계에서의 혜택이나 비용을 관찰하는 경우는 없지는 않더라도 매우 적다. D. J.

Simons et al., "Do 'Brain-Training' Programs Work?," *Psychological Science in the Public Interest* 17(2016): 103-186[https://doi. org/10.1177%2F1529100616661983]을 참조하라.

33 J. Hilgard, "Maximal Positive Controls: A Method for Estimating the Largest Plausible Effect Size," *Journal of Experimental Social Psychology* 93(2021): 104082[https://doi.org/10.1016/j.jesp.2020.104082]. 힐가드가 재평가했던 원래의 연구: Y. Hasan, L. Bègue, M. Scharkow, B. J. Bushman, "The More You Play, the More Aggressive You Become: A Long-Term Experimental Study of Cumulative Violent Video Game Effects on Hostile Expectations and Aggressive Behavior," *Journal of Experimental Social Psychology* 49(2013): 224-227[https://doi.org/10.1016/j.jesp.20 12.10.016]. 이 논문의 수석 저자 브래드 부시먼은 공격성 연구 분야의 선두적인 연구자다. 리트랙션워치 데이터베이스에 따르면, 2022년 9월 현재, 그는 철회된 세 편 논문의 수석 저자였다. 하나는 중복 발표, 하나는 학생의 부정행위, 하나는 데이터와 재생 불가능한 결과에 대한 우려가 철회의 이유였다.

34 실제 성과와 이상적 또는 최대 성과를 비교하는 데에서도 앞서 설명한 종류의 과도한 일관성도 발견할 수 있다. 관련 논문에서 힐가드는 다른 참가자가 먹도록 붓는 핫소스의 양으로 공격성을 측정한 또 다른 연구를 재검토했다. 이 실험에서 악당 역할로 비디오 게임을 한 참가자는 영웅 역할로 플레이한 참가자보다 평균적으로 훨씬 더 많은 핫소스를 부었다. 그러나 악당 역할을 맡은 모든 참가자는(영웅 역할을 맡은 참가자도) 놀라울 정도로 비슷한 양의 핫소스를 부었다. 피펫 없이는 일정 양의 핫소스를 따르는 것이 어렵다. 힐가드는 사람들에게 비디오 게임을 하게 하지 않고 핫소스 붓기 과제를 반복했다. 그는 미리 핫소스의 양을 정하고 각 참가자에게 정확히 그 양을 붓도록 했다. 참가자들은 그 과제를 해내지 못했다. 참가자들에게 일정한 양을 붓도록 하는 시도에서 참가자들이 붓는 소스의 양은 공격성 연구에서보다 더 다양했다! 원래 연구에서 큰 효과가 나타난 이유는 믿을 수 없을 정도로 일관된 반응 때문이었다. J. Hilgard, "Comment on Yoon and Vargas(2014): An Implausibly Large Effect from Implausibly Invariant Data," *Psychological Science* 30(2019):

1099 – 1102[https://doi.org/10.1177/0956797618815434].

35 "Perceptions of Science in America," *American Academy of Arts and Sciences*, 2018[https://www.amacad.org/sites/default/files/publication/downloads/PFoS-Perceptions-Science-America.pdf]; C. Funk, M. Heffernon, B. Kennedy, C. Johnson, "Trust and Mistrust in Americans' Views of Scientific Experts," *Pew Research Center*, August 2, 2019[https://www.pewresearch.org/science/2019/08/02/trust-and-mistrust-in-americans-views-of-scientific-experts/].

결론. 덜 받아들이고 더 확인하라

1 H. G. Frankfurt, On Bullshit(Princeton, NJ: Princeton University Press, 2005). 원래 버전은 1985년 〈래리턴 리뷰Raritan Review〉에 발표되었다[http://www2.csudh.edu/ccauthen/576f12/frankfurt__harry_-on_bullshit.pdf].

2 G. Pennycook, J. A. Cheyne, N. Barr, D. J. Koehler, J. A. Fugelsang, "On the Reception and Detection of Pseudo-Profound Bullshit," *Judgment and Decision Making* 10(2015): 549 – 563[http://journal.sjdm.org/15/15923a/jdm15923a.pdf]. 이 연구에서 사용된 '초프라이즘' 생성기는 'Wisdom of Chopra'[http://wisdomofchopra.com/]와 'New Age Bullshit Generator' [http://sebpearce.com/bullshit/]다.

3 D. J. Simons, C. F. Chabris, "What People Believe About How Memory Works: A Representative Survey of the US Population," *PLoS ONE* 6(2011): e22757[https://doi.org/10.1371/journal.pone.0022757]; D. J. Simons, C. F. Chabris, "Common(Mis)Beliefs about Memory: A Replication and Comparison of Telephone and Mechanical Turk Survey Methods," *PLoS ONE* 7(2012): e51876[https://doi.org/10.1371/journal.pone.0051876].

4 다음은 더그 브루스 이야기의 진실성과 완전성에 대해 의문을 제기하는 기사들이다: D. Segal, "A Trip down Memory Lane: Did Doug Bruce Forget It All, or Just the Boring Truth?," *Washington Post*, March 22, 2006[https://www.washingtonpost.com/archive/lifestyle/2006/03/22/a-trip-downmemory-lane-span-classbankheaddid-doug-bruce-forget-it-all-or-just-the-boring-truthspan/f5b3d8da-7aa3-4f7f-a3a8-3b6077433f7f/]; R. Ebert, "Is This Documentary a Fake?," RogerEbert.com, February 19, 2006[https://www.rogerebert.com/roger-ebert/is-this-documentary-a-fake]; M. Dargis, "Mysteries, If Not Sunshine, of Another Spotless Mind," *New York Times*, February 24, 2006[https://www.nytimes.com/2006/02/24/movies/mysteries-if-not-sunshine-of-another-spotless-mind.html].

5 T. Drew, M. L. H. Võ, J. M. Wolfe, "The Invisible Gorilla Strikes Again: Sustained Inattentional Blindness in Expert Observers," *Psychological Science* 24(2013): 1848 – 1853[https://doi.org/10.1177%2F0956797613479386].

6 G. Marcus, "Horse Rides Astronaut," *The Road to AI We Can Trust*, May 28, 2022[https://garymarcus.substack.com/p/horse-rides-astronaut]. 마커스는 이들 모델이 대상 간의 관계를 진정으로 '이해'하는 것이 아니기 때문에 중요한 방식에서 훈련 세트와 부합하지 않는 새로운 프롬프트가 주어지면 아주 터무니없어 보이는 아웃풋을 생성할 수 있다고 말한다. 그는 일례로 '우주비행사를 타고 있는 말'이라는 프롬프트가 주어진 'Imagen' 모델이 말을 타고 있는 우주비행사의 이미지를 생성한다는 것을 보여준다. 이 모델은 '사람이 개를 물다'라는 이야기를 거꾸로 이해한다. 그런 이야기가 훈련 세트에 (자주) 등장하지 않았기 때문이다. 2019년 현재 인공지능의 한계와 성능과 과대광고 사이의 격차는 G. Marcus, E. Davis, *Rebooting AI: Building Artificial Intelligence We Can Trust*(New York: Pantheon, 2019), 1장에 잘 설명되어 있다. 제한적인 텍스트 처리 작업의 점진적 개선에 대한 과대 광고의 대표적인 예는 중국 기술기업 알리바바의 보도자료다: A. Cuthbertson, "Robots Can Now Read Better Than Humans, Putting Millions of Jobs at Risk," *Newsweek*, January 15, 2018[https://www.newsweek.com/robots-can-now-read-better-humans-putting-millions-jobs-risk-781393]. 구글의 LaMDA에게 지각이 있다는 블레이크 르모인의 주장에 관한 논의: N. Tiku, "The Google Engineer Who Thinks the Company's AI Has Come to Life," *Washington Post*, June 11, 2022[https://www.washingtonpost.com/technology/2022/06/11/google-ailamda-blake-lemoine/]. 마커스는 LaMDA가 하는 일에 대해 더 낫게 설명한다: "주어진 문맥에 가장 적합한 단어가 무엇인지 예측해 가능한 최고 버전의 자동 완성 기능을 제공하려고 노력하는 것뿐이다": "Nonsense on Stilts," The Road to AI We Can Trust[https://garymarcus.substack.com/p/nonsense-on-stilts]. "어머니와 사이가 좋지 않아요"와 같은 진술을 "어머니에 대한 이야기를 더 해주세요"와 같은 응답으로 모면하며 심리치료사 행세를 하는 1970년대의 선구적인 챗봇 ELIZA도 이런 식으로 받아들인 사람들이 있었다. ELIZA를 만든 요제프 바이첸바움은 사람들이 봇의 농담을 진지하게 받아들이고 감정적으로 반응하는 모습에 충격을 받았다: "비교적 간단한 컴퓨터 프로그램에 극도로 짧은 시간 노출되는 것이 지극히 정상적인 사람들에게 강력한 망상적 사고를 유발할 수 있다는 것을 전혀 생각지 못했다." J. Weizenbaum, *Computer Power and Human Reason: From Judgment to Calculation*(San Francisco: W. H. Freeman, 1976), 7을 참조하라. ELIZA에 대한 더 많은 정보와 ELIZA와 한 대화의 스크린샷은 위키피디아 "ELIZA"[https://en.wikipedia.org/wiki/ELIZA]에서 찾을 수 있다.

7 음보테의 피해자: M. Zuckoff, "The Perfect Mark," *New Yorker*, May 15, 2006[https://www.newyorker.com/magazine/2006/05/15/the-perfect-mark]. 선급금 사기 액수: "Advance-Fee Fraud Scams Rise Dramatically in 2009," Ultrascan AGI[https://ultrascan-agi.com/Advance-fee%20Fraud%20Scams%20Rise%20Dramatically%20in%202009.html]. 최근의 추정에 따르면 이들 사기는 여전히 매년 70만 달러의 매출을 올리고 있다: M. Leonhardt, "'Nigerian Prince' Email Scams Still Rake in over $700,000 a Year—Here's How to Protect Yourself," *CNBC*, April 18, 2019[https://www.cnbc.com/2019/04/18/nigerian-prince-scams-still-rake-in-over-700000-dollars-ayear.html]. 우리는 '나이지리아 사기'에 대한 에세이를 썼다: C. Chabris, D. Simons, "Why We Should Scam the Scammers," *Wall Street Journal*, August 3, 2012[https://www.wsj.com/articles/SB10000872396390443931404577548813973954518]; 일부 문구는 해당 기사에서 발췌한 것이다. 사기꾼 대부분은 체포나 기소를 피했지만, '나이지리아 왕자' 사기

의 일환으로 돈을 세탁한 한 미국인은 2017년에 269건의 다양한 범죄로 기소되었다. 아이러니하게도 그는 나이지리아에서 온 실제 사기꾼들이 저지른 연애 사기를 통해 이 역할을 맡게 되어 사기 수익금을 그 두 사람에게 전달한 것으로 밝혀졌다. B. Warren, "'Nigerian Prince' and Online Romance Scams Raked in at Least $250,000, Slidell Police Say," NOLA.com, January 2, 2018[https://www.nola.com/news/northshore/article_f7f6f13d-6d5a-55de-99c8-1a3f48b46a40.html]; C. Caron, "Louisiana Man Charged in 'Nigerian Prince' Scheme." *New York Times*, December 31, 2017[https://www.nytimes.com/2017/12/31/us/nigerian-prince-fraud.html]; L. Vaas, "Your Nigerian Prince Is a 67 Year Old from Louisiana," *Naked Security*, January 3, 2018 [https://nakedsecurity.sophos.com/2018/01/03/your-nigerian-prince-is-a-67-year-old-from-louisiana/]. 최근 네덜란드에서 발생한 선급금 사기는 민족주의 정서에 호소한다. 네덜란드의 '자주 시민'인 당신을 위해 정부가 150만 유로를 신탁했다면서, 이에 접근하기 위한 첫 단계는 100유로를 내고 클럽에 가입하는 것이라고 말한다: A. Kouwenhoven, W. Heck, "Separated from the Netherlands, with 1.5 Million Euros Added," NRC, April 21, 2022[https://www.nrc.nl/nieuws/2022/04/21/losgemaakt-van-nederland-met-15-milijoen-euro-toe-a4116891].

8 C. Herley, "Why Do Nigerian Scammers Say They Are from Nigeria?," Proceedings of the Workshop on Information Security, *Berlin*, June 25–26, 2012[https://www.microsoft.com/en-us/research/wp-content/uploads/2016/02/WhyFromNige ria.pdf].

9 G. B. Trudeau, *Doonesbury*, January 27, 1985[https://www.gocomics.com/doonesbury/1985/01/27].

10 라니에르는 공갈, 공갈 모의, 성매매, 성매매 미수, 성매매 모의, 강제 노동 모의, 전신 사기 모의로 유죄 판결을 받고 120년 징역형을 선고받았다[https://www.justice.gov/usao-edny/pr/nxivm-leader-keith-raniere-sentenced-120-years-prison-racketeering-and-sex-trafficking]. NXIVM 사건은 2020–2022년 HBO 다큐멘터리 시리즈 'The Vow'[https://www.hbo.com/

the-vow], CBC 수사 팟캐스트 'Uncover,' Season 1(2018)[https://www.cbc.ca/radio/uncover], B. Meier, "Inside a Secretive Group Where Women Are Branded," *New York Times*, October 17, 2017[https://www.nytimes.com/2017/10/17/nyregion/nxivm-women-branded-albany.html]를 시작으로, 일련의 〈뉴욕 타임스〉 기사 등 여러 출처에서 자세히 다루고 있다. 이 단체에 소속되었던 일에 대한 토니 내털리의 회고록은 다음과 같다. Chet Hardin, *The Program: Inside the Mind of Keith Raniere and the Rise of NXIVM*(New York: Grand Central Publishing, 2019). 그녀의 말은 10쪽에서 인용한 것이다. 다단계 마케팅 조직은 흔히 피라미드 조직이라 불리며, 이는 보통 기만적인 사업 관행과 관련된다.

11 비슷한 전술이 테러리스트 조직의 온라인 리크루터를 방해하는 데 사용되었다. 아마도 스캠 베이터는 기계 학습 언어 모델로 구동되어 결국 사람이 시간을 들이지 않고도 모든 작업을 수행할 수 있는 봇으로 대체될 수 있을 것이다. 기상천외한 방법으로 사람들을 속이는 사기꾼들의 '성공 사례'만 들으면 사기꾼을 설득력 있는 천재로 상상할지도 모르겠다. 유명한 사기꾼 길버트 치클리는 전화기만 주면 누구에게나 무슨 일이든 하게 할 수 있다고 말했지만, 사실 그들의 성공 공식에서 가장 중요하면서도 잘 알려지지 않은 부분은 기꺼이 돈을 넘기기까지 하는 한 명의 피해자를 위해 수십 명의 잠재적 피해자와 접촉하는 일을 해낸다는 점이다. 이 사업에 뛰어들고 싶지만 5명, 10명, 100명의 잠재적 피해자가 전화를 끊은 후 당신이 사업을 포기한다면, 당신은 이 사업에 적합하지 않은 사람이다.

12 이 가상 시나리오는 2000년대 초반 몇 년 동안 매 주말 위성 텔레비전 네트워크에서 미술품 경매를 진행했던 트레저예술Fine Art Treasures라는 회사를 기반으로 한다. 이 회사는 잉크젯 기술로 만든 한정판 지클레이를 전문으로 취급했다. 상품은 서명이 있고 정식 승인을 받은 작품이라고 광고되었지만 실제로는 작가에게 적절한 대가를 지불하지 않고 대량 생산된 경우가 많았다. 비슷한 사기에는 피카소, 달리, 기타 20세기 아이콘 작가들의 작품도 포함되었다. 심지어 유람선에서, 자신만의 갤러리를 열거나 컬렉션을 만들고자 하는 순진한 사람들에게 판매된 적도 있다. 이런 책략은 사람들이 다음 크루즈

에서 같은 그림이 다시 판매되는 것을 발견해 세상에 드러나기도 했다. A. M. Amore, *The Art of the Con*(New York: Palgrave Macmillan, 2015)을 참조하라. 이 사기극에 연루된 세 사람은 유죄를 인정하고 형을 선고받았다: Kristine Eubanks; (her husband) Gerald Sullivan; *James Mobley*[https://www.justice.gov/archive/usao/cac/Pressroom/pr2010/060.html];[https://www.justice.gov/archive/usao/cac/Pressroom/pr2010/158.html].

13 G. Klein, "Performing a Project Premortem," *Harvard Business Review* 85 (2007): 18–19.

14 H. Schofield, "The Fake French Minister in a Silicone Mask Who Stole Millions," *BBC News*, June 19, 2019[https://www.bbc.com/news/world-europe-48510 027]; 'the Persona: The French Deception' 팟캐스트도 참조하라.

15 D. Mangan, B. Schwartz, "Jeffrey Epstein 'Misappropriated Vast Sums of Money from Me,' Les Wexner Says," *CNBC*, August 7, 2019[https://www.cnbc.com/2019/08/07/jeffrey-epstein-misappropriated-vast-sums-les-wexner-says.html]; G. Sherman, "The Mogul and the Monster: Inside Jeffrey Epstein's Decades-Long Relationship with His Biggest Client," *Vanity Fair*, July–August 2021[https://www.vanityfair.com/news/2021/06/inside-jeffrey-epsteins-decades-long-relationship-with-his-biggest-client].

16 블라고예비치는 18개의 중범죄로 유죄 판결을 받고 14년형을 선고받았다[https://www.justice.gov/archive/usao/iln/chicago/2011/pr1207_01.pdf]. 윤리개혁안 서명: Illinois State Bar Association, "Ethics Corner: Blagojevich Signs Ethics Reform into Law," *Public Servant*, March 2004. 윤리 교육에 관한 자세한 내용은 온라인에서 찾을 수 있다: "Services," Office of Executive Inspector General, Illinois.gov[https://www2.illinois.gov/oeig/ethics/Pages/Ethics Training.aspx].

17 이 훈련이 고의적인 부정행위를 예방하는가라는 질문에 대한 답은, 적어도 블라고예비치의 경우, '아니다'다: D. Baron, "Did Indicted Illinois Ex-Governor Skip the Online Ethics Training That He Mandated for All State Employees?," *The Web of Language*, December 10, 2008[https://blogs.illinois.

edu/view/25/5658]. 시스템을 이용하기로 마음먹은 사람들은 '교육'을 받았는지 여부에 관계없이 그렇게 할 것이고, 이런 사람들은 블라고예비치처럼 규모가 큰 부정행위를 할 가능성이 높다. 주된 혜택이 소수의 직원이 근무시간 기록 카드를 조금씩 속일 가능성을 줄이는 것이라면 이것은 잘못된 투자일 가능성이 크다.

18 페트론은 유죄를 인정하고 징역 9년을 선고받았다[https://www.justice.gov/usao-ct/pr/former-yale-med-school-employee-who-stole-40-million-electronics-senten ed-9-years-prison].

19 구조화에 대한 미국의 규정: "4.26.13 Structuring," Internal Revenue Service, April 10, 2020[https://www.irs.gov/irm/part4/irm_04-026-013].

20 L. Tompkins, "To Avoid Quarantining Students, a School District Tries Moving Them Around Every 15 Minutes," *New York Times*, October 20, 2020[https://www.nytimes.com/2020/10/20/us/billings-schools-montana-covid.html].

21 사이클에서 도핑 및 적발 관행의 대표적인 사례는 투르 드 프랑스에서의 도핑이다. Wikipedia[https://en.wikipedia.org/wiki/Doping_at_the_Tour_de_France].

| 찾아보기 |

ㄴ

ㅂ

ㅇ

ㅊ

ㅋ